国家社会科学基金重点项目"基于创新驱动和环境约束的中国西部能源产业升级研究"(17AJY009)

中国西部能源产业升级研究

胡健 焦兵 张文彬 等 著

Research on
Energy Industry Upgrading in Western China Based on
Innovation Driven and Environmental Constraints

中国社会科学出版社

图书在版编目（CIP）数据

中国西部能源产业升级研究/胡健等著．—北京：中国社会科学出版社，2022.1
ISBN 978-7-5227-0132-5

Ⅰ.①中⋯　Ⅱ.①胡⋯　Ⅲ.①能源工业—产业结构升级—研究—西南地区②能源工业—产业结构升级—研究—西北地区　Ⅳ.①F426.2

中国版本图书馆CIP数据核字（2022）第067283号

出 版 人	赵剑英
责任编辑	刘晓红
责任校对	周晓东
责任印制	戴　宽
出　　版	中国社会科学出版社
社　　址	北京鼓楼西大街甲158号
邮　　编	100720
网　　址	http://www.csspw.cn
发 行 部	010-84083685
门 市 部	010-84029450
经　　销	新华书店及其他书店
印　　刷	北京君升印刷有限公司
装　　订	廊坊市广阳区广增装订厂
版　　次	2022年1月第1版
印　　次	2022年1月第1次印刷
开　　本	710×1000　1/16
印　　张	30.5
插　　页	2
字　　数	486千字
定　　价	178.00元

凡购买中国社会科学出版社图书，如有质量问题请与本社营销中心联系调换
电话：010-84083683
版权所有　侵权必究

前　言

　　能源是人类生存和文明发展的重要物质基础，我国已成为世界上最大的能源生产国和消费国，能源供应能力显著增强，技术装备水平明显提高。同时，我们也面临着世界能源格局深度调整、全球应对气候变化行动加速、国家间技术竞争日益激烈、国内经济进入缓慢发展新常态、资源环境制约不断强化等挑战，但同时也为我国产业实现"弯道超车"和"追赶超越"提供了战略机遇。《中国制造2025》发展纲要明确了国家"十三五"时期发展高端制造业的大趋势，这必然对配套的能源化工产业提出更高的要求。同时，我国石油和化学工业"十三五"发展规划也将石化产业高端化作为未来最重要的发展方向。因此，在我国能源化工产业"十三五"转型的关键时期，深化产业结构调整，实现高端化和差异化发展，加快向价值链高端迈进，是实现产业转型升级的必然途径。

　　作为能源资源富集的西部地区，其能源产业发展直接决定了西北地区经济发展状况。但是限于产业结构、技术水平以及资源环境承载水平的制约，目前中国西部地区能源产业升级面临的突出问题是：西部能源产业大多上游强、下游弱，主要生产能源初级产品，而能源产品的深加工能力普遍不足，这就导致西部能源产业发展极易受国际能源价格剧烈波动的影响，从而出现大起大落的发展状况。多数研究都认为，西部能源产业的升级思路应该是加快能源下游产业的发展。但是西部地区多是生态环境脆弱区，环境承载力差，水资源匮乏，而能源重化工产业一般属于高能耗和高水耗产业，这就形成了西部能源产业升级的最大"瓶颈"。因此，要解决西部能源产业升级问题必须要兼顾创新驱动和环境约束，而基于环境效应改进和技术创新驱动的中国西部能源产业升级问题，在未来相当长的一段时期内，既是产业经济理论研究的重要命题，也是我国提高能源自主保障能力，实现能源发展转型的重大实践问题。

本书基于创新驱动和环境约束对中国能源产业升级进行界定，认为能源化工产业升级就是指在增储稳产、巩固加工业优势地位的基础上，通过促进煤电产业清洁化发展、大力发展延伸能源化工产业链、适当发展可再生能源产业三方面，实现能源化工产业链合理配置资源要素，促进能源化工产业的规模化和集群化发展。基于能源产业升级概念的界定，本书的主要内容和观点包括：

第一，将技术创新、能源生产和环境约束等因素引入内生经济增长模型中，分析三者对平衡经济增长的影响，实现了对内生经济增长理论的进一步扩展。研究结果表明：一是生态环境因素是影响经济可持续发展的重要约束条件，在环境污染降低、生态环境质量改善的情况下，稳态条件下的经济增长率要高于生态环境质量恶化条件下的稳态经济增长率。二是技术进步能够显著提升稳态条件下的经济可持续发展水平，随着技术研发投入的增加，经济系统中的技术水平不断提高，技术知识存量不断扩大，能够有效扩大中间产品生产部门产出水平，促进稳态条件下的经济快速可持续发展。三是技术进步与能源产出之间对经济增长的推动影响存在替代效应，提高技术进步水平，能够降低能源对经济增长的约束效应。四是可再生能源消费替代化石能源消费的比例上升，可以显著提高均衡状态下的经济增长率；同时有利于提高能源效率，改善生态环境，实现经济增长与生态环境改善的"双赢"。

第二，将能源化工产业分为能源开采加工业和化工产业，分析两个产业内的要素和技术互动，驱动西部整体能源化工产业高级化的影响机理和途径。研究结果表明，一是两部门构成的封闭经济体经济增长长期会向平衡增长路径收敛，经济总体的平衡增长路径与能源开采加工产业部门平衡增长路径重合。二是化工产业部门技术创新驱动能源开采加工产业部门经济增长的关键因素主要包括化工产业部门技术知识存量、化工产业部门技术积累的溢出效应系数以及能源开采加工产业部门的学习吸收能力。三是西部地区能源化工产业高级化的一个重要措施就是在现有能源开采和加工产业优势的基础上，大力延伸产业链，促进大化工和精细化工产业的发展，以带动能源开采加工业和整体经济的高质量发展。

第三，将政府促进煤电产业清洁化发展的补贴政策分为无环保补贴政策、环保电量补贴政策、环保电价补贴政策和环保电量电价双重补贴政策四类，研究了在燃煤电厂采用自身投资运维与第三方治理模式下四类环保补贴政策的效果。研究结果表明，一是环境约束与创新驱动政策措施应配套实施，形成"减排有收益"的正确政策导向，政府在制定严格的环境约束条件和污染排放标准的同时，也应该辅助相应的激励政策更好地激励燃煤电厂进行节能减排技术的绿色改造和升级，以技术创新淘汰落后的高污染煤电产能，实现煤电产业的清洁化和绿色发展。二是政府环境保护补贴政策选取顺序依次为环保电量和环保电价双重补贴、环保电价补贴、环保电量补贴和无环保补贴政策，政府在可选择的条件下应基于效果最佳的视角选择最优的环保补贴政策。三是无论政府采取哪种环保补贴政策，燃煤电厂采用第三方治理模式的污染减排效果要远远好于自身投资运维模式。

第四，基于能源化工产业链升级和生产要素错配视角，分析了能源化工产业链升级现状、能源化工产业链升级对经济增长的贡献以及如何优化要素配置以驱动能源化工产业升级路径选择问题。研究结果表明：一是中国能源化工产业发展存在严重的产能空间错配，能源化工产业高级化水平较高的省份都是非能源富集地区，能源化工产业高级化水平较低的省份都是能源富集区，这一空间错配加大了原料运输和产品销售的运输成本，也不利于能源富集区的经济可持续发展。二是能源化工产业高级化对经济增长具有显著的正影响，但该影响系数随能源化工产业规模的变化具有差异性，能源化工产业内部子产业间存在"最优匹配"水平，因此能源富集区应延长能源化工产业链，提高能源化工产业内部匹配度，提高产业效率。三是中国能源产业发展的重心在西部，西部能源产业上下游间的要素错配程度较低，主要表现为上游劳动力投入略多而资本投入稍显不足，这是与地区资源禀赋条件相适应的，因而所形成的能源产业结构是较为合理的，但与东部下游行业发展较好的地区相比，产业链的延伸度不够，行业附加值仍较低，经济效益十分有限，针对西部地区能源产业的差异化发展绩效，需采取差异化的能源产业政策

前言

以实现产业高级化。

第五，基于可再生能源消费替代化石能源消费、可再生能源企业发展补贴政策视角，分析了可再生能源替代升级的经济影响及升级路径选择问题。研究结果表明：一是可再生能源占总能源消费的比重与经济增长之间存在显著的倒"U"形关系，消费比重的最优值在58%左右，大部分国家的新能源开发位于倒"U"形曲线的左侧，适度发展可再生能源，以替代传统化石能源消费，对国家经济增长具有显著的促进作用，特别是对于中国这样的能源消费大国来说更是如此。二是政府应根据当地的资源禀赋、实际情况、产业目标、环境目标的不同制定差异化的可再生能源企业和产业的发展补贴政策，但整体上看，相比于一次性补贴和产量补贴政策，混合补贴（既有一次性补贴又有产量补贴）政策不仅能够提高可再生能源企业的电力生产水平，而且可以显著提高社会福利水平。

第六，基于省域和市域两个层面研究了能源产业升级、产业资源环境与创新三者之间的互动关系。研究结果表明，一是西部能源省份能源产业升级与资源环境之间的整体摩擦较大，资源环境压力与调整会伴随能源产业升级过程出现持续震荡；相对而言，能源产业升级优势省份的能源化工产业随着产业技术创新活动推进，能耗不断下降的同时，产业发展势头良好，同时与资源环境之间的压力也明显小于西部省域。二是西部省域其能源产业升级、产业资源环境与创新三者系统耦合程度普遍较低，资源环境矛盾相对突出的同时能源产业创新活力普遍偏低，导致三者耦合协调度普遍不高，各省份大多处在濒临失调或者轻度失调的状态。三是创新活动在能源产业升级和资源环境两者之间起到了一种媒介桥梁的作用，也可以促进能源产业升级与资源环境改善，但西部能源型城市创新能力普遍偏低，提升资源环境展开的行为有可能对资源型城市的创新活动和产业升级活动产生一定的负面制约。四是资源型城市的能源产业升级、资源环境与创新系统的协调耦合程度普遍较低，其中近一半城市濒临失调，这反映出大部分能源型城市，由于产业结构相对单一，能源产业升级严重滞后，同时产业创新活力不足，导致产业升级、资源环境与创新大多处于磨合阶段。

第七，以五年能源发展规划为阶段划分标志，讨论了20年来中国能源产业政策的发展与演变，在此基础上，分别从政府视角、学术界视角和媒体传播视角对中国能源产业政策进行量化评价。研究结果表明：一是政府视角下，传统能源产业在重视环境型政策工具的基础上，石油天然气产业政策工具主要集中在需求型工具，而煤炭产业主要在供给型工具上。法规管制、技术标准、目标规划三种政策工具的使用非常广泛；新能源相关政策的政策工具使用情况更为合理，层次更为分明，法规管制为新能源产业基础政策工具。二是学术界视角下，对传统能源产业政策和新能源产业政策效应研究较为分散，不同时间段有不同的研究热点。三是媒体传播视角下，新闻和数字报纸对传统能源行业政策的关注度占比较大，论坛、博客、微博、微信等新媒体对新能源行业政策的关注比例较大；情绪方面，对于传统能源行业的腐败问题出现了较强的负面评价，而对于传统能源行业全方位开发政策的正面评价比例则最高，对于新能源行业骗补问题的负面评级最高，而对新能源扶贫和平价上网的正面评价则最高。四是能源产业政策不论对西部地区还是全国能源产业升级都具有显著的正向作用，但是对全国能源产业转型升级产生的效应具有地域性差异，对东中部地区的效果大于西部地区；从能源发展"十二五"规划开始，西部地区与东中部地区对政策的利用度和适应性逐渐被拉大，直接导致了现在西部地区能源化工产业高级化进程缓慢。

　　本书研究具有重要的学术价值和应用价值。学术价值方面，一是首次对能源产业升级概念和内涵进行了清晰界定，认为创新驱动和环境约束下的能源产业升级包含煤电产业清洁化、能源化工产业链延伸和可再生能源消费替代三方面内容。二是在概念界定基础上对能源产业升级机制、路径及对经济增长的影响进行了数理逻辑推演，刻画环境、技术与产业活动乃至经济增长之间的复杂逻辑关系。

　　应用价值方面，一是将研究范围界定在我国经济、资源和环境矛盾突出的西部地区，探讨在环境效应约束下，以技术创新驱动能源产业链升级、煤电产业清洁化发展以及适度发展新能源的升级战略。一方面有利于缓解西部地区能源产业发展与环境脆弱性的矛盾，在西部生态承载力范围内发展能源产业，以期达到保护西部地区生态环境的目的，进而实现能源开发与环境保护的协同发展；另一方面有利于实现能源产业链高端化的升级。在稳定化石能源开采量的同时大力发展能源下游产业，有利于将资源优势转化为产业优势，通过西部能源经济产业化和生态化的协同发展，为新时代深化西部大开发战略特别是能源产业升级发展提供政策参考。二是为全国能源发展战略规划的具体落地实施提供差异化政策设计，并对配套的财税政策、金融政策以及产业政策提供"一揽子"总体方案设计与评估。"十四五"时期是我国能源产业转型升级的战略机遇期，但现阶段国内学术界和实务界对能源产业转型升级的具体战略实施规划及配套措施研究还比较滞后。本书的研究将为中国西部能源产业升级战略的落地提供政策支撑体系。

目 录

第一篇 能源与环境约束下的经济增长

第一章 基于能源与环境约束下内生经济增长理论 ……………… 3
第一节 内生增长理论 …………………………………………… 3
第二节 能源和环境约束下的内生增长路径分析 ……………… 8
第三节 可再生能源替代的经济效应和环境效应研究 ………… 19

第二章 创新驱动能源化工产业链升级路径分析 ………………… 26
第一节 创新驱动能源化工产业高级化的两部门模型分析 …… 26
第二节 化工产业部门创新驱动效应 …………………………… 35

第二篇 煤电清洁化发展升级研究

第三章 中国煤电行业发展现状及清洁化进展 …………………… 43
第一节 中国煤电行业发展现状 ………………………………… 43
第二节 中国煤电清洁化进展 …………………………………… 50

第四章 中国煤电清洁化发展路径研究 …………………………… 54
第一节 自身投资运维模式下燃煤电厂模型设计 ……………… 54

目 录

　　第二节　第三方治理模式下中国煤电清洁化发展路径 …………… 64

第五章　环保补贴政策效果的数值模拟研究 …………… 81
　　第一节　自身运维模式下燃煤电厂污染减排路径数值模拟 …… 81
　　第二节　第三方治理模式下燃煤电厂污染减排路径
　　　　　　数值模拟 …………………………………………………… 86
　　第三节　自身投资运维与第三方治理模式的比较分析 ………… 92

第三篇　能源化工产业链升级研究

第六章　产业链视角下西部地区能源化工产业发展现状 …………… 97
　　第一节　西部地区能源资源禀赋 ………………………………… 97
　　第二节　西部地区能源开采业现状分析 ………………………… 100
　　第三节　西部地区能源加工业现状分析 ………………………… 103
　　第四节　西部地区能源化工业现状分析 ………………………… 106
　　第五节　西部地区能源化工产业面临的问题 …………………… 111

第七章　能源化工产业链升级对中国经济增长的影响 ……………… 115
　　第一节　能源化工产业高级化水平测度 ………………………… 115
　　第二节　能源化工产业升级对经济增长影响的实证分析 ……… 123
　　第三节　主要结论和政策启示 …………………………………… 132

第八章　中国能源产业高级化路径分析：基于要素配置
　　　　　效率视角 ……………………………………………………… 135
　　第一节　能源产业要素错配的测算模型 ………………………… 136
　　第二节　能源产业要素错配的测算结果 ………………………… 139
　　第三节　能源产业关联产业要素错配测算
　　　　　　——以能源装备制造业为例 …………………………… 148
　　第四节　结论与建议 ……………………………………………… 155

第四篇 可再生能源替代升级研究

第九章 中国可再生能源产业发展现状 ……………………… 159
第一节 可再生能源资源禀赋 ……………………………… 159
第二节 可再生能源产业现状 ……………………………… 165
第三节 可再生能源产业发展中存在的问题 ……………… 177

第十章 可再生能源消费替代对经济增长的影响效应研究 …… 182
第一节 可再生能源替代对经济增长影响的理论分析 …… 182
第二节 可再生能源替代对经济增长影响的实证分析 …… 187
第三节 主要结论和政策启示 ……………………………… 193

第十一章 促进可再生能源产业发展的路径分析 ……………… 195
第一节 可再生能源直接补贴影响分析 …………………… 195
第二节 不同补贴政策的经济性对比分析 ………………… 203
第三节 主要结论 …………………………………………… 212

第五篇 省域能源产业升级、资源环境及创新协调发展研究

第十二章 西部能源省域能源产业升级、资源环境与创新指数分析 ……………………………………………… 217
第一节 能源省域产业规模、资源环境与创新产出现状 …… 217
第二节 西部省域能源产业升级、资源环境及创新指数分析 …… 228
第三节 主要结论 …………………………………………… 245

第十三章 能源省域能源产业升级与环境的脱钩指数分析 …… 247
第一节 能源省域能源产业升级与环境的脱钩指数构建 …… 247

3

第二节 能源产业升级及其环境的脱钩指数分析 ……………… 250

第三节 主要结论 ……………………………………………… 257

第十四章 能源省域能源产业升级、资源环境与创新耦合
协调分析 ………………………………………………… 259

第一节 系统耦合度模型构建 ………………………………… 259

第二节 系统耦合协调度测度与分析 ………………………… 262

第六篇 市域能源产业升级、资源环境及创新协调发展研究

第十五章 西部能源市域能源产业升级、资源环境与创新
指数分析 ………………………………………………… 269

第一节 能源型城市的产业升级、资源环境与创新现状 …… 269

第二节 能源型城市产业升级、资源环境与创新指数分析 … 275

第十六章 市域能源产业升级、资源环境与创新的关系研究 …… 284

第一节 能源型城市能源产业升级、资源环境与创新的动态
冲击关系 ……………………………………………… 284

第二节 能源型城市能源产业升级、资源环境与创新系统耦合
协调度的时空分析 …………………………………… 292

第三节 主要结论与启示 ……………………………………… 299

第七篇 中国能源产业政策演进与发展（2000—2020年）

第十七章 传统能源行业产业政策的演进与发展 ………………… 305

第一节 煤炭行业产业政策的演进与发展 …………………… 305

第二节 现代煤化工产业政策的演进与

　　　　发展（2001—2020 年）·················· 321
　　第三节　石油天然气产业政策的演进与发展·············· 329

第十八章　新能源产业政策的演进与发展·················· 340
　　第一节　光伏产业政策的演进与发展（2001—2020 年）······ 340
　　第二节　风电行业政策的发展与演变················· 352

第八篇　中国能源产业政策的量化分析

第十九章　基于政府视角中国能源产业政策的分析
　　　　——政策文本计量分析·················· 361
　　第一节　文献综述·························· 361
　　第二节　传统能源产业政策的量化分析··············· 366
　　第三节　新能源产业政策的量化分析················ 381

第二十章　基于学术界视角中国能源产业政策的分析
　　　　——CiteSpace 的知识图谱分析·············· 387
　　第一节　文献综述·························· 387
　　第二节　传统能源产业政策效应的知识图谱分析·········· 392
　　第三节　新能源产业政策分析的知识图谱分析··········· 403

第二十一章　基于媒体传播视角中国能源产业政策的分析
　　　　——社交网络舆情分析·················· 416
　　第一节　中国能源产业政策网络舆情分析的文献综述········ 416
　　第二节　中国能源产业政策网络舆情分析框架的构建········ 419
　　第三节　中国传统能源产业政策网络舆情分析··········· 420
　　第四节　中国新能源产业政策网络舆情分析············ 427

第二十二章　中国能源产业政策的效果评价
　　——双重差分方法·· 435

　　第一节　研究背景·· 435
　　第二节　研究设计·· 436
　　第三节　能源发展五年规划对能源产业转型升级
　　　　　　影响的实证分析·· 447
　　第四节　结论与政策建议·· 451

参考文献·· 453

后记·· 474

第一篇

能源与环境约束下的经济增长

第一章

基于能源与环境约束下内生经济增长理论

20世纪70年代之后,持续的"石油危机"和环境污染问题,使能源环境问题逐渐成为经济学特别是发展经济学关注的焦点,将能源和环境因素引入经济增长模型也是经济学理论界关注的焦点,经济学家基于内生经济增长理论,逐渐将能源(资源)和环境因素引入,实现了对经济增长理论模型的扩展。本部分即对此进行分析。

第一节 内生增长理论

新古典经济增长理论对于经济增长源泉分析的研究中,并没有将那些与经济增长密切相关的因素(如规模效应、技术创新和人力资本)内生化,这导致了新古典经济增长模型与经济增长事实不符。20世纪80年代后期,伴随着知识经济的到来,以 Arrow、Romer 和 Lucas 为代表的经济学家打破了新古典经济学派对技术变量外生的假设,提出了促进经济增长的内在力量,将经济增长的研究重心转移到了内生增长理论。Arrow 在1962年发表的 *The Economic Implications of Learning by Doing* 中提出的"边干边学"(learning by doing)模型最早将技术进步内生化,认为知识积累于生产活动,知识积累有助于提高生产率,在促进经济增长的过程中起到了重要作用。他假设知识来源于生产活动,是投资的副产品,表示知识会随着资本的增加而增加,是资本积累的函数。

相对于索洛(Solow)增长理论和新古典增长理论,内生增长理论

(Endogenous Growth Theory)认为技术进步是由经济主体(包括消费者、厂商和政府)的最优化行为内生决定的,而且由于政府政策会影响经济主体的最优行为,因此政府政策会影响经济增长率。根据不同的技术进步内生机制,Romer(1993)将内生经济增长理论分为以资本为基础的(Capital – Based)和以思想或者 R&D 为基础的(Idea/R&D – Based)两类。其中,前者强调资本积累(包括物质资本和人力资本)对技术进步和经济增长的重要作用,后者强调 R&D 活动和知识积累在技术进步和经济增长中的重要作用。由于内生技术增长理论本身较为庞杂,同时因为本书主要关注技术进步对能源产业升级的影响机理和作用机制,故本部分主要介绍 R&D 基础上的内生增长理论。关于内生增长理论更加全面、详细的综述可以参见潘士元和史晋川(2002)以及严成樑和龚六堂(2009)。本书将按照 Ang 和 Madsen(2011)的分类方法将以 R&D 为基础的内生增长理论分为第一代内生增长理论、半内生增长理论和熊彼特增长理论并分别进行综述。严成樑和龚六堂(2009)将以 R&D 为基础的内生增长理论分为早期内生熊彼特增长模型、半内生熊彼特增长模型以及完全内生熊彼特增长模型,与第一代内生增长理论、半内生增长理论和熊彼特增长理论相对应。

一 第一代内生增长理论

第一代内生增长理论的代表性文献包括 Romer(1990)、Segertrom 等(1990)、Grossman 和 Helpman(1991)以及 Aghion 和 Howitt(1992)等,上述文献均假设技术进步和 R&D 投入之间存在正相关关系,且知识生产函数具有"规模效应"(Scale Effects),即新生产的知识和已有的知识存量成正比。以 Romer(1990)中使用的知识生产函数为例,形式为:

$$\dot{Q}/Q = \delta L_Q \qquad (1-1)$$

式(1-1)中的 $\dot{Q}$ 表示技术知识存量的增量,Q 表示技术知识存量,$\dot{Q}/Q$ 表示技术知识积累的速度;L_Q 表示研发部门的劳动力数量投入;δ 表示知识生产函数的劳动边际生产率。式(1-1)中的规模效应体现在知识增量与 R&D 投入为线性关系,这会导致在其他条件不变的情况下,随着劳动力投入的增加,$\dot{Q}$ 也会增加。考虑到技术知识创新的困难,真实的技术知识生产函数应该表现为规模报酬递减,表示当技术知识越多时,发现新的技术知识的难度会越大,因此式(1-1)的规模效应假设存在一定的争议。

第一代内生增长理论的另一个关键假设是人口数量保持不变,这也是第一代内生增长理论面临的另一个解释上的难题。此处仍以 Romer(1990)为例进行说明,Romer(1990)所构建的经济系统在稳态时的平衡增长路径(Balance Growth Path, BGP)为:

$$g = g_0 = \delta \times L \tag{1-2}$$

式(1-2)中的 g 表示稳态时的经济增长率;g_0 表示不存在人口增长时稳态的知识增长率;δ 表示稳态时的 R&D 投入占劳动力的比率;L 表示不变的外生劳动力数量。与式(1-1)相似,式(1-2)中存在另一种规模效应,即在其他情况不变的条件下,若外生劳动力 L 的数量越大,稳态时的经济增长率会越高。Romer 等第一代内生增长理论学者对式(1-2)的解释如下:第一,不变的外生劳动力数量 L 越大,意味着经济系统中用于 R&D 投入的劳动力数量也越大,从而越容易发现新知识;第二,不变的外生劳动力数量 L 越大,意味着市场规模也越大,从而创新能够获得更多的利润,故 R&D 投入也越大。因此,Romer 等学者提出的式(1-2)具有一定程度的合理性。

第一代内生增长理论中所包含的上述两种规模效应导致了很大的争议。如 Temple(2003)认为式(1-1)中的规模效应是"刀锋条件"(Knife – Edge Condition),这一假设对理论的限制性太强;而 Jones(1995a,1995b)通过实证研究"二战"后 OECD 国家经济增长的实际情况,发现真实经济中并不存在式(1-2)所描绘的规模效应。

二 半内生增长理论

针对第一代内生增长理论导致的争议,特别是针对规模效应递增假设的可能缺陷,后续的相关文献主要通过下述两种途径对第一代内生增长理论进行修正:一是假设知识生产函数中的知识存量的边际生产率递减;二是假设经济中存在两类研发部门,即模型中同时存在水平创新(Horizontal Innovation)部门和垂直创新(Vertical Innovation)部门。水平创新指的是 R&D 投入促进了中间品数量的增加,并进一步促进了专业化,因此水平创新模型也被称为种类扩张模型(Variety Expansion

Model），其特点就是新旧产品可以同时存在于市场上；垂直创新指的是R&D投入使高质量的中间品将低质量的中间品逐渐挤出市场，进而推动了"创造性毁灭"（Creative Destruction）的技术进步，垂直创新模型又被称为质量阶梯模型（Quality Ladder Model）。针对第一代内生增长理论所做的上述两种修正得到的内生增长理论被称为半内生增长理论，代表性文献包括Jones（1995b）、Kortum（1994）以及Segerstrom（1998）等。这类文献均假设技术知识生产函数中的知识存量具有递减的边际生产率，以Jones（1995b）为例，对式（1-1）进行修正，得到新的知识生产函数为：

$$\dot{Q}/Q = \delta L_Q^\lambda Q^{\phi-1} \tag{1-3}$$

式（1-3）中的$\dot{Q}$、Q和δ的含义与式（1-1）中一致；$0<\lambda<1$表示重复效应（Duplication Effect），即不同的生产部门可能会为了同一种知识而重复投入R&D，使经济中研发的平均生产率下降；ϕ表示知识生产的外部性。Jones（1995b）的核心假设是$\phi<1$，即知识存量越大，发现新知识的难度越大，这也是半内生增长理论共同使用的核心假设。Jones（1995b）的另一个核心假设是人口增长率大于0。在上述假设下，Jones（1995b）所构建的经济系统在稳态时的BGP为：

$$g = \lambda n(1-\phi)^{-1} \tag{1-4}$$

式（1-4）中的n表示人口增长率。式（1-4）表示稳态时的经济增长率取决于外生参数，包括知识生产函数中的重复效应参数λ、外部性参数ϕ以及人口增长率n。这也是这一类模型被称为"半内生"的原因：虽然稳态时的经济增长率由经济主体的最优行为决定，但政府政策并不会影响经济增长率。

Jones（1999）对半内生增长理论的主要研究结论进行了总结，并认为半内生增长理论的共性结论包括：第一，稳态时的经济增长率与人口增长率正相关；第二，稳态时的经济增长率取决于外生参数，使政策难以影响稳态时的经济增长率。但Jones（1999）总结得出的上述两个结论均与真实经济的实际情况不符，其中，Kelley（1998）发现北欧国家负人口增长率和正经济增长率共存；Kocherlakota和Yi（1997）则发现税收政策与经济增长率间存在稳定的协整关系。因此，在半内生增长理论之后，经济学家逐渐发展出了熊彼特增长理论，以修正第一代内生增长理论和半内生增长理论的不足。

三 熊彼特增长理论

熊彼特增长理论通过假设经济中存在两类研发部门，以试图修正第一代和半内生增长理论的主要缺陷。熊彼特增长理论的代表性研究包括 Aghion 和 Howitt（1998）、Dinopoulos 和 Thompson（1998）、Peretto（1998）、Young（1998）、Jones（1999）、Howitt（1999）以及 Peretto 和 Smulders（2002）等。熊彼特增长理论延续了第一代内生增长理论对技术知识生产函数的假设，但与第一代内生增长理论不同的是，熊彼特增长理论假设经济中同时存在水平创新和垂直创新两类研发部门进行技术知识研发，且随着经济扩张，经济中存在的水平创新部门数量也会同比例地增加。以 Jones（1999）构建的经济系统为例，其对第一代内生增长理论中的知识生产函数的修正为：

$$N = \eta L \tag{1-5}$$

$$\dot{Q}/Q = \delta L_{Q_i} \tag{1-6}$$

式（1-5）表示水平创新部门的知识生产函数；式（1-6）表示垂直创新部门的技术知识生产函数；L 表示总劳动力投入数量；η 表示劳动力在水平创新部门的边际生产率；L_{Q_i} 表示用于第 i 个垂直创新部门的 R&D 投入。Jones（1999）假设人口增长率大于 0，则在上述模型假设下，Jones（1999）所构建的经济系统在稳态时的 BGP 为：

$$g = (\alpha - 1)n + \delta \eta^{-1} s^* \tag{1-7}$$

式（1-7）中的 α 表示水平创新部门的边际产出弹性；s^* 表示稳态时用于垂直创新部门的 R&D 投入比例。由式（1-7）可知，人口增长率 n 与稳态时用于垂直创新部门的劳动力比例 s^* 无关。因此，即使不存在人口增长，经济也可以实现持续的增长。此外，政府政策可以通过影响 s^* 而进一步影响稳态时的经济增长率。

相较于第一代内生增长理论和半内生增长理论，熊彼特增长理论在一定程度上修正了二者的缺陷，并且可以更好地描述现实经济。但是熊彼特增长理论也并非完美。如式（1-7）中所示，熊彼特增长理论中依旧存在规模效应，即人口增长率和经济增长率之间正相关；此外，式

(1-5) 和式 (1-6) 对知识生产函数的假设可能太强, 如 Li (2000) 认为, 若在更广义的两部门知识生产函数的设定形式下, 真实经济是否符合熊彼特增长理论所刻画的情况依旧取决于某些"刀锋条件"。

上述三类内生增长理论尽管在模型假设方面存在较大的差异, 但核心思想都是强调 R&D 投入是推动技术进步和促进经济增长的重要源泉。Ha 和 Howitt (2007) 以及 Madsen (2008) 通过设定更广义的知识生产函数形式对上述三类内生增长理论所需要满足的参数条件进行了总结。同时, Ha 和 Howitt (2007) 以及 Madsen (2008) 也构建了不同于三者的知识生产函数, 形式为:

$$\dot{Q}/Q = \lambda (X/M)^{\varepsilon} Q^{\phi-1} \tag{1-8}$$

式 (1-8) 中, M 表示产品种类, 在稳态时满足 $M \propto L^{\beta}$; X 表示 R&D 投入; ε 表示重复效应; λ 表示 R&D 投入的生产率; ϕ 表示知识生产的外部性。

第二节 能源和环境约束下的内生增长路径分析

本部分借鉴邢新朋的分析思路, 在内生增长经济模型基础上, 引入能源和环境因素, 分析二者对经济增长的约束效应以及技术进步对该约束效应的影响。

一 模型函数设定

(一) 最终产品生产部门

借鉴 Tahvonen 和 Kuuluvainen (1991)、Bovenberg 和 Smulders (1995) 等学者的研究思想和做法, 将能源 (主要指以煤、石油和天然气为主的化石能源) 和环境作为一种生产要素引入内生经济增长模型中, 并进一步将劳动力分为劳动技能高的人力资本和劳动技能相对较低的普通劳动力, 在 Lucas (1998) 经济增长模型基础上, 采用 Cobb - Douglas (C-D) 生产函数的形式设定最终产品生产函数, 可表示为:

$$Y = A_1 H_Y^{\alpha_1} X^{\alpha_2} L_Y^{\alpha_3} R^{\alpha_4} (E_0 - P)^{\alpha_5} \tag{1-9}$$

式 (1-9) 中, 变量 X、A_1、H_Y、L_Y、R 分别表示最终产品部门的中间产品投入、技术水平、人力资本、普通劳动力人数和能源数量;

E_0 为 $t=0$ 时期的环境质量状况，P 为 t 时期的环境污染物状况，$E=(E_0-P)$ 可表示为 t 时期的整体环境质量状况。$\alpha_i(i=1,2,\cdots,5)$ 分别为人力资本、中间产品、普通劳动力、能源和环境质量的产出弹性形式，并进一步假设最终产品生产部门的生产函数是规模报酬不变生产函数，存在 $\sum_{j=1}^{5}\alpha_j=1$。

借鉴 Grossman 和 Helpman（1991）的研究思路，在考虑中间产品存在差异性的基础上，设定中间产品的生产函数形式为：

$$X=\left[\int_0^A x(i)di\right]^{\frac{1}{\chi}} \tag{1-10}$$

式（1-10）中，A 表示技术知识的存量状态，也即表示整个中间产品的种类数量，进一步为避免整数约束，假定 A 为非离散的连续数；$x(i)$ 表示第 i 个中间产品；χ 表示各个中间产品之间的替代弹性系数。

参考 Aghion 等（1998）的研究思路和成果可知，在经济实现均衡增长条件下，任何一种中间产品都存在相同的函数方程，即存在：

$$x(i)=\bar{x}=K/A \tag{1-11}$$

将式（1-11）带入中间产品生产函数式（1-10）中，可以得到一般化的中间产品生产函数 $X=A^{\frac{1}{\chi}}K/A$，将其带入式（1-9）中，可以得到变换之后的最终产品生产函数为：

$$Y=A_1 H_Y^{\alpha_1} K^{\alpha_2} A^{\frac{\alpha_2(1-\chi)}{\chi}} L_Y^{\alpha_3} R^{\alpha_4}(E_0-P)^{\alpha_5} \tag{1-12}$$

（二）中间产品生产部门

假定在区间 [0, A] 范围内存在大量不同的中间产品厂商，每个厂商仅生产一类独一无二的、不存在替代或者互补关系的中间产品，新产品的出现或者新的设计方案只能由一家厂商获得并进行排他性的生产。本书这里进一步借鉴 Romer（1990）、Barro 和 Sala-i-Martin（1992）等学者的分析思想和研究方法，假定中间产品的生产函数是线性生产函数，则第 i（$i\in[0,A]$）种中间部门产品的函数形式可进一步表示为：

$$x(i)=y(i) \tag{1-13}$$

式（1-13）表明，投入一单位最终部门生产的产品，可以得到一单位中间部门产品。

因此也可以得到，在一个封闭经济体中，物质资本存量的表达式为：

$$K = \int_0^A x(i)di \tag{1-14}$$

（三）人力资本部门

同样借鉴 Lucas（1998）提出的内生增长模型中对人力资本函数的界定和研究思路，将人力资本存量的增量函数设定为：

$$\dot{H} = A_2 H_H = A_2(H - H_Y - H_A) \tag{1-15}$$

式（1-15）中，$\dot{H}$ 表示人力资本存量的增量；A_2 表示效率参数，其含义为用于积累的人力资本存量转换为增量的比率；$H_H = H - H_Y - H_A$ 表示为总共的人力资本存量中用于积累的数量。

（四）技术研发部门

假定技术研发部门的生产函数包含两个生产要素，即本部门原有知识 A 和新的人力资本投入 H_A。为便于分析，本书参考 Jones（1995b）的分析思路，假定知识是非竞争性投入要素，所有技术研发部门都可以自由获得。因此，技术研发部门的知识或者技术的增量即技术进步方程可设定为：

$$\dot{A} = A_4 H_A^{\gamma_1} A^{\gamma_2} \tag{1-16}$$

式（1-16）中，A_4 表示技术研发部门的生产效率参数，γ_1、γ_2 分别表示新投入的人力资本和部门原有的知识存量的产出弹性系数。

（五）能源开采部门

早期的经济学研究中，多数学者将资源（主要是指以煤、石油和天然气为主的化石能源，下文中采用能源代替资源）和环境因素作为一种意外之财（windfalls），认为其是无限供应的，不会对经济增长产生约束效应。直到20世纪60年代，经济学家才意识到能源会随着其开发和利用而逐渐减少，会对经济增长产生约束，但当时的内生经济增长模型仍然没有考虑能源的开采利用成本问题，只是对其有限性和可耗竭性问题进行了简单设定（Gylfason，Zoega，2006）。实际上，能源的开采和生产活动会因生产要素的投入而对最终产品生产部门、人力资本部门、技术研发部门以及生态环境保护和污染治理部门产生显著的影响，最终影响整个经济系统的生产活动。参考邵帅（2009）、邵帅和杨莉莉（2011）等学者的研究思路，设定能源产业属于劳动密集型产业，其生产函数的投入要素主要包括能源资源存量和劳动投入两类，进一步采用C-D生产函数的形式设定能源部门的生产函数，形式为：

$$R = A_3 D^{\beta_1} (L - L_Y)^{\beta_2} \tag{1-17}$$

式（1-17）中，R 表示能源生产部门的产出水平，A_3 表示能源生产部门的技术水平，β_1、β_2 分别表示能源存量和劳动力投入的产出弹性系数，并进一步假定 $\beta_1 + \beta_2 = 1$，即能源生产函数存在规模报酬不变的性质。

关于能源存量的设定参考 Stiglitz（1974）的研究思想和方法，假定 t 时期能源存量 D_t 是由初始存量 D_0 减去前期的开采量决定的，函数表达式为：

$$D_t = D_0 - \int_0^t R(i) di \tag{1-18}$$

式（1-18）中，$D_0 \geq \int_0^\infty R(i) di$。

同样地，能源存量的增量变化函数可表示为：

$$\dot{D} = \sigma D - R \tag{1-19}$$

式（1-19）中，σ 表示因勘探开发技术进步引致的能源存量增长系数。

（六）环境污染治理部门

生态环境是接纳人类经济社会活动产生的污染物的容器，其容纳能力与生态环境本身的自净能力、生态环境保护和治理能力以及环境污染排放水平三者密切相关，前两者的提高能够显著促进生态环境容纳能力，后者的提高会降低生态环境的容纳能力。本书借鉴 Howitt 和 Aghion（1998）、Copeland 和 Taylor（2004）、Brock 和 Taylor（2005）、Brock 和 Taylor（2010）、黄茂兴和林寿富（2013）、张华和魏晓平（2015）的研究思路和方法，从生产端将生态环境因素纳入内生增长模型，并认为生态环境会受到经济生产过程中污染物排放量、环境治理投入以及环境自净能力三者的共同影响，则生态环境污染排放量的增量函数形式可表示为：

$$\dot{P} = hY(1-m)^\varepsilon - \vartheta P \qquad (1-20)$$

式（1-20）中，h 表示单位经济产出产生的环境污染排放量；m 为生态环境治理投资占经济最终产出的占比；ε（$\varepsilon>1$）表示生态环境治理技术投资对环境污染排放的影响系数；ϑ 表示生态环境系统本身对环境污染的净化系数；P 表示生态环境污染排放量。

因此可以得到 t 时期的生态环境质量状况为 $E=E_0-P$，其中，E_0 表示初期（$t=0$）的生态环境质量状况。

综合考虑消费（C）、资本折旧（δK）和环境污染治理投资（mY）等因素，可以得到最终的物质资本存量的增量函数为：

$$\dot{K} = Y - C - \delta K - mY \qquad (1-21)$$

（七）效用函数

参考张华和魏国平（2015）、Mäler（1974）等学者的研究思路和方法，本书设定消费和环境污染两个因素分别正向和负向地影响经济体中消费者的效用，则消费者的跨时期效用函数为：

$$U = \int_0^\infty U(C,P)e^{-\rho t}dt = \int_0^\infty \left(\frac{C^{1-\theta}-1}{1-\theta} - \frac{P^{1+\eta}-1}{1+\eta}\right)e^{-\rho t}dt \qquad (1-22)$$

式（1-22）中，C 表示消费者的瞬时消费水平；θ（$\theta>0$）表示消费者的跨期替代弹性系数的倒数；η（$\eta>0$）表示消费者的环境偏好系数，表征的是生态环境污染对消费者效应的影响效应；ρ 为时间贴现率，用来反映消费者对当前消费的偏好程度。

二 基于内生增长模型的最优增长路径分析

（一）模型求解

基于上述假设和函数的设定，可以得到在消费者效应最大化目标下，政府的最优行为选择问题可表示为：

$$\text{Max} U = \int_0^\infty \left(\frac{C^{1-\theta}-1}{1-\theta} - \frac{P^{1+\eta}-1}{1+\eta}\right)e^{-\rho t}dt \qquad (1-23)$$

$$\text{s.t. } Y = A_1 H_Y^{\alpha_1} K^{\alpha_2} A^{\frac{\alpha_2(1-\chi)}{\chi}} L_Y^{\alpha_3} R^{\alpha_4}(E_0-P)^{\alpha_5}$$

$$\dot{K} = Y - C - \delta K - mY$$

$$\dot{H} = A_2 H_H = A_2(H - H_Y - H_A)$$

$$\dot{D} = \sigma D - R$$

$$\dot{P} = hY(1-m)^\varepsilon - \vartheta P$$

$$\dot{L} = nL$$

$$\dot{A} = A_4 H_A^{\gamma_1} A^{\gamma_2}$$

根据动态优化理论，可以通过庞特里亚金（Pontryagin）极值法对式（1-23）进行求解，式（1-23）的汉密尔顿现值函数为：

$$F = \frac{C^{1-\theta}-1}{1-\theta} - \frac{P^{1+\eta}-1}{1+\eta} + \lambda_1(Y - C - \delta K - mY) + \lambda_2 A_2(H - H_Y - H_A)$$
$$+ \lambda_3(\sigma D - R) + \lambda_4\left[hY(1-m)^\varepsilon - \vartheta P\right] + \lambda_5 nL + \lambda_6 A_4 H_A^{\gamma_1} A^{\gamma_2}$$

(1-24)

式（1-24）中，C、m、H_Y、H_A、R、L_Y 和 L_R 为控制变量，K、D、H、A、L 和 P 为状态变量，λ_j（$j=1, 2, \cdots, 6$）分别为 t 时刻物质资本存量的增量、能源开发的增量、人力资本存量的增量、生态环境污染排放的增量、劳动力投入的增量和技术进步水平的影子价格。对汉密尔顿现值函数 F 分别求控制变量的偏导数，可得一阶最优条件为：

$$\lambda_1 = C^{-\theta}$$

$$\frac{(1-m)\lambda_1\alpha_2 Y}{H_Y} + \frac{\lambda_4\alpha_2 hY(1-m)^\varepsilon}{H_Y} = \lambda_2 A_2$$

$$\frac{(1-m)\lambda_1\alpha_4 Y}{R} + \frac{\lambda_4\alpha_4 hY(1-m)^\varepsilon}{R} = \lambda_3$$

$$\lambda_1 Y + \lambda_4 h\varepsilon Y(1-m)^{\varepsilon-1} = 0$$

$$\frac{(1-m)\lambda_1\alpha_3 Y}{L_Y} + \frac{\lambda_4\alpha_3 hY(1-m)^\varepsilon}{L_Y} = \frac{\lambda_3\beta_2 R}{L-L_Y}$$

$$\frac{\lambda_6\gamma_1 A_4 H_A^{\gamma_1} A^{\gamma_2}}{H_A} = \lambda_2 A_2$$

然后对汉密尔顿现值函数 F 分别求状态变量的偏导数，可得欧拉方程为：

$$\dot{\lambda}_1 = \rho\lambda_1 - \frac{(1-m)\lambda_1\alpha_2 Y}{K} - \frac{\lambda_4\alpha_2 hY(1-m)^\varepsilon}{K} + \lambda_1\delta$$

$$\dot{\lambda}_2 = \rho\lambda_2 - \lambda_2 A_2$$

$$\dot{\lambda}_3 = \rho\lambda_3 - \sigma\lambda_3 + \lambda_3\beta_1\frac{R}{D}$$

$$\dot\lambda_4 = \rho\lambda_4 + \lambda_4\vartheta + P^\eta + \frac{(1-m)\lambda_1\alpha_5 Y}{P} - \frac{\lambda_4\alpha_5 hY(1-m)^\varepsilon}{P} + \lambda_1\delta$$

$$\dot\lambda_5 = \rho\lambda_5 - \lambda_5 n$$

$$\dot\lambda_6 = \rho\lambda_6 - \frac{\lambda_1\alpha_2(1-m)(1-\chi)Y}{\chi A} - \frac{\lambda_4\alpha_2(1-\chi)hY(1-m)^\varepsilon}{\chi A} - \lambda_6\gamma_2 A_4 H_A^{\gamma_1} A^{\gamma_2-1}$$

横截距条件为：

$$\lim_{t\to\infty}\lambda_1 Ke^{-\rho t} = \lim_{t\to\infty}\lambda_2 He^{-\rho t} = \lim_{t\to\infty}\lambda_3 De^{-\rho t} = \lim_{t\to\infty}\lambda_4 Pe^{-\rho t} = \lim_{t\to\infty}\lambda_5 Le^{-\rho t} = \lim_{t\to\infty}\lambda_6 Ae^{-\rho t}$$

根据动态优化理论，最优增长路径上的任一经济变量的增长率都是常数，假定存在 $g_x = \dot x/x$，即 g_x 为变量 x 的增长率。则由上述求解的一阶最优条件和欧拉方程可得：

$$g_{\lambda_1} = -\theta g_C$$

$$g_{\lambda_1} + g_K = g_{\lambda_2} + g_H = g_{\lambda_3} + g_D = g_{\lambda_4} + g_P = g_{\lambda_5} + g_L = g_{\lambda_6} + g_A$$

$$g_D = g_R$$

$$g_H = g_{H_Y} = g_{H_A}$$

$$g_L = g_{L_Y} = g_{L_R}$$

$$g_Y = g_C = g_K$$

$$g_Y = \alpha_1 g_H + \alpha_2 g_K + \frac{\alpha_2(1-\chi)}{\chi}g_A + \alpha_3 g_{L_Y} + \alpha_4 g_R - \alpha_5 g_P$$

$$g_Y = \varepsilon g_m - g_P$$

$$g_{\lambda_2} = \rho - A_2$$

$$g_{\lambda_3} = \rho - \sigma + \beta_1\frac{R}{D}$$

$$g_{\lambda_5} = \rho - n$$

$$g_{\lambda_1} + 2g_Y + g_{\lambda_4} = (\varepsilon-1)g_m$$

$$g_{\lambda_1} - 2g_H + 2g_Y + g_{\lambda_4} - (\varepsilon+1)g_m = g_{\lambda_2}$$

$$g_{\lambda_1} + 2g_Y + g_{\lambda_4} - (\varepsilon+1)g_m = g_{\lambda_3} + g_R + 2g_L$$

对技术进步函数方程（1-16）两边同时除以 A 可得：

$$g_A = \frac{\dot A}{A} = A_4 H_A^{\gamma_1} A^{\gamma_2-1} \tag{1-25}$$

对式（1-25）两边分别求时间 t 的导数，可得：

$$g_{g_A} = \gamma_1 g_{H_A} + (\gamma_2 - 1)g_A \tag{1-26}$$

假定经济平衡增长路径上的技术进步增长率保持不变，即存在 $g_{g_A} = 0$，则根据式（1-26）可进一步求出：

$$g_A = \frac{\gamma_1 g_{H_A}}{1 - \gamma_2} \tag{1-27}$$

根据最优化条件下的最优解、欧拉方程、横截距条件以及技术进步表达式，可以得到：

$$g_m = \frac{\rho - A_2}{2} - (1 - \theta)g_H \tag{1-28}$$

$$g_Y = \frac{\left(\alpha_3 + \alpha_4 \dfrac{\beta_2}{1-\beta_1}\right)n - \left[\alpha_1 + \dfrac{\alpha_2(1-\chi)}{\chi}\dfrac{\gamma_1}{1-\gamma_2} + \dfrac{\varepsilon\alpha_5}{2}\right](\rho - A_2)}{\alpha_3 + \alpha_4 + \theta\alpha_1 + (1-\theta)\dfrac{\alpha_2(1-\chi)}{\chi}} \tag{1-29}$$

$$g_Y = \frac{g_R + \rho - \sigma + (\beta_1 R)/D}{1 - \theta} \tag{1-30}$$

$$g_A = \frac{[A_2 + (\beta_1 - 1)(R/D)]\gamma_1}{1 - \gamma_2} \tag{1-31}$$

（二）生态环境状况对经济增长的影响分析

为便于重点分析生态环境污染变量对经济增长的影响效应，对上述方程中的部分变量进行简化，设定为：

$$N_1 = \left(\alpha_3 + \alpha_4 \frac{\beta_2}{1-\beta_1}\right)n \tag{1-32}$$

$$N_2 = \alpha_1 + \frac{\alpha_2(1-\chi)}{\chi}\frac{\gamma_1}{1-\gamma_2} + \frac{\varepsilon\alpha_5}{2} \tag{1-33}$$

$$N_3 = \alpha_3 + \alpha_4 + \theta\alpha_1(1-\theta)\varepsilon\alpha_5 - (1-\theta)\frac{\alpha_2(1-\chi)}{\chi} \tag{1-34}$$

$$N_4 = \rho - A_2 \tag{1-35}$$

根据均衡条件下经济增长速度 $g_Y > 0$ 可知，N_1、N_2、N_3、N_4 均大于0。将式（1-32）、式（1-35）带入式（1-29）中，可得稳态经济的增长经济速度简化形式为：

$$g_Y = \frac{N_1 - N_2 N_4}{N_3} \tag{1-36}$$

本书将生态环境状况分为污染排放增加和污染排放减少两种情况进行分析，讨论生态环境污染及其治理（生态环境约束）对均衡条件下经济增长率的影响及技术进步（创新驱动）对该影响效应的影响。

首先，分析生态环境污染物排放增加的影响，此时为了保证经济的健康可持续发展，政府为应对环境污染越发严重的现状，必然加大环境污染治理投入，即存在 $g_m > 0$，环境污染治理投资占比 m 增加。在此条件下，式（1-28）可以改写为：

$$\rho - A_2 > 2(1-\theta)g_H \tag{1-37}$$

在其他变量不变的条件下，存在两种情况导致式（1-37）成立。一是不等式左侧 ρ 增加，这意味着经济体中消费者的时间贴现率增加，消费者更倾向于当前消费，缺乏对未来消费的信心，这意味着消费者的行为选择缺乏可持续发展观念和意识，当前消费的增加会导致更多的生态环境污染问题，降低了整个经济体的生态环境质量，加大了政府生态环境保护投入，进而导致最终产品生产部门产出的下降，降低了经济增长水平。二是不等式右侧 g_H 下降，这意味着经济体中人力资本积累速度下降，这必然会影响到经济系统的技术创新以及资源优化配置效率，不利于经济的可持续稳定增长。

其次，对生态环境质量改善的情况进行分析。生态环境质量改善会减少政府的生态环境污染治理的投入，导致 $g_m < 0$ 情况的存在。同样对式（1-28）进行变换，可知存在：

$$\rho - A_2 < 2(1-\theta)g_H \tag{1-38}$$

由式（1-38）同样可知存在两种情况使其存在，即时间贴现率 ρ 的降低和人力资本积累增长率 g_H 上升，这正好与式（1-37）中二者的变化相反。也就是说，随着消费者当前消费的降低，对未来消费充满信心，其可持续发展的观念和意识增加能够有效促进经济稳定可持续发展；随着人力资本积累的增长，经济同样能够实现稳定可持续增长。

此外，还可以看出，在环境污染降低，生态环境质量改善的情况下，稳态条件下的经济增长率也要高于生态环境质量恶化条件下的稳态经济增长率，因此可以得到命题 1-1：

命题 1-1：生态环境因素是影响经济可持续发展的重要约束条件，生态环境质量改善有利于提高稳态条件下的经济可持续发展水平，反之，不利于经济可持续发展水平的提高。

（三）技术进步对经济增长的影响分析

首先，分析技术研发部门人力资本产出弹性 γ_1 对经济增长的影响，对式（1-29）求 γ_1 的偏导数，可得：

$$\frac{\partial g_Y}{\partial \gamma_1} = \frac{\frac{\alpha_2(1-\chi)}{\chi(1-\gamma_2)}(A_2-\rho)}{\alpha_3+\alpha_4+\theta\alpha_1+(1-\theta)\frac{\alpha_2(1-\chi)}{\chi}} \quad (1-39)$$

由式（1-39）可知，当 $A_2-\rho>0$ 恒成立时，技术研发部门的人力资本产出弹性系数 γ_1 越大，稳态条件下的经济增长率越大。$A_2-\rho>0$ 恒成立意味着消费者的当期消费倾向降低，更倾向于未来消费，其可持续发展观念和意识较强，本书认为随着我国居民收入水平的提高和政府的宣传，居民的生态环境保护意识和可持续发展观念正在逐步加强，这一条件得到满足。技术研发部门的人力资本产出弹性提高，表明单位人力资本投入的技术创造和知识产出增加，有利于提高技术水平。根据前文假定也可知，这就带动了中间生产部门产品种类的增加，并间接促进了最终产品生产部门的产出水平，实现了经济的快速可持续增长。

其次，分析技术研发部门知识存量的产出弹性 γ_2 对经济增长的影响，对式（1-29）求 γ_2 的偏导数，可得：

$$\frac{\partial g_Y}{\partial \gamma_2} = \frac{\frac{\alpha_2(1-\chi)}{\chi}\frac{\gamma_1}{(1-\gamma_2)^2}(A_2-\rho)}{\alpha_3+\alpha_4+\theta\alpha_1+(1-\theta)\frac{\alpha_2(1-\chi)}{\chi}} \quad (1-40)$$

由式（1-40）可知，当 $A_2-\rho>0$ 恒成立时，技术研发部门原有知识存量产出弹性 γ_2 越大，稳态条件下的经济增长率越大，越能够促进经济快速可持续发展。其影响效应与技术研发部门人力资本产出弹性的影响相似，这里不再赘述。

综合式（1-39）和式（1-40）可知，随着技术研发部门人力资本投入和原有技术知识存量二者产出弹性系数的增加，经济系统中的技术水平不断提高，技术知识存量不断扩大，能够有效扩大中间产品生产

部门产出水平,促进稳态条件下的经济快速可持续发展。基于此,提出命题 1-2:

命题 1-2:人力资本投资和技术知识存量产出弹性的提高可以有效提高经济系统的技术进步水平和技术知识存量水平,技术进步能够显著提升稳态条件下的经济可持续发展水平。

(四)技术进步对能源约束的影响分析

首先对经济增长式(1-30)求能源部门产出 R 的偏导数,可得:

$$\frac{\partial g_Y}{\partial R} = \frac{\beta_1}{(1-\theta)D} \tag{1-41}$$

由式(1-41)可知,$\partial g_Y/\partial R > 0$ 意味着能源开发部门的产出 R 越大,经济的增长率越大。能源投入是经济增长的重要影响因素。但是与前期有关能源无限供应认知不同,现阶段多数学者认为以煤炭、石油和天然气为主的化石能源是可耗竭性的,随着其勘探开采强度的提高,其开采量越来越少,对经济增长的约束必然越来越强。因此如何降低化石能源对经济增长的约束成为学术界关注的焦点,现阶段学者认为解决该问题的主要办法存在两种:一是大力开发可再生能源,以可再生能源消费替代化石能源消费来缓解化石能源对经济增长的约束,同时该方法还能够有效降低生态环境污染物的排放,实现经济增长和生态环境保护的"双赢",这一部分将在下一章和第四篇中进行详细分析,这里不再讨论。二是通过技术研发提升能源勘探开发、消费利用效率,以更低的能源投入带来更高的经济产出,本章主要对此进行分析。

进一步对式(1-41)求能源部门产出 R 的偏导数,可得:

$$\frac{\partial g_A}{\partial R} = \frac{(\beta_1-1)\gamma_1}{(1-\gamma_2)D} \tag{1-42}$$

由式(1-42)可知,$\partial g_A/\partial R < 0$ 表明能源产出与技术知识存量积累增长率之间存在反向关系,能源产出越大,技术知识存量增长率越小;能源产出越小,技术知识增长存量增长率越大。这一命题实际上已有学者进行了研究并得到了一致的结论。20 世纪末 21 世纪初,有关"资源诅咒"命题的研究和分析成为资源环境领域研究的热点,其基本观点就是资源富集区的资源开发并没有带来经济的健康可持续发展,反而阻碍了经济的增长。随后的研究逐渐扩展到资源开发对其他领域的影

响，进而验证其他经济社会领域是否存在"资源诅咒"现象。Gylfason（2001）、Van der Ploeg（2011）、Caselli 和 Michaels（2013）、Bhattacharyya 和 Collier（2014）、陈建宝和乔宁宁（2016）、熊若愚和吴俊培（2020）等众多学者的研究都表明"资源诅咒"命题在公共品供给特别是科教投入、技术研发投入以及高质量劳动力培养等方面显著存在，政府更倾向于加大对能源部门的人力资本和物质资本投入，通过"天赐良财"低成本的实现经济增长，而降低技术知识积累方面的投入。

根据上述推导和分析，可得到命题 1-3：

命题 1-3：技术进步与能源产出之间对经济增长的推动影响存在替代效应，提高技术进步水平，能够降低能源对经济增长的约束效应。

综合上述分析可以发现，生态环境约束、能源消费、技术创新驱动和经济稳态可持续发展之间存在显著的关系，具体来说，生态环境和能源消费因素对经济稳态可持续发展具有约束效应，改善生态环境质量、提高能源利用效率能够促进经济增长，技术进步不仅能够直接带动经济增长，还对缓解环境能源消费约束和生态环境约束具有重要作用。

第三节 可再生能源替代的经济效应和环境效应研究

本节主要针对降低能源消费对经济增长约束的第一种方式进行详细讨论，将能源消费分为化石能源消费和可再生能源消费，分析可再生能源消费替代的经济效应和环境效应。

一 函数设定

借鉴 Pittel 和 Bretschger（2008）的研究方法和思路，将生产部门分为最终产品生产部门、中间产品生产部门和技术研发部门三类；将生产要素分为物质资本、人力资本、化石能源和可再生能源四类；将人力资本分为从事技术研发的技术工人和从事中间产品生产的产业工人两类。

（一）最终产品部门

这里采用不变替代弹性生产函数形式设定最终产品生产部门的函数形式，假定最终产品生产部门的生产是由 n 种差异化的中间投入 $y_i[i \in (0, n)]$ 决定的，具体函数表示为：

$$Y = \left(\int_0^n y_i^n di\right)^{\frac{1}{\eta}} = n^{\frac{1-\eta}{\eta}}(ny), \quad \eta \in (0, 1) \tag{1-43}$$

式（1-43）中，η 表示第 $i \in (0, 1)$ 种类的中间产品 y_i 对生产最终产品 Y 的贡献，假定最终产品生产函数是由技术研发投入和中间产品投入组成，技术研发和知识投入会形成"知识溢出"并诱发"干中学"，最终提高整个经济系统的技术知识存量和最终产品生产部门的产量。所以式（1-43）中的 n 同时表示中间产品生产部门生产的产品种类和技术创新部门的技术知识存量。

（二）中间产品部门

中间产品生产部门的生产函数采用 C-D 生产函数形式表示，其投入要素包括物质资本 K，产业工人 L_{y_i}、化石能源 e_{x_i} 和可再生能源 e_{z_i} 四种，并进一步假定中间产品生产函数的规模报酬不变，函数表达式为：

$$y_i = k_i^\xi L_{Y_i}^\gamma e_{x_i}^{\alpha\beta} e_{z_i}^{(1-\alpha)\beta} z, \quad \beta + \xi + \gamma = 1 \tag{1-44}$$

经济体的实物资本的动态积累方程表示为：$\dot{K} = Y - C - \delta K$，这里 δ 表示实物资本的折旧率；α 和 $(1-\alpha)$ 表示化石能源和可再生能源在总的能源消费中的产出弹性和比例。

（三）技术研发部门

与第二节假定相同，技术研发部门的技术知识存量的增量方程是技术工人投入 L_A 和原有技术知识积累 n 的函数，技术工人投入的生产弹性设定为 1；技术知识积累的生产弹性设定为 ψ，所以技术研发部门技术知识存量的增量方程可设定为：

$$\dot{n} = L_A n^\psi \tag{1-45}$$

基于式（1-45），可以得到技术进步率为 $g_A = \dot{n}/n = L_A n^{\psi-1}$。

（四）能源部门

能源部门的生产函数同样采用 C-D 型生产函数，由化石能源和可再生能源两种要素构成，即存在：

$$E = (E_X)^\alpha (E_Z)^{1-\alpha}, \quad 0 < \alpha < 1 \tag{1-46}$$

化石能源存量的运动方程为：

$$\dot{R}_X = -E_X \tag{1-47}$$

可再生能源存量的运动方程为：

$$\dot{R}_Z = \phi R_Z - E_Z \qquad (1-48)$$

这里 ϕ 表示可再生能源的可再生率。

（五）环境质量函数

与第二节有关生态环境质量 P 的形成原因分析相同，认为生态环境质量的影响因素主要包括环境污染物排放、环境治理和生态环境净化能力三者。与前文分析不同的是，这里假设 t 时期经济体中人均环境污染排放量为 $L(Y, z) = -z^\sigma Y$，其中，z 为污染物排放强度，受政府环境规制强度的影响，且 $0 \leq z \leq 1$；$\sigma(\sigma > 0)$ 表示环境污染程度，同样受政府环境规制强度的影响。进一步采用 $\mu(\mu > 0)$ 表示生态环境自身的净化率。在借鉴 Aghion 和 Howitt（1998）分析思路和方法的基础上，生态环境质量的增量方程可表示为：

$$\dot{P} = -z^\sigma Y - \mu P \qquad (1-49)$$

（六）效用函数

假定消费者的效用函数同样受消费量和生态环境状况的影响，其函数形式设定为：

$$u(C, P) = \frac{C^{1-\theta} - 1}{1-\theta} + \frac{(-P)^{1+\varepsilon} - 1}{1+\varepsilon} \qquad (1-50)$$

式（1-50）中，$\theta(\theta > 0)$ 表示消费者的边际消费效用弹性；$\varepsilon(\varepsilon > 0)$ 表示生态环境质量对消费者效用的影响，也可以表示为消费者的生态环境保护意识参数。

二　社会最优均衡求解

当经济体处于对称均衡时，存在 $k_i = K/n$、$e_{x_i} = E_X/n$、$e_{z_i} = E_Z/n$、$L_{y_i} = L_Y/n$ 成立。将上述四个等式带入最终产品生产函数式（1-43）中，可得：

$$Y = n^{\frac{1-\eta}{\eta}} K^\xi L_Y^\gamma (E_X^\alpha E_Z^{1-\alpha})^\beta z \qquad (1-51)$$

由式（1-51）和式（1-44）的约束条件可知，$\xi + \frac{1-\eta}{\eta} + \beta + \gamma > 1$，因此最终产品的生产函数具有规模递增的性质。

为便于分析和重点考察人力资本在技术创新部门和中间产品生产部门配置的影响效应，进一步假定存在 $L_Y + L_A = 1$，同时假定技术创新部门的技术进步率与技术工人投入之间存在线性关系，即 $\psi = 1$。则此时以消费者效用最大化为目标的动态最优化问题为：

$$\max U = \int_0^\infty u(C,P)e^{-\rho t}dt \qquad (1-52)$$

s. t. $\dot{K} = Y - C - \delta K$

$\dot{R}_X = -E_X$

$\dot{R}_Z = \phi R_Z - E_Z$

$\dot{n} = nL_A$

$\dot{P} = -z^\sigma Y - \mu P$

式（1-52）中，ρ（$\rho > 0$）表示时间偏好率；U 表示瞬时效用函数的贴现值加总。

参考 Barro 和 Sala-i-Martin（1992）的变数转换思路和方法，设定 $f = Y/K$，$\upsilon = C/K$，$x = E_X/R_X$，$\tau = E_Z/R_Z$，$r = z/P$。根据最优化控制理论，构造 Hamiltanian 函数：

$$H = u(C,P)e^{-\rho t} + m_1[Y - C - \delta K] + m_2(\phi R_Z - E_Z) - m_3 E_X + m_4 n(1 - L_Y) + m_5(-z^\sigma Y - \mu P) \qquad (1-53)$$

令 $\lambda_1 = m_1 e^{\rho t}$，$\lambda_2 = m_2 e^{\rho t}$，$\lambda_3 = m_3 e^{\rho t}$，$\lambda_4 = m_4 e^{\rho t}$，$\lambda_5 = m_5 e^{\rho t}$，将式（1-53）改为现值 Hamiltanian 函数的形式，为：

$$H = u(C,P) + \lambda_1[Y - C - \delta K] + \lambda_2(\phi R_Z - E_Z) - \lambda_3 E_X + \lambda_4 n(1 - L_Y) + \lambda_5(-z^\sigma Y - \mu P) \qquad (1-54)$$

现在推导模型中各变量的增长率。与上一节分析与设定相同，假定一个变量 X 的增长率定义为 $g_X = \dot{X}/X$（$\dot{X}$ 是 X 关于 t 的导数）。根据最大值原理条件 $\dot{\lambda}_i = -\partial H_c/\partial y_i$ 和 $\dot{y}_i = \partial H_c/\partial \lambda_i$（$y_i$ 为状态变量）可得：

$$\dot{\lambda}_1 = -\frac{\partial H_c}{\partial K} + \rho\lambda_1 = \lambda_1(\rho + \delta - \xi f) + \lambda_5 z^\sigma \xi f = \lambda_1\left(\rho + \delta - \frac{\sigma}{\sigma+1}\xi f\right)$$

$$\dot{\lambda}_2 = -\frac{\partial H_c}{\partial R_Z} + \rho\lambda_2 = \lambda_2(\rho - \phi)$$

$$\dot{\lambda}_3 = -\frac{\partial H_c}{\partial R_X} + \rho\lambda_3 = \lambda_3\rho \quad \dot{\lambda}_3 = -\frac{\partial H_c}{\partial R_X} + \rho\lambda_3 = \lambda_3\rho$$

第一章 基于能源与环境约束下内生经济增长理论

$$\dot{\lambda}_4 = -\frac{\partial H_c}{\partial n} + \rho\lambda_4 = \lambda_4\left(\rho - L_Y\frac{1-\eta}{\eta\gamma} + L_Y - 1\right)$$

$$\dot{\lambda}_5 = -\frac{\partial H_c}{\partial P} + \rho\lambda_5 = \lambda_5(\mu+\rho) - (-P)^\varepsilon$$

$$\dot{K} = Y - C - \delta K$$

$$\dot{R}_X = -E_X$$

$$\dot{R}_Z = \phi R_Z - E_Z$$

$$\dot{n} = nL_A$$

$$\dot{P} = -z^\sigma Y - \mu P$$

求解上述包含 λ_i 的常微分方程通解：

$$\lambda_1 = C_1 e^{(\rho+\delta-\frac{\sigma}{\sigma+1}\xi f)t}$$

$$\lambda_2 = C_2 e^{(\rho-\phi)t}$$

$$\lambda_3 = C_3 e^{\rho t}$$

$$\lambda_4 = C_4 e^{(\rho-\frac{1-\eta}{\eta\gamma}+L_Y-1)t}$$

$$\lambda_5 = C_5 e^{(\mu+\rho)t} - \frac{(-P)^\varepsilon}{\mu+\rho}$$

因为这里的现值 Hamiltanian 函数没有关于控制变量的约束条件，于是控制变量 u_i 的最优路径是内部解，所以可以用条件 $\partial H_c/\partial u_i = 0$ 代替 $\max_{u_i} U$，于是有：

$$\frac{\partial H_c}{\partial C} = C^{-\theta} - \lambda_1 = 0 \Rightarrow \lambda_1 = C^{-\theta}$$

$$\frac{\partial H_c}{\partial E_Z} = 0 \Rightarrow \lambda_2 = \lambda_1 \frac{\sigma}{\sigma+1}(1-\alpha)\beta\frac{Y}{E_Z}$$

$$\frac{\partial H_c}{\partial E_X} = 0 \Rightarrow \lambda_3 = \lambda_1 \frac{\sigma}{\sigma+1}\alpha\beta\frac{Y}{E_X}$$

$$\frac{\partial H_c}{\partial L_Y} = 0 \Rightarrow \lambda_4 = \lambda_1 \frac{\sigma}{\sigma+1}\gamma\frac{Y}{nL_Y}$$

$$\frac{\partial H_c}{\partial z} = 0 \Rightarrow \lambda_5 = \lambda_1 \frac{z^{-\sigma}}{\sigma+1}$$

进一步为保证消费者效用最大化的横截距条件为：

23

$$\lim_{t\to\infty}\lambda_1 Ke^{-\rho t}=0$$

$$\lim_{t\to\infty}\lambda_2 R_Z e^{-\rho t}=0$$

$$\lim_{t\to\infty}\lambda_2 R_Z e^{-\rho t}=0$$

$$\lim_{t\to\infty}\lambda_4 ne^{-\rho t}=0$$

$$\lim_{t\to\infty}\lambda_5 Pe^{-\rho t}=0$$

将最优路径的条件与 λ_i 的通解匹配联立可得各控制变量的增长率，即：

$$g_c = \frac{\dot{C}}{C} = \frac{1}{\theta}\left(\frac{\sigma}{\sigma+1}\xi f - \delta - \rho\right)$$

$$g_{E_Z} = \frac{\dot{E}_Z}{E_Z} = \phi - \frac{\sigma}{\sigma+1}\xi f + \delta + g_Y$$

$$g_{E_X} = \frac{\dot{E}_X}{E_X} = -\frac{\sigma}{\sigma+1}\xi f + \delta + g_Y$$

$$g_{L_Y} = \frac{\dot{L}_Y}{L_Y} = \frac{1-\eta}{\eta\gamma}L_Y + g_{E_X}$$

$$g_z = \frac{\dot{z}}{z} = \frac{\rho + \delta - \frac{\sigma}{\sigma+1}\xi f}{\sigma(\varepsilon+1)} - \frac{\varepsilon}{\sigma(\varepsilon+1)}g_Y$$

三　比较静态分析

对生产函数式（1-44）两边同时求导数，可得：

$$g_Y = \frac{1-\eta}{\eta}(1-L_Y) + \xi(f-v-\delta) + \gamma g_{E_X} + \frac{1-\eta}{\eta}L_Y + \alpha\beta g_{E_X} + (1-\alpha)\beta g_{E_Z} + g_z \quad (1-55)$$

将各变量的增长率①与上式联立，可得平衡增长路径上经济体的产出、资本和消费的增长率相等，产出增长率可以表示为：

$$g_Y^* = \frac{\frac{1-\eta}{\eta} + \rho(\varepsilon+\theta) + \sigma\theta(1+\varepsilon)[\gamma+\beta\phi(1-\alpha)]}{\theta[\varepsilon+\theta+\sigma\theta(1+\varepsilon)(1-\xi)]} - \frac{\rho}{\theta} \quad (1-56)$$

根据分析可得，平衡增长路径上能源效率（Y/E）的增长率可表

---

① 完全预期均衡解唯一性证明省略。

示为：
$$g_{Y/E}^* = g_Y^* - g_E^*$$
平衡增长路径上能源消耗的增长率可表示为：
$$g_E^* = g_{E_\chi^*} + (1-\alpha)\phi$$
因此可以得到平衡增长路径上能源效率的增长率可表示为：
$$g_{E/Y}^* = (\alpha-1)\phi - \delta +$$
$$\frac{\varepsilon[\rho+(1-\theta)\delta] + \delta(\varepsilon+1)\theta + \left[\frac{1-\eta}{\eta}+(1-\xi)\delta+(1-\alpha)\beta\phi\right]\sigma(\varepsilon+1)\theta}{(\varepsilon+1)(1+\sigma)\theta+\varepsilon-[\xi\sigma(\varepsilon+1)+\varepsilon]\theta}$$
(1-57)

对式（1-56）和式（1-57）求可再生能源消费替代（1-α）的偏导数，可得：

$$\partial g_Y^*/\partial(1-\alpha) = \frac{\sigma\theta(1+\varepsilon)\beta\phi}{\theta[\varepsilon+\theta+\sigma\theta(1+\varepsilon)(1-\xi)]} > 0 \quad (1-58)$$

$$\partial g_{Y/E}^*/\partial(1-\alpha) = \frac{(1-\xi-\beta)\varepsilon\sigma\phi\theta+(1-\xi-\beta)\sigma\phi\theta+\phi(\theta+\varepsilon)}{(1-\xi)\varepsilon\sigma\theta+(1-\xi)\sigma\theta+\theta+\varepsilon} > 0$$
(1-59)

由此可得命题1-4。

命题1-4：可再生能源消费替代比例的上升，可以提高均衡状态下的经济增长率；同时有利于提高能源效率，改善生态环境，实现经济增长与生态环境改善的"双赢"。

第二章

创新驱动能源化工产业链升级路径分析

西部地区能源化工产业高级化的一个重要内涵就是在现有能源开采和加工产业优势的基础上，大力延伸产业链，促进大化工和精细化工产业的发展。基于此，本章将西部地区的能源化工产业分为能源开采加工业（包括开采业和初级加工业等西部地区具有比较优势的产业）和化工产业（主要包括大化工和精细化工等西部地区不具有优势的产业），分析两个产业内的要素和技术的互动，驱动西部整体能源化工产业高级化的影响机理。

第一节 创新驱动能源化工产业高级化的两部门模型分析

一 模型构建

整个经济体分为化工产业和能源开采加工两个部门，两个部门同时进行生产和研发活动，都使用物质资本、人力资本和产业原有技术存量三类生产要素进行生产。基于产业发展阶段和技术特性，本书假定在经济增长的初始点，化工产业部门的技术知识存量和研发人力资本投入都高于能源开采加工产业部门，知识由化工产业部门向能源开采加工产业部门单方向溢出①。化工和能源开采加工产业部门分别生产化工产品和能源开采加工产品，两部门所有的生产工人和研发人员构成了整个经济体的消费者。

化工产业、能源开采加工两部门模型的生产函数都采用柯布—道格拉斯生产函数的表达形式为：

$$Y_{it} = K_{it}^{\alpha}(A_{it}H_{pit})^{1-\alpha} \quad i = h, l \quad (2-1)$$

式（2-1）中，h 代表化工产业部门，l 代表能源开采加工产业部门，H_{pit} 代表 i 部门 t 时期投入生产的人力资本，这里沿用上一章有关人力资本的设定和分类，假定人力资本分为用于生产的产业人力资本 H_{pt} 和用于技术研发的技术人力资本 H_{rt}，研发部分的人力资本会通过技术进步，对产出产生影响。t 时期的经济产出、物质资本、人力资本、技术知识水平分别表示为 Y_t、K_t、H_t、A_t②，同时存在：$Y = Y_h + Y_l$、$K = K_h + K_l$、$H = H_h + H_l$、$A = A_h + A_l$。

假设人力资本的表达式为 $H = L \times G(E)$，其中，L 为经济体中包含产业工人和研发工人的劳动力总数，$G(E)$ 是人力资本函数，E 表示工人的受教育水平，并设定为外生固定。进一步设定 $L = L_h + L_l = aL + (1-a)L$，$a$ 代表化工产业部门工人占总就业人口的比例，为不变常数；参照该设定方式，可以设定：$L_h = L_{hr} + L_{hp} = b_h L_h + (1-b_h)L_h$、$L_l = L_{lr} + L_{lp} = b_l L_l + (1-b_l)L_l$，$L_{hr}$、$L_{hp}$ 分别代表化工产业部门的研发工人和生产工人人数；L_{lr}、L_{lp} 分别代表能源开采加工产业部门的研发工人和生产工人人数；b_h、b_l 分别代表化工产业部门、能源开采加工产业部门的研发工人占两部门总就业人数的比重，设定其为固定常数。

（一）化工产业部门

化工产业部门规模报酬不变的 C-D 型生产函数为：

$$Y_h = K_h^{\alpha}(A_h H_{hp})^{1-\alpha} \quad (2-2)$$

式（2-2）中，Y_h 为化工产业部门的产品产量；α 为化工产业部门的物质资本产出弹性（$0 < \alpha < 1$）；K_h 为投入到化工产业部门生产中

---

① 实际上，能源勘探开采的技术水平要求更高，但是勘探开采的技术知识的特性是对相关产业和设备制造的技术水平要求高，但本身技术知识的溢出效应较差，因此从"溢出"视角看，能源开采加工业的技术知识水平较低。

② 为简化分析，以下分析中省略时间下标 t。

的实物资本;A_h为化工产业部门的知识或技术存量;H_{hp}为投入到化工产业部门的人力资本数量。

化工产业部门新的技术知识形成原因同样包含"干中学"的知识溢出和技术研发人力资本投入两个。基于此将化工产业部门技术知识存量A_h的增量方程设定为:

$$\dot{A}_h = (H_{hp}K_h)^\phi \times (H_{hr}A_h)^\theta \qquad (2-3)$$

式(2-3)中,ϕ表示因"干中学"产生的技术知识溢出对化工产业部门技术知识积累的增量贡献系数,系数ϕ越大,因"干中学"产生的技术知识溢出效应越大,并且"干中学"的技术知识溢出是化工产业生产活动的"副产品",一般情况下随着生产规模的扩大,其技术知识溢出效应越大,基于此假设$\phi>0$。H_{hr}表示投入到能源化工产业部门技术研发活动中的人力资本。θ表示技术研发对化工产业部门技术知识积累增量的影响系数,因为可以存在不研发的情况,因此假设存在$\theta \geq 0$。化工产业部门技术知识积累的增量方程规模报酬性质取决于($\phi+\theta$)与1的比较。

(二)能源开采加工产业部门

能源开采加工产业部门采用与化工产业部门相同的生产函数为:

$$Y_l = K_l^\alpha (A_l H_{lp})^{1-\alpha} \qquad (2-4)$$

式(2-4)中,Y_l为能源开采加工产业部门产品的产量;α为物质资本的产出弹性($0<\alpha<1$);K_l为投入到能源开采加工产业部门生产中的实物资本;A_l为能源开采加工产业部门的知识或技术存量;H_{lp}为投入到能源开采加工产业部门生产中的人力资本。

能源开采加工产业部门的技术知识积累的增量原因包含三个方面:一是"干中学"的技术知识溢出;二是技术研发投入;三是化工产业部门对能源开采加工产业部门的知识溢出。可以看到,"干中学"的技术知识溢出和技术研发投入的影响与能源化工产业部门中二者对技术知识积累增量的影响相同。第三个影响因素的效果与化工产业部门的知识存量和能源开采加工产业部门对知识的获取和吸收能力有关。能源开采加工产业部门的技术知识积累增量生产函数为:

$$\dot{A}_l = (H_{lp}K_l)^\phi \times (H_{lr}A_l)^\theta \times A_h^\psi \qquad (2-5)$$

式（2-5）中，$\dot{A}_l$、H_{lr}分别为能源开采加工产业部门的新技术知识生产和能源开采加工产业部门投入研发的人力资本，ψ为化工产业部门对能源开采加工产业部门知识溢出系数，ψ越大，说明化工产业部门的知识存量对能源开采加工产业部门新知识的生产贡献越大，也就是说化工产业部门对能源开采加工产业部门的技术知识溢出效应越明显。技术知识溢出效应的影响因素主要包括三个：一是化工产业部门和能源开采加工产业部门知识存量的差距，即知识空间的大小，两部门知识差距越大，说明化工产业部门向能源开采加工产业部门溢出潜力越大；二是能源开采加工产业部门对化工产业部门知识的学习能力，能源开采加工产业部门学习能力越强，越有利于吸收能源化工产业部门技术知识的溢出效应；三是技术知识在整个经济体中传递的自由程度。能源开采加工产业部门知识生产规模报酬取决于$(\phi+\theta+\psi)$与1的比较。

（三）消费者

假定作为生产工人和研发工人的消费者具有相同的消费偏好和消费函数，代表性消费者的瞬时消费效用函数设定为：

$$U = \int_0^\infty e^{-\rho t} \frac{c^{1-\lambda}}{1-\lambda} dt \qquad (2-6)$$

式（2-6）中，c表示瞬时消费情况；ρ（$\rho>0$）表示消费者的主观偏好。为便于分析，假定消费的最优化问题与Ramsey相同，并且主观偏好于社会利息率相等，因此存在$\dot{c}/c=0$。

二 动态分析

假定封闭经济体中就业人数L与总人数相等，人口增长率为n，因此存在$\dot{L}=nL$。

（一）化工产业部门资本积累和平衡增长路径分析

1. 技术水平和物质资本的动态累积

根据前文对人力资本的假定，可将式（2-2）和式（2-3）进行转换，具体如下：

化工产品部门的生产函数为：

$$Y_h = K_h^\alpha \times [(1-b_h)G(E_{hp})]^{1-\alpha} \times (A_h L_h)^{1-\alpha} \qquad (2-7)$$

化工产品部门的技术知识增量生产函数为：

$$\dot{A}_h = [(1-b_h)G(E_{hp})]^\phi \times K_h^\phi \times [b_h G(E_{hr})]^\theta \times A_h^\theta \times L_h^{\phi+\theta} \quad (2-8)$$

式（2-7）和式（2-8）中，E_{hp} 为化工产业部门产业工人的平均受教育水平。将式（2-8）的两边同除 A_h，可以得到 A_h 的增长率为：

$$g_{A_h} = [(1-b_h)G(E_{hp})]^\phi \times K_h^\phi \times [b_h G(E_{hr})]^\theta \times A_h^{\theta-1} \times L_h^{\phi+\theta} \quad (2-9)$$

对式（2-9）两边取对数并求时间的微分，可得：

$$\frac{\dot{g}_{A_h}}{g_{A_h}} = \phi g_{K_h} + (\theta-1)g_{A_h} + (\phi+\theta)n \quad (2-10)$$

由式（2-10）可以看出，当技术进步保持稳态增长即式（2-10）等于 0 时，g_{A_h} 和 g_{K_h} 的变动关系可以表示为：

$$g_{K_h} = [(1-\theta)/\phi]g_{A_h} - (\phi+\theta)n/\phi \quad (2-11)$$

能源化工产业部门的物质资本 K_h 的积累主要来源于新增固定资产投资，在储蓄率 s 外生且固定条件下，可得：

$$\dot{K}_h = s[(1-b_h)G(E_{hp})]^{1-\alpha} \times K_h^\alpha \times (A_h L_h)^{1-\alpha} \quad (2-12)$$

将式（2-12）的两边同除 K_h，可得 K_h 的增长率为：

$$g_{K_h} = s[(1-b_h)G(E_{hp})]^{1-\alpha} \times K_h^{\alpha-1} \times (A_h L_h)^{1-\alpha} \quad (2-13)$$

对式（2-13）两边取对数并求时间的微分，可得：

$$\frac{\dot{g}_{K_h}}{g_{K_h}} = (1-\alpha)(g_{A_h} + n - g_{K_h}) \quad (2-14)$$

为简化分析，本书假定能源化工产业部门的技术知识积累的增量生产函数为规模报酬递减函数[①]，存在 $\phi+\theta<1$。在此情形下，容易得出 $\dot{g}_{A_h}=0$ 和 $\dot{g}_{K_h}=0$ 的轨迹有相交点，并且不管 g_{A_h} 和 g_{K_h} 的初始点在哪，终将收敛于相交点。在该点上，化工产业部门物质资本积累和技术知识积累的增长速度达到稳态。将稳态点的 $g_{A_h}^*$ 和 $g_{K_h}^*$ 代入式（2-10）和式（2-14）中，可得：

$$g_{A_h}^* = \left(\frac{2\phi+\theta}{1-\phi-\theta}\right)n \quad (2-15)$$

---

① 化工产业部门知识生产规模递减的假定符合能源化工产业创新的一般实践，随着技术复杂程度的增加和创新本身的不确定性，等量研发投入并不一定有等量的知识产出，尤其是能源化工产业部门进行的技术创新往往更具有前沿性和更加困难，投入也更多。

$$g_{K_h}^* = \left(\frac{1+\phi}{1-\phi-\theta}\right)n \qquad (2-16)$$

2. 化工产业部门平衡增长路径

在化工产业部门的技术知识生产规模报酬递减的情形下，化工产业部门的技术知识积累和物质资本积累分别以不变的速度 $\left(\frac{2\phi+\theta}{1-\phi-\theta}\right)n$ 和 $\left(\frac{1+\phi}{1-\phi-\theta}\right)n$ 增长。由于化工产业部门产品生产具有规模报酬不变的性质，所以化工产业部门的产出增长率为 $g_{Y_h}^* = \alpha g_{K_h}^* + (1-\alpha)(g_{A_h}^* + n) = g_{K_h}^* = g_{A_h}^* + n$，化工产业部门工人平均产出的增长率为 $g_{Y_h}^* - n = g_{A_h}^*$。

通过式（2-15）可以看出，化工产业部门知识创新（生产）平衡增长的速度与 ϕ、θ 和 n 有关，而与化工产业部门内的就业结构和工人受的平均教育量无关。当 n 不变时，随着化工产业部门"干中学"能力和技术研发能力的提升（$\phi+\theta$ 变大），稳态下的 $g_{A_h}^*$ 随之变大，即化工产业部门创新能力的提升能够驱动化工产业部门稳态下的产出增长率提高。当然，本书模型中的知识创新是以确定性的形式构建的，现实的知识创新往往是不确定性的，并且 ϕ 和 θ 的变化与化工产业部门参与生产和研发的人员天赋、教育程度和组织制度都有密切的关系，本书这里暂不考虑这些因素，只是从知识创新结果的确定性去解释化工产业部门的增长问题。

因此，我们得出，在知识创新结果确定性情形下，如果化工产业部门"干中学"溢出效应系数 ϕ 和技术研发系数 θ 之和小于1，那么，化工产业部门产出增长率和知识创新增长率都会向稳态点收敛。并且，随着化工产业部门创新能力的提升，化工产业部门产出平衡增长率变大，即化工创新能力提升对化工产业部门具有显著的驱动效应。

（二）能源开采加工产业部门资本积累和平衡增长路径分析

1. 技术水平和物质资本的动态累积

同化工产业部门一样，可将式（2-4）和式（2-5）进行变形，具体如下：

能源开采加工部门的产品生产函数设定为：

$$Y_l = K_l^\alpha \times [(1-b_l)G(E_{lp})]^{1-\alpha} \times (A_l L_l)^{1-\alpha} \qquad (2-17)$$

能源开采加工的技术知识积累的增量生产函数设定为：

$$\dot{A}_l = [(1-b_l)G(E_{lp})]^\phi \times K_l^\phi \times [b_l G(E_{lr})]^\theta \times A_l^\theta \times L_l^{\phi+\theta} \times A_h^\psi \quad (2-18)$$

式（2-17）和式（2-18）中，E_{lp} 为能源开采加工产业部门产业工人的平均受教育水平。与化工产业部门的分析同理，可以得到 g_{A_l} 和 g_{K_l} 的表达式为：

$$g_{A_l} = [(1-b_l)G(E_{lp})]^\phi \times K_l^\phi \times [b_l G(E_{lr})]^\theta \times A_l^{\theta-1} \times L_l^{\phi+\theta} \times A_l^\psi$$
$$(2-19)$$

$$g_{K_l} = s[(1-b_l)G(E_{lp})]^{1-\alpha} \times K_l^{\alpha-1} \times (A_l L_l)^{1-\alpha} \quad (2-20)$$

对式（2-19）和式（2-20）两边取对数并求时间的微分，可得：

$$\frac{\dot{g}_{A_l}}{g_{A_l}} = \phi g_{K_l} + (\theta-1)g_{A_l} + (\phi+\theta)n + \psi g_{A_h} \quad (2-21)$$

$$\frac{\dot{g}_{K_l}}{g_{K_l}} = (1-\alpha)(g_{A_l} + n - g_{K_l}) \quad (2-22)$$

同化工产业生产部门相同，这里同样考虑 $\phi+\theta<1$ 的情形。在 $\phi+\theta<1$ 的情形下，能源开采加工产业部门技术知识积累的增量生产函数的规模报酬性质是不确定的。若 $\psi=0$，即化工产业部门对能源开采加工部门没有知识溢出，那么能源开采加工产业部门技术知识积累增量生产函数就与化工产业部门的技术知识积累增量生产函数趋同，具有同样递减的规模报酬。若 $0<\psi<1-\phi-\theta$，即化工产业部门对能源开采加工产业部门有少量的知识溢出，虽然 $\psi>0$，但 $\psi+\phi+\theta<1$，能源开采加工产业部门的技术知识积累增量生产函数依然是规模报酬递减的，只是与化工产业部门相比，能源开采加工产业部门的技术知识积累增量方程的递减程度弱于化工产业部门的技术知识积累增量方程的递减程度。若 $\psi=1-\phi-\theta$，即化工产业部门对能源开采加产业部门的知识溢出刚好使能源开采加工产业部门技术知识积累的增量方程生产规模报酬不变。若 $\psi>1-\phi-\theta$，即化工产业部门对能源开采加工产业部门的技术知识溢出对能源开采加工的技术知识产生很大的溢出效应，这使能源开采加工产业部门的技术知识积累增量方程生产规模报酬递增。

当 $\phi+\theta<1$ 时，通过分析可知，化工产业部门的经济增长收敛于平衡增长路径，即式（2-15）。因此，将式（2-15）代入式（2-21），并考虑改写式（2-21）和式（2-22），容易得知 g_{A_l} 和 g_{K_l} 的变

化轨迹同样具有相交点，即存在稳态。因此可得：

$$g_{A_l}^* = \frac{(2\phi+\theta)n}{1-\phi-\theta} \times \left(1+\frac{\psi}{1-\phi-\theta}\right) \quad (2-23)$$

$$g_{K_l}^* = \frac{(1-\phi-\theta)(1+\phi)+\psi(2\theta+\phi)}{(1-\phi-\theta)^2} \times n \quad (2-24)$$

2. 能源开采加工产业部门平衡增长路径

在 $\phi+\theta<1$ 的情形下，能源开采加工产业部门经济增长向平衡增长路径收敛。一旦能源开采加工产业部门经济增长速度收敛到平衡增长路径，能源开采加工产业部门知识生产以 $g_{A_l}^*$ 的速度增长，物质资本以 $g_{K_l}^*$ 的速度增长。由式（2-22）和式（2-23）可知，$g_{A_l}^* + n = g_{K_l}^*$，所以能源开采加工产业部门产出增长率收敛于 $g_{K_l}^*$。

分析式（2-22）可知，$g_{A_l}^*$ 的变化与 ϕ、θ、n、ψ 有关。由于 $\phi+\theta<1$，当 $n\neq0$ 时，$g_{A_l}^*>0$。我们分析 ϕ、θ、ψ 的变化对 $g_{A_l}^*$ 的影响，由于 ψ 代表化工对能源开采加工知识溢出的程度，那么 $\psi=0$ 就意味着能源开采加工产业部门与化工产业部门的平衡增长路径平行或者重合，平行表明两个部门间的技术知识差距保持不变，永久存在"知识鸿沟"；重合意味着两部门实现了产业融合和经济一体化，两部门间的技术知识存量相等。

我们将在下文对路径平行进行分析。当 $\psi>0$，且 $\phi+\theta=D<1$（D 为大于 0 的常数）时，我们发现，若 $\Delta\phi+\Delta\theta=0$，那么 ϕ 和 θ 的变化对 $g_{A_l}^*$ 变化的影响是不同的，具体情况有三种：$\psi=1-\phi-\theta$（能源开采加工产业部门技术知识积累增量方程生产规模报酬不变），那么 ϕ 和 θ 的变化对 $g_{A_l}^*$ 变化有相同的作用；$\psi<1-\phi-\theta$（规模报酬递减），那么 ϕ 的变化对 $g_{A_l}^*$ 的影响比 θ 的变化对 $g_{A_l}^*$ 的影响大，即在能源开采加工产业部门知识生产规模报酬递减情况下，"干中学"的溢出效应提升对能源开采加工产业部门平衡增长路径上的技术知识积累增量提高影响力更大；$\psi>1-\phi-\theta$（规模报酬递增），那么 ϕ 的变化对 $g_{A_l}^*$ 的影响比 θ 的变化对 $g_{A_l}^*$ 的影响小，即在能源开采加工产业部门技术知识积累增量方程生产规模报酬递增情况下，技术研发能力的提升对能源开采加工产业部门平衡增长路径上的技术知识积累增量增长率提高影响更大。当然，在 ϕ 和 θ 不变时，ψ 越大，$g_{A_l}^*$ 越大，即化工产业部门技术知识对能源开采加工产业部门的技术知识溢出越大,对能源开采加工产业部门经济增长作用越大。

能源开采加工产业部门就业结构和平均教育程度对能源开采加工产业部门的影响与化工相同,但是,能源开采加工产业部门技术知识创新的不确定性和成功率因知识复杂程度与化工产业部门有所区别。

因此,在技术知识创新结果确定性情形下,如果 $\phi + \theta < 1$,那么能源开采加工产业部门经济增长向平衡增长路径收敛。在平衡增长路径上,ϕ 和 θ 的变化能够对 $g_{A_l}^*$ 和 $g_{Y_l}^*$ 产生影响,若能源开采加工产业部门技术知识积累增量方程的生产规模报酬不变,ϕ 和 θ 的变化对 $g_{A_l}^*$ 和 $g_{Y_l}^*$ 无影响;若规模报酬递减,则 ϕ 的作用比 θ 大;若规模报酬递增,则 ϕ 的作用比 θ 小。在 ψ 不变的情况下,能源开采加工产业部门技术知识的创新能力提升对能源开采加工产业部门经济增长有驱动效应。

(三) 经济总体动态分析

由上述两部门的分析可知,不管是否存在知识溢出,两部门经济增长在长期都能达到稳态增长。那么,在化工和能源开采加工产业部门分别处于平衡增长时,整个经济体的增长率如何?我们首先从物质资本 K 展开分析。

1. K 的动态分析

由 $K = K_h + K_l$,可知 $\dot{K} = \dot{K}_h + \dot{K}_l = g_{K_h}^* K_h + g_{K_l}^* K_l$,因此有:

$$g_K = \frac{g_{K_h}^* K_h + g_{K_l}^* K_l}{K_h + K_l} \tag{2-25}$$

假设化工产业部门和能源开采加工产业部门的经济初始点就分别位于各自的平衡增长路径,两部门在初始点有不同的初始物质资本存量 K_{h0} 和 K_{l0}。可得:

$$K_h = K_{h0} \cdot e^{g_{K_h}^* \cdot t} \tag{2-26}$$

$$K_l = K_{l0} \cdot e^{g_{K_l}^* \cdot t} \tag{2-27}$$

将式(2-26)和式(2-27)代入式(2-25)中,可得:

$$g_K = g_{K_l}^* \left[1 - \frac{1 - g_{K_h}^* / g_{K_l}^*}{1 + (K_l / K_h) e^{(g_{K_l}^* - g_{K_h}^*) \cdot t}} \right] \tag{2-28}$$

考虑式(2-16)和式(2-24)可知:当 $\psi = 0$ 时,$g_{K_h}^* = g_{K_l}^*$,所

以可得 $g_K^* = g_{K_h}^* = g_{K_l}^*$；当 $\psi \neq 0$ 时，$g_{K_h}^* \leq g_{K_l}^*$，所以容易推导出 $\lim_{t \to \infty} g_K = g_{K_l}^*$，即存在 $g_K^* = g_{K_l}^*$。因此，不论 ψ 是否为 0，经济总体的物质资本积累增长率最终将收敛于 $g_K^* = g_{K_l}^*$。

同理，有 $Y = Y_h + Y_l$ 和 $A = A_h + A_l$，可以推导出 $g_Y^* = g_{Y_l}^*$ 和 $g_A^* = g_{A_l}^*$。

2. 经济平衡增长路径

由上述分析可知，两部门构成的封闭经济体经济增长在长期中会向平衡增长路径收敛，在平衡增长路径有 $g_Y^* = g_{Y_l}^*$ 和 $g_A^* = g_{A_l}^*$，即经济总体的平衡增长路径与能源开采加工产业部门平衡增长路径重合。由此可知，影响能源开采加工产业部门平衡增长的 ϕ、θ 和 ψ，对经济总体平衡增长有相似的作用。不同的是，化工产业部门技术知识积累对能源开采加工产业部门的技术知识积累的溢出效应系数 ψ 的增加，直接提升了能源开采加工产业部门的平衡增长率，而经济总体增长率向能源开采加工产业部门平衡路径的收敛是受到 ψ 的间接影响的。

因此，当化工产业部门和能源开采加工产业部门的经济分别以 $g_{Y_h}^*$ 和 $g_{Y_l}^*$ 的速度增长时，经济总体的增长速度向能源开采加工产业部门平衡增长路径收敛，有 $g_Y^* = g_{Y_l}^*$。化工产业部门技术知识积累对能源开采加工产业部门的技术知识积累的溢出效应系数 ψ 直接影响能源开采加工产业部门 $g_{Y_l}^*$，间接影响经济总体 g_Y^*。两部门的知识创新对经济总体都有驱动效应。

第二节　化工产业部门创新驱动效应

我们不仅关心化工产业部门和能源开采加工产业部门各自经济增长情况，更加关注化工产业部门技术知识创新对能源开采加工产业部门和整体经济增长的驱动效应，本节即对化工产业部门技术知识创新的影响效应进行分析。

一　化工产业部门创新对能源开采加工产业部门的驱动效应

化工产业部门知识创新驱动能源开采加工产业部门经济增长的关键因素主要有三个：一是化工产业部门以平衡增长速度增长时，t 时期的技术知识存量；二是化工产业部门技术知识积累对能源开采加工产业部门的技术知识积累的溢出效应系数 ψ；三是能源开采加工产业部门对技术知识溢出的学习吸收能力。

通过上述分析可知，在化工产业部门以平衡增长速度增长时，由式（2-9）和式（2-15）可得：

$$A_h = \left[\frac{1-\phi-\theta}{n(2\phi+\theta)}\right]^{\frac{1}{1-\theta}} [(1-b_h)G(E_{hp})]^{\frac{\phi}{1-\theta}} \times K_h^{\frac{\phi}{1-\theta}} \times [b_h G(E_{hr})]^{\frac{\theta}{1-\theta}} \times L_h^{\frac{\phi+\theta}{1-\theta}}$$

(2-29)

由于我们将 b_h、E_{hp} 和 E_{hr} 设定为外生的，所以在化工产业部门就业结构和教育程度不变时，化工产业部门的技术知识存量增长是有迹可循的。正如前面所得，与就业结构和教育程度无关。但是，从式（2-29）可以发现，外生的 E_{hp} 和 E_{hr} 越大，A_h 也越大。并且，当化工产业部门的技术研发能力强过"干中学"的溢出效应时，更高的研发人员比例 b_h 和更大的 E_{hr} 对 A_h 影响更大。假如 E_{hr} 的变化受到外界的冲击，例如，战争或经济动乱，使相对稳定的政治环境对高科技人才的吸引短时间大幅提升，在不影响就业结构的情况下，A_h 的轨迹会向上跳跃，拓宽了整个经济体的知识空间。

这一变化如图 2-1 所示，E_{hr} 在 t_1 时刻发生改变，假设其变大并且瞬间完成，那么在 E_{hr} 改变的前一刻知识积累为 $A_h(t_1^-)$，即图 2-1 中的 B 点，改变瞬间知识积累为 $A_h(t_1^+)$，即 C 点。我们可发现，A_h 在 t_1 时刻发生了向上的"跳跃"。"跳跃"前后，$g_{A_h}^*$ 不变，但拓宽了整个知识空间。

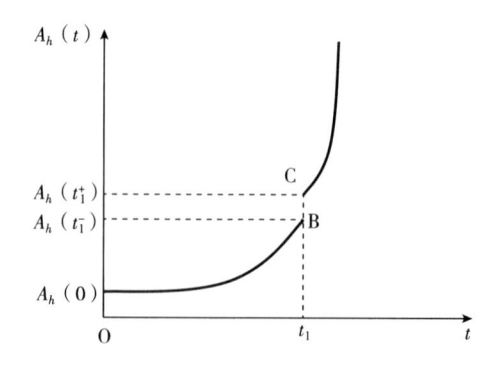

图 2-1 E_{hr} 变化对能源化工产业部门知识积累的影响

根据上述分析,由式(2-19)和式(2-23)同理可得:

$$A_l = \left[\frac{(1-\phi-\theta)^2}{n(2\phi+\theta)(1+\psi-\phi-\theta)}\right]^{\frac{1}{1-\theta}} [(1-b_l)G(E_{lp})]^{\frac{\phi}{1-\theta}} \times K_l^{\frac{\phi}{1-\theta}} \times$$

$$[b_l G(E_{lr})]^{\frac{\theta}{1-\theta}} \times L_l^{\frac{\phi+\theta}{1-\theta}} \times A_h^{\frac{\psi}{1-\theta}} \quad (2-30)$$

由式(2-30)可以发现,$\psi=0$时,A_h和A_l要么重合,要么平行。二者重合的情形如图2-2所示。

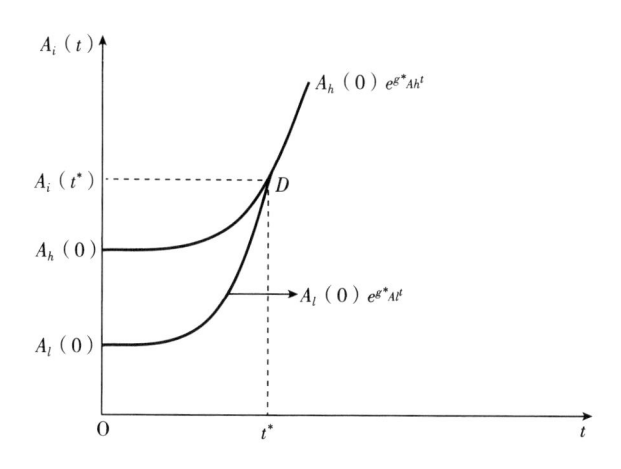

图2-2 能源开采加工业向能源化工业融合

正如图2-2所示,在经济初始点,化工产业部门和能源开采加工产业部门分别有$A_h(0)$和$A_l(0)$的技术知识存量,由于假定经济初始点的两部门同时达到平衡增长路径,所以由式(2-15)和式(2-23)可知,$g_{K_h}^* \leq g_{K_l}^*$,即能源开采加工产业部门的技术知识积累增量不小于化工产业部门的技术知识积累增量。从图2-2可以发现,在D点之前,能源开采加工产业部门技术知识积累增量高于化工产业部门的技术知识积累增量,图2-2上的表现就是能源开采加工产业部门的技术知识积累曲线向化工产业部门的技术知识积累曲线靠拢,在这个阶段,存在$\psi>0$,即化工产业部门的技术知识溢出是能源开采加工产业部门向化工产业部门靠近的动力。在D点,两部门技术知识存量相等,能源开采加工产业部门完成了对化工产业部门技术知识积累的追赶,在其他条件不变的情况下,两部门完成了产业融合,同时,化工产业部门不再有向能源开采加工产业部门进行技术知识溢出的潜力。在 D 点之后，$\psi=0$，A_h 和 A_l 重合，即两个部门成为一个部门，整个经济体以 $g_{A_h}^*$ 的速度平衡增长。

另外，在 D 点之前，我们容易算出从经济初始点到产业融合点所需的时间为：

$$t^* = \frac{(1-\phi-\theta)^2}{n\psi(2\phi+\theta)}(\ln A_{l0} - \ln A_{h0}) \qquad (2-31)$$

由式（2-31）可知，能源开采加工产业部门向化工产业部门融合所需的时间与 ϕ、θ、ψ、n 和经济初始点的两部门技术知识存量有关。在其他条件不变的情况下，两部门的技术知识存量差距越大，融合所需时间越长；人口增长速度和知识溢出效率越大，融合所需的时间越短。

A_h 和 A_l 平行情况如图 2-3 所示。与图 2-2 中的情形相似，在经济初始点，能源开采加工产业部门的技术知识积累增量高于化工产业部门的技术知识积累增量，高出的速度是由化工产业部门的技术知识创新溢出驱动的。如果能源开采加工产业部门的技术知识积累增量按照 $\psi>0$ 的趋势增长，那么在 t^* 时刻，能源开采加工产业部门与化工产业部门融合，如图 2-3 中的 $\bar{D}$ 点，在 $\bar{D}$ 点，$\psi=0$。

上述分析是在知识溢出自由程度不受抑制的极端情况下进行的，在现实的经济发展过程中，影响化工产业部门向能源开采加工产业部门知识溢出的因素很多，其中有代表性的就是知识产权保护。关于知识产权保护对创新的影响有诸多结论，但是知识产权保护力度与知识溢出的自由程度呈反向关系是一般事实。因此，在能源开采加工产业部门向化工产业部门融合的过程中，知识产权保护力度改变，有可能严重抑制了知识溢出自由程度，再加上地理、市场等其他因素的影响，ψ 过早地降为 0，如图 2-3 上的 E 点。

在 E 点，能源开采加工产业部门尚未完成与化工产业部门的产业融合，但外力的干预使能源开采加工产业部门在 t^E 时刻就停止了追赶，并在随后以 $g_{A_h}^*$ 的速度与化工产业部门保持平行的增长。从而形成了一条"知识鸿沟"，使能源开采加工产业部门"锁定"在低端发展。另外，能源开采加工产业部门对知识的学习和吸收能力主要通过影响能源开采加工知识生产的 ϕ 和 θ，进而影响知识溢出的效果，加快或减慢能源开采加工产业部门向化工产业部门融合的步伐。

因此，E_{hr}的变化对化工产业部门知识存量积累有"跳跃"效应；过早地将知识溢出自由程度降为零，容易形成部门间的"知识鸿沟"，使能源开采加工产业部门无法向化工产业部门融合。

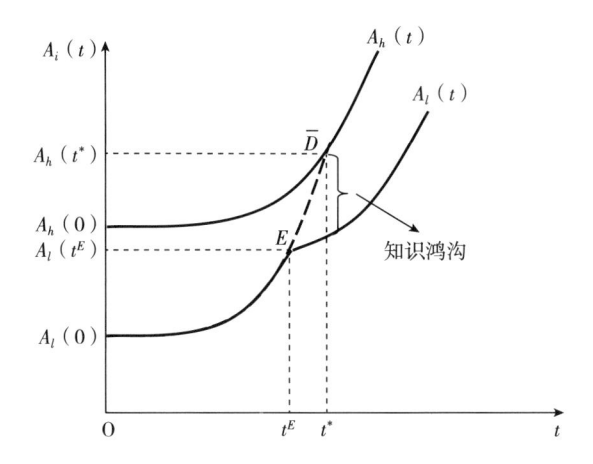

图 2-3　能源开采加工业与化工业平衡发展

二　化工产业部门创新对整个经济体的驱动效应

通过对整体经济的分析可知，当 $t \to \infty$ 时，整个经济体的平衡增长路径与能源开采加工平衡增长路径重合。在短期，g_Y 与 $g_{Y_h}^*$ 和 $g_{Y_l}^*$ 的关系如图 2-4 所示。

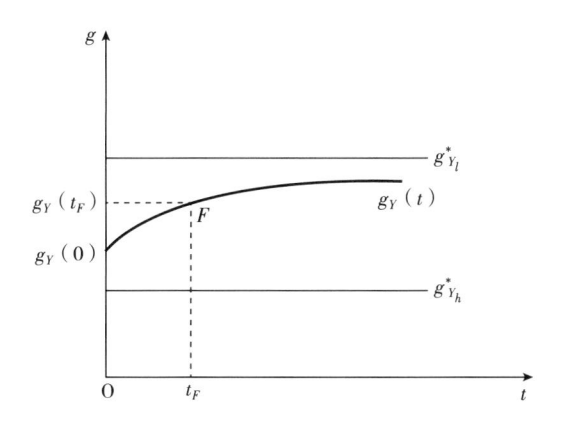

图 2-4　整个能源产业的增长率变化

由式（2-28）和图 2-4 可知，在一定时期内，g_Y 随时间 t 的变化而逐渐增大，并且向 $g_{Y_l}^*$ 收敛。因而，在整体经济未达到平衡增长之前，有 $g_{Y_h}^* \leqslant g_Y \leqslant g_{Y_l}^*$。那么，可以知道在 t_F 时刻，整体经济增长速度为 $g_Y(t_F)$，即图 2-4 中的 F 点。

第二篇

煤电清洁化发展升级研究

第三章

中国煤电行业发展现状及清洁化进展

第一节 中国煤电行业发展现状

一 中国的能源与煤炭

目前，中国是世界第一大能源生产国。1990—2018 年中国的能源生产及其构成状况如表 3-1 所示，可以看到，中国能源产量呈现快速增长趋势，特别是 2000 年以来，除 2017 年能源产量略有下降外，其他年份都处于快速增长状态。

表 3-1　　　　　1990—2018 年中国能源生产及其结构

年份	能源生产总量（万吨标准煤）	占能源生产总量的比重（%）			
		原煤	原油	天然气	一次电力及其他
1990	103922	74.2	19.0	2.0	4.8
1991	104844	74.1	19.2	2.0	4.7
1992	107256	74.3	18.9	2.0	4.8
1993	111059	74.0	18.7	2.0	5.3
1994	118729	74.6	17.6	1.9	5.9
1995	129034	75.3	16.6	1.9	6.2
1996	133032	75.0	16.9	2.0	6.1
1997	133460	74.3	17.2	2.1	6.5

续表

年份	能源生产总量（万吨标准煤）	占能源生产总量的比重（%）			
		原煤	原油	天然气	一次电力及其他
1998	129834	73.3	17.7	2.2	6.8
1999	131935	73.9	17.3	2.5	6.3
2000	138570	72.9	16.8	2.6	7.7
2001	147425	72.6	15.9	2.7	8.8
2002	156277	73.1	15.3	2.8	8.8
2003	178299	75.7	13.6	2.6	8.1
2004	206108	76.7	12.2	2.7	8.4
2005	229037	77.4	11.3	2.9	8.4
2006	244763	77.5	10.8	3.2	8.5
2007	264173	77.8	10.1	3.5	8.6
2008	277419	76.8	9.8	3.9	9.5
2009	286092	76.8	9.4	4.0	9.8
2010	312125	76.2	9.3	4.1	10.4
2011	340178	77.8	8.5	4.1	9.6
2012	351041	76.2	8.5	4.1	11.2
2013	358784	75.4	8.4	4.4	11.8
2014	361866	73.6	8.4	4.7	13.3
2015	361476	72.2	8.5	4.8	14.5
2016	346037	69.8	8.2	5.2	16.8
2017	358500	69.6	7.6	5.4	17.4
2018	377000	69.3	7.2	5.5	18.0

资料来源：《中国统计年鉴（2019）》。

从我国一次能源产量结构来看，天然气以及一次电力（水电、风电、核电等）清洁能源产量保持增长态势，占比从1990年的2.0%和4.8%，分别上涨到2018年的5.5%和18.0%；原油产量呈现持续下降趋势，从1990年的19.0%，下降到2018年的7.2%。原煤产量一直是我国能源产量的主体，其占比从1990年的74.2%，上涨到2011年的77.8%，随后有所降低，但在2015年前仍占比在70%以上，2016—

2018年，占比虽有所下降，但仍接近70%，是消费量和占比最大的一次能源。

进一步基于化石能源储量状况对我国能源结构进行分析，世界各国化石能源存量如表3-2所示。

表3-2　　2017—2018年世界主要国家和地区探明化石能源储量

国家	指标	煤炭（亿吨）		石油（十亿桶）		天然气（万亿立方米）	
	年份	2017	2018	2017	2018	2017	2018
中国	储量	1388.19	1388.19	25.7	25.9	5.5	6.1
	储产比	39	38	18.3	18.7	36.7	37.6
美国	储量	2509.16	2502.19	50	61.2	8.7	11.9
	储产比	357	365	10.5	11	11.9	14.3
俄罗斯	储量	1603.64	1603.64	106.2	106.2	35	38.9
	储产比	391	364	25.8	25.4	55	58.2
澳大利亚	储量	1448.18	1474.35	4	4	3.6	2.4
	储产比	301	304	31.6	30.8	32	18.4
印度	储量	977.28	1013.63	4.7	4.5	1.2	1.3
	储产比	136	132	14.4	14.1	43.6	46.9
欧盟	储量	763.29	759.68	4.8	4.8	1.2	1.1
	储产比	164	171	9	8.6	10	10.3

资料来源：2018年和2019年《BP世界能源统计年鉴》。

由表3-2可以看到，中国在所有的煤炭、石油和天然气存量方面与世界其他大国和地区相比都处于较为贫瘠和短缺状态。在三类化石能源中，煤炭储量最大，2018年储量为1388.19亿吨，低于美国和俄罗斯，与澳大利亚相似，高于印度和欧盟地区；但煤炭储产比方面，2018年中国煤炭储产比仅为38年，但美国、俄罗斯、澳大利亚、印度以及欧盟地区的煤炭储产比却分别为365年、364年、304年、132年和171年，远远高于我国煤炭储产比水平，我国煤炭资源储产比仅略高于美国和俄罗斯的1/10，甚至印度和欧盟地区的储产比都是我国的三倍和四倍还多。但相对来说，煤炭已经是我国化石能源中储量最丰富、储产比最高的资源，2018年我国石油和天然气的储产比仅为18.7年和37.6

年。可以看到，在化石能源勘探开采技术没有巨大进步的条件下，煤炭资源仍然是我国相对富裕的化石能源，也是能够相对长期稳定供应的化石能源，我国以煤炭资源消费为主的化石能源消费结构短期内不会发生变化。

二 电力与煤电

电力是我国最重要的能源利用方式，其与社会经济发展和居民生产生活息息相关，中国偶尔出现的"电荒""限电"等情况更是凸显了电力的重要性。从改革开放初期全国饱受频繁停电之苦发展到目前的城市年平均停电小时低于5小时（城市供电可靠性达到99.95%左右），可以说，电力发展对中国国民经济的快速增长发挥了强有力的支撑作用。2016年中国国内生产总值（GDP）为74.4万亿元，全社会用电量5.97万亿千瓦时，这意味着每创造12.5元的GDP就有1千瓦时（度）电的贡献。1978—2016年中国发电量增速与GDP增速情况如图3-1所示。

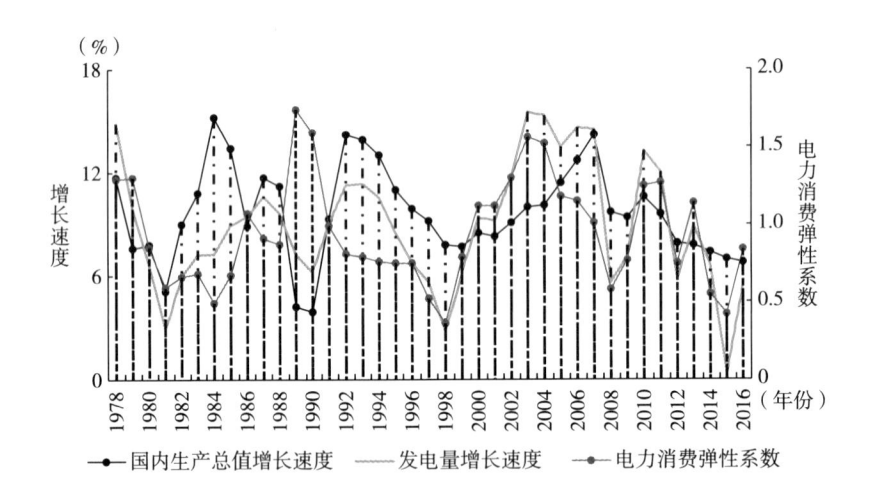

图3-1　1978—2016年中国发电量增速与GDP增速情况

资料来源：中电联：《中国煤电清洁发展报告》。

改革开放以来，中国电力工业的发展规模、发电质量实现了突飞猛进的发展。1978—2018年，中国发电装机容量从5712万千瓦提高至19亿千瓦，提高了32倍。1978—2018年中国各种能源发电装机容量情况如图3-2所示。从图3-2可以看出，中国发电装机容量的迅猛增长得益于我国火电发电装机容量的快速增长，特别是水电和风电的发电装机容量快速增长，但火电的主体地位没有改变，2018年火电发电装机容量占比仍达到60.2%。

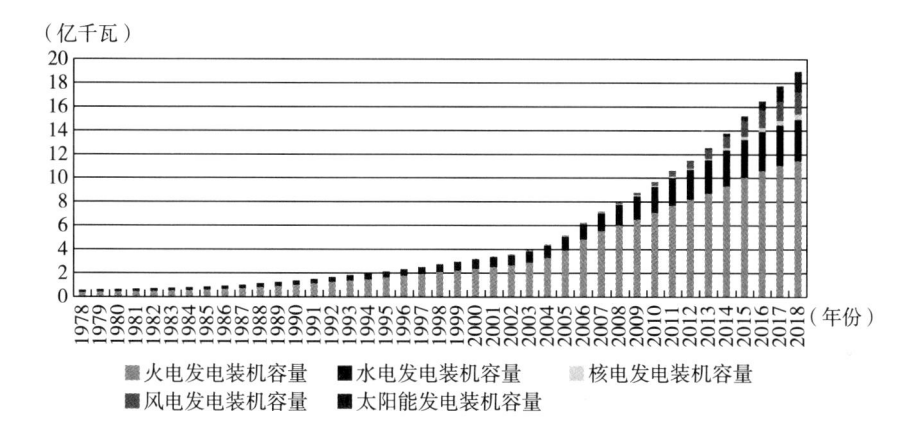

图 3-2 1978—2018 年中国发电装机量情况

资料来源：历年《中国统计年鉴》。

此外，考虑到电力供应的稳定性、安全性和低成本，煤电也是我国短期内电力供应的主体。

三 煤电行业投资建设及电源结构对比分析

电源工程投资建设也是评价发电业务的重要指标，2008—2018年中国总电源工程投资建设情况和煤电工程投资建设情况如表3-3所示。可以看到，我国总电源工程投资和煤电工程投资都有所下降，但煤电工程投资下降速度和比例要远远高于总电源工程投资下降速度和比例。

表 3-3 2008—2018 年中国总电源及煤电工程投资情况

年份	总电源工程投资 投资额（亿元）	总电源工程投资 增速（%）	煤电工程投资 投资额（亿元）	煤电工程投资 增速（%）
2008	3385	—	1679	—
2009	3777	11.6	1544	-8.0
2010	3958	4.8	1426	-7.6

续表

年份	总电源工程投资		煤电工程投资	
	投资额（亿元）	增速（%）	投资额（亿元）	增速（%）
2011	3925	-0.8	1133	—20.5
2012	3732	-4.9	1002	-11.5
2013	3872	3.8	1016	1.4
2014	3686	-4.8	1145	12.7
2015	3936	6.8	1163	1.6
2016	3408	-13.4	1119	-3.8
2017	2900	-14.9	858	-23.3
2018	2721	-6.2	777	-9.4

资料来源：2008—2016 年中电联电力工业统计数据；2017—2018 年国家能源局。

进一步分析 2008—2018 年各类电源工程投资情况，如表 3-4 所示。可以看出，出于生态环境变化和污染防控的目的，风电、水电以及光电等可再生能源发电工程建设投资都大幅度上升，特别是风电和水电的电源工程投资额已逐渐上升到与煤电电源工程投资额相近的程度。但是煤电电源工程投资仍然是占比最高的投资。

表 3-4　　　　　2008—2018 年中国分类电源投资情况

年份	投资额（亿元）					占比（%）					
	火电	水电	核电	风电	光电	总额	火电	水电	核电	风电	光电
2008	1679	849	330	527	—	3385	49.6	25.1	9.7	15.6	
2009	1544	867	584	782	—	3777	40.9	23.0	15.5	20.7	
2010	1426	819	648	1038	28	3959	36.0	20.7	16.4	26.2	0.7
2011	1133	971	764	902	155	3925	28.9	24.7	19.5	23.0	3.9
2012	1002	1239	784	607	99	3731	26.8	33.2	21.0	16.3	2.7
2013	1016	1223	660	650	323	3872	26.2	31.6	17.0	16.8	8.3
2014	1145	943	533	915	150	3686	31.1	25.6	14.5	24.8	4.1
2015	1163	789	565	1200	218	3935	29.5	20.1	14.4	30.5	5.5
2016	1119	617	504	927	241	3408	32.8	18.1	14.8	27.2	7.1
2017	858	622	454	681	285	2900	29.6	21.4	15.7	23.5	9.8
2018	777	674	437	642	191	2721	28.6	24.8	16.1	23.6	7.0

资料来源：2008—2016 年中电联电力工业统计数据；2017—2018 年国家能源局。

四 煤电行业的发电量

2008—2018年煤电发电量和总发电量变动情况如表3-5所示。可以看到，发电量方面，二者都处于增长趋势，总发电量由2008年的3.5万亿千瓦时增加至2018年的近7万亿千瓦时，年平均增长发电量大约为3521亿千瓦时；但同时也可以看到，我国总发电量的变动比较大，部分年份增长速度超过10%，但部分年份的总发电量却出现负增长状态。煤电发电量状况及其波动与总发电量波动趋势相似。发电量方面，由2008年的2.5万亿千瓦时增加至2018年的近4.5万亿千瓦时，年平均增长近2000亿千瓦时；其增长速度的波动也比较大，但整体与总电量保持一致。

表3-5　　　　　2008—2018年中国煤电和总发电量情况

年份	煤电 发电量（亿千瓦时）	增速（%）	总发电装机 发电量（亿千瓦时）	增速（%）
2008	25227	3.9	34669	5.6
2009	28348	12.4	37147	7.1
2010	32247	13.8	42072	13.3
2011	36961	14.6	47130	12.0
2012	37104	0.4	49876	5.8
2013	39805	7.3	54316	8.9
2014	39510	-0.7	56496	4.0
2015	38977	-1.3	58146	2.9
2016	39457	1.2	61425	5.6
2017	41498	5.2	64951	5.7
2018	44521	7.3	69879	7.6

资料来源：2008—2017年中电联电力工业统计数据；2018年国家能源局。

进一步对发电量构成情况进行分析，如表3-6所示。可以看到，尽管发电行业一直在保持向清洁可再生能源发电转变中，国家支持大力发展风电、水电和光电等可再生能源发电产业，煤电发电量的比重也在逐年下降，但仍然未改变煤电在发电量方面的绝对主力地位，可以看到，2018年，煤电在所有发电量中的占比仍在60%以上，目前我国发电市场仍然处于"煤电独大"的格局。

表 3-6　　　　　　　　2008—2018 年中国分类发电量

年份	发电量（亿千瓦时）						占比（%）					
	火电	水电	核电	风电	光电	总量	火电	水电	核电	风电	光电	煤电
2008	28030	5655	692	131	0	34508	81.2	16.4	2.0	0.4	0.0	73.1
2009	30117	5717	701	276	2	36813	81.8	15.5	1.9	0.7	0.0	77.0
2010	34166	6867	747	494	3	42277	80.8	16.2	1.8	1.2	0.0	76.3
2011	39003	6681	872	741	6	47303	82.5	14.1	1.8	1.6	0.0	78.1
2012	39255	8556	983	1030	36	49860	78.7	17.2	2.0	2.1	0.1	74.4
2013	42216	8921	1115	1383	84	53719	78.6	16.6	2.1	2.6	0.2	74.1
2014	42274	10601	1332	1598	235	56040	75.4	18.9	2.4	2.9	0.4	70.5
2015	42307	11127	1714	1856	395	57399	73.7	19.4	3.0	3.2	0.7	67.9
2016	43273	11748	2132	2409	665	60227	71.8	19.5	3.5	4.0	1.1	65.5
2017	45513	11945	2483	3057	1182	64180	70.9	18.6	3.9	4.8	1.8	64.7
2018	49200	12300	2944	3660	1775	69879	70.4	17.6	4.2	5.2	2.5	63.7

资料来源：2008—2017 年中电联电力工业统计数据；2018 年国家能源局。

第二节　中国煤电清洁化进展

一　煤电发电装备技术水平不断提高

燃煤机组容量的大小和蒸汽参数的高低直接影响其自身能耗水平和污染物排放量，是煤电清洁程度、效率高低的重要参数。表 3-7 为中国煤电行业标志性发电机组建设投产情况。可以看到，中华人民共和国成立 70 多年来特别是改革开放以来，中国从只有少数 20 万千瓦机组，发展到目前以 30 万千瓦、60 万千瓦、100 万千瓦的大型国产发电机组为主力机组的电力供应系统，煤电实现了从低效到高效、从高排放到低排放（污染物）、从进口到国产的快速跨越历程，达到了世界先进甚至领先水平，煤电行业实现了从"小容量、低参数、低效率"到"大容量、高参数、高效率"的升级跨越，中国煤电机组设备升级换代速率不断提高、单机容量等级持续提升。

表3-7　　　　中国煤电行业标志性发电机组建设投产情况

序号	年份	标志性投产情况
1	1956	第一台国产6000千瓦机组在淮南电厂投运
2	1958	第一台国产2.5万千瓦机组在上海闸北电厂投运
3	1967	第一台国产10万千瓦高压机组在北京高井电厂投运
4	1969	第一台国产12.5万千瓦超高压机组在上海吴泾电厂投运
5	1972	第一台国产20万千瓦超高压机组在辽宁朝阳电厂投运
6	1975	第一台国产30万千瓦亚临界双水内冷汽轮机组在河南姚孟电厂投运
7	1989	第一台引进技术国内制造的60万千瓦超临界机组在平圩电厂投运
8	1992	第一台国外引进的60万千瓦超临界机组在华能石洞口第二电厂投运
9	2004	第一台国产60万千瓦超临界机组在华能沁北电厂投运
10	2006	第一台引进技术国内制造的100万千瓦超超临界机组在华能玉环电厂投运
11	2007	第一台国产60万千瓦超超临界机组在华能营口电厂投运
12	2015	第一台国产66万千瓦二次再热超超临界机组在华能安源电厂投运
13	2015	第一台国产100万千瓦二次再热超超临界机组在国电泰州电厂投运
14	2018	第一台国产100万千瓦间接空冷发电机组在陕西投资集团赵石畔电厂项目投运
15	2018	第一台"三塔合一"特高压100万外送机组在陕西榆能横山电厂并网发电
16	2018	国际首创单机容量135万千瓦高效、洁净、低碳超超临界燃煤发电机组在申能平山电厂二期开工建设

资料来源：中电联《中国煤电清洁发展报告》。

二　环保设施全面普及

目前，中国煤电行业已基本实现脱硫、脱硝、除尘环保设施全覆盖。已投运烟气脱硫脱硝机组装机容量占比状况如表3-8所示。可以看出，随着煤电行业清洁化进程的加快，安装烟气脱硫设备和脱硝的机组实现了从几乎"空白"到几乎"全覆盖"的巨大变化。截至2017年年底，加装了烟气脱硫和脱硝设施的煤电机组占比已分别超过95.8%和92.3%，基本实现了全部机组的脱硫和脱硝。

表3-8　　　　已投运烟气脱硫脱硝机组装机容量占比　　　　单位:%

年份	脱硫占比	脱硝占比	年份	脱硫占比	脱硝占比
2000	2.1	—	2009	76.0	7.7
2001	2.5	—	2010	86.0	12.7
2002	2.7	—	2011	89.1	18.2
2003	2.9	—	2012	90.2	28.1
2004	3.3	—	2013	90.6	49.4
2005	14.3	0.9	2014	91.0	74.4
2006	34.8	1.5	2015	91.2	84.5
2007	50.2	2.4	2016	93.0	85.8
2008	63.7	3.3	2017	95.8	92.3

资料来源:《中国电力行业年度发展报告（2018）》《改革开放四十年的中国电力》。

三　能耗水平显著提升

图3-3显示了2000—2018年火电厂供电标准煤耗情况。可以看出,2000年以来,煤电行业供电煤耗得到了显著的降低,已超额完成国家能源局制定的"现役燃煤发电机组经改造平均供电煤耗低于310克标准煤/千瓦时"的规划目标。具体来说,我国火电机组供电煤耗已从2000年的392克标准煤/千瓦时下降到2018年的308克标准煤/千瓦时。

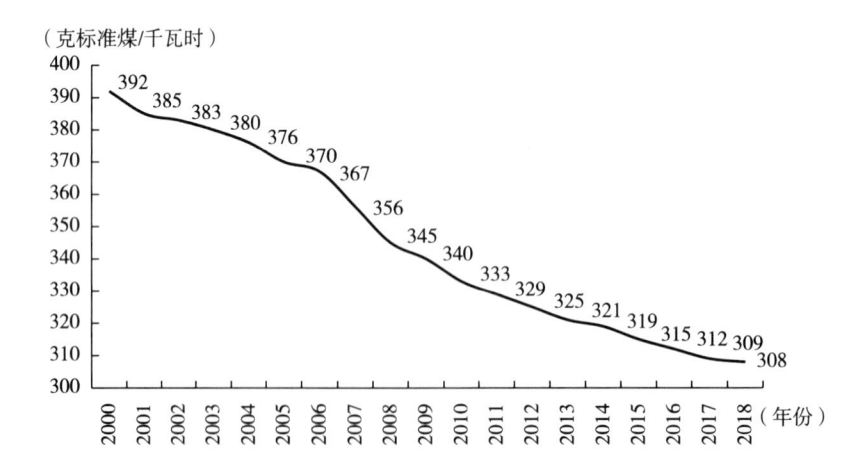

图3-3　2000—2018年火电厂供电标准煤耗情况

资料来源:中电联历年《电力工业统计基本数据》;2018年数据来自能源局。

四 污染排放大幅降低

进一步分类别对我国煤电产业的污染物减排情况进行分析,燃煤电厂每千瓦时的二氧化硫、氮氧化物以及烟尘排放情况如表3-9所示。

表3-9　　　　　　燃煤电厂污染物排放情况　　　　单位:克/千瓦时

年份	二氧化硫	氮氧化物	烟尘	年份	二氧化硫	氮氧化物	烟尘
2000	6.35	—	—	2009	2.91	2.75	0.82
2001	5.53	—	—	2010	2.44	2.79	0.64
2002	4.98	—	2.73	2011	2.31	2.84	0.55
2003	5.23	—	2.48	2012	2.03	2.60	0.57
2004	5.17	—	2.18	2013	1.71	2.12	0.64
2005	5.43	—	2.20	2014	1.47	1.69	0.64
2006	4.87	3.04	1.63	2015	1.20	1.18	0.54
2007	4.04	2.98	1.21	2016	0.39	0.36	0.08
2008	3.59	2.89	1.00	2017	0.26	0.25	0.06

资料来源:《中国环境统计年报》;2016年、2017年数据来源于中电联。

由表3-9可知,我国燃煤电厂排放的二氧化硫、氮氧化物和烟尘三类污染物的单位排放都有显著降低。经过多年治理,煤电行业二氧化硫、氮氧化物和烟尘的排放绩效分别达到0.26克/千瓦时、0.25克/千瓦时和0.06克/千瓦时,分别降至各自最高值的10%以下,减排效果显著,治理成效也非常明显。

第四章

中国煤电清洁化发展路径研究

路径研究的目的是寻找最高效实现煤电行业清洁化的路径，这里的最高效路径是指同时满足政府、企业、消费者等相关者利益诉求、实现社会效益最大化的模式。本章基于微观企业视角，从燃煤电厂、环保企业以及政府的行为选择出发，分析不同模式下各利益相关者的最优行为选择以及污染减排效果，为西部地区煤电产业清洁化发展提供经验支撑和政策参考。在政府补贴条件下，燃煤电厂的投资选择主要包括两种：一是选择独自投资、独自运营、维护环保设备，以达到政府的环境约束条件，本书将这种模式称为自身投资运维模型；二是选择绿色供应链模式，将煤电企业的清洁化运作业务委托给第三方环保企业，由这些环保企业负责本产业的清洁化生产工作。本章将分别讨论两种模式下政府、燃煤电厂以及第三方环保企业的最优行为选择，从而得出创新驱动和环境约束下的中国煤电清洁化发展路径。

第一节 自身投资运维模式下燃煤电厂模型设计

一 模型假设

为简化分析，本书作如下假设：

第一，政府在煤炭清洁化发展中的重要作用就是在对燃煤电厂制定更加严格的环境规制和污染排放标准的同时，对燃煤电厂的节能减排技术升级和改造提供补贴和政策支撑，本书采用环保补贴政策来综合表示政府对燃煤电厂制定的环境约束和政策支撑。环保补贴政策是对面临更严格的环境约束和污染排放标准的燃煤电厂决心节能减排技术升级和改造，以淘汰落后污染产能的支持政策。环保补贴机制既可以体现环境约束机制又可以体现创新驱动机制的内容，是二者的统一。

第二，燃煤电厂的收益是由上网电量和上网电价共同决定的，因此政府补贴的形式也就包含了电量补贴（允许企业在原有电量基础上提供更多的电量）和电价补贴（在原有电价的基础上部分提高上网电价）以及二者共同使用的混合补贴。燃煤电厂在达到政府环境约束标准的基础上能够继续经营，并获得政府的补贴。

第三，燃煤电厂获得的电量补贴由政府的环境约束和企业的节能减排效果共同决定，该假设能够更好地将燃煤电厂节能减排的成效与政府制定的污染排放标准结合起来。

第四，供电市场的结构是供大于求状态。这种情况下，政府才可以通过激励煤电行业节能减排技术升级和清洁化发展，以淘汰落后的、高污染产能，同时这也给政府的电量补贴提供了空间。

第五，燃煤电厂获得的电价补贴是由加装环保设施的初始投资和后期运营维护所增加成本共同确定的。

第六，燃煤电厂在实现盈亏平衡后，不再享受政府提供的任何补贴政策。

二 无补贴政策下最优路径选择

本书所指的无补贴政策是指国家政府在制定有关燃煤电厂的环境污染防治宏观调控政策时，只对燃煤电厂提出和制定有关环境规则和约束的相关要求，但不提供有关财政补贴和优惠政策方面的激励。在这种情况下，燃煤电厂面临的情况是：环境污染排放必须达标，但达标之后不会得到政府给予的额外电量或者电价补贴。

（一）模型建立

在面临环境污染防治达标要求和环境规制约束之前，燃煤电厂基于经营成本角度考虑，不会对污染减排和环境保护设施进行投资。此时燃煤电厂的年利润表达式为：利润 = 电量 ×（电价 − 单位电量成本 − 单位电量排污费）。用公式可表示为：

$$R_{Pt}^{U} = Q_t^{U}(p^{U} - c_{Pvt}^{U} - f_{Pt}^{U}) \qquad (4-1)$$

式（4-1）中，t 表示燃煤电厂的经营年限；R_{Pt}^{U} 表示燃煤电厂在加装污染减排和环境保护设施前的第 t 年的累计利润额；Q_t^{U} 表示燃煤电厂在加装污染减排和环境保护设施前的第 t 年度上网电量额;P^U 表示燃煤电厂在加装污染减排和环境保护设施前的平均上网电价;c_{Pvt}^U 表示燃煤电厂在加装环保设施前第 t 年生产每度电的平均生产成本;f_{Pt}^U 表示燃煤电厂在加装污染减排和环境保护设施前第 t 年每度电的排污费。

基于式 (4-1) 可知，燃煤电厂 N 年间的累计利润 R_P^U 可以表示为：

$$R_P^U = \sum_{t=1}^{N} Q_t^U (p^U - c_{Pvt}^U - f_{Pt}^U) \qquad (4-2)$$

在政府制定严格的污染排放标准和环境规制政策，燃煤电厂面临严格的环境约束之后，燃煤电厂为了在实现环保达标基础上继续经营，就必须加装污染减排和环境保护设施，假定燃煤电厂采用自身投资运维模式的初始投资为 I_P，则可知，燃煤电厂在 N 年期间的收益净现值 NPV_{P1}^I 可表示为：

$$NPV_{P1}^I = \sum_{t=1}^{N} [Q_t^U (p^U - c_{Pvt}^I)] e^{-rt} - I_P \qquad (4-3)$$

式 (4-3) 右边第一部分代表 N 年期间燃煤电厂收益的净现值，c_{Pvt}^I 表示在采用自身投资运维模式下的燃煤电厂总的生产经营成本，既包括燃煤电厂的生产经营成本，又包括新增加的污染减排和环境保护设施投资、运营、维护等方面的一系列成本；r 表示燃煤电厂的投资回报率。式 (4-3) 右边第二部分代表燃煤电厂加装污染减排和环境保护设施的初始投资，这是本书关注的一个核心变量，初始投资大小直接影响燃煤电厂有关自身运维和第三方治理模式的选择。

与式 (4-2) 相比可以发现，式 (4-3) 中燃煤电厂的生产经营成本不再包含每度电的排污费 f_{Pt}^U，这是因为在自身运维以满足政府环境约束条件下，燃煤电厂已经实现了污染减排和环境保护达标排放，不需要再缴纳排污费。

（二）模型求解

燃煤电厂在采用自身投资运维模式下，其生产经营活动主要考虑两个问题：一是是否满足政府的污染减排标准和环境规制约束，这关系到企业是否满足政府环境约束条件和能否持续经营的问题，是燃煤电厂必须考虑的问题；二是新增加的污染减排和环境保护设施投资、运营、维护等初始投资和成本能够尽快收回，这同样关系到燃煤电厂的持续经营问题。燃煤电厂在充分考虑这两个问题的基础上实现利润最大化，是本章模型求解的基本思路。具体求解思路包括两部分：

第一，燃煤电厂的生产经营活动要满足政府的污染减排和环境约束，保证其污染排放标准在政府规定的环境容量和排放标准之内，即满足：

$$Q_t^U E_{Pt}^E \leq Y_t \tag{4-4}$$

式（4-4）中，E_{Pt}^E 表示加装环保设施后燃煤电厂单位发电量的污染物排放量；Y_t 表示政府规定的污染减排和环境约束条件下的排放容量。当 Q_t^U、E_{Pt}^E 和 Y_t 三者都已知时，只需将相关结果带入式（4-4）中进行验证即可知道该条件是否满足。

第二，燃煤电厂在考虑尽快收回污染减排和环境保护投资运维的初始投资并实现利润最大化时，需要求出 N 年期间的收益净现值 NPV_{P1}^I 值，当所有参数都给定或者已知时，可直接通过式（4-3）进行计算求解。

三 环保电量补贴政策下的最优路径

环保电量补贴政策是指政府通过增加燃煤电厂设备平均利用时间的方式，给予污染减排达标，符合环境保护约束的燃煤电厂更多的额外上网电量配额，以缓解燃煤电厂的经营压力，增加其盈利能力，从而激励燃煤电厂进行节能减排技术升级改造和清洁化生产，改善生态环境质量的激励政策措施。在这种激励政策下，燃煤电厂会获得额外的上网电量增加量 Q_{2t}^{Ia}，此条件下的最优路径分析如下。

（一）模型建立

在环保电量补贴政策激励下，燃煤电厂在实现生产经营成本—收益平衡前的收益净现值为：

$$NPV_{P2}^I = \sum_{t=1}^{t_0} [(Q_t^U + Q_{2t}^{Ia})(p^U - c_{Pt}^I)] e^{-rt} - I_P \tag{4-5}$$

式（4-5）中，NPV_{P2}^I 表示燃煤电厂在享受到环保电量补贴政策后的收益净现值；t_0 表示燃煤电厂实现盈亏平衡所需的年限；式（4-5）右边第一项表示燃煤电厂在 t_0 年前获得的利润的折现值，这期间燃煤电厂的年度上网电量包括原有上网电量和激励上网电量两部分，即燃煤电厂的总上网电量为（$Q_t^U + Q_{2t}^{Ia}$）。

假定政府在燃煤电厂实现盈亏平衡后将不会继续为其提供环保电量补贴激励政策，因此在 $t_0 + 1$ 年之后，燃煤电厂的收益净现值表达式将变为：

$$NPV_{P2}^{I'} = \sum_{t=t_0+1}^{N} [Q_t^U(p^U - c_{Pvt}^I)]e^{-rt} \tag{4-6}$$

将燃煤电厂在所有时间内的收益净现值相加，即可得到燃煤电厂在自身运维模式下享受环保电量补贴政策激励时的收益净现值总值为：

$$NPV_{P2}^{I''} = \sum_{t=1}^{t_0} [(Q_t^U + Q_{2t}^{Ia})(p^U - c_{Pvt}^I)]e^{-rt} + \sum_{t=t_0+1}^{N} [Q_t^U(p^U - c_{Pvt}^I)]e^{-rt} - I_P \tag{4-7}$$

与无环保补贴政策条件下的燃煤电厂收益净现值式（4-3）相比，式（4-7）实际多出的部分是盈亏平衡前政府提供的环保电量补贴政策带给燃煤电厂的额外收益部分 $Q_{2t}^{Ia}(p^U - c_{Pvt}^I)$。

（二）模型求解

环保电量补贴激励政策下燃煤电厂收益最大化的求解思路与无环保补贴政策激励下的求解思路相同，都是在满足政府污染减排达标的环境约束条件下实现自身经营收益的最大化。但与无环保补贴激励政策下利润最大化求解不同的是，电量补贴激励政策下的核心未知变量包含了政府最优的环保补贴电量值，模型求解中要首先求出该值，需要说明的是，燃煤电厂基于利润最大化视角必然追求最大的环保补贴电量，因此政府制定的环保补贴电量最优值也是燃煤电厂追求的最大值。

燃煤电厂在实现盈亏平衡前同样需要满足政府制定的污染减排标准和环境保护约束的污染排放容量条件，环保电量补贴激励政策下的约束条件变为：

$$(Q_t^U + Q_{2t}^{Ia})E_{Pt}^E \leq Y \tag{4-8}$$

由式（4-8）可知，环境补贴电量的确定取决于其造成的环境污染排放是否也在政府制定的环境规制约束之内。

本书利用拉格朗日函数及库恩—塔克条件（Kuhn - Tucker Condition）求解燃煤电厂收益最大化问题的最优解。在自身投资运维模式下，燃煤电厂享受环保补贴电量政策激励时收益最大化的拉格朗日函数为：

$$L = \sum_{t=1}^{t_0} \left[(Q_t^U + Q_{2t}^{Ia})(p^U - c_{Pvt}^I) \right] e^{-rt} - I_P + \lambda_t \left[Y - (Q_t^U + Q_{2t}^{Ia}) E_{Pt}^E \right]$$
(4-9)

$$\text{s.t.} \quad 0 < Q_t^U + Q_{2t}^{Ia} < Q^{\max}, \quad t = 1, 2, \cdots, t_0$$

$$Q_{2t}^{Ia} > 0$$

式（4-9）中，λ_t（$\lambda_t > 0$）是拉格朗日（Lagrange）乘子；$Q^{\max}$为燃煤电厂的年度最大上网电量。运用库恩—塔克定理对上述拉格朗日函数求导并构建方程组为：

$$\begin{cases} \partial L / \partial Q_{2t}^{Ia} = 0 \\ \partial L / \partial \lambda_t = 0 \end{cases}$$
(4-10)

式（4-10）为自身投资运维和享受环保电量补贴政策激励下燃煤电厂收益最大化问题最优解的库恩—塔克条件，$\partial L / \partial Q_{2t}^{Ia} = 0$ 和 $\partial L / \partial \lambda_t = 0$ 分别为利润最大化的最优解的必要条件和互补条件。

根据式（4-8）和式（4-10）中的互补条件 $\partial L / \partial \lambda_t = 0$，可求得：

$$Y = (Q_t^U + Q_{2t}^{Ia}) E_{Pt}^E$$
(4-11)

为简化分析，本书进一步假设存在 $Q_{2t}^{Ia} = Q_2^{Ia}$，即政府每年提供的环保补贴电量都相同。因此由式（4-11）可以求出环保补贴电量 Q_{2t}^{Ia*} 的最优解为：

$$Q_{2t}^{Ia*} = Y / E_{Pt}^E - Q_t^U$$
(4-12)

通过式（4-12）确定了政府环保补贴的最优电量 Q_2^{Ia*} 后，将其带入式（4-7）中就能够求出燃煤电厂实现盈亏平衡前的收益净现值 NPV_{P2}^I，从而得到燃煤电厂实现盈亏平衡后的收益净现值 $NPV_{P2}^{I'}$ 和政府环保电量补贴政策下燃煤电厂整个生产经营过程获得的收益净现值 $NPV_{P2}^{I^T}$。

四 环保电价补贴政策下的最优路径

环保电价补贴政策是指政府通过给予额外的上网电价的方式，对污染减排达标，符合环境保护约束的燃煤电厂给予激励的政策，该激励政策同样能够有效地缓解燃煤电厂的经营压力，增加其盈利能力，从而激励燃煤电厂进行清洁化生产，改善生态环境质量。在这种激励政策下，符合条件的燃煤电厂会获得额外增加的补贴电价 p_3^{la}。

(一) 模型建立

政府提供的环保电价补贴激励实际上是与燃煤电厂平均增量成本 ΔC_3^I 正相关的, 此时燃煤电厂在自身投资运维模式下获得的环保补贴电价可表示为:

$$p_3^{la} = \alpha \Delta C_3^I \quad 0 < \alpha < 1 \tag{4-13}$$

式 (4-13) 中, α 是政府为符合污染减排标准和环境约束的燃煤电厂提供环保电价补贴激励政策的补贴系数, 其与燃煤电厂单位发电量的增量成本正相关, $0 < \alpha < 1$ 表明政府的环保电价补贴仅为部分补贴, 不补偿其全部增量成本。

进一步求燃煤电厂单位发电量的增量平均成本, 其表达式为:

$$\Delta C_3^I = \left[\sum_{t=1}^{t_0} (c_{Pvt}^I - c_{Pvt}^U - f_{Pt}^U) Q_t^U + I_P \right] / \sum_{t=1}^{t_0} Q_t^U \tag{4-14}$$

式 (4-14) 中, c_{Pvt}^E、c_{Pvt}^U 代表的含义与上述两种条件下的表征含义相同, 这里不再解释; c_{Evt}^E 表示燃煤电厂采用第三方治理模式下的环保企业本身的运维成本, 这一变量会在下一章中详细分析。在政府提供环保电价补贴政策激励下, 存在 $c_{Pvt}^I = c_{Pvt}^U + \eta c_{Evt}^E$, 这表示环保电价补贴政策下燃煤电厂的总成本包括原有发电成本和新增污染减排和环境保护设施的投资、运营和维护成本。其中, η 表示采用自身投资运维模式下的燃煤电厂增加的运营成本系数, 结合实际情况, 本书进一步假设 $\eta > 1$, 这意味着燃煤电厂为实现污染减排达标和环境约束要求而采取的自身运维的成本比采用第三方治理模型下环保企业的运维成本高, 政府鼓励燃煤电厂采用第三方治理的污染减排模式。

将式 (4-14) 带入式 (4-13) 中, 可以得到静态条件下的、政府为燃煤电厂提供的环保补贴电价为:

$$p_3^{la} = \alpha \Delta C_3^I = \alpha \left[\eta c_{Ev}^E + I_P / \sum_{t=1}^{t_0} Q_t^U - f_P^U \right] \tag{4-15}$$

根据环保电价补贴政策的含义可知, 式 (4-15) 表示的是污染排放达标和环境约束满足条件下燃煤电厂单位发电量的节约成本。政府给予的环保电价补贴的另一层含义就是激励燃煤电厂将以前需要缴纳的排污费和污染罚金用来改善节能减排设备并进行绿色技术升级改造, 以实现既满足燃煤电厂的环境约束和可持续发展，又实现政府绿色发展和煤电产业清洁化发展的"双赢"目标。

同样假定政府环保电价补贴政策会在燃煤电厂实现盈亏平衡时不再实施，则盈亏平衡前燃煤电厂生产经营的收益净现值为：

$$NPV_{P3}^{I} = \sum_{t=1}^{t_0} [Q_t^U(p^U + p_3^{Ia} - c_{Pvt}^I)]e^{-rt} - I_P \quad (4-16)$$

式（4-16）中，NPV_{P3}^{I} 表示燃煤电厂在获得政府电价补贴激励政策下的收益净现值。式（4-16）右侧第一项表示政府环保电价补贴政策下燃煤电厂在采用自身运维模式时的总收益的折现值。可以看出，燃煤电厂在实现盈亏平衡前的 t_0 年时间里上网电价会由原来的 p^U 变为政府电价补贴之后的 $p^U + p_3^{Ia}$。

燃煤电厂在实现盈亏平衡之后的收益净现值可表示为：

$$NPV_{P3}^{I'} = \sum_{t=t_0+1}^{N} [Q_t^U(p^U - c_{Pvt}^I)]e^{-rt} \quad (4-17)$$

与政府提供环保电量补贴激励政策下燃煤电厂实现盈亏平衡后的收益净现值式（4-6）相比，政府提供环保电价补贴政策下燃煤电厂盈亏平衡后的收益净现值表达式相似，仅达到盈亏平衡的时间 t_0 可能不同。

将式（4-16）与式（4-17）相加，可以得到政府环保电价补贴政策下燃煤电厂生产经营全程的收益净现值：

$$NPV_{P3}^{I''} = \sum_{t=1}^{t_0} [Q_t^U(p^U + p_3^{Ia} - c_{Pvt}^I)]e^{-rt} + \sum_{t=t_0+1}^{N} [Q_t^U(p^U - c_{Pvt}^I)]e^{-rt} - I_P$$

$$(4-18)$$

（二）模型求解

求解的思路与上述两节一致，首先，必须满足环保排放标准；其次，求燃煤电厂生产经营全过程收益净现值。在政府环保补贴电价 p_3^{Ia} 已知条件下，将其直接带入相关公式即可求出燃煤电厂的收益净现值及盈亏平衡时间，相关求解过程与政府提供环保电量补贴方式下的求解过程相似，这里不再赘述。

五 环保电量和电价双重补贴政策下的最优路径

政府为促进煤电产业清洁化发展还可以对污染减排达标和环境约束

满足的企业同时给予环保电量和电价补贴的激励政策,也即在盈亏平衡之前燃煤电厂同时获得政府提供的环保电量 Q_{4t}^{Ia} 和环保电价 p_4^{Ia} 双重补贴。

(一)模型建立

与政府提供环保电价补贴政策下的环保补贴电价定义一样,燃煤电厂在盈亏平衡前获得的环保补贴电价为:

$$p_4^{Ia} = \alpha \Delta C_4^I \quad 0 < \alpha < 1 \tag{4-19}$$

式(4-19)中,ΔC_4^I 代表燃煤电厂单位发电量的平均增量成本;α 的含义和设定与前文设定相同。

进一步考虑到燃煤电厂还能够获得政府的环保补贴电量,此时 ΔC_4^I 的表达式变换为:

$$\Delta C_4^I = \Big[\sum_{t=1}^{t_0} (c_{Pvt}^I - c_{Pvt}^U - f_{Pt}^U)(Q_t^U + Q_{4t}^{Ia}) + I_P \Big] / \sum_{t=1}^{t_0} (Q_t^U + Q_{4t}^{Ia}) \tag{4-20}$$

将式(4-20)带入式(4-19)中,可以得到燃煤电厂获得的环保补贴电价为:

$$p_4^{Ia} = \alpha \Delta C_4^I = \alpha \Big[\sum_{t=1}^{t_0} (c_{Pvt}^I - c_{Pvt}^U - f_{Pt}^U)(Q_t^U + Q_{4t}^{Ia}) + I_P \Big] / \sum_{t=1}^{t_0} (Q_t^U + Q_{4t}^{Ia}) \tag{4-21}$$

进而得到在环保电量和电价双重补贴条件下的燃煤电厂盈亏平衡前的收益净现值表达式为:

$$NPV_{P4}^I = \sum_{t=1}^{t_0} \big[(Q_t^U + Q_{4t}^{Ia})(p^U + p_4^{Ia} - c_{Pvt}^I) \big] e^{-rt} - I_P \tag{4-22}$$

式(4-22)中,NPV_{P4}^I 表示燃煤电厂在同时享有环保补贴电量和环保补贴电价情况下的收益净现值。式(4-22)右侧第一项表示燃煤电厂生产经营收益的折现值;第二项表示燃煤电厂为实现污染排放达标新增加的环保和污染治理设施的初始投资。可以看到,在享有双重补贴条件下,燃煤电厂在实现盈亏平衡之前的发电量为 $(Q_t^U + Q_{4t}^{Ia})$,上网电价为 $(p^U + p_4^{Ia})$。

燃煤电厂盈亏平衡之后的收益净现值同样表示为:

$$NPV_{P4}^{I''} = \sum_{t=t_0+1}^{N} [Q_t^U(p^U - c_{Pvt}^I)]e^{-rt} \qquad (4-23)$$

式（4-23）与式（4-6）和式（4-17）相比，政府环保电量与电价双重补贴条件下燃煤电厂盈亏平衡后的收益净现值与单独环保电量补贴和环保电价补贴的收益净现值表达式一样，仅盈亏平衡时间 t_0 可能不同。

将式（4-22）与式（4-23）相加，可以得到双重环保补贴政策下燃煤电厂生产经营全过程的收益净现值为：

$$NPV_{P4}^{I''} = \sum_{t=1}^{t_0}[(Q_t^U + Q_{4t}^{Ia})(p^U + p_4^{Ia} - c_{Pvt}^I)]e^{-rt} + \sum_{t=t_0+1}^{N}[Q_t^U(p^U - c_{Pvt}^I)]e^{-rt} - I_P \qquad (4-24)$$

（二）模型求解

可以分别采用单独环保电量补贴和环保电价补贴模型下的方法对双重补贴政策下的方程进行求解。

求解最大环保补贴电量。在双重补贴政策下，燃煤电厂在盈亏平衡前面临的环境约束条件为：

$$(Q_t^U + Q_{4t}^{Ia})E_{Pt}^E \leq Y \qquad (4-25)$$

构建双重补贴条件下燃煤电厂收益净现值最大化的拉格朗日函数为：

$$L = \sum_{t=1}^{t_0}[(Q_t^U + Q_{4t}^{Ia})(p^U + p_4^{Ia} - c_{Pvt}^I)]e^{-rt} - I_P + \lambda_t[Y - (Q_t^U + Q_{4t}^{Ia})E_{Pt}^E] \qquad (4-26)$$

s.t. $0 < Q_t^U + Q_{4t}^{Ia} < Q^{\max}$, $t = 1, 2, \cdots, t_0$

$Q_{4t}^{Ia} > 0$

运用库恩—塔克定理对上述拉格朗日函数求导并构建方程组：

$$\begin{cases} \partial L/\partial Q_{4t}^{Ia} = 0 \\ \partial L/\partial \lambda_t = 0 \end{cases} \qquad (4-27)$$

同理可以得到：

$$Y = (Q_t^U + Q_{4t}^{Ia})E_{Pt}^E \qquad (4-28)$$

同样假定燃煤电厂获得的政府年度环保补贴电量相同，即 $Q_{4t}^{Ia} = Q_4^{Ia}$，则最优环保补贴电量为：

$$Q_{4t}^{Ia*} = Y/E_{Pt}^{E} - Q_t^{U} \qquad (4-29)$$

将燃煤电厂获得的最优环保补贴电量 Q_4^{Ia*} 带入式（4-21）可得最优环保补贴电价 p_4^{Ia*}，从而可以求出 NPV_{P4}^{I}、$NPV_{P4}^{I'}$ 和 $NPV_{P4}^{I''}$。

第二节 第三方治理模式下中国煤电清洁化发展路径

在第一种自身投资运维模式中，燃煤电厂首先需要支付建设环保设施的高昂投资，在后期的环保设施运营和维护中也需要投入大量的人力、物力和财力。而在第二种绿色供应链模式下，燃煤电厂可以选择污染减排服务委托方式，即采用环境污染第三方治理模式进行绿色升级。这也是本章研究的第二种煤电清洁化发展路径。

一 模型假设条件

为保证自身投资运维和第三方治理两种污染减排模式在后续的数值模拟中具有可比性，本节的假设条件如与第一节的假设条件基本相同，不再单独设定。对第三方治理模式下的特有假设进行界定，具体如下：

第一，第三方环保企业为燃煤电厂提供了污染减排技术和服务，保证了燃煤电厂达到了政府设定的污染减排标准和环境约束条件，与燃煤电厂自身投资运维的效果相同，环保企业获得政府给予的污染减排和环境保护补贴。

第二，燃煤电厂支付给环保企业的污染减排和环境保护服务费由双方基于自身的优势讨价还价确定，双方会通过谈判获得相应的收益。政府提供的环保激励补贴会通过二者达成的污染减排和环境保护合同，以支付污染减排服务费的方式支付给第三方环保企业。

第三，燃煤电厂获得的环保补贴电量也是整个供应链获得的环保补贴电量，由燃煤电厂的污染减排与环境规制约束条件对比决定。环保补贴电价是根据燃煤电厂购买污染减排服务费的生产经营成本决定的，这与第一节的假设不同，但本质上都体现了环保补贴电价用于降低燃煤电厂清洁化成本的思想。

此外，需要说明的是，与自身投资运维模式下仅考虑燃煤电厂收益净现值最大化问题不同，第三方治理模式下需要同时考虑燃煤电厂收益净现值、环保企业收益净现值以及绿色供应链（燃煤电厂和环保企业共同）收益净现值三者同时实现最大化的问题。

二 无补贴政策下最优路径分析

无环保补贴政策状况的设定与燃煤电厂自身投资运维模式下面临的情况一致，政府制定了污染减排标准和环境约束条件，但不会对燃煤电厂和环保企业给予任何的环保补贴和政策优惠，燃煤电厂支付给第三方环保企业的污染减排服务费由燃煤电厂自身承担。

（一）模型建立

以绿色供应链为整体（包括燃煤电厂和第三方环保企业两部分）进行考虑，在环保企业收回初始投资以实现整体盈亏平衡前，燃煤电厂生产经营的收益净现值为：

$$NPV_{P1}^E = \sum_{t=1}^{t_0} [Q_t^U(p^U - c_{Pvt}^U - p_1^E)]e^{-rt} \tag{4-30}$$

式（4-30）中，NPV_{P1}^E 表示燃煤电厂采用环境污染第三方治理模式下在盈亏平衡前的收益净现值；Q_t^U、P^U、c_{Pvt}^U 分别表示燃煤电厂的上网电量、上网电价和每度电的生产经营成本；p_1^E 表示燃煤电厂支付给第三方环保企业的每度电的单位污染减排服务费；r 表示燃煤电厂的投资回报率；t 和 t_0 分别表示燃煤电厂的经营年限和整个供应链实现盈亏平衡的时间期限。

可以看到，在第三方治理模式下，燃煤电厂因达到政府制定的污染减排标准和环境约束条件，已不需要支付排污费了，但新增加的成本是支付给第三方环保企业的污染减排服务费 p_1^E。p_1^E 的数值由燃煤电厂和第三方环保企业通过一轮轮的讨价还价进行协商确定，这也是第三方治理模式下绿色供应链整体收益最大化的重要变量。

绿色供应链盈亏平衡前第三方环保企业的收益净现值为：

$$NPV_{E1}^E = \sum_{t=1}^{t_0} [Q_t^U(p_1^E - c_{Evt}^E)]e^{-rt} - I_E \tag{4-31}$$

式（4-31）中，NPV_{E1}^E 表示在采用环境污染第三方治理模式下，环保企业在盈亏平衡前的收益净现值；c_{Evt}^E 表示采用环境污染第三方治理模式下环保企业的运营成本；I_E 表示采用环境污染第三方治理模式下第三方环保企业的初始投资。

式（4-31）右边第一项表示第三方环保企业收益净现值，由其获得的燃煤电厂支付的污染减排服务费和为此付出的环保设施建设和服务的运行、维护的成本决定;第二项表示第三方环保企业为提供给燃煤电厂污染减排服务而进行的初始投资额。

在燃煤电厂和第三方环保企业达成合作,污染减排设施运行之后,如果式(4-31)在 $t=t_0$ 时, NPV_{E1}^{E} 大于 0,这表明第三方环保企业通过 t_0 年的污染减排服务费实现了盈亏平衡。

将式(4-30)与式(4-31)相加即为绿色供应链整体的收益净现值 NPV_{SC1},其表达式为:

$$NPV_{SC1} = \sum_{t=1}^{t_0} \{Q_t^U[(p^U - c_{Pvt}^U - p_1^E) + (p_1^E - c_{Evt}^E)]\}e^{-rt} - I_E$$

对其进行简化可得:

$$NPV_{SC1} = \sum_{t=1}^{t_0} [Q_t^U(p^U - c_{Pvt}^U - c_{Evt}^E)]e^{-rt} - I_E \quad (4-32)$$

与自身投资运维模式下式(4-3)相比,两种模式下的收入来源和数值相等,但在成本方面不同,第三方治理模式下的成本是燃煤电厂的生产经营成本和第三方环保企业的投资运维成本;燃煤电厂自身投资运维模式下的成本为其自身的生产经营成本和环保投资运维成本,经营方面存在显著差异。

在整个供应链实现盈亏平衡即第三方环保企业收回初始投资 I_E 之后,燃煤电厂会与第三方环保企业进行重新谈判,协商新的污染减排服务费 $p_1^{E'}$,此时燃煤电厂生产经营和第三方环保企业收益的净现值变为:

$$NPV_{P1}^{E'} = \sum_{t=t_0+1}^{N} [Q_t^U(p^U - c_{Pvt}^U - p_1^{E'})]e^{-rt} \quad (4-33)$$

$$NPV_{E1}^{E'} = \sum_{t=t_0+1}^{N} [Q_t^U(p_1^{E'} - c_{Evt}^E)]e^{-rt} \quad (4-34)$$

与式(4-31)相比,第三方环保企业收益净现值等式右边少了初始投资 I_E,这是燃煤电厂要和第三方环保企业进行重新协商的原因,基于此也可以得到 $p_1^{E'} < p_1^E$ 的结论。

将式(4-33)与式(4-34)相加即可得到绿色供应链在盈亏平衡后的整体收益净现值 NPV'_{SC1},其表达式为:

$$NPV'_{SC1} = \sum_{t=t_0+1}^{N} [Q_t^U(p^U - c_{Pvt}^U - c_{Evt}^E)]e^{-rt} \quad (4-35)$$

综上所述，分别将盈亏平衡前后燃煤电厂生产经营收益净现值、第三方环保企业收益净现值、绿色供应链整体收益净现值相加，即可得到第三方治理模式下、无政府环保补贴情况下三个主体的最终收益净现值表达式为：

$$NPV_{P1}^{E''} = \sum_{t=1}^{t_0} [Q_t^U(p^U - c_{Pvt}^U - p_1^E)]e^{-rt} + \sum_{t=t_0+1}^{N} [Q_t^U(p^U - c_{Pvt}^U - p_1^{E'})]e^{-rt} \tag{4-36}$$

$$NPV_{E1}^{E''} = \sum_{t=1}^{t_0} [Q_t^U(p_1^E - c_{Evt}^E)]e^{-rt} + \sum_{t=t_0+1}^{N} [Q_t^U(p_1^{E'} - c_{Evt}^E)]e^{-rt} - I_E \tag{4-37}$$

$$NPV_{SC1}'' = \sum_{t=1}^{N} [Q_t^U(p^U - c_{Pvt}^U - c_{Evt}^E)]e^{-rt} - I_E \tag{4-38}$$

（二）模型求解

与燃煤电厂自身投资运维模型相同，第三方治理模式下的模型求解同样需要考虑环境约束与收益最大化两个问题。

在环境约束方面，以燃煤电厂和第三方环保企业组成的绿色供应链的整体污染排放必须在政府制定的排放标准和排放容量之内，即燃煤电厂的上网电量 Q_t^U 与单位发电量的污染排放 E_{Pt}^E 乘积不能超过政府制定的环境容量标准 Y，存在：

$$Q_t^U E_{Pt}^E \leq Y$$

在绿色供应链整体收益利润最大化方面，首先要明确的是，燃煤电厂和第三方环保企业的收益应优于二者分别进行生产经营的收益时才会组成绿色供应链进行联合污染减排，否则不会进行联合。具体来说，燃煤电厂如果为达到政府制定的污染减排标准则会被强制关停，其收益为0，因此燃煤电厂进行联合的条件就是经过一段时间（t_0 年）后能够实现生产经营收益大于0。第三方环保企业为进行污染减排联合前也不会存在相关的收益，其参与绿色供应链联合进行污染减排的条件同样是经过一段时间（t_0 年）后能够实现生产经营收益大于0。因此，燃煤电厂和第三方环保企业在盈亏平衡前，能够达成绿色供应链的条件就是各自的收益净现值不小于0，即存在：

$$NPV_{P1}^E = \sum_{t=1}^{t_0} [Q_t^U(p^U - c_{Pvt}^U - p_1^E)]e^{-rt} \geq 0$$

$$NPV_{E1}^E = \sum_{t=1}^{t_0} [Q_t^U(p_1^E - c_{Evt}^E)]e^{-rt} - I_E \geq 0$$

根据燃煤电厂和第三方环保企业达成绿色供应链的条件可以确定双方有关污染减排服务费的价格 p_1^E。进一步假定该价格与第三方环保企业平均污染减排成本正相关，即存在：

$$p_1^E = p_1^E(\beta_1) = \beta_1 \left(c_{Evt}^E + I_E \Big/ \sum_{t=1}^{t_0} Q_t^U \right) \qquad (4-39)$$

式（4-39）中，β_1 为第三方环保企业提供污染减排服务费的系数，也表示燃煤电厂单位电量对应的第三方环保企业平均污染减排成本的比例系数；式（4-39）右边括号中的第二部分表示环保企业初始投资在 t_0 时间内的平均摊派。

确定燃煤电厂支付给第三方环保企业单位污染减排服务费系数成为双方讨价还价的关键。当 $\beta_1 = 1$ 时，燃煤电厂支付给第三方环保企业的污染减排服务费刚好能够满足环保企业的减排成本，环保企业实现了盈亏平衡，无收益也无损失；当 $\beta_1 > 1$ 时，燃煤电厂支付给第三方环保企业的污染减排服务费大于环保企业的减排成本，第三方环保企业能够获得一定的收益；当 $\beta_1 < 1$ 时，燃煤电厂支付给第三方环保企业的污染减排服务费不能满足环保企业的减排成本，此时第三方环保企业必然不愿意参与绿色供应链，因此，这种情况本书不讨论。

将式（4-39）分别带入燃煤电厂和第三方环保企业在盈亏平衡前达成绿色供应链的条件不等式中，可得燃煤电厂支付给第三方环保企业污染减排服务费的系数 β_1 的最大值和最小值分别为：

$$\beta_{1\max} = \sum_{t=1}^{t_0} [Q_t^U(p^U - c_{Pvt}^U)]e^{-rt} \Big/ \sum_{t=1}^{t_0} \left[Q_t^U \left(c_{Evt}^E + I_E \Big/ \sum_{t=1}^{t_0} Q_t^U \right) \right] e^{-rt}$$

$$\beta_{1\min} = \left[\sum_{t=1}^{t_0} (Q_t^U c_{Evt}^E)e^{-rt} + I_E \right] \Big/ \sum_{t=1}^{t_0} \left[Q_t^U \left(c_{Evt}^E + I_E \Big/ \sum_{t=1}^{t_0} Q_t^U \right) \right] e^{-rt}$$

最优的污染减排服务费系数 β_1^* 必然处于 $[\beta_{1\min}, \beta_{1\max}]$。根据鲁宾斯坦博弈论理论，燃煤电厂和第三方环保企业的讨价还价过程可以看成是一个合作博弈过程，假定燃煤电厂和第三方环保企业的贴现因子为 δ_1 和 δ_2，则根据纳什均衡理论可以求得最优解 β_1^*，表示为：

$$\beta_1^* = [(\delta_2 - \delta_1\delta_2)\beta_{1\max} + (1 - \delta_2)\beta_{1\min}]/(1 - \delta_1\delta_2)$$

根据 β_1^* 的具体值就可以求出由燃煤电厂和第三方环保企业组成的绿色供应链的盈亏平衡时间 t_0。同时也可以根据上述分析求得第三方治理模式下、政府无环保补贴情况燃煤电厂生产经营收益净现值、第三方环保企业环境污染减排服务收益净现值和绿色供应链整体收益净现值最大化的最优解 NPV_{P1}^{E*}、NPV_{E1}^{E*}、NPV_{SC1}^*。

在绿色供应链整体实现盈亏平衡后，燃煤电厂和第三方环保企业达成绿色供应链的条件变为：

$$NPV_{P1}^{E'} = \sum_{t=t_0+1}^{N} [Q_t^U(p^U - c_{Pvt}^U - p_1^{E'})]e^{-rt} \geq 0$$

$$NPV_{E1}^{E'} = \sum_{t=t_0+1}^{N} [Q_t^U(p_1^{E'} - c_{Evt}^E)]e^{-rt} \geq 0$$

此时，新的污染减排服务费 $p_1^{E'}$ 表达式变为：

$$p_1^{E'} = p_1^{E'}(\beta'_1) = \beta'_1 c_{Evt}^E \tag{4-40}$$

式（4-40）中，β'_1 为绿色供应链整体实现盈亏平衡后新的污染减排服务费系数。

将式（4-40）分别带入绿色供应链整体实现盈亏平衡后燃煤电厂和第三方环保企业达成绿色供应链的条件不等式中，可以得到新的污染减排环保服务费系数 β'_1 的最大值和最小值，如下所示：

$$\beta'_{1\max} = \sum_{t=t_0+1}^{N} [Q_t^U(p^U - c_{Pvt}^U)]e^{-rt} / \sum_{t=1}^{t_0} (Q_t^U c_{Evt}^E)e^{-rt} = (p^U - c_{Pvt}^U)/c_{Evt}^E$$

$$\tag{4-41}$$

$$\beta'_{1\min} = 1 \tag{4-42}$$

根据绿色供应链盈亏平衡前使用的方法可以求出盈亏平衡后的污染减排服务费系数最优解 $\beta_1'^*$、新的污染减排服务费最优解 $p_1^{E'*}$，进而可以得到绿色供应链盈亏平衡后燃煤电厂、第三方环保企业和绿色供应链整体三者收益净现值最大化的最优解 $NPV_{P1}^{E'*}$、$NPV_{E1}^{E'*}$、NPV'^*_{SC1}。

三 环保电量补贴政策下的最优路径分析

环保电量补贴政策同样是指政府通过增加燃煤电厂设备平均利用时间的方式，给予污染减排达标，符合环境保护约束的燃煤电厂更多的额外上网电量配额，以缓解燃煤电厂和第三方环保企业的经营压力，增加二者盈利能力，从而激励燃煤电厂进行清洁化生产，改善生态环境质量的激励政策措施。在这种激励政策下，在实现绿色供应链整体盈亏平衡前，第三方治理模式下的燃煤电厂和第三方环保企业在满足政府制定的污染减排标准和环境保护约束条件后会获得额外增加的上网电量 Q_{2t}^a。

（一）模型建立

在燃煤电厂和第三方环保企业组成的绿色供应链实现盈亏平衡时间 t_0 之前，当燃煤电厂和第三方环保企业通过讨价还价确定的污染减排服务费价格为 p_2^E 时，燃煤电厂、第三方环保企业以及绿色供应链整体三者收益净现值 NPV_{P2}^E、NPV_{E2}^E 和 NPV_{SC2} 可以表示为：

$$NPV_{P2}^E = \sum_{t=1}^{t_0} [(Q_t^U + Q_{2t}^a)(p^U - c_{Pvt}^U - p_2^E)] e^{-rt}$$

$$NPV_{E2}^E = \sum_{t=1}^{t_0} [(Q_t^U + Q_{2t}^a)(p_2^E - c_{Evt}^E)] e^{-rt} - I_E$$

$$NPV_{SC2} = \sum_{t=1}^{t_0} [(Q_t^U + Q_{2t}^a)(p^U - c_{Pvt}^U - c_{Evt}^E)] e^{-rt} - I_E$$

同理可以得到在燃煤电厂和第三方环保企业组成的绿色供应链实现盈亏平衡时间 t_0 之后，当燃煤电厂和第三方环保企业通过讨价还价确定的污染减排服务费价格为 $p_2^{E'}$ 时，燃煤电厂、第三方环保企业以及绿色供应链整体三者收益净现值 $NPV_{P2}^{E'}$、$NPV_{E2}^{E'}$ 和 NPV'_{SC2} 可以表示为：

$$NPV_{P2}^{E'} = \sum_{t=t_0+1}^{N} [Q_t^U (p^U - c_{Pvt}^U - p_2^{E'})] e^{-rt}$$

$$NPV_{E2}^{E'} = \sum_{t=t_0+1}^{N} [Q_t^U (p_2^{E'} - c_{Evt}^E)] e^{-rt}$$

$$NPV'_{SC2} = \sum_{t=t_0+1}^{N} [Q_t^U (p^U - c_{Pvt}^U - c_{Evt}^E)] e^{-rt}$$

可以看到，在政府环保电量补贴政策激励下，燃煤电厂、第三方环保企业和绿色供应链整体三者在盈亏平衡后的收益净现值表达式基本相同，差别主要体现在盈亏平衡的时间 t_0 和第三方治理服务价格 $p_2^{E'}$ 可能不同。

进一步将绿色供应链盈亏平衡前，燃煤电厂、第三方环保企业和绿色供应链整体三者收益净现值相加，可以得到在第三方治理模式下，政府提供环保电价补贴政策情况下三者收益的净现值表达式分别为：

$$NPV_{P2}^{E''} = \sum_{t=1}^{t_0} [(Q_t^U + Q_{2t}^a)(p^U - c_{Pvt}^U - p_2^E)] e^{-rt} + \sum_{t=t_0+1}^{N} [Q_t^U (p^U - c_{Pvt}^U -$$

$p_2^{E'})]e^{-rt}$

$$NPV_{E2}^{E'} = \sum_{t=1}^{t_0} [(Q_t^U + Q_{2t}^a)(p_2^E - c_{Evt}^E)]e^{-rt} + \sum_{t=t_0+1}^{N} [Q_t^U(p_2^{E'} - c_{Evt}^E)]e^{-rt} - I_E$$

$$NPV''_{SC2} = \sum_{t=1}^{t_0} [(Q_t^U + Q_{2t}^a)(p^U - c_{Pvt}^U - c_{Evt}^E)]e^{-rt} + \sum_{t=t_0+1}^{N} [Q_t^U(p^U - c_{Pvt}^U - c_{Evt}^E)]e^{-rt} - I_E$$

（二）模型求解

与燃煤电厂自身投资运维模式下相同，第三方治理模式下享受政府环保电量补贴政策情况下的模型求解同样是先求得政府每年的环保补贴电量 Q_{2t}^a。政府提供的环保补贴电量 Q_{2t}^a 必须满足环境约束条件：

$$(Q_t^U + Q_{2t}^a)E_{Pt}^E \leq Y$$

将环境约束不等式与绿色供应链盈亏平衡前燃煤电厂生产经营收益的净现值公式结合构建拉格朗日函数，可得：

$$L = \sum_{t=1}^{t_0} [(Q_t^U + Q_{2t}^a)(p^U - c_{Pvt}^U - c_{Evt}^E)]e^{-rt} - I_E + \lambda_t [Y - (Q_t^U + Q_{2t}^a)E_{Pt}^E]$$

s.t. $0 < Q_t^U + Q_{2t}^a < Q^{max}$,

$t = 1, 2, \cdots, t_0 \quad Q_{2t}^a > 0$

进一步运用库恩—塔克条件进行求解可得方程组：

$$\begin{cases} \partial L/\partial Q_{2t}^a = 0 \\ \partial L/\partial \lambda_t = 0 \end{cases}$$

同样假定政府每年制定的环保补贴电量相同即 $Q_{2t}^a = Q_2^a$，则可求得第三方治理模式下政府提供的环保补贴电量最优值为：

$$Q_2^{a*} = Y/E_{Pt}^E - Q_t^U \tag{4-43}$$

同样按照无政府环保补贴政策下的求解思路可知，绿色供应链盈亏平衡前，燃煤电厂和第三方环保企业愿意组成绿色供应链进行联合污染减排的条件为：

$$NPV_{P2}^E = \sum_{t=1}^{t_0} [(Q_t^U + Q_2^{a*})(p^U - c_{Pvt}^U - p_2^E)]e^{-rt} \geq 0$$

$$NPV_{E2}^E = \sum_{t=1}^{t_0} [(Q_t^U + Q_2^{a*})(p_2^E - c_{Evt}^E)]e^{-rt} - I_E \geq 0$$

根据上述不等式可知，需要确定的核心变量就是燃煤电厂和第三方环保企业组成绿色供应链时达成的污染减排服务的交易价格 p_2^E。同样将燃煤电厂和第三方环保企业达成的污染减排服务费界定为与第三方环保企业的平均污染减排成本比例正相关，表达式为：

$$p_2^E = p_2^E(\beta_2) = \beta_2 \left[c_{Evt}^E + I_E / \sum_{t=1}^{t_0} (Q_t^U = Q_2^{a*}) \right] \quad (4-44)$$

式（4-44）中参数 β_2 为政府提供环境补贴电量模式下第三方环保企业的污染减排服务费系数，表示燃煤电厂生产单位电量所对应环保企业平均污染物减排成本的比例。将式（4-44）分别带入绿色供应链盈亏平衡前燃煤电厂和第三方环保企业愿意组成绿色供应链的条件中，可以得到环保服务费系数 β_2 的最大值 $\beta_{2\max}$ 和最小值 $\beta_{2\min}$ 如下所示：

$$\beta_{2\max} = \sum_{t=1}^{t_0} \left[(Q_t^U + Q_2^{a*})(p^U - c_{Pvt}^U) \right] e^{-rt} / \sum_{t=1}^{t_0} \left\{ (Q_t^U + Q_2^{a*}) \left[(c_{Evt}^E + I_E / \sum (Q_t^U + Q_2^{a*}) \right] \right\} e^{-rt}$$

$$\beta_{2\min} = \left\{ \sum_{t=1}^{t_0} \left[(Q_t^U + Q_2^{a*}) c_{Evt}^E \right] e^{-rt} + I_E \right\} / \sum_{t=1}^{t_0} \left\{ (Q_t^U + Q_2^{a*}) \left[(c_{Evt}^E + I_E / \sum (Q_t^U + Q_2^{a*}) \right] \right\} e^{-rt}$$

根据鲁宾斯坦博弈论理论和纳什均衡理论可以得到第三方环保企业的污染减排服务费系数的最优解 β_2^*，表示为：

$$\beta_2^* = \left[(\delta_2 - \delta_1 \delta_2) \beta_{2\max} + (1 - \delta_2) \beta_{2\min} \right] / (1 - \delta_1 \delta_2) \quad (4-45)$$

根据式（4-45），并引入相关数值即可求得第三方治理模式下、绿色供应链盈亏平衡前的第三方环保企业的污染减排服务系数最优值 β_2^*、盈亏平衡时间 t_0 以及燃煤电厂、第三方环保企业和绿色供应链收益的最优净现值 NPV_{P2}^{E*}、NPV_{E2}^{E*}、NPV_{SC2}^*。

同理可得在绿色供应链实现盈亏平衡之后，燃煤电厂和第三方环保企业达成绿色供应链的条件变为：

$$NPV_{P2}^{E'} = \sum_{t=t_0+1}^{N} \left[Q_t^U (p^U - c_{Pvt}^U - p_2^{E'}) \right] e^{-rt} \geq 0$$

$$NPV_{E2}^{E'} = \sum_{t=t_0+1}^{N} \left[Q_t^U (p_2^{E'} - c_{Evt}^E) \right] e^{-rt} \geq 0$$

式中，燃煤电厂和第三方环保企业达成的新的环保服务费价格 $p_2^{E'}$ 的表达式可表示为：

$$p_2^{E'} = p_2^{E'}(\beta'_2) = \beta'_2 c_{Evt}^E \quad (4-46)$$

式（4-46）中，β'_2 为绿色供应链整体盈亏平衡后第三方环保企业提供的污染减排服务的系数。

将式（4-46）分别带入绿色供应链实现盈亏平衡之后燃煤电厂和第三方环保企业达成绿色供应链的条件不等式中，可以得到第三方环保企业污染减排新的服务系数 β'_2 的最大值 $\beta'_{2\max}$ 和最小值 $\beta'_{2\min}$，表示为：

$$\beta'_{2\max} = \sum_{t=t_0+1}^{N}\left[Q_t^U(p^U - c_{Pvt}^U)\right]e^{-rt} \Big/ \sum_{t=1}^{t_0}(Q_t^U c_{Evt}^E)e^{-rt} = (p^U - c_{Pvt}^U)/c_{Evt}^E$$

$$(4-47)$$

$$\beta'_{2\min} = 1 \quad (4-48)$$

再次利用鲁宾斯坦博弈论理论和纳什均衡理论，可求得绿色供应链整体盈亏平衡后的第三方环保企业的污染减排服务系数的最优解 β'^*_2 和污染减排服务价格最优解 $p_2^{E'*}$。

通过对比无政府环保补贴政策和政府提供环保电量补贴政策下的第三方环保企业污染减排服务系数可知，$\beta'_{2\max}$、$\beta'_{2\min}$ 的表达式和 $\beta'_{1\max}$、$\beta'_{1\min}$ 的表达式相同，这也导致两种政策下第三方环保企业的污染减排服务系数最优解 β'^*_2 与 β'^*_1 相同，进一步可以求得在两种情况下燃煤电厂和第三方环保企业达成的污染减排服务费价格最优解 $p_2^{E'*}$ 与 $p_1^{E'*}$ 也必然相同。这是因为在绿色供应链整体盈亏平衡之后，第三方环保企业的污染减排设施的初始投资已经收回，政府的环保补贴电量政策已经取消，两种情况下燃煤电厂和第三方环保企业面临的情况完全相同，所以第三方环保企业的污染减排服务系数和与燃煤电厂达成的污染减排服务价格也完全相同。进一步将污染减排服务价格带入燃煤电厂、第三方环保企业和绿色供应链整体收益的净现值表达式中，也可以得到两种状态下的最优解 $NPV_{P2}^{E'*}$、$NPV_{E2}^{E'*}$、NPV'^*_{SC2} 三者和 $NPV_{P1}^{E'*}$、$NPV_{E1}^{E'*}$、NPV'^*_{SC1} 三者相同。

四 环保电价补贴政策下最优路径分析

环保电价补贴政策同样是指政府通过给予额外的上网电价的方式，对污染减排达标，符合环境保护约束的燃煤电厂和第三方环保企业组成的绿色供应链给予激励的政策，该激励政策同样能够有效地缓解燃煤电厂和第三方环保企业的经营压力,增加其盈利能力,从而激励燃煤电厂进行清洁化生产,改善生态环境质量。在这种激励政策下,符合条件的燃煤电厂会获得额外增加的补贴电价 p_3^{la}。

(一) 模型建立

同样假设政府提供的环保电价补贴与燃煤电厂生产经营的平均增量成本 ΔC_3 正相关,二者的关系可表示为:

$$p_3^a = \alpha \Delta C_3 \qquad 0 < \alpha < 1 \qquad (4-49)$$

式(4-49)中,α($0<\alpha<1$)表示政府对燃煤电厂或者绿色供应链在污染减排方面的激励补贴系数,其设定与上一节中燃煤电厂自身投资运维模式下的设定相同。

此时燃煤电厂生产经营的平均增量成本可表示为:

$$\Delta C_3 = \left[\sum_{t=1}^{t_0} (p_3^E + c_{Pvt}^U - c_{Pvt}^U - f_{Pt}^U) Q_t^U \right] / \sum_{t=1}^{t_0} Q_t^U \qquad (4-50)$$

式(4-50)中,p_3^E 表示政府提供环保电价补贴政策下燃煤电厂和第三方环保企业达成的污染减排服务价格;f_P^U 表示采用第三方治理模式下燃煤电厂因污染减排而节约的单位发电量成本。相关设定与燃煤电厂自身投资运维模式下的设定一致。

因此,绿色供应链整体实现盈亏平衡前,燃煤电厂、第三方环保企业和绿色供应链整体三者收益的净现值 NPV_{P3}^E、NPV_{E3}^E 和 NPV_{SC3} 分别可以表示为:

$$NPV_{P3}^E = \sum_{t=1}^{t_0} [Q_t^U (p^U + p_3^a - c_{Pvt}^U - p_3^E)] e^{-rt}$$

$$NPV_{E3}^E = \sum_{t=1}^{t_0} [Q_t^U (p_3^E - c_{Evt}^E)] e^{-rt} - I_E$$

$$NPV_{SC3} = \sum_{t=1}^{t_0} [Q_t^U (p^U + p_3^a - c_{Pvt}^U - c_{Evt}^E)] e^{-rt} - I_E$$

可以看到,与无政府环保补贴政策情况相比,燃煤电厂获得了额外的上网补贴电价 p_3^a,但该变量未体现在第三方环保企业收益净现值表达式中,但第三方环保企业收益的净现值仍然会受到影响,这实际上会体现在燃煤电厂与第三方环保企业达成的污染减排服务价格 p_3^E 中。

进一步可以得到绿色供应链模式下燃煤电厂和第三方环保企业提供

讨价还价达成的污染减排服务价格的表达式为：

$$p_3^E = p_3^E(\beta_3) = \beta_3 \left(c_{Evt}^E + I_E \bigg/ \sum_{t=1}^{t_0} Q_t^U \right) \qquad (4-51)$$

将燃煤电厂生产经营的平均增量成本式（4-50）、污染减排服务价格式（4-51）带入式（4-49）中，可以将静态条件下政府提供的环保补贴电价改写为：

$$p_3^a = \alpha \Delta C_3 = \alpha [p_3^E(\beta_3) - f_P^U] = \alpha \left[\beta_3 \left(c_{Evt}^E + I_E \bigg/ \sum_{t=1}^{t_0} Q_t^U \right) - f_P^U \right]$$

$$(4-52)$$

进一步可以求出在绿色供应链实现盈亏平衡之后，在燃煤电厂和第三方环保企业重新确定污染减排服务价格 $p_3^{E'}$ 基础上，燃煤电厂、第三方环保企业和绿色供应链整体收益的净现值可表示为：

$$NPV_{P3}^{E'} = \sum_{t=t_0+1}^{N} \left[Q_t^U (p^U - c_{Pvt}^U - p_3^{E'}) \right] e^{-rt}$$

$$NPV_{E3}^{E'} = \sum_{t=t_0+1}^{N} \left[Q_t^U (p_3^{E'} - c_{Evt}^E) \right] e^{-rt}$$

$$NPV'_{SC3} = \sum_{t=t_0+1}^{N} \left[Q_t^U (p^U - c_{Pvt}^U - c_{Evt}^E) \right] e^{-rt}$$

分别将绿色供应链实现盈亏平衡前后的燃煤电厂、环保企业和绿色供应链三者的收益净现值表达式相加，可以得到在第三方治理模式下三者全过程收益净现值的表达式为：

$$NPV_{P3}^{E''} = \sum_{t=1}^{t_0} \left[Q_t^U (p^U + p_3^a - c_{Pvt}^U - p_3^E) \right] e^{-rt} +$$

$$\sum_{t=t_0+1}^{N} \left[Q_t^U (p^U - c_{Pvt}^U - p_3^{E'}) \right] e^{-rt}$$

$$NPV_{E3}^{E''} = \sum_{t=1}^{t_0} \left[Q_t^U (p_3^E - c_{Evt}^E) \right] e^{-rt} + \sum_{t=t_0+1}^{N} \left[Q_t^U (p_3^{E'} - c_{Evt}^E) \right] e^{-rt} - I_E$$

$$NPV''_{SC2} = \sum_{t=1}^{t_0} \left[Q_t^U (p^U + p_3^a - c_{Pvt}^U - c_{Evt}^E) \right] e^{-rt} +$$

$$\sum_{t=t_0+1}^{N} \left[Q_t^U (p^U - c_{Pvt}^U - c_{Evt}^E) \right] e^{-rt} - I_E$$

（二）模型求解

先分析绿色供应链实现盈亏平衡前燃煤电厂和第三方环保企业收益

净现值最大化的条件。参照无政府环保补贴和政府环保电量补贴状况下燃煤电厂和第三方环保企业通过讨价还价组成绿色供应链的条件可知，政府环保电价补贴状况下，燃煤电厂和第三方环保企业达成绿色供应链的条件为：

$$NPV_{P3}^{E} = \sum_{t=1}^{t_0} [Q_t^U(p^U + p_3^a - c_{Pvt}^U - p_3^E)]e^{-rt} \geq 0$$

$$NPV_{E3}^{E} = \sum_{t=1}^{t_0} [Q_t^U(p_3^E - c_{Evt}^E)]e^{-rt} - I_E \geq 0$$

可以得到政府提供环保电价补贴政策下，第三方环保企业的污染减排服务系数 β_3 的最大值 β_{2max} 和最小值 β_{2min} 分别为：

$$\beta_{3max} = \sum_{t=1}^{t_0}[Q_t^U(p^U - c_{Pvt}^U - \alpha f_{Pt}^U)]e^{-rt} / \sum_{t=1}^{t_0}[Q_t^U(1-\alpha)$$

$$\left(c_{Evt}^E + I_E / \sum_{t=1}^{t_0} Q_t^U\right)]e^{-rt}$$

$$\beta_{3min} = \left[\sum_{t=1}^{t_0}(Q_t^U c_{Evt}^E)e^{-rt} + I_E\right] / \sum_{t=1}^{t_0}[Q_t^U(c_{Evt}^E + I_E)/\sum_{t=1}^{t_0} Q_t^U]e^{-rt}$$

进而通过鲁宾斯坦讨价还价博弈理论求得第三方环保企业污染减排服务的最优服务系数 β_3^*、绿色供应链盈亏平衡时间 t_0 以及燃煤电厂和第三方环保企业达成的污染减排服务的最优价格 p_3^{E*}。并最终可以求得在绿色供应链盈亏平衡前的燃煤电厂、第三方环保企业和绿色供应链整体收益的最优净现值 NPV_{P3}^{E*}、NPV_{E3}^{E*}、NPV_{SC3}^*。

在绿色供应链整体收益实现盈亏平衡之后，燃煤电厂和第三方环保企业能够达成绿色供应链的条件变为：

$$NPV_{P3}^{E'} = \sum_{t=t_0+1}^{N}[Q_t^U(p^U - c_{Pvt}^U - p_3^{E'})]e^{-rt} \geq 0$$

$$NPV_{E3}^{E'} = \sum_{t=t_0+1}^{N}[Q_t^U(p_3^{E'} - c_{Evt}^E)]e^{-rt} \geq 0$$

盈亏平衡后燃煤电厂和第三方环保企业通过讨价还价达成的污染减排服务价格可表示为：

$$p_3^{E'} = p_3^{E'}(\beta'_3) = \beta'_3 c_{Evt}^E$$

式中，β'_3 为绿色供应链盈亏平衡之后第三方环保企业提供污染减排服务的新的系数。其最大值 β'_{3max} 和最小值 β'_{3min} 为：

$$\beta'_{3\max} = (p^U - c_{Pvt}^U)/c_{Evt}^E$$

$$\beta'_{3\min} = 1$$

同样利用鲁宾斯坦博弈论理论和纳什均衡理论，可求得绿色供应链盈亏平衡后的第三方环保企业提供污染减排服务的最优系数 β'^*_3、燃煤电厂与第三方环保企业达成的污染减排服务的最优价格 $p_3^{E'*}$。并最终求得绿色供应链实现盈亏平衡后的燃煤电厂、第三方环保企业和绿色供应链整体收益的最优净现值 $NPV_{P3}^{E'*}$、$NPV_{E3}^{E'*}$、NPV'^*_{SC3}。

五 环保电量和电价双重补贴政策下最优路径分析

政府为促进煤电产业清洁化发展，还可以对第三方治理模型下燃煤电厂和第三方环保企业同时给予环保电量 Q_{4t}^a 和环保电价 p_4^a 双重补贴。第三方环保企业通过与燃煤电厂达成绿色供应链共享政府提供的相关补贴激励政策。

（一）模型建立

与上述分析中的政府电价补贴界定一致，假定绿色供应链实现盈亏平衡前政府提供的环保补贴电价表示为：

$$p_4^a = \alpha \Delta C_4 \quad 0 < \alpha < 1$$

式中，ΔC_4 表示第三方治理模式下燃煤电厂发电量的单位增量成本。因为燃煤电厂同时享有环保电价和电量双重补贴，其单位增量成本表达式可表示为：

$$\Delta C_4 = \Big[\sum_{t=1}^{t_0}(p_4^E + c_{Pvt}^U - c_{Pvt}^U - f_{Pt}^U)(Q_t^U + Q_{4t}^a) + I_P\Big]\Big/\sum_{t=1}^{t_0}(Q_t^U + Q_{4t}^a)$$

进而可以求得此时政府为绿色供应链提供的环保电价补贴的表达式为：

$$p_4^a = \alpha \Delta C_4 = \alpha(p_4^E - f_P^U)$$

从而得到绿色供应链盈亏平衡前，燃煤电厂、第三方环保企业和绿色供应链整体收益的净现值表达式分别为：

$$NPV_{P4}^E = \sum_{t=1}^{t_0}[(Q_t^U + Q_{4t}^a)(p^U + p_4^a - p_4^E - c_{Pvt}^U)]e^{-rt}$$

$$NPV_{E4}^E = \sum_{t=1}^{t_0}[(Q_t^U + Q_{4t}^a)(p_4^E - c_{Evt}^E)]e^{-rt} - I_E$$

$$NPV_{SC4} = \sum_{t=1}^{t_0}[(Q_t^U + Q_{2t}^a)(p^U + p_4^a - c_{Pvt}^U - c_{Evt}^E)]e^{-rt} - I_E$$

由绿色供应链整体收益净现值表达式可以看到，由于政府同时提供了环保电量和电价双重补贴，燃煤电厂的发电量变为 $Q_t^u + Q_{4t}^a$，上网电价同时变为 $P^U + p_4^a$，这能够大幅度改善燃煤电厂和第三方环保企业组成的绿色供应链的收益状况。

通过上述公式可以求得双重环保补贴政策下燃煤电厂和第三方环保企业关于污染减排服务达成的服务价格为：

$$p_4^E = p_4^E(\beta_4) = \beta_4 [c_{Evt}^E + I_E / \sum_{t=1}^{t_0} (Q_t^U + Q_{4t}^a)]$$

在绿色供应链实现盈亏平衡之后，政府同样不再提供环保电量补贴 Q_{4t}^a 和环保电价补贴 p_4^a，此时燃煤电厂、第三方环保企业和绿色供应链整体收益的净现值表达式分别为：

$$NPV_{P4}^{E'} = \sum_{t=t_0+1}^{N} [Q_t^U (p^U - c_{Pvt}^U - p_4^{E'})] e^{-rt}$$

$$NPV_{E4}^{E'} = \sum_{t=t_0+1}^{N} [Q_t^U (p_4^{E'} - c_{Evt}^E)] e^{-rt}$$

$$NPV'_{SC4} = \sum_{t=t_0+1}^{N} [Q_t^U (p^U - c_{Pvt}^U - c_{Evt}^E)] e^{-rt}$$

可以看到，政府提供环保电价和电量双重补贴模式与其他补贴模式的差异，也体现在绿色供应链实现盈亏平衡的时间 t_0 和绿色供应链双方达成的污染减排服务的价格 $p_4^{E'}$ 不同。

分别将绿色供应链盈亏平衡前后，环保电量和电价双重补贴条件下燃煤电厂、第三方环保企业和绿色供应链整体收益的净现值表达式相加，可以得到全过程中三者收益的净现值表达式为：

$$NPV_{P4}^{E''} = \sum_{t=1}^{t_0} [Q_t^U (p^U + p_4^a - c_{Pvt}^U - p_4^E)] e^{-rt} + \sum_{t=t_0+1}^{N} [Q_t^U (p^U - c_{Pvt}^U - p_4^{E'})] e^{-rt}$$

$$NPV_{E4}^{E''} = \sum_{t=1}^{t_0} [Q_t^U (p_4^E - c_{Evt}^E)] e^{-rt} + \sum_{t=t_0+1}^{N} [Q_t^U (p_4^{E'} - c_{Evt}^E)] e^{-rt} - I_E$$

$$NPV''_{SC4} = \sum_{t=1}^{t_0} [Q_t^U (p^U + p_4^a - c_{Pvt}^U - c_{Evt}^E)] e^{-rt} + \sum_{t=t_0+1}^{N} [Q_t^U (p^U - c_{Pvt}^U - c_{Evt}^E)] e^{-rt} - I_E$$

(二) 模型求解

同样参照前文的求解方法对政府环保电量和电价双重补贴条件下的模型进行求解，这里相似的内容不再重复赘述，仅分析重点内容。

首先，求出政府提供的环保补贴电量，构建燃煤电厂收益净现值最大化求解的拉格朗日函数，表达式为：

$$L = \sum_{t=1}^{t_0} [(Q_t^U + Q_{4t}^a)(p^U + p_4^a - c_{Pvt}^U - c_{Evt}^E)]e^{-rt} - I_E$$
$$+ \lambda_t [Y - (Q_t^U + Q_{4t}^a) E_{Pt}^E]$$
$$\text{s.t.} \quad 0 < Q_t^U + Q_{2t}^a < Q^{\max}, \quad t = 1, 2, \cdots, t_0$$
$$Q_{2t}^a > 0$$

运用库恩—塔克求解可得：

$$\begin{cases} \partial L / \partial Q_{2t}^a = 0 \\ \partial L / \partial \lambda_t = 0 \end{cases}$$

从而求出政府提供的最优补贴电量为：

$$Q_4^{a*} = Y/E_{Pt}^E - Q_t^U$$

其次，确定燃煤电厂和第三方环保企业达成的污染减排最优服务系数。燃煤电厂和第三方环保企业在绿色供应链盈亏平衡前达成绿色供应链的条件为：

$$NPV_{P4}^E = \sum_{t=1}^{t_0} [(Q_t^U + Q_{4t}^a)(p^U + p_4^a - p_4^E - c_{Pvt}^U)]e^{-rt} \geq 0$$

$$NPV_{E4}^E = \sum_{t=1}^{t_0} [(Q_t^U + Q_{4t}^a)(p_4^E - c_{Evt}^E)]e^{-rt} - I_E \geq 0$$

根据上述绿色供应链盈亏平衡前燃煤电厂和第三方环保企业收益净现值的不等式可以求得第三方环保企业为燃煤电厂提供污染减排服务的系数 β_4 的最大值 $\beta_{4\max}$ 和最小值 $\beta_{4\min}$，表达式为：

$$\beta_{4\max} = \sum_{t=1}^{t_0} [(Q_t^U + Q_4^{a*})(p^U - c_{Pvt}^U - \alpha f_{Pt}^U)]e^{-rt} / \sum_{t=1}^{t_0} \{(Q_t^U + Q_2^{a*})$$
$$(1-\alpha)[(c_{Evt}^E + I_E)/\sum_{t=1}^{t_0}(Q_t^U + Q_4^{a*})]\}e^{-rt}$$

$$\beta_{4\min} = \{\sum_{t=1}^{t_0} [(Q_t^U + Q_4^{a*})c_{Evt}^E]e^{-rt} + I_E\} / \sum_{t=1}^{t_0} \{(Q_t^U + Q_4^{a*})[(c_{Evt}^E +$$

$$I_E / \sum_{t=1}^{t_0}(Q_t^U + Q_4^{a*})]\}e^{-rt}$$

同样通过鲁宾斯坦博弈论理论和纳什均衡理论可求得第三方环保企业提供污染减排服务的最优系数 β_4^*。

在绿色供应链实现盈亏平衡后，政府将不再为燃煤电厂和第三方环保企业提供环保电量和环保电价双重补贴，此时为达成绿色供应链，燃煤电厂和第三方环保企业会对污染减排服务价格进行重新谈判以确定新的污染减排服务系数，其表达式为：

$$p_4^{E'} = p_4^{E'}(\beta'_4) = \beta'_4 c_{Evt}^E$$

继续用燃煤电厂和第三方环保企业在绿色供应链盈亏平衡后还能进行合作的条件即二者收益的净现值满足 $NPV_{P4}^{E'} \geqslant$ 和 $NPV_{E4}^{E'} \geqslant$ 两个条件，求出绿色供应链实现盈亏平衡后第三方企业新的污染减排服务系数 β'^*_4 的上下限分别为：

$$\beta'_{4\max} = (p^U - c_{Pvt}^U)/c_{Evt}^E$$

$$\beta'_{4\min} = 1$$

并继续通过新一轮的鲁宾斯坦讨价还价博弈理论和纳什均衡理论求出政府环保电量和环保电价双重补贴情况下，第三方企业的污染减排最优服务系数 β'^*_4 和其与燃煤电厂达成的污染减排服务最优价格 p_4^{E*}。进而求出绿色供应链盈亏平衡后及全程的燃煤电厂、第三方环保企业和绿色供应链整体收益的净现值最优解。

本章主要基于企业视角讨论了我国煤电产业清洁化发展的路径选择问题。具体讨论了政府提供四种环保补贴模式（无环保补贴、环保电量补贴、环保电价补贴、环保电量和环保电价双重补贴）对采用两种污染减排治理模式（自身投资运维模式和第三方治理模式）的燃煤电厂、第三方环保企业生产经营行为的影响。通过理论分析可以发现，环保补贴政策会对燃煤电厂的污染减排和生产经营行为产生显著影响。为更直观地观察这一影响，第五章将采用数值模拟的方式对燃煤电厂、第三方环保企业的生产经营活动和最优行为选择进行模拟分析。

第五章

环保补贴政策效果的数值模拟研究

本章将对第四章中的数理推导过程及相关核心变量的变动进行数值模拟,以更直观的观察和理解政府环保补贴政策对燃煤电厂污染减排行为选择的影响机理和效应。

第一节 自身运维模式下燃煤电厂污染减排路径数值模拟

本节选择某燃煤电厂两台 100MW 机组为例,采用数值模拟的方法,分析和比较无环保补贴政策、环保电量补贴政策、环保电价补贴政策以及环保电量和电价双重补贴对采用自身投资运维模式下的燃煤电厂污染减排行为选择的影响,为基于环保补贴政策视角下的煤电产业清洁化发展和能源产业升级政策制定提供经验参考。

一 参数取值

根据我国燃煤电厂污染减排的初始投资实际情况、《中国电力行业年度发展报告》中燃煤电厂经营数据以及相关系数的经验值,设定燃煤电厂自身投资运维模式下各个变量参数值,如表 5-1 所示。

表 5-1　　燃煤电厂和环保企业初始投资及运维参数数据

参变量	数值	参变量	数值	参变量	数值
Q_{max}	100 亿 kW·h	c_{Pe}^{U}	0.3 元/kW·h	α	0.3

续表

参变量	数值	参变量	数值	参变量	数值
Q^U	60亿 kW·h	c_{Pv}^E	0.015 元/kW·h	r	10%
Y	1800t/年	c_{Pv}^I	0.32 元/kW·h	η	1.3
E_P^E	0.3g/kW·h	p^U	0.325 元/kW·h		
I_P	4.8亿元	f_P^U	0.01 元/kW·h		

二 不同环保补贴政策下的数值模拟分析

（一）无环保补贴政策

基于上述变量和参数设定，无政府环保补贴政策条件下采用自身投资运维模式的燃煤电厂收益净现值状况如表5–2所示。

表5–2　无政府环保补贴政策下燃煤电厂收益状况

t	NPV_{p1}^{I*}/万元	t	NPV_{p1}^{I*}/万元	t	NPV_{p1}^{I*}/万元
1	-45285	11	-28970	21	-22968
2	-42829	12	-28067	22	-22636
3	-40607	13	-27249	23	-22335
4	-38596	14	-26509	24	-22063
5	-36776	15	-25840	25	-21816
6	-35130	16	-25234	26	-21594
7	-33640	17	-24686	27	-21392
8	-32292	18	-24190	28	-21210
9	-31072	19	-23741	29	-21045
10	-29969	20	-23335	30	-20895

可以看到，在这种情况下，燃煤电厂收益的净现值尽管处于增长趋势，由第1期的-45285万元增加到第30期的-20895万元，增长了一倍还多。但在生产经营期（一般为30年）内全部为负值。这表明在政府不对燃煤电厂的污染减排行为进行环保补贴，由燃煤电厂本身承担其污染减排的任务的情况下，如果污染减排标准和环境约束条件不变，燃煤电厂因未享受到污染减排的激励政策和补贴，同时进行污染减排设施的投资会造成生产经营成本的增加，无法实现盈亏平衡，其最优的行为

选择就是不进行污染减排设施的投资，保持原状。若政府提出更高的污染排放标准和环境约束条件，燃煤电厂的最优行为选择就是停止生产经营行为，关闭燃煤电厂。这对燃煤电厂和政府来说都是无法接受的。

（二）环保电量补贴政策

政府提供环保电量补贴政策条件下采用自身投资运维模式的燃煤电厂享受的环保电量补贴和生产经营收益净现值状况如表5-3所示。

表5-3　　环保电量补贴政策下燃煤电厂补贴电量和收益状况

t	Q_2^{la*}/亿 kW·h	NPV_{p2}^{l*}/万元	t	Q_2^{la*}/亿 kW·h	NPV_{p2}^{l*}/万元	t	Q_2^{la*}/亿 kW·h	NPV_{p2}^{l*}/万元
1	6.7	-44984	11	6.7	-26856	21	6.7	-20187
2	6.7	-42255	12	6.7	-25852	22	6.7	-19817
3	6.7	-39785	13	6.7	-24943	23	6.7	-19483
4	6.7	-37551	14	6.7	-24121	24	6.7	-19181
5	6.7	-35529	15	6.7	-23378	25	6.7	-18907
6	6.7	-33700	16	6.7	-22705	26	6.7	-18660
7	6.7	-32045	17	6.7	-22096	27	6.7	-18436
8	6.7	-30547	18	6.7	-21545	28	6.7	-18233
9	6.7	-29192	19	6.7	-21046	29	6.7	-18049
10	6.7	-27965	20	6.7	-20595	30	6.7	-17884

由表5-3可知，在既定的变量和参数设定下，政府提供环保补贴电量为6.7亿kW·h，并保持不变，整体上占燃煤电厂原有上网电量100亿kW·h的6.7%，尚不足10%。较少的环保补贴电量同样使燃煤电厂在运营期间内所有年份的生产经营收益净现值为负值，燃煤电厂同样无法实现盈亏平衡，与无政府补贴政策条件下相同，这种情况同样是无法接受的。但同时也要看到，政府提供环保电量补贴政策在一定程度上降低了燃煤电厂的污染减排成本，燃煤电厂第30期的生产经营收益净现值为-17884万元，比无政府补贴政策下的-20895万元高，这表明政府提供环保电量补贴政策是有利于提高燃煤电厂污染减排设施投资并积极进行污染减排的，但因补贴电量较小，不能实现燃煤电厂生产经营的盈亏平衡。

83

（三）环保电价补贴政策

政府提供环保电价补贴政策条件下采用自身投资运维模式的燃煤电厂享受的环保补贴电价和生产经营收益净现值状况如表 5-4 所示。

表 5-4　环保电价补贴政策下燃煤电厂补贴电价和收益状况

t	p_3^{la*}/[元/(kW·h)]	NPV_{p3}^{l*}/万元	t	p_3^{la*}/[元/(kW·h)]	NPV_{p3}^{l*}/万元	t	p_3^{la*}/[元/(kW·h)]	NPV_{p3}^{l*}/万元
1	0.0039	-42924	11	0.0039	-12414	21	0.0039	-1190
2	0.0039	-38331	12	0.0039	-10724	22	0.0039	-569
3	0.0039	-34175	13	0.0039	-9196	23	0.0039	-6
4	0.0039	-30414	14	0.0039	-7812	24	0.0039	503
5	0.0039	-27012	15	0.0039	-6560	25	0.0039	774
6	0.0039	-23933	16	0.0039	-5428	26	0.0039	1019
7	0.0039	-21147	17	0.0039	-4403	27	0.0039	1240
8	0.0039	-18626	18	0.0039	-3476	28	0.0039	1441
9	0.0039	-16345	19	0.0039	-2637	29	0.0039	1623
10	0.0039	-14282	20	0.0039	-1877	30	0.0039	1787

由表 5-4 可以看到，在环保电价补贴政策条件下，政府提供的环保补贴电价是 0.0039 元/(kW·h)，仅为燃煤电厂原上网电价 0.33 元/(kW·h)的 1.2%，政府环保电价补贴幅度同样较小。但是，政府提供环保电价补贴政策条件下与前两种政策条件下最大的不同就是燃煤电厂在第 24 期实现了盈亏平衡，收回了前期为污染减排而购买设施的初始投资。

我们也应看到，尽管在环保电价补贴政策下，燃煤电厂收回了初始投资，同等条件下环保电价补贴政策优于前两种政策，但是燃煤电厂是在第 24 期才实现盈亏平衡的，这相对于 30 年的总时间来说仍然是较长的，燃煤电厂实际上也是不愿意接受这种状态的。

（四）环保电量和电价双重补贴政策

在政府提供环保电量和环保电价双重补贴政策条件下，燃煤电厂选择自身投资运维模式时的环保补贴电量、环保补贴电价以及其收益净现值状况如表 5-5 所示。

表 5-5　环保量价双重补贴政策下燃煤电厂补贴量价和收益状况

t	Q_4^{la*}/亿 kW·h	p_4^{la*}/[元/(kW·h)]	NPV_{p4}^{l*}/万元	t	Q_4^{la*}/亿 kW·h	p_4^{la*}/[元/(kW·h)]	NPV_{p4}^{l*}/万元	t	Q_4^{la*}/亿 kW·h	p_4^{la*}/[元/(kW·h)]	NPV_{p4}^{l*}/万元
1	6.7	0.0042	-42149	11	6.7	0.0042	-6980	21	6.7	0.0042	3566
2	6.7	0.0042	-36854	12	6.7	0.0042	-5032	22	6.7	0.0042	3931
3	6.7	0.0042	-32064	13	6.7	0.0042	-3270	23	6.7	0.0042	4262
4	6.7	0.0042	-27729	14	6.7	0.0042	-1675	24	6.7	0.0042	4562
5	6.7	0.0042	-23807	15	6.7	0.0042	-232	25	6.7	0.0042	4833
6	6.7	0.0042	-20258	16	6.7	0.0042	1073	26	6.7	0.0042	5078
7	6.7	0.0042	-17046	17	6.7	0.0042	1676	27	6.7	0.0042	5299
8	6.7	0.0042	-14141	18	6.7	0.0042	2222	28	6.7	0.0042	5500
9	6.7	0.0042	-11512	19	6.7	0.0042	2715	29	6.7	0.0042	5682
10	6.7	0.0042	-9133	20	6.7	0.0042	3162	30	6.7	0.0042	5846

可以看到，在环保电量和环保电价双重补贴政策条件下，燃煤电厂获得的环保电量补贴是 6.7 亿 kW·h，与其仅获得政府环保电量补贴的情形一致，这是根据政府环保补贴电量的确定由 Y/E_{Pl}^E 求得的，与其他变量和参数无关，因此政府提供的环保补贴电量在两种情况下保持不变。政府为燃煤电厂污染减排提供的环保补贴电价为 0.0042 元/(kW·h)，是燃煤电厂原来上网电价 0.33 元/(kW·h)的 1.27%，环保电价补贴幅度比仅有环保电价补贴政策条件下的补贴值高 0.0003 元/(kW·h)，补贴幅度仍然较少。

但与前三种政府环保补贴政策条件下不同，燃煤电厂在第 16 期就实现了盈亏平衡，收回了前期因购置污染减排设施的初始投资。同时比仅享有政府环保电价补贴政策相比，盈亏平衡的时间提前了 8 年，盈亏平衡时间减少了 1/3。此时燃煤电厂更有激励和意愿进行污染减排设施的购置和投资，因为其可以在相对较短的时间内获得收益。

三　不同环保补贴政策效果的对比分析及政策参考

通过对政府为燃煤电厂污染减排而提供的环保激励政策的影响效果的数值模拟，可以得到以下几个方面的结论和政策参考。

第一，政府提供的环保补贴政策对采用自身投资运维以实现污染减排达标和环境约束条件满足的燃煤电厂来说具有重要的积极效应。环保电量补贴、环保电价补贴、环保电量和环保电价双重补贴政策下燃煤电厂收益的净现值都要优于无环保补贴政策条件下燃煤电厂收益的净现值。环保补贴政策是政府为面临越发严格的污染减排标准和环境约束条件下的燃煤电厂进行污染减排设施和技术研发投资而提供的补助，是环境约束和创新驱动的结合，在我国进入经济高质量发展和生态文明建设更加重要的新时期，为促进西部能源富集区能源产业特别是煤炭产业的高级化和清洁化发展，加快燃煤电厂污染减排技术研发提供了重要的驱动因素。

第二，政府提供的不同类型的环保补贴政策效果存在异质性，四种环保补贴政策的效果由大到小依次为环保电量和环保电价双重补贴政策、环保电价补贴政策、环保电量补贴政策和无环保补贴政策。这也是政府为实现燃煤电厂污染减排、煤电产业清洁化发展和能源产业升级的政策选择顺序。前两种政策选择都能够实现燃煤电厂盈亏平衡，只是实现的时间不同。环保电量补贴政策尽管能够增加燃煤电厂的收益，但同样不能实现盈亏平衡，政府采用该政策时应配套其他激励政策和措施。此外通过环保电量补贴政策中环保补贴电量的计算公式可以看到，不断加大对燃煤电厂的污染减排设施和技术上的资金投入，降低单位发电量的污染物排放量是提高燃煤电厂获得额外的环保补贴电量的重要手段，这也是政府环保政策的重要选择。

此外，为降低燃煤电厂污染减排的成本，政府除提供环保补贴政策外，还可以通过其他政策措施和优惠条件引导燃煤电厂采用其他方式降低发电成本，实现煤炭产业和整个经济体的清洁化和高质量发展，如西部煤炭资源富集区可以大力发展坑口发电，降低燃煤电厂原煤运输成本，同时也实现了煤电转化，提高了煤炭利用效率和附加值，促进了能源产业升级。

第二节　第三方治理模式下燃煤电厂污染减排路径数值模拟

一　参数取值

为便于比较自身投资运维模式和第三方治理模式对燃煤电厂污染减

排的激励效果，本章继续设定选择两台 100MW 燃煤机组为例，对无环保补贴政策、环保电量补贴政策、环保电价补贴政策、环保电量和电价双重补贴政策四者的激励效果进行数值模拟。相关变量和参数的设定来源与上一节相同，来源于我国燃煤电厂污染减排的初始投资实际情况、《中国电力行业年度发展报告》中燃煤电厂经营数据以及相关系数的经验值，具体如表 5-6 所示。

表 5-6　　燃煤电厂和环保企业初始投资及运维参数数据

参变量	数值	参变量	数值	参变量	数值
Q_{max}	100 亿 kW·h	c_{Pv}^{U}	0.3 元/kW·h	α	0.3
Q^{U}	60 亿 kW·h	c_{Pv}^{E}	0.015 元/kW·h	r	10%
Y	1800t/年	c_{Pv}^{I}	0.32 元/kW·h	η	1.3
E_{P}^{E}	0.3g/kW·h	p^{U}	0.325 元/kW·h	δ_1	0.2
I_E	3.5 亿元	f_{p}^{E}	0.01 元/kW·h	δ_2	0.1

二　不同环保补贴政策下的数值模拟结果分析

（一）无环保补贴政策

基于上述变量和参数设定，无政府环保补贴政策条件下采用第三方治理模式的燃煤电厂与第三方环保企业达成的污染减排服务价格、燃煤电厂收益净现值、第三方环保企业收益净现值以及绿色供应链整体收益净现值状况如表 5-7 所示。

表 5-7　　无政府环保补贴政策下第三方治理模式最优模拟结果

t	1	2	3	4	5	6	7	8	9	10
β_1^*	0.7229	0.7229	0.7229	0.7229	0.7229	0.7229	0.7229	0.7229	0.7229	0.7229
p_1^{E*}/[元/(kW·h)]	0.0249	0.0249	0.0249	0.0249	0.0249	0.0249	0.0249	0.0249	0.0249	0.0249
NPV_{P1}^{E*}	55	105	150	191	228	262	292	319	344	367
NPV_{E1}^{E*}	-29626	-24764	-20364	-16383	-12781	-9521	-6572	-3904	-1489	696
NPV_{SC1}^{*}	-29571	-24659	-20214	-16192	-12553	-9260	-6280	-3584	-1145	1062

续表

t	11	12	13	14	15	16	17	18	19	20
β_1^*	1.0544	1.0544	1.0544	1.0544	1.0544	1.0544	1.0544	1.0544	1.0544	1.0544
p_1^{E*}/[元/(kW·h)]	0.0158	0.0158	0.0158	0.0158	0.0158	0.0158	0.0158	0.0158	0.0158	0.0158
NPV_{P1}^{E*}	2201	3860	5362	6721	7950	9063	10069	10980	11804	12550
NPV_{E1}^{E*}	859	1007	1140	1261	1370	1469	1558	1639	1713	1779
NPV_{SC1}^{*}	3060	4867	6502	7982	9320	10532	11628	12620	13517	14329

由表5-7可以看到，在无政府环保补贴政策条件下，在整个30期的生产经营过程中，绿色供应链在第10期实现了盈亏平衡。具体来看，在燃煤电厂和第三方环保企业组成的绿色供应链盈亏平衡前，燃煤电厂和第三方环保企业通过讨价还价达成污染减排服务系数为0.7229，污染减排服务价格为0.0249元/(kW·h)；在盈亏平衡之后，燃煤电厂和第三方环保企业通过讨价还价达成污染减排服务系数为1.0544，污染减排服务价格为0.0158元/(kW·h)，污染减排服务系数增加，但污染减排服务价格下降。同时也可以看到，在运营期内，一方面，燃煤电厂收益的净现值都为正值，但在绿色供应链盈亏平衡前其增长缓慢，盈亏平衡实现之后，燃煤电厂和第三方环保企业通过讨价还价确立了新的污染减排服务系数和污染减排服务价格，燃煤电厂收益的净现值才实现了较快增长。另一方面，第三方环保企业在盈亏平衡之前收益增长较快，在第10期就收回了所有前期环境保护和污染治理设施的初始投资，在盈亏平衡之后，其收益净现值增长较为缓慢，但也保持在合理的区间，并始终处于盈利状态。

（二）环保电量补贴政策

政府提供环保电量补贴政策条件下采用第三方治理模式的政府环保补贴电量、燃煤电厂与第三方环保企业达成的污染减排服务价格、燃煤电厂收益净现值、第三方环保企业收益净现值以及绿色供应链整体收益净现值状况如表5-8所示。

表 5-8　　环保电量补贴政策下第三方治理模式最优模拟结果

t	1	2	3	4	5	6	7	8	9	10
Q_2^{Ia*}/亿 kW·h	6.7	6.7	6.7	6.7	6.7	6.7	6.7	6.7	6.7	6.7
β_2^*	0.7332	0.7332	0.7332	0.7332	0.7332	0.7332	0.7332	0.7332	0.7332	0.7332
p_2^{E*}/[元/(kW·h)]	0.0238	0.0238	0.0238	0.0238	0.0238	0.0238	0.0238	0.0238	0.0238	0.0238
NPV_{P2}^{E*}	707	1347	1926	2450	2924	3353	3741	4092	4410	4697
NPV_{E2}^{E*}	-29675	-24856	-20497	-16552	-12982	-9752	-6830	-4185	-1793	372
NPV_{SC2}^{*}	-28968	-23510	-18571	-14102	-10058	-6400	-3089	-94	2617	5069
t	11	12	13	14	15	16	17	18	19	20
Q_2^{Ia*}/亿 kW·h	0	0	0	0	0	0	0	0	0	0
β_2^*	1.0544	1.0544	1.0544	1.0544	1.0544	1.0544	1.0544	1.0544	1.0544	1.0544
p_2^{E*}/[元/(kW·h)]	0.0158	0.0158	0.0158	0.0158	0.0158	0.0158	0.0158	0.0158	0.0158	0.0158
NPV_{P2}^{E*}	6531	8191	9693	11051	12281	13393	14400	15311	16135	16881
NPV_{E2}^{E*}	535	683	816	937	1046	1145	1235	1316	1389	1455
NPV_{SC2}^{*}	7067	8874	10509	11989	13327	14539	15635	16627	17524	18336

可以看到，在绿色供应链盈亏平衡之前，政府环保补贴电量同样是6.7亿 kW·h，与自身投资运维情况相同，在燃煤电厂和第三方环保企业的收益都为正之后，政府不再提供环保补贴电量，其变为0。同时可以看到，绿色供应链在第9期就实现了盈亏平衡，比无政府环保补贴政策下绿色供应链盈亏平衡的时间提前了1年，更为重要的是，燃煤电厂在政府环保补贴电量政策激励下，其收益状况得到明显改善，这也是提前1年实现盈亏平衡的重要原因。因此，政府环保电量补贴政策能够有效地激励燃煤电厂通过寻找第三方环保企业组成绿色供应链，进行污染减排，其污染减排效果也较好。

（三）环保电价补贴政策

政府提供环保电价补贴政策条件下采用第三方治理模式的政府环保补贴电价、燃煤电厂与第三方环保企业达成的污染减排服务价格、燃煤电厂收益净现值、第三方环保企业收益净现值以及绿色供应链整体收益净现值状况如表5-9所示。

表5-9　　环保电价补贴政策下第三方治理模式最优计算结果

t	1	2	3	4	5	6	7	8	9	10
β_3^*	0.7330	0.7330	0.7330	0.7330	0.7330	0.7330	0.7330	0.7330	0.7330	0.7330
p_3^{E*}/[元/(kW·h)]	0.0252	0.0252	0.0252	0.0252	0.0252	0.0252	0.0252	0.0252	0.0252	0.0252
p_3^{a*}/[元/(kW·h)]	0.0046	0.0046	0.0046	0.0046	0.0046	0.0046	0.0046	0.0046	0.0046	0.0046
NPV_{P3}^{E*}	2349	4475	6399	8139	9714	11139	12429	13595	14651	15606
NPV_{E3}^{E*}	-29437	-24404	-19850	-15729	-12000	-8626	-5573	-2810	-311	1951
NPV_{SC3}^*	-27088	-19929	-13451	-7589	-2285	2514	6856	10785	14340	17557
t	11	12	13	14	15	16	17	18	19	20
β_3^*	1.0544	1.0544	1.0544	1.0544	1.0544	1.0544	1.0544	1.0544	1.0544	1.0544
p_3^{E*}/[元/(kW·h)]	0.0158	0.0158	0.0158	0.0158	0.0158	0.0158	0.0158	0.0158	0.0158	0.0158
p_3^{a*}/[元/(kW·h)]	0	0	0	0	0	0	0	0	0	0
NPV_{P3}^{E*}	17441	19100	20602	21961	23190	24303	25309	26220	27044	27790
NPV_{E3}^{E*}	2114	2261	2395	2515	2625	2724	2813	2894	2967	3034
NPV_{SC3}^*	19554	21361	22997	24476	25815	27026	28122	29114	30012	30824

可以看到，在政府提供环保电价补贴政策条件下，绿色供应链盈亏平衡前的环保补贴电价为0.0046元/(kW·h)，在燃煤电厂和第三方环保企业收益都为正之后，政府不再提供环保电价补贴政策。虽然第三方环保企业仍然是在第10期实现了收益为正，但整体绿色供应链的收益却是在第6期就实现了盈亏平衡，与环保电量补贴政策相比，时间缩短了1/10，这表明环保电价补贴政策的污染减排效果更佳。

（四）环保电量和电价双重补贴政策

政府提供环保电量和环保电价双重补贴政策条件下，采用第三方治理模式的政府环保补贴电量、环保补贴电价、燃煤电厂与第三方环保企业达成的污染减排服务价格、燃煤电厂收益净现值、第三方环保企业收益净现值以及绿色供应链整体收益净现值状况如表5-10所示。

由表5-10可以看到,在环保电量和环保电价双重补贴条件下,第三方治理模式下的最优模拟结果与环保电价补贴政策下的结果相似,仅是绿色供应链提前1年,在第5期实现了盈亏平衡,同时环保补贴电价为0.0043元/(kW·h),低于仅制定环保电价补贴政策下的补贴电价0.0046元/(kW·h)。

表5-10　　　　环保量价双重补贴政策下第三方治理模式的最优模拟结果

t	1	2	3	4	5	6	7	8	9	10
Q_4^{Ia*}/亿 kW·h	6.7	6.7	6.7	6.7	6.7	6.7	6.7	6.7	6.7	6.7
β_4^*	0.7440	0.7440	0.7440	0.7440	0.7440	0.7440	0.7440	0.7440	0.7440	0.7440
p_4^{E*}/[元/(kW·h)]	0.0242	0.0242	0.0242	0.0242	0.0242	0.0242	0.0242	0.0242	0.0242	0.0242
p_4^{a*}/[元/(kW·h)]	0.0043	0.0043	0.0043	0.0043	0.0043	0.0043	0.0043	0.0043	0.0043	0.0043
NPV_{P4}^{E*}	3060	5829	8335	10602	12653	14509	16189	17709	19084	20328
NPV_{E4}^{E*}	-29462	-24450	-19916	-15813	-12101	-8741	-5702	-2952	-463	1789
NPV_{SC4}^{*}	-26401	-18621	-11581	-5211	553	5768	10487	14757	18620	22116
t	11	12	13	14	15	16	17	18	19	20
Q_4^{Ia*}/亿 kW·h	6.7	6.7	6.7	6.7	6.7	6.7	6.7	6.7	6.7	6.7
β_4^*	1.0544	1.0544	1.0544	1.0544	1.0544	1.0544	1.0544	1.0544	1.0544	1.0544
p_4^{a*}/[元/(kW·h)]	0.0158	0.0158	0.0158	0.0158	0.0158	0.0158	0.0158	0.0158	0.0158	0.0158
p_4^{E*}/[元/(kW·h)]	0	0	0	0	0	0	0	0	0	0
NPV_{P4}^{E*}	22162	23822	25323	26682	27912	29024	30031	30942	31766	32512
NPV_{E4}^{E*}	1952	2099	2233	2353	2463	2562	2651	2732	2805	2872
NPV_{SC4}^{*}	24114	25921	27556	29036	30374	31586	32682	33674	34571	35383

三　不同环保补贴政策效果的对比分析及政策参考

通过分析上述四种政策对第三方治理模式下燃煤电厂污染减排行为选择的影响，可以得到以下几个结论和政策参考。

第一，政府提供的环保补贴政策对采用第三方治理模式下以实现污染减排达标和环境约束条件满足的燃煤电厂来说具有更重要的激励效应。尽管四种政策下，燃煤电厂和第三方环保企业都会达成绿色供应链以实现污染减排和环境保护，但是环保电量补贴、环保电价补贴、环保电量和环保电价双重补贴政策的实施可以增加燃煤电厂和第三方环保企业的收益使绿色供应链更好更快地实现盈亏平衡。有利于激发燃煤电厂和第三方环保企业积极进行污染减排设施和环保技术研发投入，提高污染减排的技术水平和效率，促进西部能源产业特别是煤炭产业的高级化和清洁化发展。

第二，政府提供的不同类型的环保补贴政策效果同样存在异质性。尽管整体效果要优于燃煤电厂自身投资运维模式下的效果，但四种环保补贴政策的效果与自身投资运维模式下的效果相同，由大到小依次为环保电量和环保电价双重补贴政策、环保电价补贴政策、环保电量补贴政策和无环保补贴政策。这也是政府为采用第三方治理形成绿色供应链模式下，燃煤电厂实现污染减排、煤电产业清洁化发展和能源产业升级的政策选择顺序。

第三节　自身投资运维与第三方治理模式的比较分析

自身投资运维与第三方治理模式实际上代表了两种不同的污染减排思想，前者体现了"谁污染、谁治理"的思想，而后者体现了"谁污染、谁付费"的思想。本节通过对两种污染减排模式的对比分析，提出环境约束下创新驱动煤电产业清洁化，促进西部地区能源产业特别是为煤电产业升级提供政策参考。

一　对比分析

第一，第三方治理模式的污染减排效果要远远好于自身投资运维模式。通过前两节的数值模拟可以发现，无论是政府采取哪种环保补贴政策，第三方治理模式下燃煤电厂和环保企业组成绿色供应链条件下的收益状况都好于燃煤电厂自身投资运维模式下的收益。

第二，在自身投资运维和第三方治理两种模式下，政府提供的环保补贴政策效果存在异质性。政策选取顺序相同，依次为环保电量和环保电价双重补贴、环保电价补贴、环保电量补贴和无环保补贴政策，政府在可选择的条件下应基于效果最佳的视角选择最优的环保补贴政策。

第三，环保电价补贴政策要优于环保电量补贴政策。在自身投资运维模式下，无环保补贴政策和环保电量补贴政策都不能实现燃煤电厂生产经营收益为正，环保电价补贴和环保量价双重补贴政策能够实现燃煤电厂生产经营收益为正。在第三方治理模式下，尽管四种政策都能够实现燃煤电厂、第三方环保企业以及二者组成的绿色供应链整体收益为正，但环保电价补贴和环保量价双重补贴政策明显效果更好。

二 政策启示

基于上述研究结论和对比分析，本书得到以下几个政策启示：

第一，环境约束与创新驱动政策措施应配套实施，形成"减排有收益"的正确政策导向。政府在制定严格的环境约束条件和污染排放标准的同时，也应该辅助相应的激励政策，如环保电量补贴和环保电价补贴等，只有这样才能更好地激励燃煤电厂进行节能减排技术的绿色改造和升级，以技术创新淘汰落后的高污染煤电产能，实现煤电产业的清洁化和绿色发展。实际上这也与我国现阶段进行的供给侧结构性改革的要求相符合。

第二，污染减排和环境治理模式和思路的选择应体现"谁污染、谁付费"的思想。以"谁污染、谁付费"为核心思想的第三方治理模式下组成绿色供应链以进行污染减排的效果要远远高于以"谁污染、谁治理"为核心思想的自身投资运维模式。对政府而言，其最优选择是鼓励和支持燃煤电厂选择第三方治理模式进行污染减排，同时这种模式下政府提供的补贴电价也要低于自身投资运维模式下的补贴电价，政策具有成本上的优势。对于燃煤电厂来说这也是一个最优选择，因为燃煤电厂通过将污染治理服务委托给第三方环保企业，缓解了自身投资运维模式下的初始投资压力和运维成本。对于第三方环保企业来说，其可以通过与燃煤电厂的讨价还价达成为燃煤电厂提供污染减排服务的价格,形成自身新的生产性服务项目和经济增长点。总之可以看到,第三方污染治理模式能够实现政府环境约束和企业经济效益最大化的"双赢"局面。

第三篇

能源化工产业链升级研究

第六章

产业链视角下西部地区能源化工产业发展现状

西部地区蕴藏着丰富的煤炭、石油、天然气等矿产资源,改革开放以来一直担任着能源开采和初级产品输出的任务。为了更好地了解西部地区的能源化工产业发展的问题,本章将从煤炭、石油和天然气等传统化石能源资源的赋存状况、能源开采业、能源加工业、能源化工业状况四个方面,对西部地区能源化工产业整体发展现状进行分析。

第一节 西部地区能源资源禀赋

本节将通过对东北地区、东部地区、中部地区和西部地区化石能源资源禀赋的对比,分析我国西部地区的传统化石能源的资源禀赋状况。

一 煤炭资源

我国整体的能源禀赋和格局就是"多煤、少油、贫气",煤炭资源是我国最丰富的化石能源,也是我国现阶段能源生产和消费的主体。本部分首先对我国煤炭资源禀赋状况进行分析。

(一)煤炭资源分布情况

我国的煤炭主要分布于西部的山西、陕西、内蒙古、新疆、宁夏和贵州6个省份。这6个省份煤炭储量占全国总储量的81.6%。从全国的整体分布上来看,我国华北地区的保有储量占全国储量的49.25%,西北地区为30.39%,西南地区为8.64%,华东地区为5.7%,中南地区为3.06%,东北地区为2.97%。

(二) 煤炭资源储量情况

2005—2017年我国四大地区的煤炭资源基础储量占比如图6-1所示。可以看到，2010年之前，西部地区的煤炭资源基础储量占比在50%左右，始终位居全国第一；2011—2015年略有下降，低于中部地区，占全国比例的41%—44%，其间内蒙古、甘肃与贵州的煤炭资源储量下降幅度较大；2016年与2017年贵州与内蒙古的储量增加，西部地区又成为全国第一位。

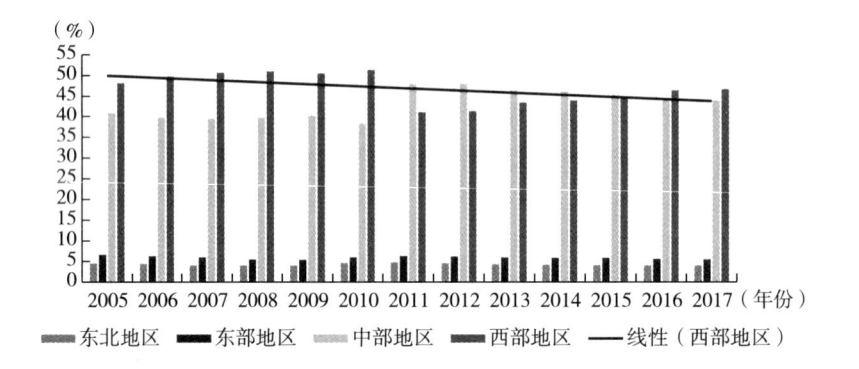

图6-1 西部地区2005—2017年煤炭资源基础储量占全国比例

资料来源：Wind数据库。

二 石油资源禀赋

(一) 石油资源分布情况

我国油气资源存在和煤炭资源类似的情况，资源分布不均，大部分大型油气田都分布在我国的长江以北的地区，华北地区、西北地区和东北地区的油气产量占全国总量的90%以上；而在整个北方地区，油气的分布也存在区域差异，东部地区石油多、天然气少，中部地区则与之相反，西北地区油气资源相对较均衡。从现阶段的勘探结果和分布来看，中国的石油资源主要分布在我国的东部、西部和海域，这三个区域分别拥有石油资源量为363.4亿吨、247.89亿吨和246.75亿吨，合计占全国总石油资源量的92.3%，而中部地区石油资源量较小。

(二) 石油资源储量情况

石油资源储量情况如图6-2所示。可以看到，2009年以来，西部地区的石油资源储量一直处于全国第一位。由于受到石油矿产的分布格局的影响,我国的石油产量主要由黑龙江、山东和新疆几个重要省份提供。近年来,我国的石油生产格局也有所变化,新疆、陕西和青海的产量逐渐提高,西部地区的油田开发规模有所加大,说明我国的石油开发重心向西移动。

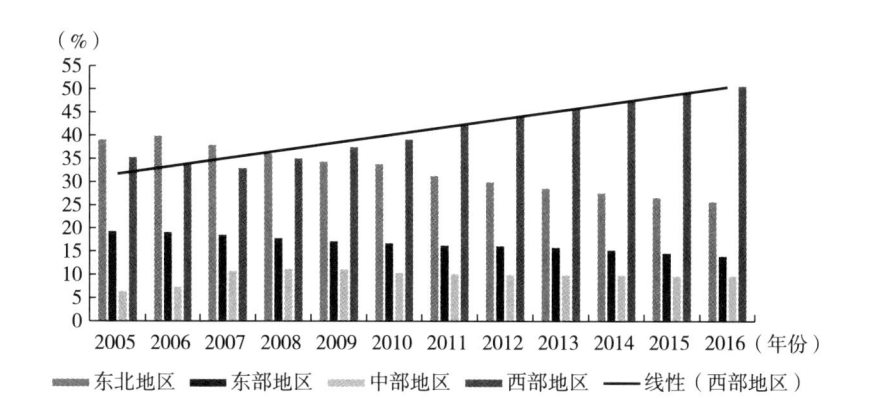

图 6-2　西部地区 2005—2016 年石油基础储量占全国比例

资料来源:Wind 数据库。

三　天然气资源禀赋

(一) 天然气资源分布状况

天然气作为一种清洁的化石能源,已经有着越来越多的开发和运用。我国的"十三五"规划中也明确提出,要将天然气和非化石能源作为我国能源发展的主要方向。我国天然气能源主要分布于中西部地区和海上,三者的天然气资源量分别为 11.36 万亿立方米、10.78 万亿立方米和 8.38 万亿立方米,合计占我国天然气总资源量的 80.05%。

(二) 天然气储量状况

2005—2016 年天然气资源储量情况如图 6-3 所示。可以看到,西部地区天然气资源的储量一直处于全国领先地位,且呈上升趋势,占比始终在 85% 以上,2012 年之后占比甚至超过 90%,其中四川、新疆、内蒙古以及陕西的天然气资源储量尤为丰富,是我国陆上天然气资源的重要供应区。

第三篇 能源化工产业链升级研究

整体上西部地区的油气煤资源基础储量在全国排名第一位，特别是天然气资源储量，以绝对优势领先。西部地区的石油和天然气资源基础储量呈上升趋势，分别由2005年占全国比例的35.27%和87.35%上升到2016年的50.59%和92.5%，远超其他地区。据国际能源署《国际能源展望2016》报告中称，预计到2040年我国的页岩气日产量将超过200亿立方英尺，有望成为全球第二大天然气生产国。西部地区煤炭资源基础储量由2005年的48.14%上升为2010年的51.25%，2011年西部地区占比下降至41.09%，次于中部地区，之后逐渐增加，2016年西部地区煤炭资源基础储量占比为46.36%，仍居全国首位。

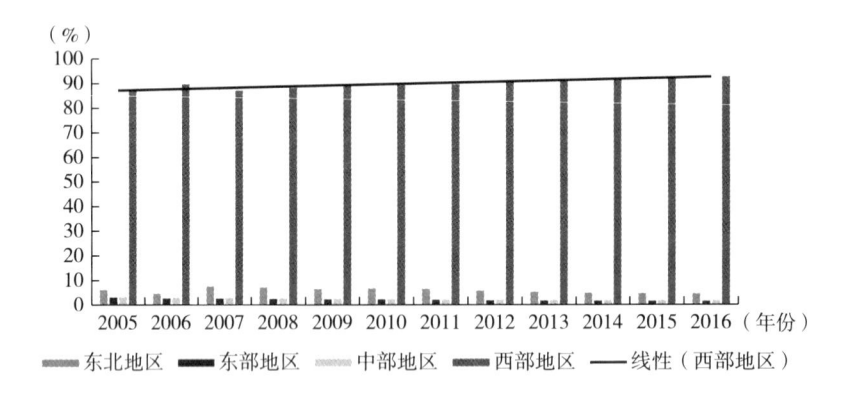

图6-3 西部地区2005—2016年天然气基础储量占全国比例

资料来源：Wind数据库。

第二节 西部地区能源开采业现状分析

一 能源开采量

在"十二五"和"十三五"时期，随着国家对于资源过耗、碳排放增加等问题的重视，国家对化石能源制定了"增储、稳产"的基本方针，并大力发展石油、天然气等相对于煤炭来说清洁度高的能源。西部地区对油气资源的勘探开发程度不断加深，这直接表现为油气基础储量与产量的大幅度上升。图6-4、图6-5和图6-6分别显示了2005—2018年我国西部地区原油、天然气和煤炭产量占比及其变化状况。

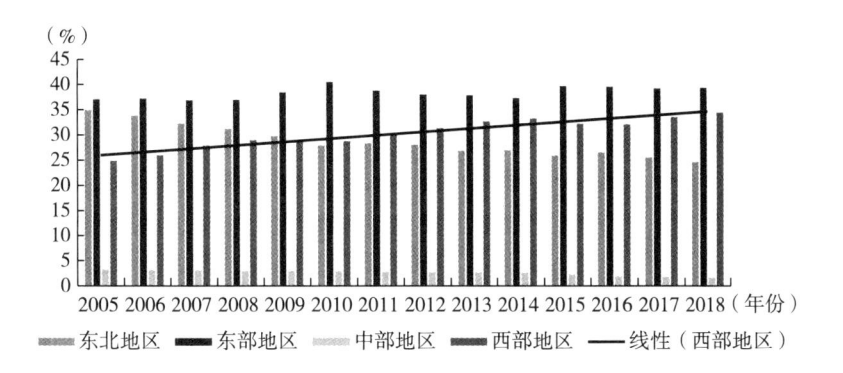

第六章 | 产业链视角下西部地区能源化工产业发展现状

图 6-4 西部地区 2005—2018 年原油产量占比

资料来源：Wind 数据库。

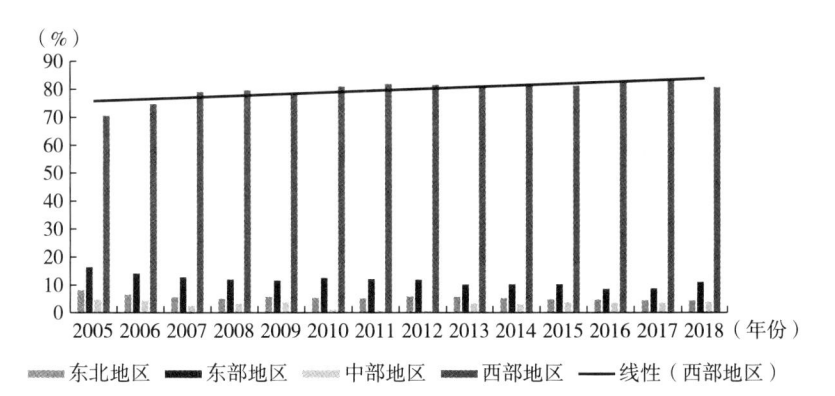

图 6-5 西部地区 2005—2018 年天然气产量占比

资料来源：Wind 数据库。

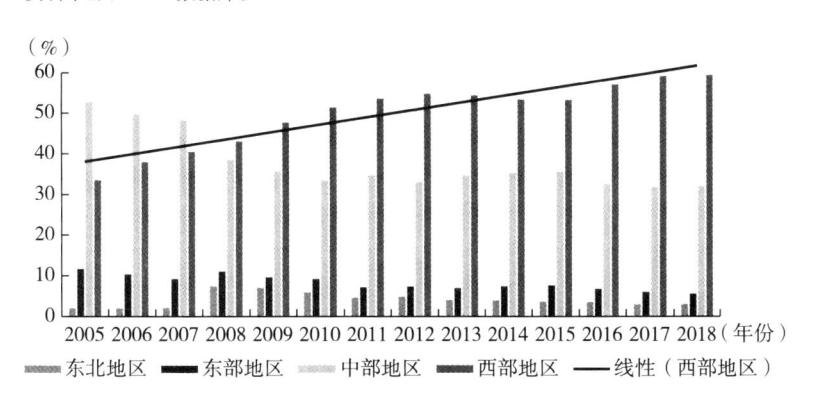

图 6-6 西部地区 2005—2018 年煤炭产量占比

资料来源：Wind 数据库。

可以看到，西部地区丰裕的油气煤资源储量直接表现为油气煤产量的提升，西部地区油气煤产能占比较大。具体来说，西部地区原油产量占全国比例从2005年的24.82%增加为2018年的34.43%，仅次于东部地区，排名第二位。西部地区天然气产量较为稳定，2005—2018年天然气产量占全国比例始终保持在70%—80%，处于领先地位。西部地区煤炭产量呈逐年上升趋势，并在2008年开始超过中部地区，位居全国第一，西部地区煤炭产量占比从2005年的33.56%增长为2018年的59.39%。结合图6-1、图6-3与图6-5、图6-6可以看出，西部地区天然气与煤炭的产量与其基础储量相匹配，位居全国首位。西部地区的石油基础储量全国最高，但是其原油产量却低于储量排名较低的东部地区。这是因为东部地区部分沿海城市（天津、上海等地区）是中国海洋石油集团公司的分公司所在地，部分海洋石油的产量划归为东部地区，且据中国产业信息网数据显示，随着勘探和研发技术的进步，国内海洋石油的开采率正逐年上升，因此东部地区的石油产量会略高于西部地区。

二 西部地区能源开采产业

丰富的油气煤资源禀赋带动了西部地区能源工业的发展。图6-7和图6-8显示了西部地区石油和天然气开采业、煤炭开采和洗选业的工业销售产值状况。

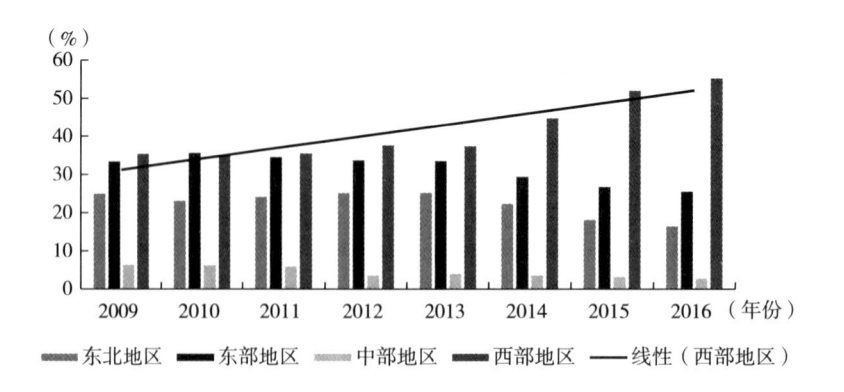

图6-7 西部地区石油和天然气开采业工业销售产值占比

资料来源：《中国工业统计年鉴》（2010—2017）。

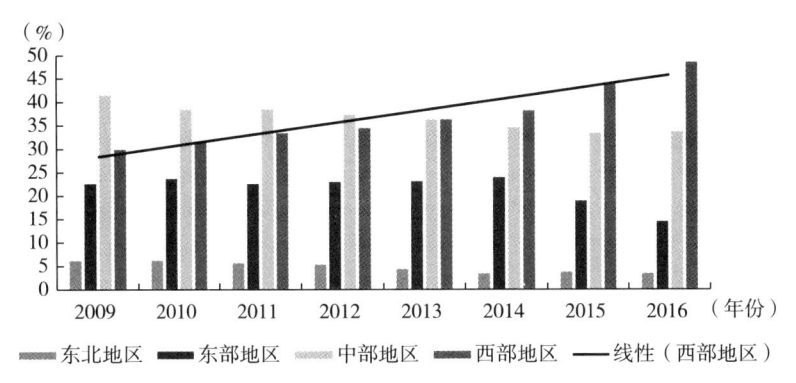

图 6-8　西部地区煤炭开采和洗选业工业销售产值占比

资料来源:《中国工业统计年鉴》(2010—2017)。

可以看到,2005—2016年西部地区石油天然气开采业的工业销售产值始终位居全国首位,煤炭开采和洗选业的工业销售产值占比呈上升趋势,2013年开始达到并保持全国第一。具体来说,2009年西部地区石油天然气开采业的工业销售产值占全国的35.35%;2016年增长为55.23%。2009年西部地区煤炭开采和洗选业的工业销售产值占全国比重为29.86%,次于中部地区;2013年西部地区占比为36.27%,再次超过中部地区成为第一;2016年西部地区煤炭开采和洗选业的工业销售产值占比增长到48.50%。工业销售产值的增长表明西部地区的油气煤能源优势开始逐渐转化为经济优势,成为西部经济发展的重要组成部分。

整体上西部地区的油气煤资源产量较大,尤其是煤炭与天然气资源产量占全国50%以上,原油产量略低于东部地区,在全国范围内具有显著的能源资源优势。与丰裕的能源资源产量相对应的是西部地区逐年递增的开采业工业销售产值,石油和天然气开采业工业销售产值始终处于全国领先地位,煤炭开采和洗选业工业销售产值于2013年超过中部地区成为全国第一。

第三节　西部地区能源加工业现状分析

一　能源加工业产量

(一) 石油加工

石油加工可分为石油粗加工与石油炼制(加工)。其中石油粗加工是包括对原油的脱水、脱盐等初步处理，一般是经过物理和电化学加工处理，很少使用其他化学方法；石油炼制（加工）是指将原油经过减压蒸馏、催化裂化、催化重整、延迟焦化、加氢裂化、润滑油脂生产及加氢精制等一系列炼制过程生产各种石油产品，属于石油加工工业又称炼油工业，它是以原油（包括人造石油）为基本原料，通过各种加工过程，生产出各种液体燃料（汽油、煤油、柴油、喷气燃料和燃料油等）、溶剂油、润滑油、石蜡、沥青、石油焦等石油产品以及多种石油化工基本原料的工业部门。下面主要分析各地区加工油类产量占比。

从图6-9可以看出，西部地区2005—2018年加工油类产量占比较小，仅为20%左右，整体较为平稳。2005年西部地区加工油类产量占全国16.68%，与排名第一位的东部地区（47.47%）相差30.79%；2012年西部地区占比为20.13%，与东北地区相差31.48%，差距进一步拉大；2018年西部地区加工油类产量占19.72%，居首位的东部地区占全国比例为56.01%，比西部地区高出36.29%。西部地区的石油储量与产量虽大，加工油类产量却远远低于东部地区，在一定程度上体现出西部地区以资源开发为主，忽视资源加工工业的特征。

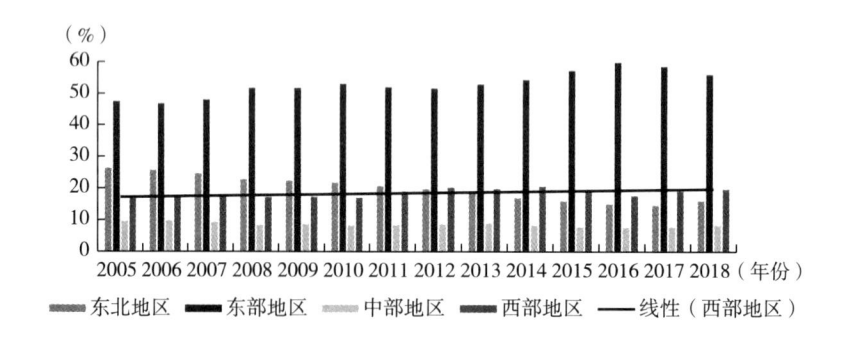

图6-9 西部地区加工油类产量占比

资料来源：《中国统计年鉴》（2006—2019）。

（二）煤炭加工

由图6-10可以看出，西部地区2005—2018年焦炭产量占比相对较小，呈现稳步增长的趋势。2005年西部地区焦炭产量占全国的21.62%，位居第一的中部地区焦炭产量占比为45.38%，是西部地区的二倍以上；2018年西部地区焦炭产量占比为31.37%，与中部地区的差距缩小为2.19%。此外，西部地区在2013年与2014年的焦炭产量占比超过中部地区成为第一。

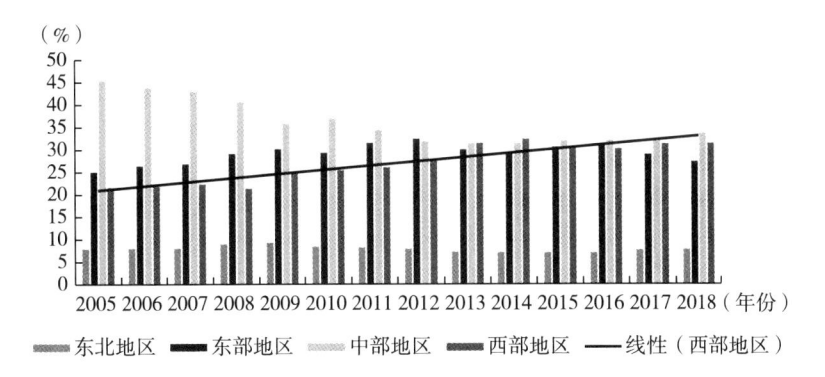

图6-10 西部地区焦炭产量占比

资料来源：《中国统计年鉴》（2006—2019）。

二 能源加工业产值

由图6-11可以看到，西部地区石油加工、炼焦和核燃料加工业的工业销售产值占比也较为稳定，呈缓慢上升趋势。具体来看，西部地区工业销售产值占比由2005年的13.85%增长至2016年的17.51%，排名也由2005年的第三位上升到2016年的第二位，次于东部地区。虽然西部地区石油加工、炼焦和核燃料的工业销售产值的绝对数在不断增加，但其占比与东部地区仍存在较大差距，东部地区产值占比高于西部地区40%左右。

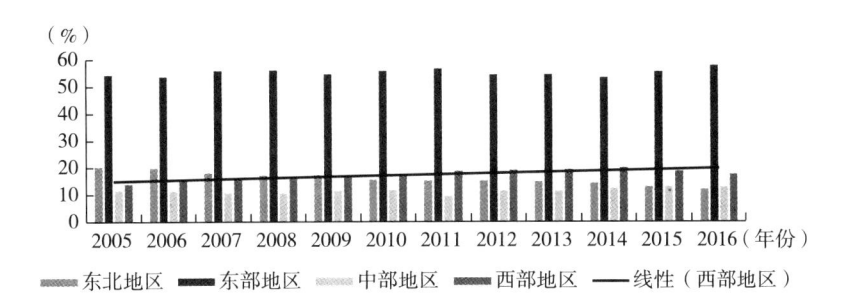

图6-11 西部地区石油加工、炼焦和核燃料工业销售产值占比

资料来源：《中国工业统计年鉴》（2006—2017）。

整体上西部地区的加工业发展优势并不明显,与其开采业形成鲜明对比,尤其是初级加工油类产量以及石油加工、炼焦和核燃料工业销售产值占比与东部地区存在较大差距。西部地区加工业薄弱,产品的档次质量与附加价值并不高,大量的能源资源并没有形成地区优势发挥其应有的经济效益,这在一定程度上反映了我国能源产业空间布局的异质性。

第四节 西部地区能源化工业现状分析

一 大化工产业现状

按照能源化工产业链分布,能源大化工产业主要是指对石油、天然气和煤进行裂解、气化和合成等化学反应得到的中间体或终端化工产品,中间体主要包括三大烯烃(乙烯、丙烯和丁二烯)和三大芳烃(苯、甲苯和二甲苯),以及在它们基础上合成的氯乙烯、聚乙烯醇、乙二醇、丙烯腈、苯乙烯、己内酰胺等;终端化工产品是利用石化中间体合成石化终端产品,主要包括三大合成材料(合成纤维、合成橡胶、合成树脂)。现选取基础化工原料乙烯、纯苯,中间产品合成氨、精甲醇以及终端化工产品的三大合成材料为例,对西部地区能源化工产业进一步分析。

由图6-12可以看出,西部地区在基本化工原料生产方面不占优势,乙烯和纯苯产量较低。具体来看,2005年西部地区乙烯产量占比为6.71%,东部地区占比为70.39%,是西部地区的10倍以上;2010年西部地区占比增长为14.14%,与东部地区差距缩小至52.95%;2015年西部地区乙烯产量占全国11.47%,是东部地区的1/6;2018年西部地区乙烯产量占比为11.94%,与东部地区相差54.24%。2005—2018年西部地区纯苯产量较少,占全国比例在7%—10%波动,与排名第一位的东部地区相差50%以上。

进一步讲,西部地区在化工合成中间体的生产方面具有相对优势,合成氨和精甲醇产量较高。具体来看,2005年西部地区合成氨的产量占比为28.96%,与排名第一位的中部地区相差4.57%;2010年西部地区占比为31.10%,超过东部地区,成为第二位;2015年西部地区合

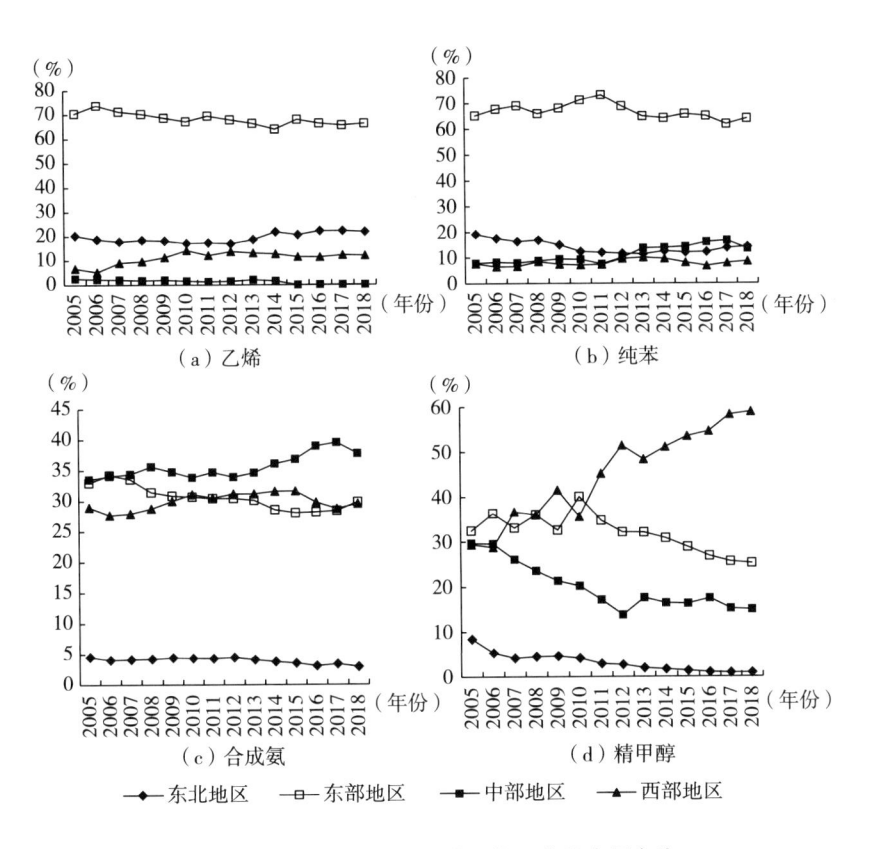

第六章 | 产业链视角下西部地区能源化工产业发展现状

图 6-12 (a) 乙烯 (b) 纯苯 (c) 合成氨 (d) 精甲醇

—◆— 东北地区　—□— 东部地区　—■— 中部地区　—▲— 西部地区

图 6-12　西部地区部分能源化工产品产量占比

资料来源：Wind 数据库。

成氨产量占比增长为 31.62%，与中部地区相差 5.21%；2018 年略有下降，占全国比例为 29.53%。2005 年西部地区精甲醇的产量占比为 29.40%，与第一位的中部地区仅差 0.29%；2010 年西部地区占比为 35.60%；2015 年西部地区精甲醇产量占比增长为 53.51%，超过中部地区，位居第一；2018 年西部地区精甲醇产量增至 58.92%。

进一步分析西部地区三大合成材料情况，如表 6-1 所示。可以看出，西部地区三大化工合成材料的产量相对较低，尤其是合成纤维产量极少，合成橡胶与合成树脂及共聚物的产量占比在逐年递增。具体来看，西部地区合成纤维产量占全国比例的波动范围在 1%—2%，2005—2018 年西部地区的合成纤维产量占比落后东部地区 90% 以上。西部地区 2005 年合成橡胶产量占比仅为 3.57%；2010 年增长为

8.17%；2015年西部地区产量占全国9.00%；2018年西部地区合成橡胶产量占比上升至21.46%，是东部地区的1/3左右。西部地区2005年合成树脂及共聚物产量占全国17.99%；2010年产量占比提升为25.54%；2015年进一步上升为26.58%，与东部地区的差距不断缩小；2018年西部地区合成树脂及共聚物产量占比增长为31.01%，与第一位的东部地区相差22.15%。

表6-1　　　　西部地区合成纤维、合成橡胶、
合成树脂及共聚物产量占全国比例　　　　单位：%

		2005年	2010年	2015年	2017年	2018年
合成纤维	东北地区	3.51	1.36	1.35	1.34	1.09
	东部地区	90.34	94.82	94.38	94.21	95.18
	中部地区	4.49	2.37	2.34	2.48	2.41
	西部地区	1.67	1.46	1.93	1.98	1.32
	西部排名（位）	4	3	3	3	3
合成橡胶	东北地区	15.11	9.40	4.93	7.40	6.50
	东部地区	69.11	74.91	76.12	66.46	62.96
	中部地区	12.22	7.52	9.95	9.50	9.08
	西部地区	3.57	8.17	9.00	16.65	21.46
	西部排名（位）	4	3	3	2	2
合成树脂及共聚物	东北地区	8.36	7.63	8.19	7.94	7.92
	东部地区	65.25	58.21	56.99	55.99	53.16
	中部地区	8.41	8.63	8.23	8.05	7.91
	西部地区	17.99	25.54	26.58	28.02	31.01
	西部排名（位）	2	2	2	2	2

资料来源：《中国工业统计年鉴》（2006—2017）以及Wind数据库。

整体上来说，西部地区化工产业产能结构方面，原料型、燃料型产业比重过高，化工产业则以精甲醇、合成氨等中间合成产品为主，基本化工原料的乙烯、纯苯，沿产业链向前沿、高端和高附加值的合成纤维、合成橡胶等合成材料产品产量较少，与东部地区存在较大差距，西部地区亟待提升。

二　精细化工产业

能源化工产品进一步合成就会形成精细化工产品，根据1986年化

工部对精细化工产品口径的划分,精细化工产品包括以下11个产品类别,分别为农药、染料、涂料(包括油漆和油墨)、颜料、试剂和高纯物、信息用化学品(包括感光材料、磁性材料等能接受电磁波的化学品)、食品和饲料添加剂、黏合剂、催化剂和各种助剂、化工系统生产的化学药品(原料药)和日用化学品、高分子聚合物中的功能高分子材料(包括功能膜、偏光材料等)。本部分同样选取部分精细化工产品(化学农药原药、涂料、化学试剂3种)进行分析。

由图6-13可知,西部地区精细化工产业的发展水平较低,能源精细化工产品均处于劣势地位,且与东部地区差距较大,部分产品产量相差十几倍甚至几十倍。具体来看,西部地区2005年化学农药原药产量占比为8.85%,与位居第一的东部地区相差50%以上;2010年化学农药原药产量上升至14.95%;2015年西部地区占比下降为8.23%;2018年西部地区化学农药原药产量占比又回升至14.92%,为东部地区的1/4左右。2009年西部地区涂料产量仅占5.35%,是全国涂料产量最少的地区;2010年西部地区涂料产量占比为6.73%,落后于东部地区67.28%;2015年西部地区占比增长为12.69%;2018年西部地区涂料产量占全国的15.54%,与东部地区相差50.96%。2008年西部地区化学试剂产量占比为14.57%,是位居第一的东部地区的1/4;2010年尽管西部地区的产量绝对值在上升,但占比下降为4.69%;2015年西部地区占比增长为7.34%,2018年西部地区化学试剂产量占全国的8.42%,与东部地区相差38.80%。

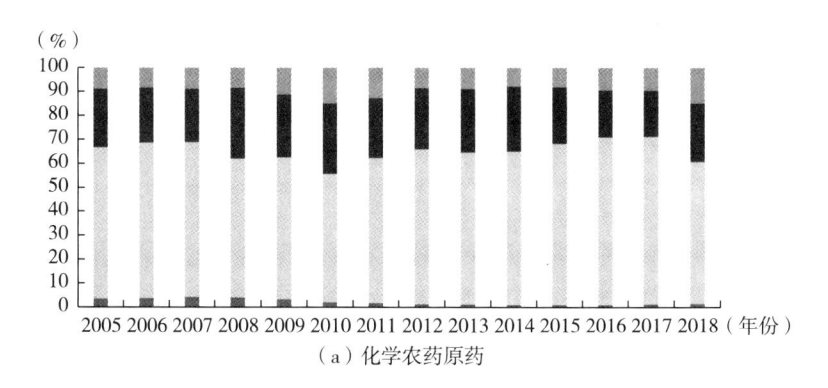

(a)化学农药原药

图6-13 各地区部分精细化工产品产量占比

(b）涂料

(c）化学试剂

■东北地区 ■东部地区 ■中部地区 ■西部地区

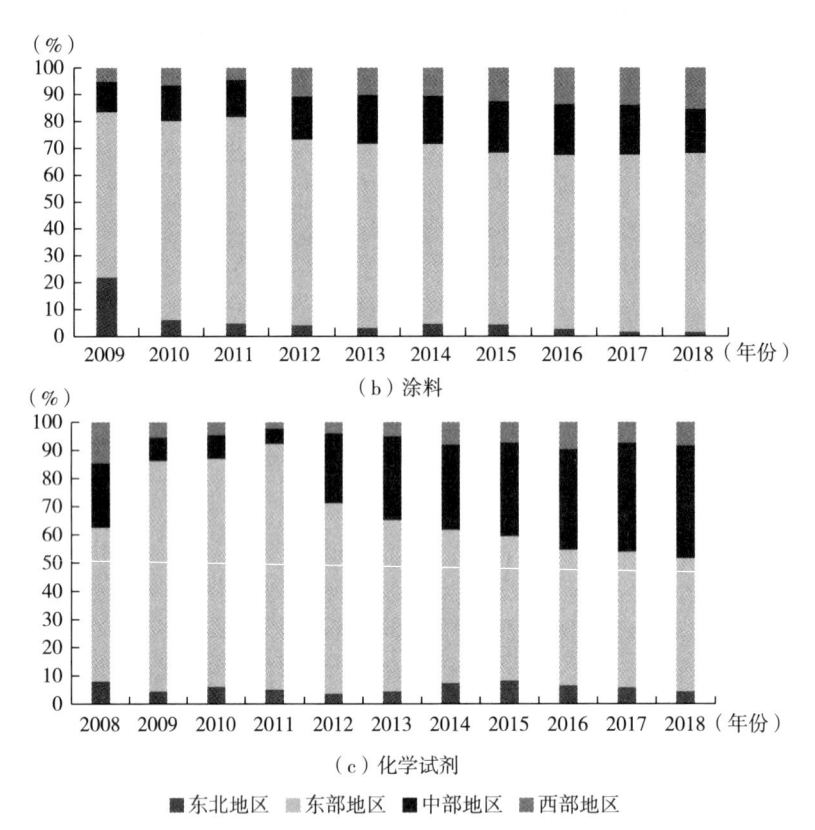

图 6-13 各地区部分精细化工产品产量占比（续）

资料来源：中国产业信息网和 Wind 数据库。

表 6-2 显示了西部地区化学原料及化学制成品产业和化学纤维制造业的工业销售产值状况。

表 6-2　　　　　西部地区部分精细化工产品业

工业销售产值占比　　　　单位：%

		2005 年	2010 年	2014 年	2015 年	2016 年
化学原料及化学制品制造业工业销售产值	东北地区	7.31	7.29	6.04	4.89	3.98
	东部地区	68.11	64.27	62.56	62.59	62.48
	中部地区	13.09	16.91	19.86	20.44	20.83
	西部地区	11.50	11.52	11.54	12.09	12.70
	西部地区排名（位）	3	3	3	3	3

续表

		2005年	2010年	2014年	2015年	2016年
化学纤维制造业工业销售产值	东北地区	4.55	2.43	1.49	1.37	1.33
	东部地区	80.25	81.02	77.36	76.01	75.42
	中部地区	12.18	11.94	16.70	18.26	18.40
	西部地区	3.02	4.61	4.45	4.36	4.85
	西部地区排名（位）	4	3	3	3	3

资料来源：中国产业信息网和Wind数据库。

由表6-2可看出，西部地区化学原料及化学制成品产业与化学纤维制造业两个产业工业销售产值占比都有一定的增长，但与精细化工产品产量情况相同，西部地区两个产业的工业销售产值与能源化工突出的东部地区相比处于落后状态，尤其是化学纤维制造业，西部地区2005—2016年的工业销售产值在全国占比低于5%，然而东部地区的工业销售产值占比均在75%—81%，是西部地区的16倍之多。

整体上来说，西部地区的精细化工产业较为落后，还处于发展的起步阶段，尽管产品产量和工业销售产值在增加，但是在全国占比没有较大幅度的提升，这也反映出西部地区的精细化工产业的发展速度不及东部、中部地区。西部地区作为能源储备及产量十分丰富的地区，精细化工产业产值在全国占比不足15%，"头大尾小"的产业格局非常明显。

第五节 西部地区能源化工产业面临的问题

通过前面对各地区能源产业链分析可以看出，西部地区能源化工产业发展不健全，能源资源储量丰富，上游产业发达，中游产业优势较弱，下游产业发展居于劣势。西部地区的油气煤储量丰富，其开采业的发展在全国也处于领先地位；加工业发展优势并不显著，这与西部地区开采业形成对比，尤其是西部地区加工油类产量以及石油加工、炼焦和核燃料工业销售产值占比与东部地区差距巨大，这在一定程度上反映了我国能源产业空间布局的异质性；化工业产能结构上以原料型和燃料型产业为主，中间产品产量具有一定的比较优势，沿产业链前端的合成材料产品较少；精细化工产业发展较为落后，与中部和东部地区存在较大差距。西部地区能源产业发展的资源支撑型、能源消耗型特征显著。但这种产业结构在经历长时间历史积累、加之煤炭产业的"黄金十年"结束，粗放型增长模式问题开始凸显，使西部地区能源产业升级难度增加，其升级进入"瓶颈"。

一　能源装备制造业低加工度突出，技术含量需增强

制造业是工业的主体部分，其发展水平代表这一个地区的工业竞争力的强弱。由表6-3可见，西部地区位于产业链前端的能源开采设备产量较大，2018年西部地区的石油钻井设备产量占全国的37.61%，比排名第二位的中部地区产量高6.69%；然而在中部炼油、化工生产专用设备方面，西部地区产量明显低于东中部地区，东部地区炼油、化工生产专用设备的产量是西部地区的2.03倍；单从塑料加工设备生产上看，西部地区产量仅占全国的0.20%，远落后于东部地区97.63%的产量占比。可见西部地区的能源装备制造业加工高度明显不足，基本处于产业链条的中前端。由此反映出西部地区能源产业结构中低度化的问题较为突出，技术含量和加工度高的行业比重明显偏低，低端产品供大于求，而技术含量高的设备依赖进口，进口设备的高昂成本，进一步限制了产业链后端行业的发展，存在明显结构缺陷，是典型的粗放型发展模式。

表6-3　　　石油钻井设备，炼油、化工生产专用设备及
塑料加工设备产量占比　　　　　　　　单位：%

		2011年	2015年	2016年	2017年	2018年
石油钻井设备	东北地区	0.65	5.03	4.09	2.86	10.96
	东部地区	59.91	24.29	34.76	20.65	20.51
	中部地区	4.55	42.90	33.54	52.58	30.92
	西部地区	34.89	27.78	27.61	23.90	37.61
	西部地区排名（位）	2	2	3	2	1
炼油、化工生产专用设备	东北地区	13.39	10.02	8.96	9.83	11.90
	东部地区	29.92	27.56	27.26	36.95	41.92
	中部地区	51.83	50.01	49.87	29.48	25.54
	西部地区	4.86	12.41	13.91	23.74	20.64
	西部地区排名（位）	4	3	3	3	3

续表

		2011 年	2015 年	2016 年	2017 年	2018 年
塑料加工设备	东北地区	0.11	0.03	0.02	0.01	0.01
	东部地区	99.37	90.63	90.70	88.89	97.63
	中部地区	0.15	9.00	8.87	10.39	2.16
	西部地区	0.37	0.33	0.40	0.71	0.20
	西部地区排名（位）	2	3	3	3	3

资料来源：中国产业信息网。

二 能源精深加工不足，化工产业经济效益不高

资源优势难以形成经济优势是制约西部地区能源化工长久增长的根本问题，也是西部地区能源产业转型升级的关键所在。由表6-4可以看出，2017年西部地区的原油产量为6422.3万吨，仅次于东部地区；西部地区原油加工量为9803.4万吨，而东部地区的原油加工量增至32151.1万吨，是西部地区的3.28倍；原油加工率＝原油加工量/原油产量（本书中的原油产量未将进口原油计算在内，因此加工率大于1），西部地区的加工率为1.53，而中部地区的原油加工率高达8.55，是西部地区的5.59倍。由此可看出，尽管西部地区原油产量丰富，加工量也相对较高，但是原油加工率却是最低的。高产量、低效益的发展思路不符合我国绿色发展的宗旨，也一定程度上制约着西部地区的可持续发展。

表6-4　　　　2017年各地区原油产量、加工量与加工率　　　单位：万吨

2017 年	原油产量	原油加工量	原油加工率
东北地区	4885.4	9741.1	1.99
东部地区	7248.3	32151.1	4.44
中部地区	594.6	5081.8	8.55
西部地区	6422.3	9803.4	1.53
西部地区排名（位）	2	2	4

资料来源：中国石化联合会；中商产业研究院大数据库。

三 能源产业结构有所调整，但产能过剩压力短期内难以缓解

"十三五"规划围绕供给侧结构性改革对能源产业提出七大调整要求：一是控制能源消费总量；二是提高能源安全保障；三是增强能源供应能力；四是调整能源消费结构；五是提升系统效率；六是强调低碳环保；七是能源公共服务便利化。西部地区以此为原则，在煤炭领域，一方面，严格控制新增产能：神东、陕北、黄陇和新疆基地，在充分利用现有煤炭产能基础上，结合已规划电力、现代煤化工项目，根据市场情况合理安排新建煤矿项目，蒙东（东北）、宁东、晋东和云贵基地，有序建设接续煤矿，控制煤炭生产规模；另一方面，加快淘汰落后产能，重点建设煤炭深加工：尽快关闭13类落后小煤矿，以及开采范围与自然保护区、风景名胜区、饮用水水源保护区等区域重叠的煤矿，重点建设陕西、新疆、内蒙古以及贵州的煤制油、煤制天然气以及煤油气多联产项目；此外，有序退出过剩产能：开采范围与依法划定、需特别保护的相关环境敏感区重叠的煤矿，蒙、陕、宁等地区产能小于60万吨/年的非机械化开采煤矿，甘、青、新等地区产能小于30万吨/年的非机械化开采煤矿，其他地区产能小于9万吨/年的非机械化开采煤矿有序退出市场。在油气领域，加强勘探开发，深化精细勘探开发，实现西部鄂尔多斯、塔里木、准噶尔三大石油基地稳储量增产；坚持常非并举，推进鄂尔多斯、四川塔里木气区持续增产，以四川盆地及周缘为重点，加强页岩气勘探开发，积极推进重庆涪陵、四川长宁—威远、云南昭通、陕西延安等国家页岩气示范区建设。尽管淘汰落后产能、退出过剩产能颇有成效，但由于世界经济复苏的艰难和不稳定性上升，西部地区倚重倚能特征明显，长期积累的工业结构性矛盾较为突出，西部地区面对国家去产能、调结构、促进转型升级的任务仍存在一定的压力。

第七章

能源化工产业链升级对中国经济增长的影响

能源化工产业是国民经济发展的重要基础性产业,为工农业生产和人民日常生活提供了必要的配套和服务。近年来,随着国内外经济进入缓慢发展阶段,全球能源化工产业既面临严峻挑战又面临难得发展机遇。在中国政府颁布的《中国制造2025》发展纲要中,明确了国家"十三五"时期发展高端制造业的大趋势,这必将对配套的能源化工产业提出更高的要求,同时,我国石油和化学工业"十三五"发展规划也将石化产业高端化作为未来最重要的发展方向。因此,在中国能源化工产业"十三五"转型的关键时期,深化产业结构调整,实现高端化和差异化发展,加快向价值链高端迈进,是实现行业转型升级的必然途径。在此背景下,有必要分析能源化工产业的发展现状、高级化及差异状况,找出各细分产业内部的最优匹配程度,以充分发挥能源化工产业高级化对经济增长的影响,为能源富集区经济可持续发展提供重要的政策启示。

第一节 能源化工产业高级化水平测度

一 样本选取和分析

实际上,广义上能源产业的发展已不仅仅指能源开采业,还应包括以能源初级产品为原料的能源加工业及其延伸产业,本书将其统称为能源化工产业。介于数据的可获得性,根据2017年国民经济行业分类

（GB/T 4754—2017）标准，将煤炭开采和洗选业，石油和天然气开采业，石油加工、炼焦和核燃料加工业，化学原料及化学制品制造业，化学纤维制造业五大行业划分为能源化工产业，并进一步按照产业属性和价值链差异将能源化工产业分为能源开采业（煤炭开采和洗选业、石油和天然气开采业）、能源加工业（石油加工、炼焦和核燃料加工业）和化工产业（化学原料及化学制品制造业、化学纤维制造业），以全面分析能源产业高级化水平及其对经济增长的贡献。

（一）样本选取

为保持一致性，本书采用能源产业销售总产值变量分析能源产业发展情况。基于2005—2016年不包含西藏、香港、澳门、台湾在内的中国30个省份能源化工产业工业销售总产值均值数据，分析能源化工产业发展规模状况，结果如图7-1所示。可以看到，能源化工产业大省多数是经济发达的东部沿海省份，其中，能源化工产能最大的省份是山东省，其销售总产值高达17703.17亿元；其次为江苏省，其销售总产值为14050.14亿元；销售总产值在6000亿元以上的省份还有广东省（7156.66亿元）和浙江省（6482.73亿元）。

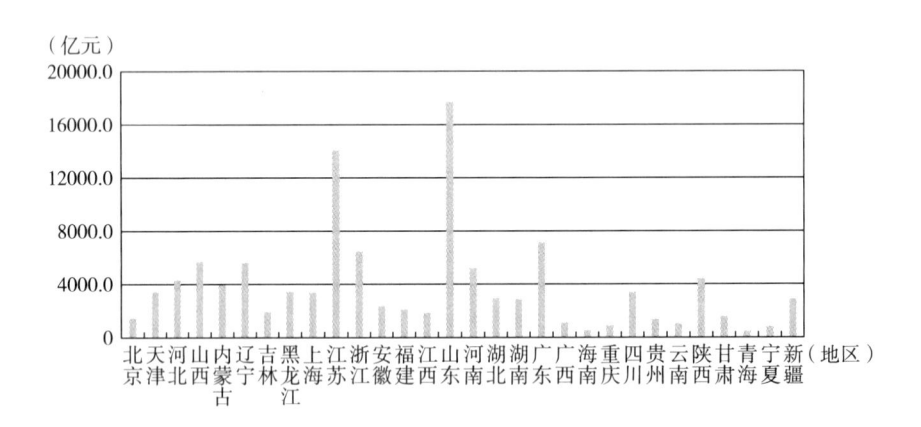

图7-1 各地区能源化工产业整体发展状况

采用组间联结聚类方法，对2005—2016年不包含西藏、香港、澳门、台湾在内的中国30个省份能源化工产业工业销售总产值的均值进行组间聚类分析，聚类结果如表7-1所示。

表 7-1　　　　　　　　　　　聚类结果

聚类方法	第一类	第二类	第三类	第四类
组间联结	山东、江苏	广东、浙江、山西、辽宁、河南	陕西、河北、内蒙古、天津、黑龙江、四川、上海、湖北、新疆、湖南	其他

根据聚类结果并结合各省份能源化工产业发展实际状况，选择前三类共 17 个省份作为中国能源化工产业的研究样本。

（二）样本分析

对 17 个能源化工富集省份的能源化工产业结构进行分析，结果如表 7-2 所示。可以看出，能源开采业占比较大的 5 个省份是山西（69.89%）、内蒙古（66.40%）、陕西（60.39%）、黑龙江（57.87%）和新疆（46.33%），这也是中国传统意义上的能源资源（煤、石油天然气）富集省份；能源加工业占比较大的 5 个省份是辽宁（56.21%）、新疆（39.29%）、上海（36.89%）、河北（33.03%）和广东（32.88%）；化学原料及化学制品制造业占比较大的 5 个省份是江苏（72.10%）、湖北（66.08%）、上海（61.19%）、湖南（57.36%）和广东（55.88%）；化学纤维制造业占比较大的两个省份是浙江（31.03%）和江苏（14.02%）。进一步地，由能源开采业与石化产业比值可以看出，能源开采业占绝对优势的省份为山西（2.3215）、内蒙古（1.9761）、陕西（1.5249）和黑龙江（1.3736）；石化产业占绝对优势的省份为浙江（0.0011）、上海（0.0044）、江苏（0.0261）和湖北（0.0828）。在整个石化产业中，能源加工业占比较大的省份是黑龙江（2.9648）、新疆（2.7312）、陕西（2.5450）、山西（2.3223）、辽宁（1.8365）；化工产业占比较大的省份为江苏（0.1316）、四川（0.2347）、浙江（0.2663）和湖北（0.3597）。

上述数据表明，现阶段中国能源化工产业存在两个突出的结构性问题：一是产业链结构失衡，能源化工产业更多地集中在能源开采业和能源初级加工业，多数省份的占比都在 60% 以上，山西、陕西和黑龙江三省占比更是高达 90%；处于价值链高端的化学纤维制造业发展要相对落后，除浙江和江苏外，其他省份的占比还不足 5%。二是能源化工产业产能地域分布结构失衡，能源开采业占比较大省份的能源加工能力较低，而化学原料和化学制品制造业、化学纤维制造业更是严重不足；而化工产业产能较大的省份其能源原材料需要进口。

表7-2　　　　　能源化工富集省份能源化工产业结构

省份	能源化工产业销售总产值（亿元）	能源开采业占比（%）	能源加工业占比（%）	化学原料及化学制品制造业占比（%）	化学纤维制造业占比（%）	能源开采业与石化业比值	能源加工业与化工业比值
山东	17703.17	0.1929	0.2594	0.5357	0.0120	0.2390	0.4735
江苏	14050.14	0.0255	0.1133	0.7210	0.1402	0.0261	0.1316
广东	7156.66	0.0910	0.3288	0.5588	0.0213	0.1001	0.5668
浙江	6482.73	0.0011	0.2101	0.4785	0.3103	0.0011	0.2663
山西	5723.43	0.6989	0.2104	0.0902	0.0004	2.3215	2.3223
辽宁	5636.99	0.1319	0.5621	0.2949	0.0112	0.1519	1.8365
河南	5231.56	0.4097	0.1695	0.3981	0.0227	0.6941	0.4029
陕西	4412.87	0.6039	0.2843	0.1096	0.0022	1.5249	2.5450
河北	4317.32	0.2800	0.3303	0.3718	0.0179	0.3889	0.8477
内蒙古	3946.27	0.6640	0.1068	0.2290	0.0002	1.9761	0.4659
天津	3434.89	0.4582	0.2687	0.2703	0.0027	0.8457	0.9841
黑龙江	3432.83	0.5787	0.3150	0.1045	0.0017	1.3736	2.9648
四川	3380.42	0.3564	0.1223	0.4848	0.0365	0.5538	0.2347
上海	3372.48	0.0044	0.3689	0.6119	0.0148	0.0044	0.5886
湖北	2958.36	0.0764	0.2443	0.6608	0.0184	0.0828	0.3597
新疆	2882.76	0.4633	0.3929	0.1227	0.0211	0.8632	2.7312
湖南	2866.36	0.1861	0.2268	0.5736	0.0135	0.2286	0.3863

注：能源开采业与石化业比值为能源开采业与能源加工业和化工业（化学原料及化学制品制造业和化学纤维制造业）加总的比值，比值越大表示能源开采业占比越大。能源加工业与化工业比值为能源加工业和化工业（化学原料及化学制品制造业和化学纤维制造业）的比值，该值越大表示能源加工业比重越大。

二 能源化工产业高级化水平测度

（一）测度方法

能源化工产业高级化的突出特征就是能源开采业向能源加工业再向化工产业的逐渐演进，这与传统产业结构由低级向高级的演进过程相类似。刘伟和张立元（2018）认为，产业结构高级化并不仅仅是产业间份额的转变，而应是一个生产要素和资源从劳动生产率低的部门向劳动生产率高的部门转移的动态过程，在该过程中实现产业部门之间产出比例关系的演进以及劳动生产率的提升。因此，分析能源化工产业高级化也应体现该思想。现阶段体现该思想的测量产业结构变动的指标主要有两种：一是通过测量两系统间的距离来反映结构变动，如欧式距离法、海明距离法和兰氏距离法等；二是基于夹角余弦法的 Moore 值法，Moore 值实际上反映了产业结构不同年份的产业结构向量的夹角。该方法在测量产业结构高级化、就业结构高级化等方面得到了应用，为本书采用该方法提供了文献基础（付凌晖，2010；周明磊和任荣明，2011；Neffke 等，2014）。

应用向量夹角方法测度能源化工产业高级化程度时可分为三个步骤：一是构建能源化工产业空间向量，将能源化工产业按照价值链位置高低分为三类，利用空间向量将能源化工产业占总量的比重作为空间向量的分量，构建三维能源化工产业空间向量。二是选取基准向量，计算能源化工产业空间向量与基准向量的夹角，某一类能源化工产业在总量中的份额变动也会导致能源化工产业空间向量与基准向量的夹角发生变动。三是将所有夹角加权求和，以测算能源化工产业高级化水平。基于这一思路，定义如下度量能源化工产业高级化的方法。

首先，按照各细分产业在能源化工产业价值链中的位置高低，将能源化工产业分为能源开采业（煤炭开采和洗选业、石油和天然气开采业）、能源加工业（石油加工、炼焦和核燃料加工业）、化工产业（化学原料及化学制品制造业、化学纤维制造业）三类，将每一类能源化工产业的比重依次作为空间向量的一个分量，从而构成一组三维能源化工产业空间向量，向量形式为 $E_0 = (x_1, x_2, x_3)$。

其次，选择能源化工产业基本单位向量组，分别为：$E_1 = (1, 0, 0)$、$E_2 = (0, 1, 0)$、$E_3 = (0, 0, 1)$，依次计算能源化工产业空间

向量与它们的夹角 θ_j ($j=1, 2, 3$)：

$$\theta_j = \arccos\left(\frac{\sum_{i=1}^{3}(x_{ji} \times x_i)}{(\sum_{i=1}^{3} x_{ji}^2)^{1/2} \times (\sum_{i=1}^{3} x_i^2)^{1/2}}\right) \qquad (7-1)$$

式（7-1）中，x_{ji}表示能源化工产业基本单位向量组 E_j ($j=1, 2, 3$) 的第 i 个分量；x_i 表示向量 E_0 的第 i 个分量。

再次，确定夹角 θ_j ($j=1, 2, 3$) 的权重，权重 W_j 以变异系数法为基础确定：计算出 θ_j ($j=1, 2, 3$) 的变异系数 V_j，令 $TV_j = V_1 + V_2 + V_3$，则 $W_j = V_j/TV_j$。变异系数的测算公式为：

$$V_j = \frac{\sqrt{\frac{\sum_{i=1}^{n}(\theta_{ji} - \overline{\theta_j})^2}{n}}}{\overline{\theta_j}} \quad (j=1, 2, 3) \qquad (7-2)$$

最后，计算能源化工产业高级化水平：

$$Estruc = \sum_{j=1}^{3}(W_j \times \theta_j) \qquad (7-3)$$

结合公式（7-1）和反余弦函数的单调递减性质可知，在以能源开采业向化工产业演进为特征的能源化工产业结构变化过程中，处于价值链低端的能源开采业的比重下降越快，处于价值链高端的化工产业比重上升越快，夹角 θ_j 就越大，能源化工产业高级化水平 $Estruc$ 也越大，即能源化工产业结构高级化水平越高。该指数考虑了各层次能源化工产业相对变化对能源化工产业结构高级化的影响，能够从整体角度刻画能源化工产业结构高级化水平。

（二）测算结果

首先根据式（7-1）计算能源化工产业空间向量之间的夹角 θ_j ($j=1, 2, 3$)，其次根据式（7-2），采用变异系数法测算夹角 θ_j ($j=1, 2, 3$) 的权重，结果显示三个夹角的权重分别为 0.3922、0.3098、0.2981，最后根据式（7-3）测算 17 个省份的能源化工产业高级化指数，结果如表 7-3 所示，各省份能源化工产业高级化指数均值如图 7-2 所示。

第七章 | 能源化工产业链升级对中国经济增长的影响

表7-3 能源化工产业高级化指数

省份	2005年	2006年	2007年	2008年	2009年	2010年	2011年	2012年	2013年	2014年	2015年	2016年	均值
山东	1.0914	1.0987	1.1167	1.1468	1.1550	1.1372	1.1343	1.1518	1.1707	1.1843	1.2091	1.2146	1.1509
江苏	1.2521	1.2534	1.2600	1.2628	1.2685	1.2663	1.2682	1.2701	1.2733	1.2763	1.2812	1.2847	1.2681
广东	1.1562	1.1491	1.1640	1.1618	1.1880	1.1827	1.1841	1.1847	1.1947	1.2098	1.2336	1.2422	1.1876
浙江	1.2234	1.2291	1.2418	1.2383	1.2465	1.2433	1.2421	1.2502	1.2555	1.2229	1.2633	1.2613	1.2431
山西	0.9817	0.9797	0.9823	0.9819	0.9745	0.9733	0.9709	0.9666	0.9667	0.7369	0.7363	0.7369	0.9156
辽宁	1.0618	1.0676	1.0730	1.0688	1.0868	1.1104	1.1008	1.1197	1.1356	1.1356	1.1334	1.1191	1.1011
河南	1.0056	1.0057	1.0256	1.0275	1.0211	1.0335	1.0476	1.0639	1.0908	1.1248	1.1692	1.1824	1.0665
陕西	0.9779	0.9929	0.9873	0.9840	0.9831	0.9849	0.9845	0.9834	0.9809	0.9802	0.9821	0.9898	0.9843
河北	1.0439	1.0433	1.0561	1.0447	1.0538	1.0530	1.0489	1.0519	1.0753	1.0949	1.1262	1.1249	1.0681
内蒙古	1.0014	0.9985	1.0090	0.9947	0.7681	0.7605	0.7598	0.9999	1.0085	0.9966	1.0044	0.9997	0.9418
天津	1.0150	1.0074	1.0136	1.0013	1.0012	0.9962	0.9943	0.9983	0.9977	1.0038	1.0379	1.1135	1.0150
黑龙江	0.9816	0.9821	0.9842	0.9795	0.9933	0.9896	0.9849	0.9842	0.9882	0.9906	1.0025	1.0102	0.9893
四川	1.1413	1.1188	1.1085	1.0762	1.0892	1.0822	1.0896	1.1096	1.1531	1.1175	1.1302	1.1442	1.1134
上海	1.2131	1.2233	1.2302	1.2309	1.2391	1.2387	1.2336	1.2333	1.2316	1.2456	1.2543	1.2587	1.2360
湖北	1.1585	1.1600	1.1785	1.1860	1.2096	1.2108	1.2217	1.2547	1.2561	1.2619	1.2750	1.2796	1.2210
新疆	0.9977	0.9955	0.9914	0.9909	0.9977	1.0029	1.0003	1.0061	1.0069	1.0074	1.0125	1.0230	1.0027
湖南	1.1185	1.1280	1.1367	1.1375	1.1519	1.1565	1.1523	1.1581	1.1789	1.2052	1.2310	1.2429	1.1664

121

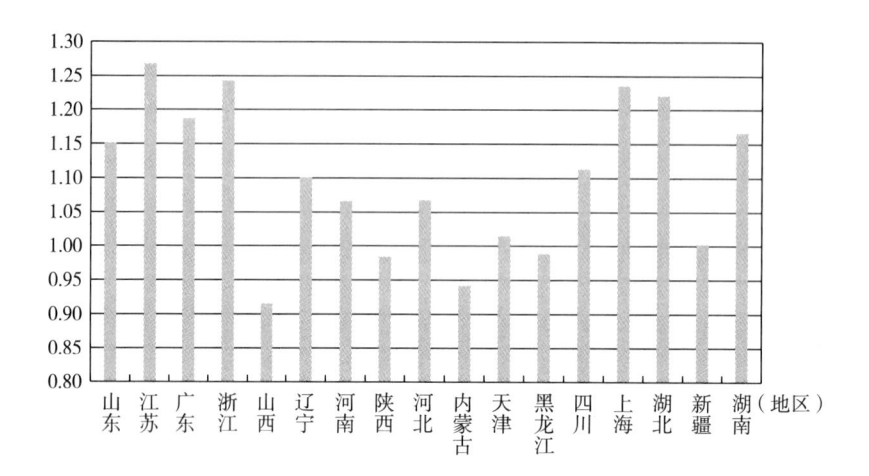

图 7-2　能源化工产业高级化指数

由表 7-3 和图 7-2 可知，中国能源化工产业高级化水平排名前三位的省市为江苏、浙江和上海，其高级化指数分别为 1.2681、1.2431 和 1.2360，这三个省市都处于中国东部经济发达地区，结合表 7-2 也可以看出，这三个省市的能源化工产业占比分别达到了 86.12%、78.89% 和 62.67%。中国能源化工产业高级化水平排名后三位的省份为山西、内蒙古和陕西，高级化指数分别为 0.9156、0.9418 和 0.9843，这 3 个省份都处于中国能源最富集的环鄂尔多斯盆地，能源化工产业主要以开采业为主，结合表 7-2 可知三省份的能源开采业占比分别为 69.89%、66.40% 和 60.39%，形成了能源化工产业高级化的"低端锁定"状况。

综合来看，中国能源化工产业高级化水平排名靠前的省份都是非能源富集地区，它们的能源化工产业发展的原料都需要外运，在本地区进行深加工并销往外地；而能源化工产业高级化水平较低的省份都是能源富集区，其能源利用方式以开采业为主，深加工产能不足。这在一定程度上反映了中国能源化工产业发展存在严重的产能空间错配，能源开采业和深加工产能的空间错配加大了原料运输和产品销售的运输成本，也不利于能源富集区的经济可持续发展。

第二节 能源化工产业升级对经济
增长影响的实证分析

一 研究综述

现阶段国内外学者对能源化工产业进行研究更多地集中在能源开采业与经济增长关系,特别是在"资源诅咒"成立与否及其机理探讨方面,取得了一系列研究成果。关于能源化工产业升级的文献成果还较少,我国仅有的研究成果主要集中在两方面,一是基于能源富集区(主要是陕北能源富集区)能源化工产业发展现状,探讨延长能源化工产业链问题,如李国平和李治(2008)基于西安市能源化工产业基础,提出了充分利用陕北提供的能源化工原料和中间产品,在西安渭北构建能源化工产业集聚区,并重点发展重化工下游产业链、精细化工产业链和能源化工设备制造业产业链的区位选择和产业链定位;闫亚恒(2011)基于钻石模型分析了陕北能源化工产业集群发展现状,认为陕北应延长能源化工产品生产链条,开发新的能源化工产品,研发能源化工设备生产技术,加快培育和扶持陕北能源化工产业集群快速发展。二是对能源化工产业集聚水平进行测度研究,如杨嵘和米娅(2016)采用 E-G 指数测度了中国能源化工产业集聚状况,认为西部地区能源化工上游行业的集聚水平相对中东部地区非常高,而部分行业则在中东部地区和东北地区呈现集聚现象,能源化工产业集聚水平在全国范围内呈缓慢上升趋势;杨嵘和郭欣欣(2017)基于利益相关者视角构建了陕北能源化工产业集群评价指标体系,评价了陕北能源化工产业集群的发展状况并提出了促进陕北能源化工集群发展的政策建议。此外,郭磊和蔡虹(2011)还探讨了陕西能源化工产业技术创新管理过程中的政策网络治理政策,认为政策网络治理在能源化工产业创新管理中具有独特的优越性。关于能源化工产业发展与经济增长关系的研究,周喜君和郭丕斌(2015)研究了煤炭资源就地转化对经济增长的影响,结果表明提高煤炭资源就地转化水平是规避"资源诅咒",促进当地经济发展的重要途径。

二 能源化工产业高级化水平与经济增长关系的初步考察

对能源化工产业高级化水平与经济增长关系进行初步考察,以确定回归方程的具体形式。以第一节的能源化工产业高级化指数为横坐标,以取自然对数之后的国内生产总值为纵坐标,构建二者之间的散点图,如图7-3所示。

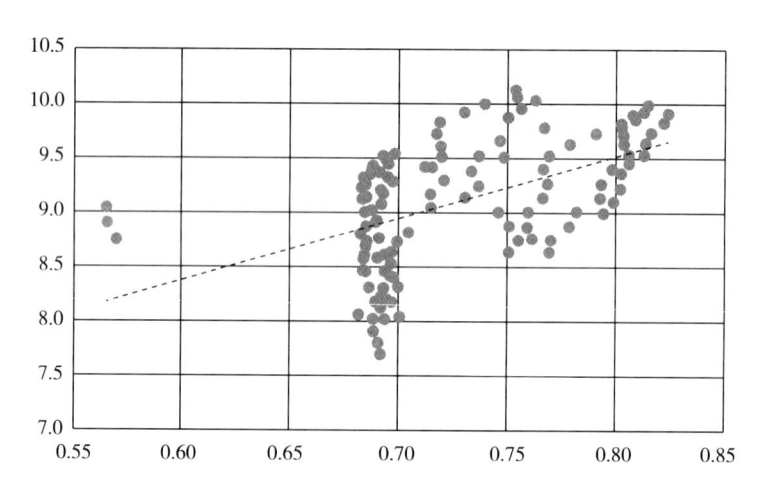

图7-3 能源化工产业高级化与经济增长关系

由图7-3可以看出,17个能源化工富集省份的能源化工产业高级化水平与经济增长之间存在正相关关系,随着能源化工产业高级化水平的提高,经济增长水平也随之提高。因此可以初步认定二者之间存在线性正相关关系,可以构建二者之间的线性回归模型。

三 回归分析

(一)模型构建与变量说明

Barro 和 Sala-i-Martin 在1995年提出的增长回归模型(条件收敛模型),是新古典增长模型的一个典型扩展模型,这一模型在提出之后就被国内外学者广泛应用于经济增长研究领域,并取得了一系列研究成果。根据上一部分的初步检验并借鉴条件收敛模型,能源化工产业高级化对经济增长的回归模型设定如下:

$$\ln y_{it} - \ln y_{it-1} = \alpha \ln y_{it-1} + \beta \ln Estruc_{it} + \varphi Z_{it} + \varepsilon_{it} \qquad (7-4)$$

式(7-4)中,i($i=1,2,\cdots,17$),t 表示年份;y 表示人均国

内生产总值，人均国内生产总值（y）采用以2005年为基期的实际国内生产总值除以相应年份的总人口表示；$Estruc$表示能源化工产业高级化指数，直接使用上文中的计算结果；Z表示一组对经济增长有重要影响的控制变量，主要包括物质资本存量（K），采用Goldsmith在1951年开创的永续盘存法进行测算，公式为：$K_t = K_{t-1}(1-\delta) + I_t$，$K_t$、$I_t$表示$t$年的物质资本存量和固定资产投资额，$\delta$表示折旧率，借鉴Young（2000）、张军等（2004）的思路对相关变量进行设定；人力资本存量（H），借鉴Barro和Lee的人力资本存量估算框架，采用受教育年限法和永续盘存法测算人力资本水平；技术水平（Tech），采用DEA方法以劳动力和物质资本积累为投入、以GDP为产出进行测算；外商直接投资（FDI），采用当年外商企业投资总额表示；城市化水平（Urban），采用城市人口或者非农人口占总人口的比重表示；资源禀赋水平（RES），采用二元虚拟变量表示，能源富集省份设定为1，包括山东、山西、河南、陕西、内蒙古、黑龙江、四川和新疆8个省份，其他非能源富集省份设定为0。α、β、φ为待估计系数；ε表示误差项。

此外，本书还对样本数据进行了两方面的处理，一是对所有价值量数据都除以相应的价格指数，以消除通货膨胀的影响；二是对所有变量均进行自然对数处理[①]，以保证数据的平稳性并消除异方差的影响，并使相关变量间具有"弹性"的经济意义。所有变量原始数据都来源于历年的《中国统计年鉴》《中国人口和就业统计年鉴》和《中国贸易外经统计年鉴》，部分缺失数据采用插值法计算。相关变量的描述性统计如表7-4所示。

表7-4　　　　　　　变量的描述性统计

变量	均值	标准差	最小值	最大值	观测值
$\ln y_{it}$	9.5161	0.6973	7.8038	10.0462	204
$\ln Estruc_{it}$	0.7395	0.0571	0.5518	0.8262	204
$\ln K_{it}$	12.2231	0.6457	10.8844	13.7437	204

① 因部分能源化工产业高级化水平和技术水平数据小于或者等于1，在对其取对数的时候采用$\ln(1+Estruc)$和$\ln(1+Tech)$表示，以保证自然对数值全部大于0。

续表

变量	均值	标准差	最小值	最大值	观测值
$\ln H_{it}$	10.3245	0.5673	8.8189	11.2377	204
$\ln Tech_{it}$	0.5521	0.0983	0.3009	0.6931	204
$\ln FDI_{it}$	6.3284	1.3748	2.4400	9.0823	204
$\ln Urban_{it}$	3.9821	0.2401	3.4226	4.4954	204
RES	0.4706	0.5004	0	1	204

(二) 回归结果分析

本书设定的回归方程右边包含了滞后因变量及其他具有潜在内生性问题的解释变量，因此可采用有助于克服解释变量内生性问题的 GMM（广义矩估计）方法来估计，同时在有限样本条件下，相比于两步（two-step）SYS-GMM 估计量的渐近标准误差严重下偏，从而影响统计推断的情况，一步（one-step）SYS-GMM 估计结果更为精确（Bond 等，2001；刘生龙等，2009）。本书也采用一步（one-step）SYS-GMM 进行回归估计，整体样本和按表 7-1 聚类分类分组进行回归的结果如表 7-5 所示。可以看出，能源化工产业高级化水平对经济增长的影响系数显著为正，但不同能源化工产业规模产生的影响系数存在差异性。

表 7-5 中，由方程（1）的回归结果可知，能源化工产业高级化水平对经济增长的影响系数为 0.176，在 1% 的水平下通过显著性检验，这表明能源化工产业高级化水平增长 1%，经济总量水平将增长 0.176%。促进能源化工产业向价值链高端攀升，能够实现能源化工产业和当地经济的双重可持续发展。

加入控制变量的结果如方程（2）所示，可以看到，物质资本积累、人力资本积累和技术创新三者是我国现阶段经济增长的最主要驱动因素，物质资本存量对经济增长的影响系数为 0.288，在 1% 的水平下通过显著性检验，表明我国现阶段投资驱动的经济增长方式未发生改变，物质资本积累仍然是我国现阶段经济增长的最主要的驱动因素；人力资本积累对经济增长的影响系数为 0.118，在 5% 的水平下通过显著性检验，这表明现阶段我国人力资本积累对经济增长同样具有促进效

表7-5 能源化工产业高级化对经济增长影响

被解释变量：$\ln y_{it} - \ln y_{it-1}$

解释变量	整体样本 方程（1）	整体样本 方程（2）	方程（3）	第一类 方程（4）	第二类 方程（5）	第二类 方程（6）	第三类 方程（7）	第三类 方程（8）
C	0.427***	0.201**	0.682***	0.339**	0.238***	0.196***	0.557***	0.363***
	(11.40)	(2.38)	(23.04)	(2.47)	(4.12)	(3.78)	(11.29)	(3.03)
$\ln y_{it-1}$	-0.473***	-0.030***	-0.061***	-0.033**	-0.043***	-0.087***	-0.045***	-0.038***
	(-14.02)	(-4.33)	(-21.84)	(-2.36)	(-5.92)	(-3.53)	(-11.14)	(-4.89)
$\ln Estruc_{it}$	0.176***	0.117**	0.074*	0.066**	0.178***	0.101**	0.254***	0.105**
	(3.34)	(2.41)	(1.88)	(2.42)	(4.68)	(2.35)	(3.34)	(2.48)
$\ln K_{it}$		0.288***		0.049**		0.230***		0.326***
		(9.15)		(2.26)		(3.71)		(5.66)
$\ln H_{it}$		0.118**		0.115**		0.148***		0.125**
		(2.47)		(2.70)		(4.13)		(2.39)
$\ln Tech_{it}$		0.173***		0.321***		0.246**		0.057**
		(6.05)		(2.67)		(2.47)		(2.34)
$\ln FDI_{it}$		0.077*		0.052*		0.022		0.015***
		(2.08)		(2.04)		(1.58)		(3.55)

续表

被解释变量：$\ln y_{it} - \ln y_{it-1}$

解释变量	整体样本 方程(1)	整体样本 方程(2)	第一类 方程(3)	第一类 方程(4)	第二类 方程(5)	第二类 方程(6)	第三类 方程(7)	第三类 方程(8)
$\ln Urban_{it}$		0.027* (2.05)		0.034* (2.13)		0.080* (1.97)		0.029 (1.62)
RES		0.097*** (6.83)		0.073* (2.22)		0.095** (2.78)		0.125*** (5.53)
AR(1) tesp-p	0.000	0.000	0.000	0.000	0.000	0.000	0.000	0.006
AR(2) tesp-p	0.501	0.361	0.522	0.283	0.623	0.210	0.391	0.182
Sargantesp-p	0.539	0.142	0.460	0.163	0.442	0.125	0.389	0.316
观测值数	204	204	24	24	60	60	120	120

注：***、**和*分别表示在1%、5%和10%的显著性水平下通过显著性检验；括号中的数值为t统计值。下同。

应；技术水平对经济增长的影响系数为 0.173，在 1% 的水平下通过显著性检验，表明提高技术水平是促进我国经济增长的重要途径，创新驱动战略能够实现经济增长质量和数量的"双赢"。外商直接投资和城镇化水平同样能够有效促进我国经济增长水平，其二者的影响系数分别为 0.077 和 0.027，都在 10% 水平下通过显著性检验，引进外资和加快城镇化建设同样是提高我国经济发展水平的有效途径。资源禀赋变量对经济增长的影响同样为正，这表明在本书的样本范围内，无"资源诅咒"现象。

根据能源化工产业规模聚类的分类回归结果如方程（3）至方程（8）所示，能源化工产业高级化水平的提高有利于三类省份的经济增长，但该影响系数存在差异性，由方程（3）、方程（5）和方程（7）可知，三类能源化工产业高级化水平对经济增长的影响系数分别为 0.074、0.178 和 0.254，这表明能源化工产业高级化水平增长 1%，三类省份的经济总量将分别增长 0.074%、0.178% 和 0.254%。可以看到，第一类省份（山东和江苏）的能源化工产业高级化水平对经济增长的贡献最低，可能的原因是：一方面这两个省份的经济较为发达，其经济驱动因素主要为技术创新驱动，相对降低了其他因素对经济增长的影响；另一方面这两个省份的能源化工产业结构不尽合理，由表 7-2 可知，这两个省份的化工产业比值远远高于能源开采业和加工业比重，其发展化工业的原材料和中间产品都需要外运，不但增加了生产成本还限制了产业独立性和自主性，对产业发展和经济增长产生了一定的阻碍作用。加入控制变量之后能源化工产业高级化水平对经济增长的影响方向未发生改变，仅是影响效应大小的改变，控制变量对经济增长的影响与整体样本相似，这里不再进行赘述。

此外，由表 7-5 还可以看到，基期的经济增长水平影响系数显著为负，这表明 17 个能源化工富集省份的经济增长存在收敛状况。

四 能源化工产业高级化对经济增长影响的动态探讨

上文研究证实了能源化工产业高级化水平对经济增长具有显著的促进效应，但该影响效应是否会随着自身状况的变化而变化，是否存在一个自身最优状况使其对经济增长的贡献最大？需要对此进行进一步的考察和探讨。

考察自变量对因变量影响变动的一个简易可行的方法是滚动回归方

法（潘文卿等，2011；杨龙志和刘观兵，2016），本部分即利用滚动回归方法考察随着能源化工产业高级化水平及能源化工产业结构水平变动，能源化工产业高级化对经济增长的影响变动状况。

滚动回归估计第一步是确定固定窗宽和移动步长，根据面板数据样本量要求及能源化工产业结构状况的取值范围，经多次尝试，本书认为能源化工产业高级化水平采用固定窗宽为0.10，移动步长为0.05，能源开采业占能源化工产业比重水平采用固定窗宽为0.20，移动步长为0.10，估计效果比较理想，滚动回归区间分类及样本量如表7-6所示。

表7-6　　　　　　　　滚动回归区间分类及样本

滚动区间	能源化工产业高级化水平	滚动区间	能源开采业占比
0.90—1.00	山西、内蒙古、陕西、黑龙江	0.00—0.20	山东、江苏、广东、浙江、辽宁、上海、湖北、湖南
0.95—1.05	陕西、黑龙江、新疆、天津	0.10—0.30	山东、辽宁、河北、湖南
1.00—1.10	新疆、天津、河南、河北	0.20—0.40	河北、四川
1.05—1.15	河南、河北、辽宁、四川	0.30—0.50	河南、天津、四川、新疆
1.10—1.20	辽宁、四川、山东、湖南、广东	0.40—0.60	河南、天津、黑龙江、新疆
1.15—1.25	山东、湖南、广东、湖北、上海、浙江	0.50—0.70	山西、陕西、内蒙古、黑龙江
1.20—1.30	湖北、上海、浙江、江苏	0.60—0.80	山西、陕西、内蒙古

同样采用一步（one-step）SYS-GMM方法对能源化工产业高级化对经济增长的影响进行滚动回归分析，回归结果如表7-7所示。

表7-7　　　能源化工产业高级化对经济增长影响滚动回归结果

滚动区间	能源化工产业高级化水平			滚动区间	能源化工产业结构水平		
	β系数	T统计值	β趋势		β系数	T统计值	β趋势
0.90—1.00	0.147***	4.29	—	0.00—0.20	0.215***	4.65	—
0.95—1.05	0.184***	7.25	↗	0.10—0.30	0.226**	2.54	↗
1.00—1.10	0.274**	2.85	↗	0.20—0.40	0.297**	2.65	最大值
1.05—1.15	0.317***	3.29	最大值	0.30—0.50	0.244*	2.14	↘

续表

滚动区间	能源化工产业高级化水平			滚动区间	能源化工产业结构水平		
	β系数	T统计值	β趋势		β系数	T统计值	β趋势
1.10—1.20	0.303**	2.94	↘	0.40—0.60	0.182***	4.21	↘
1.15—1.25	0.265***	4.38	↘	0.50—0.70	0.138***	4.23	↘
1.20—1.30	0.222***	4.94	↘	0.60—0.80	0.047**	2.36	↘

注：其他变量的回归结果未汇报。

由表7-7可知，随着能源化工产业高级化水平的提高，其对经济增长的影响系数在给定的显著性水平下都为正，这表明能源化工产业高级化水平在各个阶段都能够显著促进经济增长，同时，该影响系数呈现先增后减的倒"U"形态。随着能源开采业占能源化工产业比重的提高，能源化工产业高级化对经济增长的影响系数同样显著为正，并同样呈现先增后减的倒"U"形态。综合这两方面的回归结果，可以看到能源化工产业内部各子产业间存在一个最优匹配程度，根据我国17个能源化工省份数据的回归结果表明，能源化工产业高级化水平在1.05—1.15、能源开采业占比在0.20—0.40时，能源化工产业高级化对经济增长的正影响系数最大。

可以看出，能源化工产业高级化水平并不是越高越好，上游产业也必须占有一定比例，这也与前文关于能源化工产业高级化的界定相吻合，并不是下游产业占比越大越好，必须在稳产增储和保持加工业优势的基础上，发展下游高附加值的化工业，产业上下游协同共生才能发挥产业对经济增长的最大促进作用（王珍珍，2017）。笔者认为可能的原因有三个：一是能源化工产业的特性，能源加工业和化工业更多的要依赖于资金和技术的投入，但始终不能离开初级资源的投入，单独发展能源开采业很有可能陷入"资源诅咒"困境；但单独发展化工产业在增加生产成本的同时也很难保障能源产业安全。此外，对于整个国民经济来说，能源加工和炼化业仍属于战略主导产业，只有在保持能源加工炼化业的优势地位基础上发展下游化工业，才能够充分发挥能源化工产业对经济增长的促进效应。二是集聚效应和范围经济，当多个处于同一产业链条上的产业聚集在一起时，必然会产生整体的聚集效应和范围经济效应。对于能源化工产业更是如此，各能源化工子产业间的投入产出关系非常明显，这些产业集聚在一起，会在原料进口、产品销售等方面提供便利，降低生产成本，提高整体的经济效率。三是地区经济发展阶段的差异，能源化工产业高级化水平较高的省份都是较为发达的省份，现阶段经济发展的主导产业是战略性新兴产业，能源化工产业的边际效应已相对降低，而能源化工产业高级化水平居中的省份正处在转型期，能源化工产业高级化的边际效应处在最大值。

第三节　主要结论和政策启示

一　研究结论

高级化是我国能源化工产业发展的重要方向，是实现能源产业和能源富集区经济可持续发展的重要保障。但现阶段有关中国能源化工产业高级化及其与经济增长关系研究的文献还较少。基于此，本书在对中国能源化工产业高级化水平进行测度的基础上，实证分析了能源化工产业高级化对经济增长的影响，并进一步探讨了能源化工产业内部子产业的最优匹配问题。主要得到三个结论：

第一，能源化工产业产能空间错配问题突出，中国能源化工产业高级化水平排名靠前的省份都是非能源富集地区，能源富集区以能源开采业为主的能源结构使其能源化工产业高级化水平较低。

第二，能源化工产业高级化对经济增长具有显著的正影响，但该影响系数随能源化工产业规模的变化具有差异性。

第三，能源化工产业内部子产业间存在"最优匹配"水平，高于或者低于该水平，都会降低能源化工产业对经济增长的正效应系数。

二　政策启示

基于上述结论，本书提出以下可供参考的政策建议：

第一，能源富集区延长能源化工产业链，提高能源化工产业内部匹配度。资源禀赋决定了能源富集区以能源开采业为主的能源化工产业结构，特别是山西、陕西和内蒙古等资源富集区的能源开采业占比更是在60%以上，其能源化工产业高级化水平较低，尽管其对经济增长仍产生促进效应，但该效应有待进一步提高。根据本书的研究结论，最有效的途径就是延长能源化工产业链，发展能源加工业和化工业，提高能源化工产业匹配度。具体来说，可以在保证优质能源开采量稳中有升的基础上，从以下两方面提高能源化工产业匹配度：一是加大技术投入，创新驱动能源化工产业发展，化工产业的技术要求相对低于能源勘探开发的技术要求，能源富集区在拥有先进的勘探开发技术前提下，开发化工产业技术具有一定的优势，加大技术创新投入必然可以带动化工产业的发展，弥补相关产业不足。二是从化工大省和国外引进大型成套的能源化工技术和设备，建设大型能源化工产业基地，通过整合资源集约化发展能源化工产业。总之，促进化工产业向能源富集区集聚，延长能源化工产业链，提高能源化工产业内部匹配度，有利于充分发挥能源化工产业高级化对经济增长的促进效应。

第二，化工产业聚集区积极研发新技术和新产品，逐步淘汰旧产能和降低对能源的依赖。化工产业富集区大部分集中在江苏、浙江、上海等经济发达地区，这些区域在吸引了大量经济资源的同时，也提高了经济资源的成本，传统化工产业在挤占更多经济资源的同时创造的价值相对不足，因此这些地区应积极推进传统化工产能的"西行"，"腾笼换鸟"发展附加值更大的精细化工。一是加大新产品和新技术的研发投入，进一步深化精细化工产业发展，目前国外先进国家，高端能化产品为10万余种，其产值占整个化工产品产值的50%—60%，而我国仅有2万种，发展程度有待进一步提高，化工富集区应依托自身的产业基础和优势，以技术创新驱动化工产业发展。二是将传统化工产能转移到西部资源富集区，优化资源配置，将更多的经济资源转移到经济价值高的精细化工行业。

第三，中央政府部门应制定能源化工产业高级化的目标和相应的配套措施，缓解能源化工产业的空间错配，提高产业效率。能源化工产业的空间错配，造成大规模的能源化工原材料和产品的运输，既提高了能源化工产业的整体成本，降低了经济效益，又增加了危险化学品的运输风险，同时这种产业发展模式也是不可持续的，不利于效率与公平的实现。因此中央政府应制定改善能源化工产业空间错配的具体措施。一是加强能源化工产品的供需调研，厘清产品的供需结构，从国家层面为化工产业的产能转移提供数据支撑。二是制定优惠政策和措施，增强能源富集区承接和发展能源化工产业的吸引力,避免"资源型投资",延长当地的能源化工产业链。三是规范高端化工产品标准,提高精细化工产品比例,对于化工产业特别是化工产业富集区化工产业的发展应制定行业统一的高端化工产品标准和规范,严防高端产品非高端化现象。四是加大国家与行业层面对能源化工产品高端化的支持力度,如制定行业发展规划和计划、出台对本土新兴高端化工产品生产企业全程"扶上马并送一程"政策、加大国家层面能源化工高端产品立项研发力度以及延伸创新驱动和人才汇聚政策等。

  此外,需要说明的是,本书分析中未考虑市场因素、能源化工技术进步因素及其他外部因素的影响,化工产品的销售更需要靠近市场,而能源化工技术水平的提高也会降低化工产业对原材料的消耗,从而影响能源化工产业内部的最优匹配问题。这也是笔者下一阶段的研究重点。

第八章

中国能源产业高级化路径分析：基于要素配置效率视角

前文分析表明，能源产业高级化对地区经济增长具有正向的促进效应，因此促进能源产业高级化对能源富集的西部地区经济发展具有重要的意义。能源产业高级化是指产业由初级走向高级的成长过程，即能源产业的产业链由上游开采业向下游加工业不断延伸的过程。能源产业上游开采业是对自然资源的直接利用过程，是将自然资源本身的价值进行价值转移的过程。而能源产业下游加工业是对自然资源的再利用过程，是能源产业实现产业附加值增加的过程，这一过程需要足够的技术支撑才能得以实现。能源产业链越是向下游延伸，同样单位的自然资源的开发利用程度就越高，获得的产业附加值就越高，产业高级化水平也就越高。基于生产要素配置视角来看，能源产业链与能源产业要素配置的关系表现为，随着能源产业链不断由上游向下游延伸，生产要素在能源产业上下游间的配置结构需做出相应调整以满足产业链延伸的需要。换句话说，能源产业链延伸意味着能源产业结构的转型升级，而产业结构转型升级的一个重要因素在于要素结构的动态变化。因此，能源产业要素结构的动态变化可以用来反映能源产业链的延伸状况，从而间接反映能源产业高级化水平。能源产业高级化过程中要素结构的动态变化表现为生产要素在能源产业上下游之间配置结构的变化，可以用能源产业上下游之间要素配置效率的高低加以衡量。本章也基于此对我国西部能源产业升级路径进行分析。

第一节 能源产业要素错配的测算模型

一 模型的基本设定

本书选取了五个代表性能源产业行业,分别是煤炭开采和洗选业,石油和天然气开采业,石油加工、炼焦和核燃料加工业,化学原料及化学制品制造业以及化学纤维制造业。将这五个能源产业行业划分为上游开采业和下游加工业两个部门,其中,上游资源开采部门包括煤炭开采和洗选业、石油和天然气开采业,下游加工部门包括石油加工、炼焦和核燃料加工业,化学原料及化学制品制造业以及化学纤维制造业。划分的目的在于测算能源产业上下游之间是否存在资本错配和劳动力错配,以及错配的程度如何。

本书借鉴胡健和董春诗(2010)、胡健等(2011)的思想构建如下测算模型,令 YE_{it} 表示省份 i 在 t 年的上游资源开采部门产值,YM_{it} 表示省份 i 在 t 年的下游加工部门产值。省份 i 在 t 年资源开采部门和加工部门劳动力总和为 L_{it}、资本总和为 K_{it}。

假设下游加工部门的生产函数采用 Cobb-Douglas 生产函数的形式表示为:

$$YM_{it} = A_{it} \cdot [(1-\lambda)L_{it}]^{\alpha_1} \cdot [(1-\rho)K_{it}]^{\alpha_2} \cdot [(1-\tau)YE_{it}]^{\alpha_3} \quad (8-1)$$

式(8-1)中,A_{it} 代表加工部门的技术水平,即生产效率,这里假设技术源于加工部门的"干中学"效应,并且加工部门的技术可以外溢到资源开采部门。$1-\lambda$ 代表加工部门的劳动力占劳动力总和 L_{it} 的比重,同理,$1-\rho$ 代表加工部门的资本占资本总和 K_{it} 的比重。τ 代表资源税率。可见,加工部门的产值由其使用的资本和劳动力、生产效率、资源开采部门开采出的税后资源量共同决定。

假设上游资源开采部门的生产函数仍采用 Cobb-Douglas 生产函数的形式表示为:

$$YE_{it} = A_{it} \cdot \mu_{it} \cdot R_{it} \cdot (\lambda L_{it})^{\beta_1} \cdot (\rho K_{it})^{\beta_2} \quad (8-2)$$

式(8-2)中,A_{it} 代表从加工部门外溢的技术,μ_{it} 代表资源开采部门的资源开发效率,R_{it} 代表资源禀赋水平,λ 代表资源开采部门的劳动力占劳动力总和 L_{it} 的比重,ρ 代表资源开采部门的资本占资本总和

K_{it} 的比重。因此，资源开采部门的产值由加工部门外溢的技术、资源开发效率、资源禀赋水平及其使用的资本和劳动力共同决定。

二　最优要素配置

对于代表性加工部门企业，其利润最大化的表达式如下：

$$Max\ \pi_M = A_{it} \cdot [(1-\lambda)L_{it}]^{\alpha_1} \cdot [(1-\rho)K_{it}]^{\alpha_2} \cdot [(1-\tau)YE_{it}]^{\alpha_3} - w_M(1-\lambda)L_{it} - r_M(1-\rho)K_{it} - p_E(1-\tau)YE_{it} \qquad (8-3)$$

式（8-3）中，将加工部门的最终产品价格 p_M 标准化为 1，p_E 代表资源开采部门的最终产品价格，w_M 代表加工部门的劳动力工资，r_M 代表加工部门的资本报酬。

利润最大化的一阶条件可得：

$$w_M = \frac{\alpha_1 \cdot YM_{it}}{(1-\lambda)L_{it}} \qquad (8-4)$$

$$r_M = \frac{\alpha_2 \cdot YM_{it}}{(1-\rho)K_{it}} \qquad (8-5)$$

$$p_E = \frac{\alpha_3 \cdot YM_{it}}{(1-\tau)YE_{it}} \qquad (8-6)$$

对于代表性资源开采部门企业，同理可得利润最大化的表达式为：

$$Max\ \pi_E = p_E \cdot (1-\tau)A_{it} \cdot \mu_{it} \cdot R_{it} \cdot (\lambda L_{it})^{\beta_1} \cdot (\rho K_{it})^{\beta_2} - w_E\lambda L_{it} - r_E\rho K_{it} \qquad (8-7)$$

式（8-7）中，w_E 代表资源开采部门的劳动力工资，r_E 代表资源开采部门的资本报酬。

利润最大化的一阶条件可得：

$$w_E = \frac{\beta_1 \cdot p_E(1-\tau)YE_{it}}{\lambda L_{it}} \qquad (8-8)$$

$$r_E = \frac{\beta_2 \cdot p_E(1-\tau)YE_{it}}{\rho K_{it}} \qquad (8-9)$$

在完全竞争的情况下，当上下游部门间不存在资本和劳动力的错配时，两部门的劳动力和资本应分别具有相同的价格。

因此，令 $w_M = w_E$，$r_M = r_E$ 可得：

$$\frac{\alpha_1 \cdot YM_{it}}{(1-\lambda)L_{it}} = \frac{\beta_1 \cdot p_E(1-\tau)YE_{it}}{\lambda L_{it}} \qquad (8-10)$$

$$\frac{\alpha_2 \cdot YM_{it}}{(1-\rho)K_{it}} = \frac{\beta_2 \cdot p_E(1-\tau)YE_{it}}{\rho K_{it}} \tag{8-11}$$

整理可得：

$$\frac{(1-\lambda)\rho}{\lambda(1-\rho)} = \frac{\alpha_1\beta_2}{\alpha_2\beta_1} \equiv T \tag{8-12}$$

$$\rho = \frac{T \cdot \lambda}{1-\lambda+T \cdot \lambda} \tag{8-13}$$

将 p_E 代入可得：

$$\frac{\alpha_1 \cdot YM_{it}}{(1-\lambda)L_{it}} = \frac{\beta_1 \cdot \dfrac{\alpha_3 \cdot YM_{it}}{(1-\tau)YE_{it}} \cdot (1-\tau)YE_{it}}{\lambda L_{it}} \tag{8-14}$$

整理可得：

$$\lambda = \frac{\beta_1\alpha_3}{\alpha_1+\beta_1\alpha_3} \tag{8-15}$$

$$\rho = \frac{\beta_2\alpha_3}{\alpha_2+\beta_2\alpha_3} \tag{8-16}$$

式（8-15）、式（8-16）分别表示，当不存在错配时，下游加工部门和上游资源开采部门之间劳动力和资本的最优配置比例。

三 要素错配的衡量

以上我们得到了加工部门和资源开采部门之间劳动力和资本的最优配置比例，即 λ 和 ρ。用 λ' 和 ρ' 表示实际的加工部门和资源开采部门之间劳动力和资本的配置比例，那么，劳动力和资本的错配程度可以用下式衡量：

$$\tau_L = \frac{\lambda'}{\lambda} \tag{8-17}$$

$$\tau_K = \frac{\rho'}{\rho} \tag{8-18}$$

若 $\tau_L > 1$、$\tau_K > 1$，表明上游资源开采部门的劳动力和资本投入过多，下游加工部门投入不足；相反，若 $\tau_L < 1$、$\tau_K < 1$，则表明上游资源开采部门的劳动力和资本投入不足，下游加工部门投入过多。

第二节 能源产业要素错配的测算结果

一 参数估计

(一) 估计方法

为了得到加工部门和资源开采部门之间劳动力的最优配置比例 λ 和资本的最优配置比例 ρ，需要对上述理论模型中的参数 α_1、α_2、α_3、β_1、β_2 进行估计。本节采用对数回归法进行参数估计，具体估计方法采用广义矩估计。分别对加工部门的生产函数和资源开采部门的生产函数两边同取对数可得：

$$\ln YM_{it} = \ln A_{it} + \alpha_1 \ln[(1-\lambda)L_{it}] + \alpha_2 \ln[(1-\rho)K_{it}] + \alpha_3 \ln[(1-\tau)YE_{it}] \qquad (8-19)$$

$$\ln YE_{it} = \ln A_{it} + \ln \mu_{it} + \ln R_{it} + \beta_1 \ln(\lambda L_{it}) + \beta_2 \ln(\rho K_{it}) \qquad (8-20)$$

为简化分析，令 $L_{M_{it}} = (1-\lambda)L_{it}$、$L_{E_{it}} = \lambda L_{it}$、$K_{M_{it}} = (1-\rho)K_{it}$、$K_{E_{it}} = \rho K_{it}$，令 $C_M = \ln A_{it}$，$C_E = \ln A_{it} + \ln \mu_{it} + \ln R_{it}$

则上述对数生产函数可重新整理为：

$$\ln YM_{it} = C_M + \alpha_1 \ln L_{M_{it}} + \alpha_2 \ln K_{M_{it}} + \alpha_3 \ln[(1-\tau)YE_{it}] \qquad (8-21)$$

$$\ln YE_{it} = C_E + \beta_1 \ln L_{E_{it}} + \beta_2 \ln K_{E_{it}} \qquad (8-22)$$

用 $\ln YM_{it}$ 对 $\ln L_{M_{it}}$、$\ln K_{M_{it}}$、$\ln[(1-\tau)YE_{it}]$ 回归，对应的系数值即为 α_1、α_2、α_3 的参数估计值，同理，用 $\ln YE_{it}$ 对 $\ln L_{E_{it}}$、$\ln L_{K_{it}}$ 回归，对应的系数值即为 β_1、β_2 的参数估计值。

考虑到不同地区能源产业发展结构差异较大，故用上述方法估计参数时，首先将我国 30 个省份（除港澳台地区和西藏外）按能源产业结构现状分为五组。具体分组情况如表 8-1 所示，其中，组一包含的是上游部门产值超过下游部门产值的省份，组二至组四分别包含了下游部门产值超过上游部门产值的省份，组五较为特殊，代表的是几乎不存在能源上游行业的省份。对于组一至组四所包含的省份，可以采用上述方法进行参数估计和错配的测算，而对于组五，因其具有异质性能源产业结构，因此采用 Aoki（2012）、王卫和田红娜（2019）使用的异质性行业空间模型直接测算其要素错配程度，具体测算方法见下文对能源装备制造业要素错配的测算过程。

表 8-1　　　　　　　　　能源产业结构分组情况

	能源产业结构特征	包含省份
组一	上游部门产值超过下游部门产值	山西、内蒙古、贵州、陕西
组二	下游部门产值超过上游部门产值2倍以内（较均衡）	黑龙江、甘肃、青海、宁夏、新疆
组三	下游部门产值超过上游部门产值2—5倍	天津、河北、吉林、安徽、河南、重庆、四川、云南
组四	下游部门产值超过上游部门产值10倍以上	北京、辽宁、福建、江西、山东、湖北、湖南、广东、广西
组五	下游部门产值超过上游部门产值百倍以上（几乎无上游部门）	上海、江苏、浙江、海南

（二）数据处理

产值（YM_{it}、YE_{it}）。本书采用2003—2019年各省份（除港澳台地区和西藏外）五个能源产业行业的工业销售产值数据代表产值（2019年因统计口径变化，采用营业收入数据代表产值），先分别加总得到上游资源开采部门和下游加工部门的产值，然后对加总后的产值用工业生产者出厂价格指数进行平减，得到最终的产值数据。

劳动力和资本（$L_{M_{it}}$、$L_{E_{it}}$、$K_{M_{it}}$、$K_{E_{it}}$）。资源开采部门和加工部门的劳动力分别由各行业从业人员平均人数加总得到。资本存量采取永续盘存法计算，即 $K_t = (1-\delta)K_{t-1} + I_t$，$t$ 年的资本存量等于折旧以后的 $t-1$ 年的资本存量加上 t 年的固定资产投资，δ 代表折旧率，参照张军等（2004）的思路设定相关变量。

资源税率（τ）。资源税费总额包括资源税、资源补偿费、矿区使用费、特别收益金、探矿权采矿权使用费与价款。其中，资源税所占比重较大，因此本节只考虑资源税。根据《中华人民共和国资源税法》设定的税赋标准，对各类资源税进行比较、折中后，本节最终将其设定为6%。

所需数据来自《中国工业统计年鉴》《中国统计年鉴》《中国劳动统计年鉴》《中国固定资产投资年鉴》，部分缺失数据采用插值法计算。

（三）参数估计结果

采用上述方法得到的组一至组四的参数估计结果如表8-2所示，根据参数估计结果可以进一步计算出资源开采部门和加工部门之间劳动力和资本的最优配置比例,即 λ 和 ρ 的值。

表 8-2　　　　　　　　　参数估计结果

被解释变量	$\ln YM_{it}$	对应参数	组一	组二	组三	组四
解释变量	$\ln L_{M_{it}}$	α_1	0.371	0.530	0.199	0.436
	$\ln K_{M_{it}}$	α_2	0.318	0.529	0.626	0.691
	$\ln[(1-\tau)YE_{it}]$	α_3	0.436	0.203	0.301	0.177
被解释变量	$\ln YE_{it}$	对应参数	组一	组二	组三	组四
解释变量	$L_{E_{it}}$	β_1	1.124	1.140	0.871	0.812
	$\ln L_{K_{it}}$	β_2	0.773	0.651	0.775	0.537
最优配置比例			组一	组二	组三	组四
λ			0.569	0.304	0.568	0.248
ρ			0.515	0.200	0.271	0.121

二　错配的测算结果及分析

根据上文得到的上下游部门间资本、劳动力最优配置比例以及实际配置比例,通过计算实际配置比例与最优配置比例之间的比值,即可得到组一至组四各省份能源产业上下游部门间的劳动力、资本错配程度 τ_L、τ_K。对于几乎不存在能源上游行业的组五,测算其能源产业上下游部门间的要素错配不具有统计意义和现实意义。因此,对于组五各省份,我们采用异质性行业空间模型仅测算其能源下游行业的要素错配情况。将各地区的测算结果分组展示在图 8-1 至图 8-10 中。(其中,组一至组四展示的是能源上下游部门间的要素错配程度,组五仅展示能源下游加工部门的要素错配程度。)

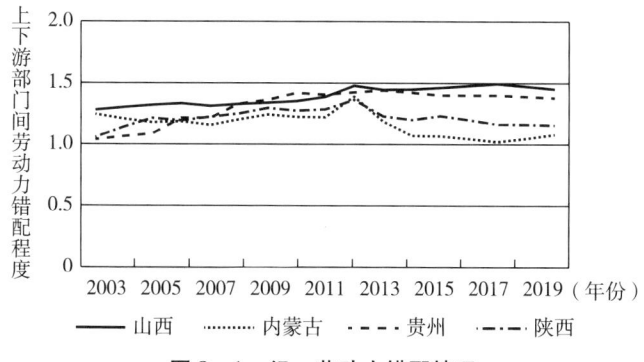

图 8-1　组一劳动力错配情况

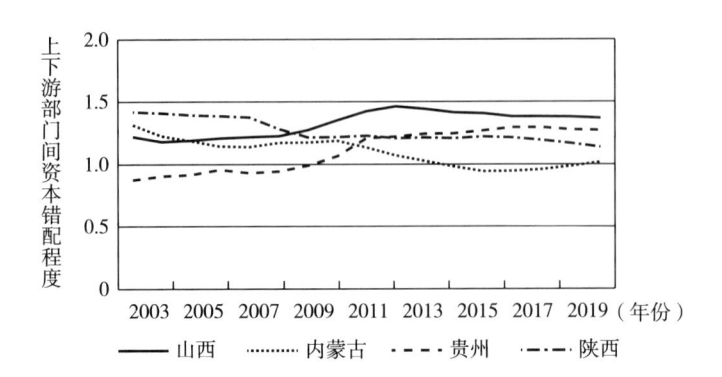

图 8-2 组一资本错配情况

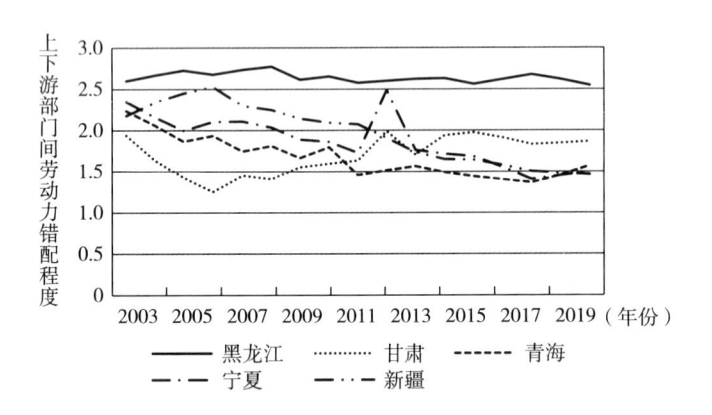

图 8-3 组二劳动力错配情况

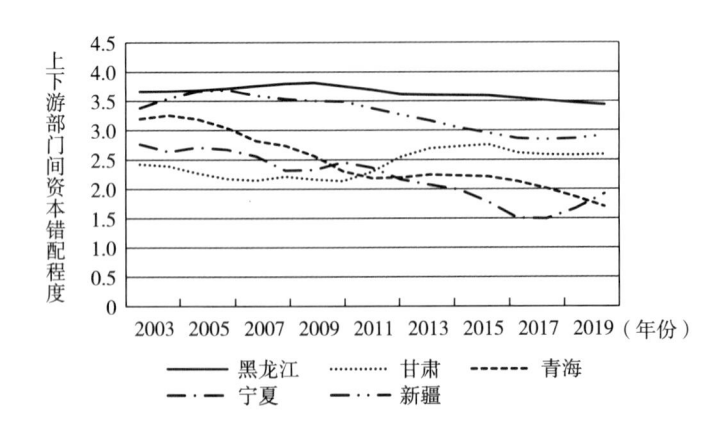

图 8-4 组二资本错配情况

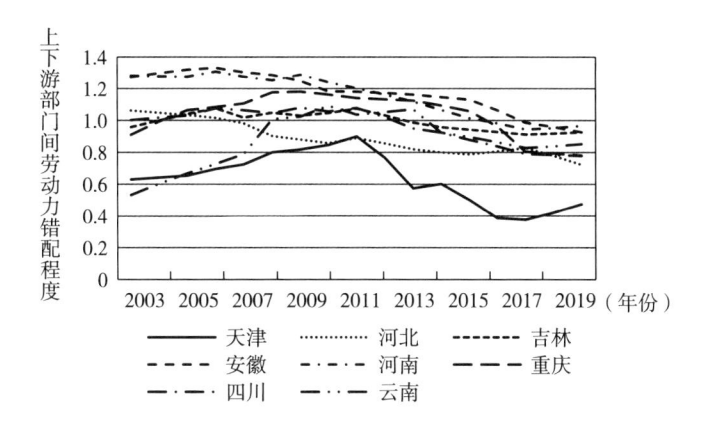

图 8-5 组三劳动力错配情况

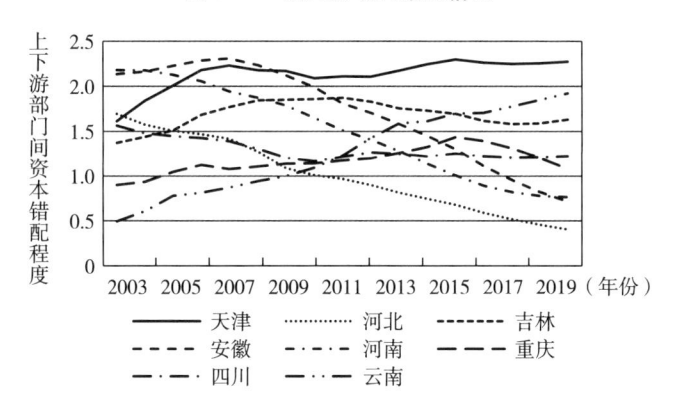

图 8-6 组三资本错配情况

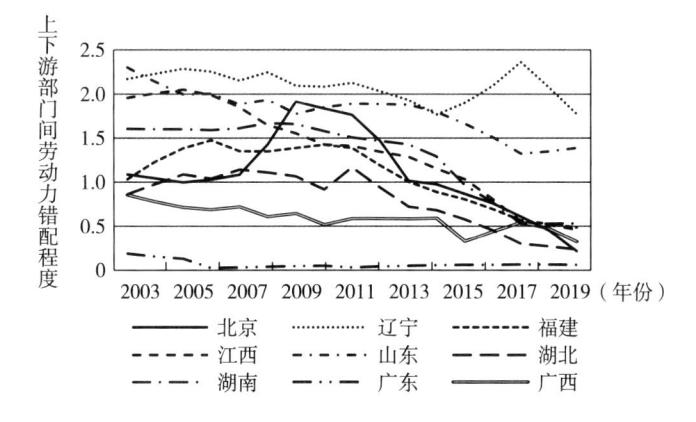

图 8-7 组四劳动力错配情况

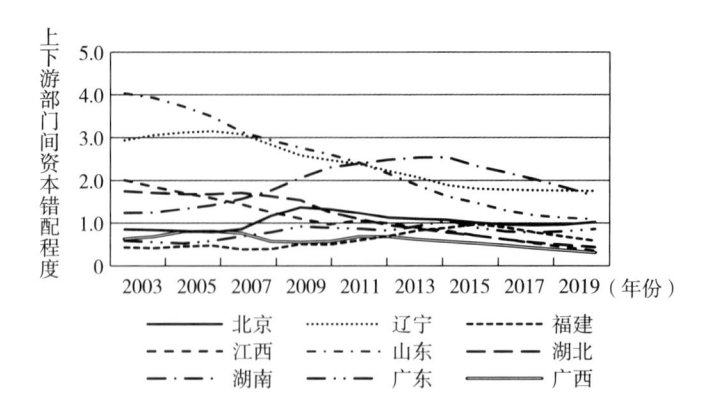

图 8-8　组四资本错配情况

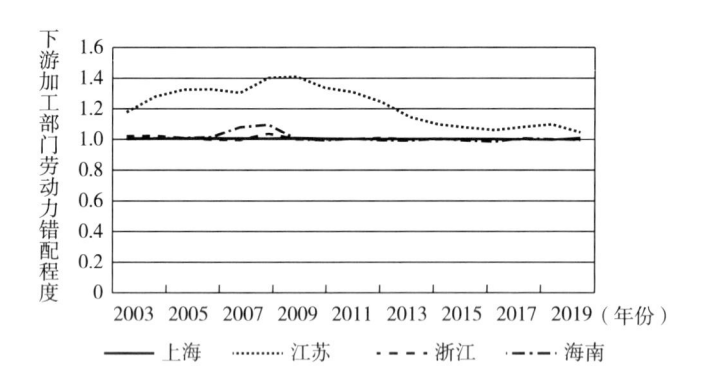

图 8-9　组五劳动力错配情况

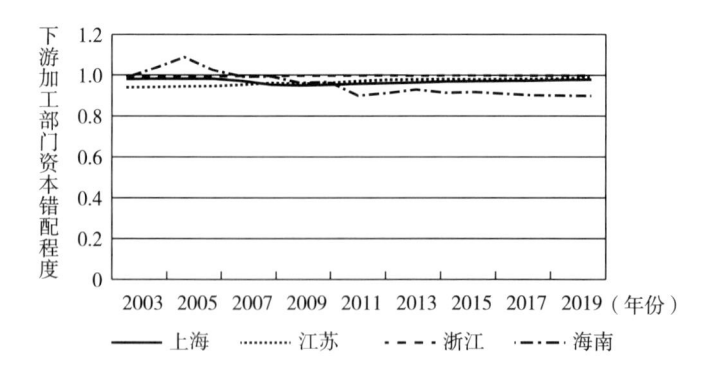

图 8-10　组五资本错配情况

（一）上游部门产值超过下游部门产值的省份——山西、内蒙古、贵州、陕西

这4个省份能源产业上下游间的要素错配整体表现为上游部门劳动力和资本投入略多，下游部门投入略少，但错配程度整体较轻。各省份相比，山西、贵州的劳动力错配较严重，陕西、内蒙古的劳动力错配程度较轻。贵州的资本错配刚开始较轻，但2009年后有所变化，表现为上游部门投入较多。山西、陕西的资本错配程度一直较轻且趋势良好，内蒙古的资本配置在2013年以后几乎呈无错配趋势。可见，山西能源产业上下游间的劳动力错配比资本错配略严重，表现为上游劳动力和资本投入过多。内蒙古能源产业上下游间的劳动力错配和资本错配整体均呈下降趋势，整体错配程度最低。贵州能源产业上下游间的劳动力错配和资本错配有恶化趋势。陕西能源产业上下游间的要素错配程度相对稳定且趋势良好。

（二）下游部门产值超过上游部门产值2倍以内（上下游发展较均衡）的省份——黑龙江、甘肃、青海、宁夏、新疆

这5个省份能源产业上下游间的要素错配整体表现为上游部门劳动力和资本投入过多，且错配程度普遍较严重。各省份之间相比，黑龙江的劳动力错配最严重且无明显改善趋势，青海、新疆、宁夏3个省份的劳动力错配除个别年份存在波动外，整体改善趋势较明显，而甘肃的劳动力错配表现出恶化趋势。再来看资本错配，黑龙江的资本错配同样最严重且无明显改善趋势。新疆、青海、宁夏3个省份的资本错配表现出改善趋势，其中宁夏和青海的改善趋势非常明显。甘肃的资本错配程度开始时最轻，但有恶化趋势。可见，黑龙江能源产业上下游间的劳动力和资本错配程度最严重且无改善趋势，表现为上游部门劳动力和资本投入过多且资本错配程度更严重。甘肃能源产业上下游间的劳动力和资本错配程度开始时都较轻，但2010年之后均表现出较明显的恶化趋势，表现为上游部门要素投入过多且资本错配更严重。青海能源产业上下游间的劳动力和资本错配都有明显的改善趋势，特别是资本错配，目前虽仍然表现为上游部门要素投入较多，但错配程度较轻。宁夏能源产业上下游间的劳动力和资本错配除了在个别年份出现较明显的恶化之外，整体改善趋势良好，特别是资本错配改善效果明显，目前主要表现为上游

部门要素投入过多。新疆能源产业上下游间的劳动力和资本错配表现出缓慢改善的趋势，但目前错配程度仍较重，资本错配程度略重于劳动力错配，表现为上游部门要素投入偏多。

（三）下游部门产值超过上游部门产值 2—5 倍的省份——天津、河北、吉林、安徽、河南、重庆、四川、云南

这些省份能源产业上下游间的要素错配整体表现为上游部门劳动力投入过少而资本投入偏多，下游部门则相反，劳动力投入过多而资本投入不足。先来看劳动力错配的情况，天津的劳动力错配程度最严重且在 2011 年后出现明显恶化，吉林与四川两省开始时几乎不存在劳动力错配，但逐年恶化，重庆的劳动力错配在经历一定波动后基本保持不变，河北的劳动力错配不断恶化，目前劳动力错配程度仅次于天津，云南的劳动力错配程度开始时改善趋势明显，2013 年后出现轻微反弹。安徽、河南两省的劳动力错配程度相近且变化趋势一致，目前劳动力错配程度最轻。再看资本错配，天津的资本错配同样最严重且无改善趋势，安徽与河南两省的资本错配改善趋势非常明显，河北与云南的资本错配变化趋势正好相反，前者是从上游资本过多转变为资本过少，后者则是从上游资本不足转变为资本过多，四川、重庆、吉林 3 个省份的资本错配程度较轻，但表现出不同的变化趋势，四川的资本错配有一定的改善，重庆和吉林则表现出轻微恶化趋势。可见，天津能源产业上下游间的要素错配程度较重，表现为上游部门劳动力投入不足而下游部门资本投入不足。河北能源产业上游部门劳动力投入不足而资本投入由过多转变为不足。安徽能源产业上游劳动力和资本投入由多转为略不足，要素配置趋于合理，错配程度整体较轻。吉林能源产业上游劳动力投入不足而资本投入过多，无明显变化趋势，错配程度整体居中。河南与安徽情况类似，只不过河南能源产业上下游间的资本错配程度较轻。重庆和四川表现为上游部门劳动力投入由多转为不足而资本投入偏多，二者的错配程度整体较轻。云南能源产业上游部门劳动力投入不足而资本投入由不足转变为过多，资本错配比劳动力错配更严重。

（四）下游部门产值超过上游部门产值 10 倍以上的省份——北京、辽宁、福建、江西、山东、湖北、湖南、广东、广西

这些省份能源产业上下游间的要素错配情况差异较大，尤其是劳动

力错配。辽宁和山东两省的劳动力错配一直表现为上游部门投入过多。江西、湖南、湖北、福建四省的劳动力错配一开始表现为上游投入过多，最近几年则表现为上游部门劳动力投入不足。北京的劳动力错配变化最为剧烈，一开始几乎不存在劳动力错配，在2007年后直到2013年左右则表现为上游部门劳动力过多，最近几年又变为上游部门劳动力不足的状态。广西、广东两省区的劳动力错配一直表现为上游部门劳动力投入不足，其中，广东的错配程度最重。总的来说，江西、湖南、北京、福建、山东、湖北的劳动力错配程度较轻，而辽宁、广东、广西的劳动力错配程度相对较重。再看资本错配，湖南、辽宁和山东的资本错配始终表现为上游部门资本投入过多，其中，辽宁和山东的资本错配改善趋势非常明显，而湖南的资本错配有所恶化。广东、福建和广西三省区则一直表现为上游部门资本投入不足，其中广东和福建的资本错配改善趋势明显，广西则表现出恶化的趋势。北京的资本错配程度始终较轻，湖北的资本错配一开始表现为上游部门投入过多，2011年之后转变为上游资本投入不足，江西的资本错配也表现为上游投入过多向投入不足的转变，转变始于2012年左右。因此，可以看出，北京能源产业上下游间的错配程度整体较轻，劳动力错配相对而言比资本错配严重，目前主要表现为上游部门劳动力投入不足。辽宁能源产业上游部门劳动力和资本投入均偏多，其中，资本错配的改善趋势明显。福建一开始能源产业上游部门劳动力投入偏多而资本投入不足，最近几年表现为上游部门劳动力投入不足，而资本错配改善明显。江西能源产业上游部门的劳动力和资本投入均由投入过多向投入不足转变，总体错配程度较轻。山东能源产业上游部门的劳动力和资本投入一直偏多，但要素错配的改善趋势非常明显，目前错配程度较低。湖北能源产业上游部门劳动力投入不足，资本投入则由过多向不足转变，错配程度居中。湖南能源产业上游部门的劳动力投入由过多向不足转变，资本投入始终偏多，资本错配比劳动力错配略严重。广东能源产业上游部门的劳动力和资本投入始终不足，且劳动力错配严重，资本错配有所改善。广西能源产业上游部门的劳动力和资本投入均不足，错配程度较重。

（五）下游部门产值超过上游部门产值百倍以上（几乎无上游部门）的省份——上海、江苏、浙江、海南

这些省份因几乎不存在能源上游开采业，因此这里仅测算其能源下游加工部门的要素错配情况。结果发现，这些省市能源下游部门的要素配置普遍较为合理，只有江苏的劳动力配置曾出现过轻微扭曲，但很快得到了改善。

将以上各组进行组间对比可以发现以下几点，首先，我国个别资源型省份（陕西、内蒙古、山西）能源产业形成的上游比重高于下游的产业结构是符合其自身资源禀赋条件的，是为了最大限度发挥地区禀赋优势而形成的较为合理的产业结构，因而其能源产业上下游间的要素配置整体较合理，错配程度较低。其次，我国绝大部分省份能源产业形成的是下游比重高于上游的产业结构，这也是符合我国国情的。我国大部分省份能源资源并不丰裕，因而主要发展的是能源加工业而非开采业。对于这类省份，我们发现，当其能源下游行业的发展规模越大时，能源产业上下游间的要素错配程度通常越低。这是因为，能源下游行业的发展规模越大通常意味着下游产业链延伸度越高，产品附加值越大，能源产业高级化程度越高，要素配置也就更加趋于合理。此外，对于个别只有能源产业下游部门、几乎没有上游部门的省份（即上文第五组）来说，单纯测算其能源产业上下游部门间的要素错配并无意义。这些省份如上海、海南、浙江，并不具备发展能源上游行业的条件，因此，这些地区依托自身禀赋优势大力发展能源下游加工业。这种符合禀赋条件的产业结构选择同样为这些省份带来了较合理的要素配置结果。对于这些能源加工型省份来说，通过与其他资源型省份的跨区域合作，各自发挥其在能源开采业和加工业的优势，可以实现合作共赢。可见，我国各地区发展能源产业最重要的是要因地制宜，找准自身禀赋优势所在，沿着自身优势路径合理布局能源产业结构。

第三节 能源产业关联产业要素错配测算
——以能源装备制造业为例

上文我们从能源产业内部分析了能源产业上下游部门间劳动力和资

本要素的错配情况。对能源产业而言，实现产业高级化的另一个重要因素是技术水平。能源产业的技术水平主要是以能源装备制造业的发展水平表现出来的。具体来说，能源装备制造业为能源产业提供所需的生产工具，换句话说，能源产业发展的技术载体是由能源装备制造业生产的，能源产业生产活动的效率取决于能源装备制造业所提供的生产工具的先进程度。因此，能源装备制造业的发展水平能够反映出能源产业的技术创新度，而技术创新是能源产业高级化的重要部分，因而有必要对能源装备制造业的发展水平进行分析。

我们在装备制造业的七个子行业中选择了以下五个与能源产业最为密切的重点子行业：金属制品业、通用设备制造业、专用设备制造业、电气机械和器材制造业以及仪器仪表制造业，用来代表能源装备制造业。各地区能源装备制造业的发展规模可以近似反映能源产业技术创新的深度，各地区能源装备制造业的要素配置效率则可以体现能源装备制造业的产业结构合理化程度，进而近似反映能源产业技术创新的广度。因此，接下来将从能源装备制造业的发展规模和要素配置效率两方面考察各地区能源装备制造业的发展水平，进而体现各地区能源产业的技术创新水平。

一 能源装备制造业的发展规模

将各地区能源装备制造业的工业销售产值情况统计在图8-11中。从图中可以很明显地看出，江苏、山东、广东、浙江四省的能源装备制造业发展规模优势明显，而海南、贵州、云南、甘肃、青海、宁夏、新疆的能源装备制造业发展规模较小，近似反映出前者的能源产业有较高的自主创新度，而后者的能源产业自主创新度较弱。对于能源装备制造业发展规模较小的省份，如果能够依靠外购生产设备、材料等弥补自主创新能力的不足，则其能源产业的发展可能不会受到明显制约。但是，如果存在外购阻碍，导致能源产业发展的物质技术需求无法得到满足，则当地能源产业的发展就会受到较明显的制约，能源产业整体技术水平将无法获得提升，能源产业高级化的实现将十分困难。结果是，一方面，能源产业整体生产效率较低，生产要素无法得到最大化利用；另一方面，能源产业无法实现产业链和价值链由低端环节向高端环节的延伸，生产要素的配置无法达到最优水平。与上文测算的能源产业上下游间要素错配的结果对比后可以发现，能源装备制造业发展规模较小的省份，除海南和贵州以外，普遍存在较严重的能源产业要素错配现象，能源产业向下游延伸度不够。

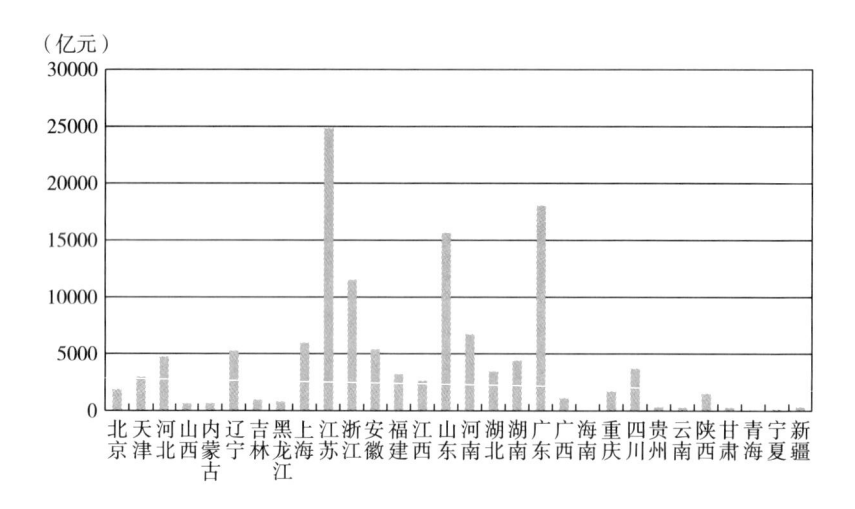

图 8-11 2003—2019 年各地区能源装备制造业工业销售产值均值

二 能源装备制造业要素错配的测算

与上文对能源产业的分析类似，对能源装备制造业要素配置效率的衡量同样通过测算其要素错配的程度来逆向考察。

（一）要素错配测算模型

本书借鉴 Aoki（2012）、王卫和田红娜（2019）的做法，采用异质性行业空间模型测算能源装备制造业行业间要素错配的程度。具体来说，假设行业 i 地区 j 的企业生产函数为：

$$Y_{ij} = A_{ij} \cdot K_{ij}^{\alpha_{ij}} \cdot L_{ij}^{\beta_{ij}} \qquad (8-23)$$

式（8-23）中，Y_{ij} 代表行业 i 地区 j 的产值，K_{ij}、L_{ij} 代表行业 i 地区 j 的资本投入和劳动力投入，A_{ij} 代表技术水平。假设生产函数具有规模报酬不变的性质。

假设存在资本和劳动力两种错配，$\tau_{K_{ij}}$、$\tau_{L_{ij}}$ 是以扭曲税表示的资本和劳动力错配程度。

存在错配的情况下，企业追求利润最大化：

$$\text{Max } \pi_{ij} = P_i Y_{ij} - (1 + \tau_{K_{ij}}) P_K \cdot K_{ij} - (1 + \tau_{L_{ij}}) L_{ij} \qquad (8-24)$$

资本的绝对扭曲系数为：$\gamma_{K_{ij}} = \dfrac{1}{1 + \tau_{K_{ij}}}$ （8-25）

劳动的绝对扭曲系数为：$\gamma_{L_{ij}} = \dfrac{1}{1 + \tau_{L_{ij}}}$ （8-26）

资本的相对扭曲系数为：$\overline{\gamma}_{K_{ij}} = \dfrac{\gamma_{K_{ij}}}{\sum_{i=1}^{n}\left(S_{ij} \cdot \dfrac{\alpha_{ij}}{\overline{\alpha}_j}\right)\gamma_{K_{ij}}}$ （8-27）

劳动的相对扭曲系数为：$\overline{\gamma}_{L_{ij}} = \dfrac{\gamma_{L_{ij}}}{\sum_{i=1}^{n}\left(S_{ij} \cdot \dfrac{\beta_{ij}}{\overline{\beta}_j}\right)\gamma_{L_{ij}}}$ （8-28）

其中，$S_{ij} = Y_{ij}/Y_j$，表示行业 i 地区 j 的产值占地区全部能源装备制造业行业总产值的比重。$\overline{\alpha}_j = \sum_{i=1}^{n} S_{ij} \cdot \alpha_{ij}$，表示资本的产出加权贡献值。$\overline{\beta}_j = \sum_{i=1}^{n} S_{ij} \cdot \beta_{ij}$，表示劳动力的产出加权贡献值。$n$ 表示能源装备制造业行业个数。

整理可得：

资本的相对扭曲系数为：$\overline{\gamma}_{K_{ij}} = \dfrac{K_{ij}/K_j}{S_{ij} \cdot \alpha_{ij}/\overline{\alpha}_j}$ （8-29）

劳动的相对扭曲系数为：$\overline{\gamma}_{L_{ij}} = \dfrac{L_{ij}/L_j}{S_{ij} \cdot \beta_{ij}/\overline{\beta}_j}$ （8-30）

若 $\overline{\gamma}_{K_{ij}} > 1$、$\overline{\gamma}_{L_{ij}} > 1$，表明行业 i 地区 j 的资本、劳动力投入过多；相反，若 $\overline{\gamma}_{K_{ij}} < 1$、$\overline{\gamma}_{L_{ij}} < 1$，表明行业 i 地区 j 的资本、劳动力投入不足。

（二）数据处理

产值（Y_{ij}）。采用2003—2019年我国30个省份（除港澳台地区和西藏外）能源装备制造业行业的工业销售产值数据进行衡量，其中，2019年因统计口径变化，采用营业收入数据代表产值。对产值数据用工业生产者出厂价格指数进行平减，得到平减后的产值数据。

劳动力（L_{ij}）。用各行业从业人员平均人数代表劳动力。

资本（K_{ij}）。资本存量采用永续盘存法计算，即 $K_t = (1 - \delta) K_{t-1} + I_t$，$t$ 年的资本存量等于折旧以后的 $t-1$ 年资本存量加 t 年的固定资产投资。其中，δ代表折旧率。同样借鉴张军等（2004）的思路设定相关变量，最终资本存量用固定资产投资价格指数进行平减后得到。

劳动产出弹性和资本产出弹性（α_{ij}、β_{ij}）。用劳动收入占产值的比重来衡量劳动产出弹性，其中劳动收入来自各行业工资总额。根据生产函数规模报酬不变假设，资本产出弹性等于1减去劳动产出弹性。

所需数据来自《中国工业统计年鉴》《中国统计年鉴》《中国劳动统计年鉴》《中国固定资产投资年鉴》，部分缺失数据采用插值法计算。

（三）错配的测算结果

1. 劳动力错配

各省份能源装备制造业行业间的劳动力错配测算结果显示在图8-12中，可以看出，能源装备制造业行业间劳动力错配整体较严重的省份为海南、青海、宁夏、内蒙古、吉林。其中，海南在通用设备制造业和仪器仪表制造业上劳动投入过多，其余能源装备制造业行业的劳动配置效率较高。青海能源装备制造业普遍存在劳动力投入较多的现象，其中较严重的是仪器仪表制造业和电气机械及器材制造业。宁夏金属制品业和电气机械及器材制造业的劳动力投入较多，而专用设备制造业劳动力投入不足。内蒙古金属制品业和电气机械及器材制造业的劳动力投入也较多，而仪器仪表制造业劳动力投入相对不足。吉林仪器仪表制造业的劳动力投入过少，其余行业的劳动力要素配置表现较好。

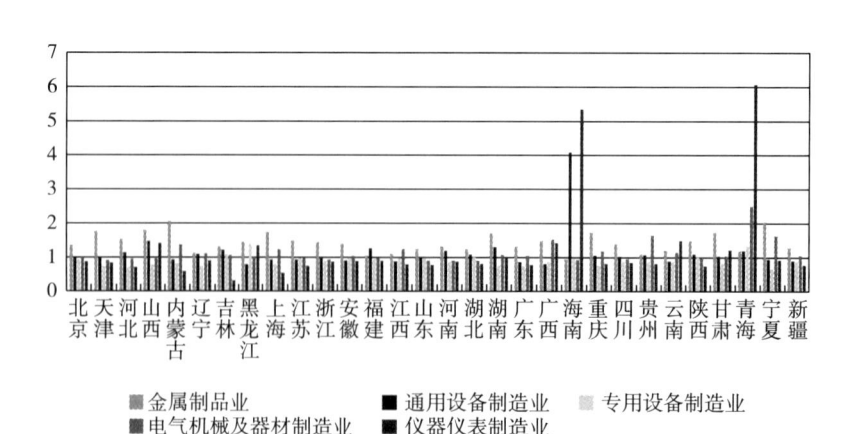

图8-12 2003—2019年各地区能源装备制造业行业间劳动力错配均值

能源装备制造业行业间劳动力配置较合理的省份有北京、辽宁、江苏、浙江、安徽、福建、江西、山东、河南、湖北、广东、四川、陕西、新疆。这些省份即使存在个别能源装备制造业行业劳动力投入较多或不足，但错配程度也都很低，整体劳动力配置趋于合理。其余省份则表现为部分行业劳动力配置不合理且错配程度居中。

2. 资本错配

各省份能源装备制造业行业间的资本错配测算结果显示在图 8-13 中，可以看出，资本错配较严重的省份有内蒙古、吉林、海南、甘肃、青海、宁夏、新疆、四川。整体来说，各省能源装备制造业行业间的资本错配比劳动力错配更严重。其中，内蒙古仪器仪表制造业的资本投入过多，吉林同样表现为仪器仪表制造业的资本投入过多。海南通用设备制造业、专用设备制造业以及仪器仪表制造业的资本投入均过多，且错配程度非常严重。甘肃电气机械及器材制造业的资本投入略少，而仪器仪表制造业的资本投入过多。青海专用设备制造业的资本投入较多。宁夏仪器仪表制造业的资本投入较多，专用设备制造业的资本投入略不足。新疆通用设备制造业和专用设备制造业的资本投入过多，而电气机械及器材制造业资本投入不足。四川仪器仪表制造业的资本投入略多。

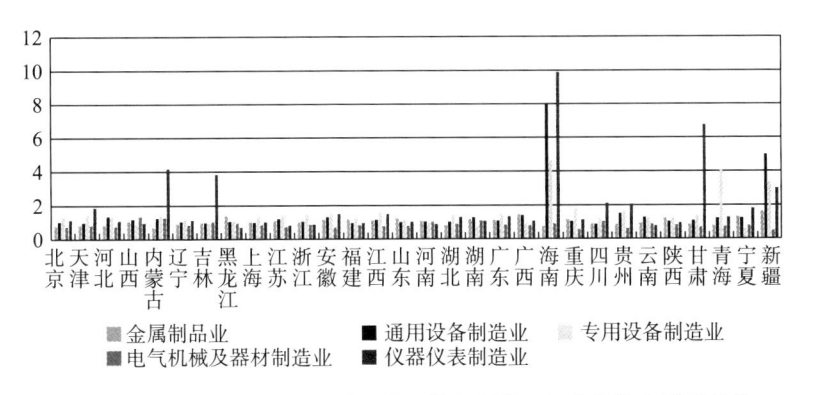

图 8-13　2003—2019 年各地区能源装备制造业行业间资本错配均值

能源装备制造业行业间资本配置较合理的省份有北京、河北、山西、辽宁、黑龙江、上海、江苏、浙江、安徽、福建、江西、山东、河南、湖北、湖南、广东、广西、云南、陕西。这些省份除个别能源装备制造业行业存在轻微不合理配置以外，整体资本错配程度都很低。

三 能源产业与能源装备制造业要素错配的关联分析

能源产业的发展离不开能源装备制造业，能源装备制造业提供了能源产业生产活动所需的仪器设备、生产工具等，是能源产业得以规模化发展、实现产业高级化的物质技术基础保障。对各地区能源装备制造业的要素配置情况进行分析后发现，能源装备制造业行业间要素错配较严重的地区主要有内蒙古、海南、吉林、甘肃、青海、宁夏、新疆、四川。在此回顾一下我们对能源产业上下游部门间要素错配的分组分析结果，可以发现，上述能源装备制造业行业间要素错配严重的地区也可以按同样的分组归纳为：组一（内蒙古）、组二（甘肃、青海、宁夏、新疆）、组三（吉林、四川）、组四（无）、组五（海南）。之前的分析结果表明，能源上游行业占比较多的地区、能源下游行业占比超过上游行业且下游延伸度越高的地区，以及只有能源下游行业的地区，普遍存在较低的要素错配。这里我们发现，能源产业要素错配程度越低的组（组一、组四、组五），能源装备制造业的要素配置表现也越好（错配较重的地区个数少），而能源产业要素错配相对较严重的组（组二、组三），能源装备制造业的要素配置表现也欠佳。因此，我们发现，各地区能源装备制造业要素配置情况基本上与其能源产业的要素配置情况保持一致，即能源装备制造业要素配置较合理的地区，能源产业要素配置也趋于合理；相反，能源装备制造业要素配置扭曲严重的地区，能源产业要素配置也欠合理。能源装备制造业行业间的要素配置效率反映了其产业结构的合理化程度。当能源装备制造业行业间的要素错配严重时，表明一些行业发展规模过大，而另一些行业发展不足。能源装备制造业的非均衡发展将导致能源产业所需的技术载体供给范围过于专门化，无法全面满足能源产业高级化的技术需求，进而阻碍了能源产业链向下游高端环节延伸，结果就表现为能源产业上下游间要素配置效率低下。反之，当能源装备制造业行业间的要素配置效率较高时，均衡发展的能源装备制造业足以满足能源产业高级化的技术结构化需求，进而使能源产业高级化进程顺利展开，能源产业上下游间要素配置也就趋于合理。

第四节 结论与建议

根据上述分析，可以得出以下三点认识。

第一，中国能源产业发展的重心在西部。中国西部能源产业的发展绩效可以分类进行评价。第一类是能源产业上游行业占比高于下游行业的地区，如山西、内蒙古、陕西。这类地区的特点在于，能源产业上下游间的要素错配程度较低，主要表现为上游部门劳动力和资本投入略多，下游部门投入略少。这种类型的地区普遍拥有非常丰富的能源资源，丰富的能源资源储量决定了在这些地区上游开采业必然拥有较大规模，这是与地区资源禀赋条件相适应的，因而所形成的能源产业结构是较为合理的。第二类是能源产业下游行业占比超过上游行业但上下游发展整体较均衡的地区，如甘肃、青海、宁夏、新疆。这类地区的特点在于，能源产业上下游间的要素错配整体较严重，主要表现为上游劳动力和资本均投入过多。这类地区整体所拥有的资源储量不及第一类地区那么丰裕，同时，其能源下游加工业目前的发展水平仍不足，与东部下游行业发展较好的地区相比，产业链的延伸度不够，行业附加值仍较低，经济效益十分有限。

第二，与能源产业相关联的能源装备制造业的发展绩效在东西部地区之间也存在差异化表现。能源装备制造业为能源产业的发展提供必要的技术要素供给，是能源产业提高生产技术水平和生产效率的关键因素所在。在对能源装备制造业整体规模及其行业间要素错配的分析中我们发现，与东部地区相比，西部地区与能源产业密切相关的能源装备制造业的发展规模普遍较低，行业间要素错配的程度普遍较高，近似反映出西部地区能源产业技术创新的深度和广度普遍不足，在一定程度上阻碍了西部地区能源产业的高级化。从长远来看，如果一个地区为能源产业上下游行业提供设备器材、生产工具等技术要素载体的能源装备制造业发展越平衡，其能源产业发展的独立性、创新性也就越强，发展空间也就越广阔，产生的经济效益也就越大。

第三，针对西部地区能源产业和能源装备制造业的差异化发展绩效，需采取差异化的能源产业政策以实现产业高级化。具体来说，对于能源资源储量丰富的山西、内蒙古、陕西，虽然其目前形成的能源产业结构较合理，但长远来看不能只依靠能源资源开采获得长久的经济增长动力。已有研究表明，存在资源越丰裕、经济发展水平反而越缓慢的"资源诅咒"现象（Auty，1993；Sachs，Warner，1994），也就是说，资源富集区如果单一依靠资源开发获得经济增长，最终恐将反受其害（苏小雪，2016）。并且，这些地区能源开采业的劳动力和资本投入较多的现实也是存在的。这就需要加快上游部门技术创新和技术引进速度，使用更先进的开采设备，提升上游部门能源资源综合利用效率，在节约资源的同时，将效率提高后上游部门释放出的劳动力和资本再转移至附加值更高的下游加工部门，淘汰落后产能，适当发展能源下游行业，提高能源深加工水平，实现能源产业整体效益提升。对于甘肃、青海、宁夏、新疆四省份，既然由于能源资源有限而无法过多依赖开采业，那就必须尽快发展壮大下游加工业。依托国家能源基地化政策，加快将能源上游部门的劳动力和资本向下游部门转移的速度，加快下游产业链不断由初级加工业向深加工业、精细化工业延伸的速度。此外，本书的研究也表明，能源装备制造业的均衡发展有助于能源产业链和价值链不断向下游高端环节延伸，提高产业整体要素配置效率和收益水平。因此，西部地区在发展能源产业的同时，也要关注能源产业关联产业，尤其是能源装备制造业的发展状况，通过能源装备制造业的发展带动能源产业实现高级化，为能源产业的发展提供长久动力。

第四篇

可再生能源替代升级研究

第九章

中国可再生能源产业发展现状

第一节 可再生能源资源禀赋

我国地域辽阔，可再生能源资源禀赋非常丰富，本章基于可再生能源的开发和利用现状，选择典型的水能、风能、太阳能三类可再生能源进行分析，以便清晰地了解我国可再生能源资源禀赋现状及利用状况。

一 水能资源

水能是指水的动能、势能和压力等能量物，是我国利用最广的一种可再生能源。我国水能资源的特点是资源量大、水电站集中性强，但我国大部分河流丰、枯季节流量差异大，稳定性和调节性差，不同地区资源量差异巨大。

从地理分布上来看，我国水力发电以西部和中部地区为主，这两个地区的常规水电装机规模合计超过全国80%，西部地区水电装机量达9500万千瓦，西南地区的四川和云南两个省份装机规模分别为2700万千瓦和700万千瓦。中部地区水电装机规模为5000万千瓦，且开发程度高达70%。我国水能资源分布如表9-1所示。

西南地区河流流量和落差较大，是我国水资源最为丰富的区域，理论上储备可开发电量为42951.12亿千瓦时，居全国第一位，技术可开发电量同样居全国首位。其他区域理论与技术发电量都存在不平衡问题，其中，中部地区和南部地区的理论储备可发电量低于西南地区和西北地区，但其技术发电水平较优。南部区域水资源丰富主要是因为河流长、流量大。西北地区水资源短缺是因为气候干旱、降雨稀少等原因造成的。

表9-1　　　　　　　　　　　水资源分布情况

地区	发电量（TWh）			
	理论可发电量	技术可发电量	理论占比（%）	技术占比（%）
北部	1202.01	231.12	2.00	1.60
东北	1143.42	416.63	1.90	2.80
东部	2432.35	718.76	4.00	4.20
中部	3081.95	1969.45	5.10	9.30
南部	2150.75	1028.01	3.50	4.60
西南	42951.12	18023.86	70.60	66.70
西北	7867.51	2351.47	12.90	10.80

资料来源：中国电力网，http://www.chinapower.com.cn/。

二　风能资源

我国地形结构复杂，海陆差异大，地理上高低巨变，形成了世界上最大的季风区。我国风能资源主要分布于东南沿海及其附近岛屿、内蒙古和甘肃走廊、东北、西北、华北和青藏高原等区域。据国家气象局估计，全国风能密度为100瓦/平方米，风能资源总储量约为160吉瓦。我国风能资源分布可划分为四个典型区域，具体如表9-2所示。

表9-2　　　　　　　　　　　我国风能资源分布

资源丰富程度	等级程度	地域分布	最大风速（米/秒）	风能强度（瓦/平方米）
丰富	Ⅰ级	东南沿海、山东及其海上岛屿	东南沿海>60，山东>30	>200（海岛>300）
		内蒙古北部地区	30—35	>200，个别区域达300
		松花江下游地区	25—30	>200
较丰富	Ⅱ级	东南沿海及渤海沿海地区	25—30	150—200
		三北的北部区域	30—32	150—200
		青藏高原地区	30	150—200

续表

资源丰富程度	等级程度	地域分布	最大风速（米/秒）	风能强度（瓦/平方米）
可利用	Ⅲ级	两广沿海区	37	50—100
		大小兴安岭山区	38	50—100
		长白山向西，经华北平原，过西北到最西段，贯穿全国东西地带	25	100—150
欠缺	Ⅳ级	四川、云南、贵州和南岭地带	20—25	<100
		雅鲁藏布江和吕都地区	25	<50
		塔里木盆地西部	25—28	<500

资料来源：《全国风能资源评估成果（2014）》。

根据《全国风能资源评估成果（2014）》的统计数据分析可知，全国陆地 70 米高度处的风能资源，功率密度达到 150 瓦/平方米以上和 200 瓦/平方米以上的可开发量分别为 72 亿千瓦和 50 亿千瓦；陆地 80 米高度处的风能资源方面，功率密度 150 瓦/平方米以上和 200 瓦/平方米以上的资源可开发量分别为 102 亿千瓦和 75 亿千瓦。

从全国整体分布上来看，西北、华北、东北、华东地区是风能资源比较丰富，也是风能资源优先开发的重点地区。而其他地区风能资源存在理论与实际不匹配的现象，例如，西南地区的风能资源理论蕴藏非常丰富，但是由于这一地区的地形、地貌等地理条件复杂，而不具备大规模开发的技术水平和条件。西北地区是我国风能资源理论蕴藏总量最大的地区，理论蕴藏量达到 14.87 亿千瓦，占我国总风能资源理论储量的 34.4%；紧随其后的华北地区和西南地区包含了超过 10 亿千瓦的理论蕴藏量，分别占全国总储量的 23.8% 和 23.5%。从技术可开发量角度来看，华北和西北地区技术可开发量占全国总技术可开发量九成以上。其中华北地区的可开发量最大，为 1.6 亿千瓦，约占全国可开发量的 53.5%；西北地区的风能可开发量居全国第二位，为 1.24 亿千瓦，约占全国风能可开发量的 41.6%。从潜在技术开发量角度来看，西南、西北和华北地区的技术开发量合计占全国的 96.3%。西南地区的潜在技术开发量居全国第一位，数量为0.31亿千瓦；西北地区和华北地区的技术开发量分别排全国第二位和第三位，数量为0.28亿千瓦和0.17亿千瓦。

全国风能资源分布也存在明显的区域差异性，内蒙古的理论蕴藏量和技术可开发量都是全国第一，数量分别为8.98亿千瓦和1.5亿千瓦，分别占全国总量的20.65%和50.47%。新疆居全国第二位，理论蕴藏量和技术可开发量分别为8.86亿千瓦和1.2亿千瓦，分别占全国的20.37%和40.39%。这是因为内蒙古地处温带大陆季风气候，风能资源丰富；新疆处于季风气候，位于风口，且地广人稀，适合开发利用风能资源。

三 太阳能

我国风能太阳能资源中心依据逐年全国气象台站总辐射量和观测日照资料，发现近十年来，每年全国陆地表面平均水平面总辐照量基本在平均值水平附近浮动。2017年、2018年和2019年我国陆地表面年平均水平面总辐照量为1488.5千瓦时/平方米、1486.5千瓦时/平方米、1470.9千瓦时/平方米。如果气候湿度增加，则辐照量会略低于平均值。受气候影响，2019年辐照量达到历史最低值。2009—2019年十年间，我国陆地表面年平均水平面总辐照量平均值为1494.7千瓦时/平方米。

如表9-3所示，我国太阳能资源总体表现为资源丰富区域多为高原、少雨干燥地区；资源不丰富区域为平原、多雨高湿地区的特点。太阳能资源主要集中在三北地区，尤其集中分布在甘肃、内蒙古、新疆、西藏和青海5个省份，而中东部区域资源呈现一般丰富的特点。

表9-3　　　　　我国太阳能辐射总量等级和区域分布

名称	年总量（兆焦/平方米）	年总量（千瓦时/平方米）	占全国陆地面积的比重（%）	年平均辐照度（瓦/平方米）	地域分布
最丰富区（A）	≥6300	≥1750	≈22.8	≥200	内蒙古额济纳旗以西、甘肃酒泉以西、青海100°E以西大部分地区、西藏94°E以西大部分地区、新疆东部边缘地区、四川甘孜部分地区

续表

名称	年总量（兆焦/平方米）	年总量（千瓦时/平方米）	占全国陆地面积的比重（%）	年平均辐照度（瓦/平方米）	地域分布
很丰富区（B）	5040—6300	1400—1750	≈44.0	160—200	新疆大部、内蒙古额济纳旗以东大部、黑龙江西部、吉林西部、辽宁西部、河北大部、北京、天津、山东东部、山西大部、陕西北部、宁夏、甘肃酒泉以东大部、青海东部边缘、西藏94°E以东、四川中西部、云南大部、海南
丰富区（C）	3780—5040	1050—1400	≈29.8	120—160	内蒙古50°E以北、黑龙江大部、吉林中东部、辽宁中东部、山东中西部、山西南部、陕西中南部、甘肃东部边缘、四川中部、云南东部边缘、贵州南部、湖南大部、湖北大部、广西、广东、福建、江西、浙江、安徽、江苏、河南
一般区（D）	<3780	<1050	≈3.3	<120	四川东部、重庆大部、贵州中部、湖北110°E以西、湖南西北部

资料来源：《中国风能太阳能资源年景公报》。

根据年太阳总辐射量进行区划，可划分为最丰富（A）、很丰富（B）、较丰富（C）、一般（D）四个等级（见表9–1）。青藏高原及内蒙古西部是我国太阳总辐射资源（大于或等于1750千瓦时/平方米）最丰富的区域，其面积约占全国陆地面积的22.8%；以内蒙古高原至川西南一线为界，其以西、以北的广大地区是资源"很丰富区"，普遍为1400—1750千瓦时/平方米，其占全国陆地面积的44.0%；东部的大部分地区，资源量一般为1050—1400千瓦时/平方米，属于资源"较丰富区"，占全国陆地面积的 29.8%；四川盆地由于海拔较低，且全年多云雾，一般不足 1050 千瓦时/平方米，是"一般区"，占全国陆地面积的 3.3%。

从太阳能热发电站角度看，电站建设也需要认识到地形、土地和水资源以及建设地区电网基础设施等是否适合。表 9-4 显示了太阳能热发电可开发资源条件一般选址的条件。

表 9-4　　　　　　　　太阳能热发电站选址一般性条件

选址因素	一般性条件		
DNI	DNI≥1800 千瓦时/（平方米·年）		
地形	坡度	槽式	塔式
		≤3%	≤7%
	纬度	≤42°	
	地质	土壤承载力≥2 千克/平方厘米	
	土地面积	2—3	
水资源	距离水源应≤10 千米		
气候条件	风速	年运行风速	最大容许风速
		0—14 米/秒	31 米/秒
电网覆盖	距离电网连接点≤15 千米		
交通条件	靠近交通路网		
地区社会经济发展	当地居民和社区要接收本项目，尽量避免强制性移民搬迁，符合环境保护条例等		

资料来源：《可再生能源产业发展报告（2018）》。

我国太阳能选址主要优先考虑沙漠或沙地这类地势空旷地区，能够有效避免占用土地等资源而带来的经济损失。我国在新疆、内蒙古、青海和甘肃 4 个省份的沙漠、沙地分布高达 95%。我国沙漠、沙地特点是大面积连片密集分布，类型主要有流动、半流动两种。其中内蒙古沙漠、沙地占省域总土地面积的比例最高，达 43.3%；其次是新疆，为 31.7%；青海、宁夏和甘肃都在 15% 左右；大于 1% 的省份还有陕西、吉林、河北、辽宁、河南、山西和海南 7 个省。这些省份存在太阳能直射、辐射资源都较为丰富的特点，非常适合建设光热电站。

第二节 可再生能源产业现状

一 可再生能源发电情况

由于技术落后，我国可再生能源电力起步于"十一五"时期，但发展较为迅速。截至2019年，全国可再生能源发电装机容量7.94亿千瓦，达到全部电力装机容量的39.5%。其中，水电、风电、光伏发电装机量分别为3.56亿千瓦，2.1亿千瓦和2.04亿千瓦。2019年全国可再生能源发电量为2.04万亿千瓦时，占全部发电量的27.9%，其中水电发电量、风电发电量、光伏发电量分别为1.3万亿千瓦时（占全部发电量的17.8%）、4057亿千瓦时（占全部发电量的5.5%）、2243亿千瓦时（占全部发电量的3.1%）、1111亿千瓦时（占全部发电量的1.5%）。本书选取全国2000年以后的省域数据，分东部、中部、西部和东北四个区域分别统计水能、风能和太阳能三种可再生能源资源的装机量和发电量情况，说明全国可再生能源资源利用情况。

（一）水能发电

1. 水能发电装机量

2006年我国建成世界最大水利工程——三峡大坝，其总装机容量达世界第一。水电总装机量逐年递增，2017年总装机量为34356.8万千瓦时，占全部可再生能源装机量的54%。我国水电装机量分省数据，如表9-5和图9-1所示。

总体上，我国东中西和东北地区，水电分区域装机量呈逐年递增趋势。同时，区域差异性仍然显著。分区域看，2004年，我国西部地区水电装机量为4559.29万千瓦。2017年，我国西部区域水电装机量为22049万千瓦，年增长率为11.92%，中部区域年增长率为6.27%，东部区域年增长率为4.72%，东北区域年增长率为2.06%。西部区域水电装机量年增长率最大，这和西部区域的水利资源禀赋优良有关。西部区域处于大江、大河的源头，水利资源丰富，加之地势高低变化巨大，自然成为水电装机量最多的地区。中部区域具有全国最大的水力发电站，装机量增长率也较大。东部区域人口密度大，地势落差小，水电装机量规模小。东北区域水资源贫乏，降雨量不均匀，制约了水电的发展。

表 9–5　2004—2017 年我国水电分区域装机量

单位：万千瓦

年份 地区	2004	2005	2006	2007	2008	2009	2010	2011	2012	2013	2014	2015	2016	2017
东北	584.99	595.16	612.6	617	626	630	668	676	811	815	767	772	773	778
西部	4559.29	5183.44	5980	6814	8252	10033	11513	12666	13816	16657	18977	20349	21206	22049
中部	2903.13	3278.83	3460.1	4185	4878	5212	5504	5972	6303	6394	6549	6611	6767	6809
东部	2476.73	2681.57	2976.7	3205	3501	3755	3921	3984.4	4014.2	4177.8	4194.8	4221.7	4463.8	4720.8
合计	10524.14	11739	13029.4	14821	17257	19630	21606	23298.4	24944.2	28043.8	30487.8	31953.7	33209.8	34356.8

资料来源：历年的《电力统计年鉴》。

第九章 | 中国可再生能源产业发展现状

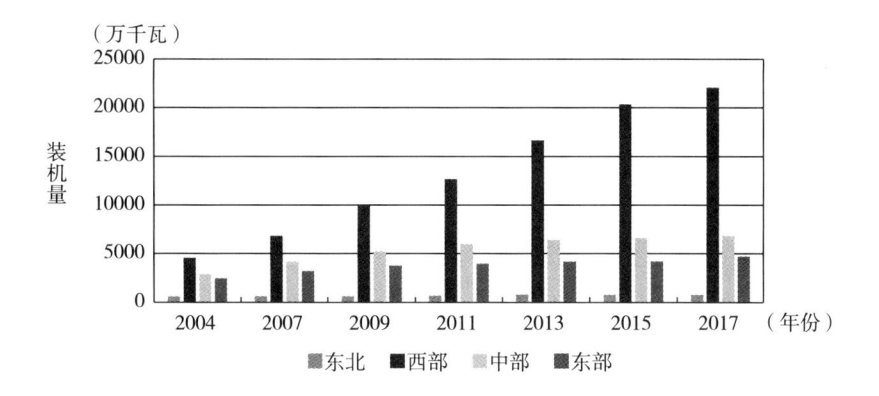

图 9-1 我国水电分区域装机量

资料来源：历年的《电力统计年鉴》。

2. 水能发电量

2017年，水能总发电量为11928.8亿千瓦时，占全部可再生能源发电量的74%，年增长率为30.22%。2006—2017年水能分区域发电量数据，如表9-6和图9-2所示。

表9-6　　　　　　我国分区域水能发电量　　　　单位：亿千瓦时

年份 地区	2006	2007	2008	2009	2010	2011	2012	2013	2014	2015	2016	2017
东北	113	112	104	102	182	131	161	233	133	104	164	147
西部	2039	2463	3055	3258	3812	4141	5165	5803	7326	7841	7814	8412
中部	1231	1437	1732	1697	1881	1707	2180	1919	2177	2183	2353	2348
东部	765.1	701.1	763	661.1	993.02	703.74	1048.4	965.7	967.7	998.4	1417.93	1021.8
合计	4148.1	4713.1	5654	5718.1	6868.02	6682.74	8554.4	8920.7	10603.7	11126.4	11748.93	11928.8

资料来源：历年的《电力统计年鉴》。

我国水能年发电量仅次于太阳能年发电量。我国各区域水能发电量逐年递增。分区域来看，四个区域之间差距逐渐扩大，西部区域水能发电量增长趋势明显，而其他三个地区变动幅度则较小。如2006—2017年，我国西部地区水能发电量年增长率为12.54%，东部和中部区域水电年增长率分别为2.44%和5.53%。这是因为西部区域（如四川省）

167

具有得天独厚的自然条件，成为水电最为丰富的区域。中部地区水系发达，涵盖黄河、长江和淮河三大河流，有鄱阳湖、洞庭湖、巢湖等库区，是我国水资源丰富区，这也是中部水电增长较快的原因。

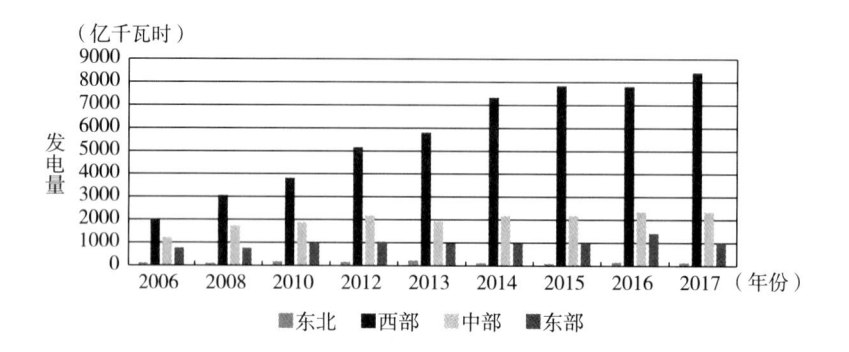

图 9-2　我国分区域水能发电量

资料来源：历年的《电力统计年鉴》。

（二）风力发电

1. 装机量

2017 年风电总发电量为 16326 万千瓦，占全部可再生能源装机量的 25.7%，年增长率为 47.32%。"十一五"至"十三五"时期，我国各省份风电装机量数据，分区域情况如表 9-7 和图 9-3 所示。

2005—2017 年，我国东部、中部、西部、东北四个区域风电装机量增长速度快，风电装机量始终呈现西部、东部、东北和中部区域递减的趋势。"十一五"时期，我国风电装机量呈西部、东部、东北和中部地区依次递减，且均小于 1000 万千瓦。"十二五"时期，全国风电装机量增长迅猛，区域间风电装机量仍呈西部、东部、东北、中部依次递减趋势。2015 年，西部区域风电装机量较 2014 年增加 2437 万千瓦，中部和东部较 2014 年增长各约 400 万千瓦。2017 年全国风电装机量较 2015 年增长 3252.6 万千瓦，增长了 24.9%。这是因为西北区域本身处于高原，风的阻力小，加之南面青藏高原形成走廊作用，气流必将经过此区域，风力级别较大，有利于开发风电。东部沿海区域海陆热力差大，季风力强，适合开发风电。

第九章 | 中国可再生能源产业发展现状

表9-7　2005—2017年我国分区域风电装机量

单位：万千瓦

年份 地区	2005	2006	2007	2008	2009	2010	2011	2012	2013	2014	2015	2016	2017
东北	26.9	53	105	223	442	720	942	1129	1332	1470	1586	1761	1786
西部	54.1	86.1	172	366	837	1338	2412	3079	3782	4988	7425	8123	8762
中部	0	0	1	7	24.2	59.8	155	298.9	490.7	765	1249.4	1578	2007
东部	25	68.1	142	243	457	838	1113	1637	2046	2435	2813	3289	3771
合计	106	207.2	420	839	1760.2	2955.8	4622	6143.9	7650.7	9658	13073.4	14751	16326

资料来源：历年的《电力统计年鉴》。

169

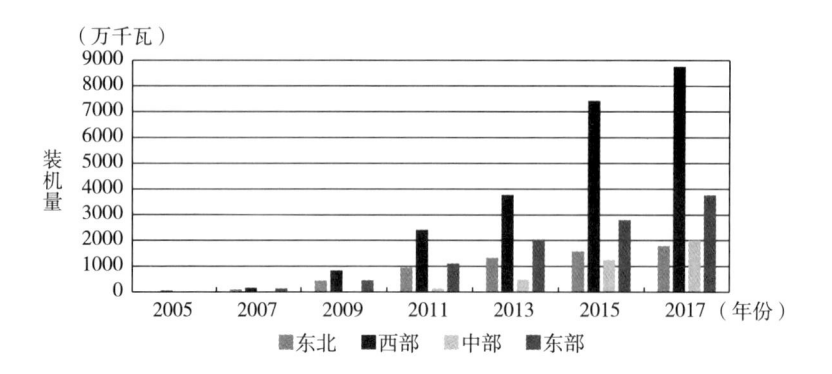

图 9-3 我国分区域风电装机量

资料来源：历年的《电力统计年鉴》。

2. 发电量

2017 年全国风力总发电量为 3033.1 亿千瓦时，占全部可再生能源发电量的 18.8%，年增长率为 47.63%。从区域角度，全国 2006—2017 年风力电发电量情况，如表 9-8 和图 9-4 所示。

表 9-8　　　　　　　　我国分区域风力发电量　　　　　单位：亿千瓦时

年份 地区	2006	2007	2008	2009	2010	2011	2012	2013	2014	2015	2016	2017
东北	7.1	13.3	35.4	68.4	113	150	174	227.4	234	244	284	345
西部	10.9	23	54.2	130.1	230.4	352.33	498.6	677.8	813	945.1	1230	1590.1
中部	0	0	0.4	4.4	9.6	20.9	51.9	87.4	123	187	280	365
东部	10.3	20.8	40.7	73.3	141.8	215.8	305.8	390	428	480	613	733
合计	28.3	57.1	130.7	276.2	494.8	739.03	1030.3	1382.6	1598	1856.1	2407	3033.1

资料来源：历年的《电力统计年鉴》。

可以看到，我国风能年发电量呈快速增长趋势。分区域来看，西部和中部区域较其他区域风力发电量急剧增长。2017 年，西部区域风力发电量为 1590.1 亿千瓦时，占全国风电总发电量的 52.4%；中部区域风力发电量为 365 亿千瓦时，占全国风电总发电量的 12%。西部区域风电占比大，这是因为西部区域高原多，适合发展风电，也形成了凉山、金沙江、雅砻江三大风电基地。

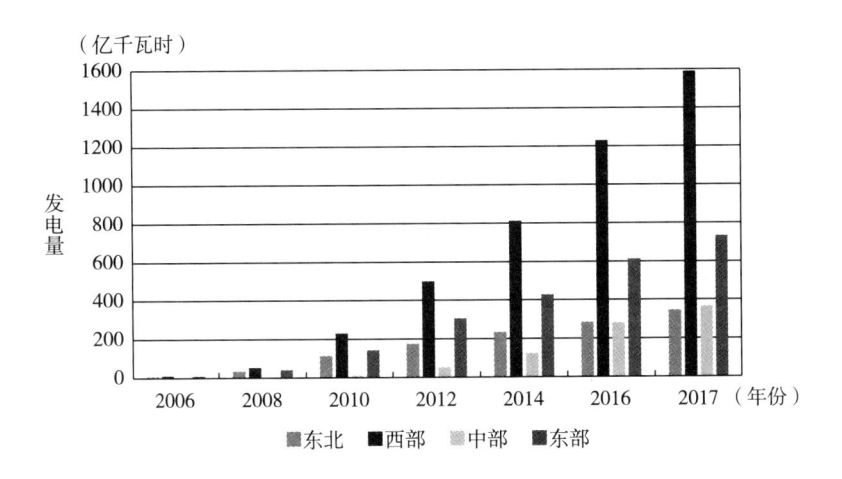

图9-4 我国分区域风能发电量

资料来源：历年的《电力统计年鉴》。

我国的风能资源的主要利用方式就是风力发电，而现阶段主要以并网发电和离网发电两种应用方式为主。目前还是以并网发电方式为主，因为离网发电存在技术水平还不够完善的缺点。中国风力发电始于20世纪80年代，并网发电示范开始于80年代中期到90年代初这段时间；之后的十年间则开始了产业化阶段，这时我国也开始尝试开发国产风电设备。国产风电设备的不足之处在于技术水平还比较落后，发展速度也很缓慢；2000—2010年，我国的风力发电发展速度迅猛，由于政策的导向及技术的不断提高，2003—2007年，我国风电装机容量从54.6万千瓦增加至584.8万千瓦。由于发展速度过快，这个阶段也产生产能过剩现象，导致风电市场逐渐低迷，2011年以后我国风电市场才开始逐渐达到平稳发展阶段。

依据《能源发展"十三五"规划》数据显示，我国风力发电总量从2010年的0.29亿千瓦增长到2015年的1.31亿千瓦，突破1亿千瓦大关，年均增长34.6%。风电装机容量在火电和水电之后排在第三位，装机比例达到5.42%。从风力发电的区域分布情况来看，我国的风力发电遍布全国各个省份，但依旧以"三北"地区为主——2018年华北、西北、东北三个地区的累计装机容量占全国总量34.15%。从各省份的情况来看，我国有16个省份装机容量超过了100万千瓦，排名第一的是内蒙古，装机容量高达20270.31兆瓦，并网装机容量占全国风力发电并网装机容量的23.8%；紧随其后的是河北和甘肃，装机容量分别为8499.9兆瓦和7095.95兆瓦，分别占全国的10.0%和9.1%。在中国风电规划中，在未来30年内，风电装机容量仍持续上升，西北地区（尤其是蒙北、新疆、甘肃）以及近海风电占据多于50%的市场份额。

（三）太阳能发电

1. 装机量

我国光伏产业发展迅速，2011年总装机量仅为212.2万千瓦，2017年全国太阳能发电总装机量为12939万千瓦，占全部可再生能源装机量的20.3%，其年增长率为79.90%。2011—2017年光伏装机容量的数据如表9-9和图9-5所示。

表9-9　　2011—2017年我国分区域太阳能发电装机容量　　单位：万千瓦

年份 地区	2011	2012	2013	2014	2015	2016	2017
东北	0	1	4.4	14.2	25.1	125	476
西部	170.7	279.1	1382.7	1797	2739.4	4070	4985
中部	1.5	6.2	23.9	135.3	381.5	1371	3219
东部	40	54.6	177.7	539.8	1072	2065	4259
合计	212.2	340.9	1588.7	2486.3	4218	7631	12939

资料来源：历年的《电力统计年鉴》。

进入21世纪，光伏市场不断扩大，发展趋势呈现规模化。总体上，太阳能发电量剧增。2011年，西部地区太阳能装机量占总太阳能装机量的80%。2017年，西部地区太阳能装机量占总太阳能装机量的38.53%，东部区域占32.92%，中部区域占24.87%，东北区域占3.68%。明显看出光伏装机量向东中部区域转移，这是因为西北地区光伏存在严重的弃光、电价逐渐降低和拖欠资金现象；而中东部区域经济发达，对光伏电力需求量大和消纳能力强。

第九章 | 中国可再生能源产业发展现状

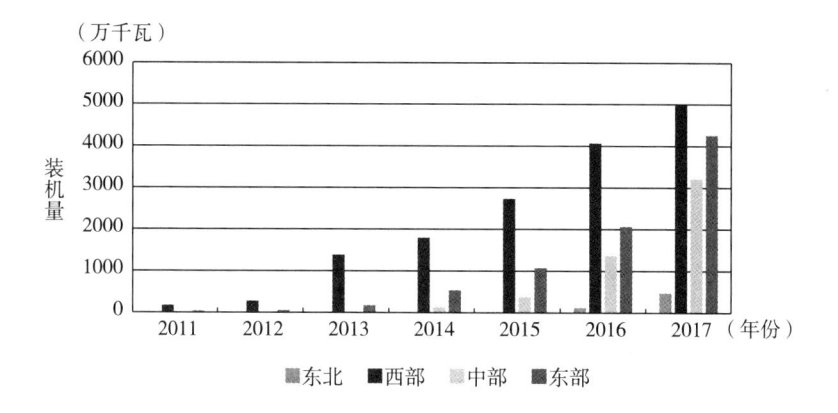

图 9-5 分区域太阳能发电装机容量

资料来源：历年的《电力统计年鉴》。

2. 太阳能发电量

2017 年太阳能总发电量为 1166.7 亿千瓦时，占全部可再生能源发电量的 7.2%，年增长率为 78.47%。我国 2012—2017 年太阳能发电量，如表 9-10 和图 9-6 所示。

表 9-10　　　　　　　我国分区域太阳能发电量　　　　　单位：亿千瓦时

年份 地区	2012	2013	2014	2015	2016	2017
东北	0.0001	0.19	1.39	2.6	8.7	30.7
西部	30.2	72.21	198.9	302.2	415.1	583
中部	0.5	1.45	6.44	20	83.2	226
东部	5.4	9.72	28.61	70.3	157.7	327
合计	36.1001	83.57	235.34	395.1	664.7	1166.7

资料来源：历年的《电力统计年鉴》。

我国太阳能发电量总体呈逐年递增趋势，且主要集中分布在我国西部地区。2012 年，西部地区太阳能发电量（30.2 亿千瓦时）占全国总量的 83.66%，中部地区占全国总量的 15%，而中部地区占全国总量的 1.39%。2017 年，东北地区太阳能发电量占全国发电总量的 2.63%，年增长率为77%，西部地区占全国总量的49.97%，年增长率为63.79%，东部地区占全国总量的28.03%，年增长率为98.16%，中部地区占全国总量的19.37%，年增长率为177.03%。这表明：东中部地区起步较晚，但发展速度极快；太阳能产业有向东中部地区转移的趋势。

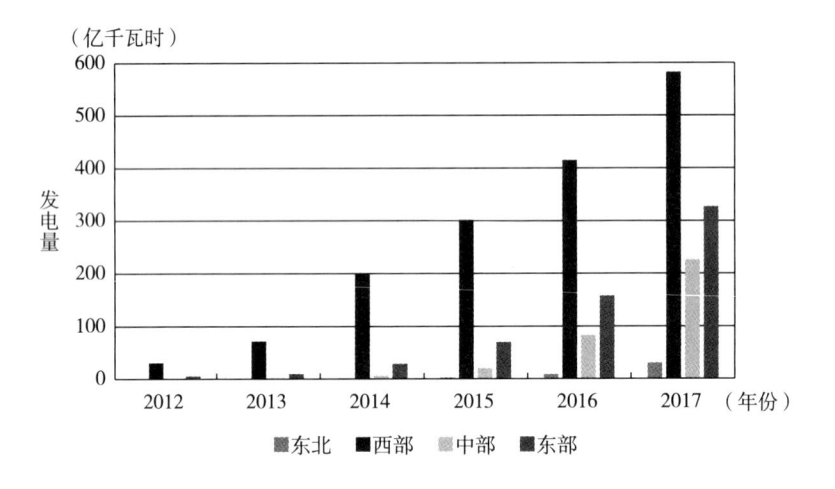

图 9-6 我国分区域太阳能发电量

资料来源：历年的《电力统计年鉴》。

目前，中国太阳能产业规模已位居世界第一，是全球生产和使用太阳能热水器最多的国家和太阳能光伏电池的重要生产国。从产业投资的比重上来看，我国2009年太阳能投资比重占我国所有新能源投资额的21%，而到2015年这一数值增长到30%以上。其中太阳能光伏发电系统和太阳能热水系统是我国现阶段最为成熟的太阳能产品。我国太阳能热水系统一直处于世界生产量和保有量高水平。从整体的普及水平来看，由于农户住房分散，且地理条件复杂，很难统一供热，这反而给这些偏远地区利用太阳能供热提供了条件，农村很多地区的太阳能热水器普及率已经超过了55%。

从装机分布状况来看，光伏发电呈现东中西部共同发展格局。我国光伏利用方面产业化水平较高的地区虽然集中在中东部的发达地区，尤其是分布式光伏发电。中东部地区的江苏、河北、浙江、山东、安徽和山西 6 个省份的累计装机容量超过了 100 万千瓦，其中浙江、江苏和山东 3 个省份的分布式光伏发电装机容量较大。但从总体来看，我国太阳能资源以西部地区为主，总累计光伏装机依然主要集中在西北地区，特别是青海、甘肃和宁夏这 3 个省份，合计光伏装机总量占全国总量的 46%；紧随其后的新疆、江苏、内蒙古 3 个省份光伏装机总量占全国的 19.6%。

二 各省份可再生能源电力消纳情况

水电是我国体量最大的可再生能源发电方式，这里选择包含水电和不包含水电的可再生能源电力消纳情况进行对比分析。

（一）总体消纳情况

2019 年，全国可再生能源实际消纳量为 19938 亿千瓦时，在全社会用电量中占比达 27.5%。2019 年，全国各省份可再生能源电力消纳情况如图 9-7 所示。

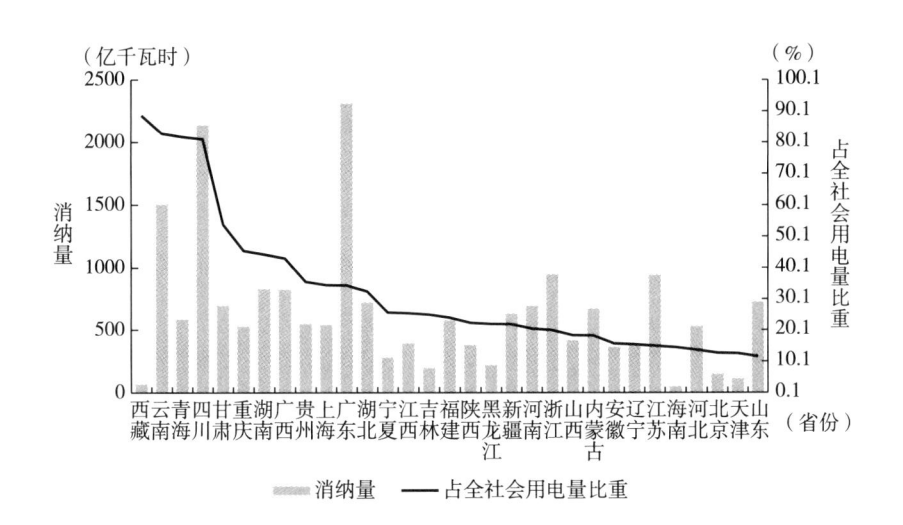

图 9-7　全国各省份可再生能源电力消纳情况

资料来源：《中国可再生能源产业发展报告（2019）》。

2019 年全国 8 个省份的可再生能源电力消纳量占全国用电量的 40% 以上，其中西藏、云南、青海和四川的占比达到 80% 以上。从占比增长角度来看，21 个省份较去年有上升趋势，其中甘肃和福建较去年上升5%以上；10个省份较2018年有下降趋势，其中湖北省较去年下降5.5%，新疆较去年下降4.9%，广西较去年下降2.9%。

（二）非水电消纳情况

2019年，全国非水电可再生能源消纳量为7388亿千瓦时，在全社会用电量中占比10.2%，当年水电的消纳量为12550亿千瓦时，占全社会用电量的17.3%，超过除水电外的其他所有可再生能源电力消纳量之和。全国各省份非水电可再生能源消纳情况如图9-8所示。

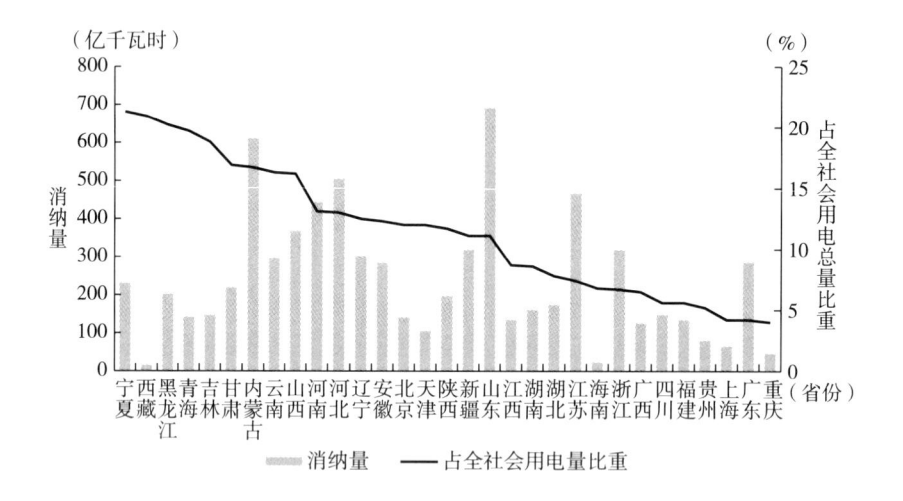

图9-8 全国各省份非水电可再生能源电力消纳情况

资料来源：《中国可再生能源产业发展报告（2019）》。

可以看出，全国范围内9个省份非水电可再生能源消纳量均超过全社会用电量比例的15%，其中，黑龙江、吉林、青海、宁夏和西藏消纳量超过全社会用电量的18%。从占比的角度来看，27个省份较去年呈增长趋势，其中黑龙江、西藏、甘肃和河南均较去年增长3%以上。然而，仅有湖南、新疆、内蒙古和宁夏较去年有下降趋势。

三 特高压输送可再生能源情况

高压和特高压输电减少电力输送途中损耗，实现电力长距离输送。2019年，全国20条特高压电线年均输电量高达4485亿千瓦时，其中可再生能源输电量（2352亿千瓦时）较去年同期增加12.8%，可再生能源电力输电量占总量一半以上，如图 9-9 所示。

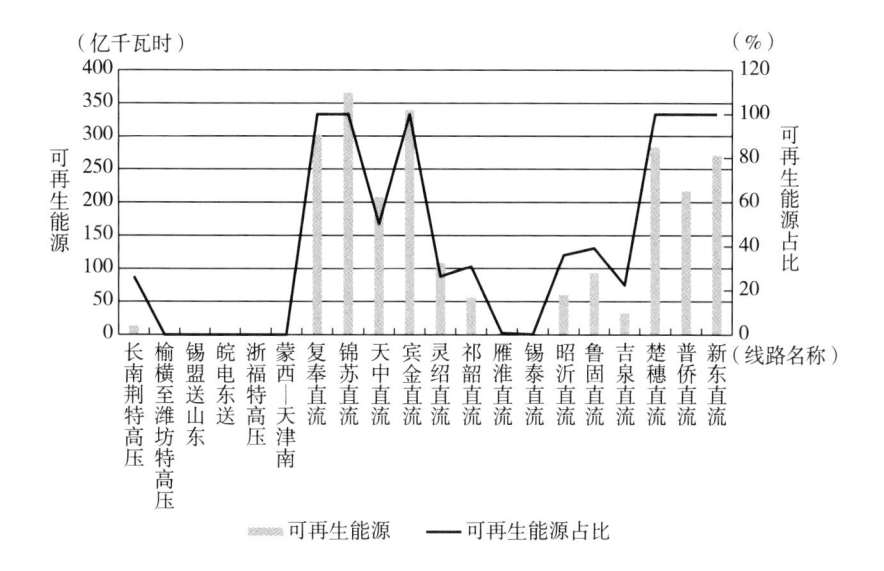

图 9-9　2019 年特高压线路输送电量情况

资料来源：《中国可再生能源产业发展报告（2019）》。

由图 9-9 可知，国家电网运营 17 条特高压线路，输电量达 3715 千瓦时，其中可再生能源电量（1581 千瓦时）占总输送电量的 43%；南方电网公司运营 3 条特高压，输电量全为可再生能源，总输电量为 770 亿千瓦时。

第三节　可再生能源产业发展中存在的问题

进入 21 世纪以来，可再生能源在政府的大力倡导之下取得了令人瞩目的成绩。但在这一份成绩单的背后却依然存在许多问题，其阻碍可再生能源健康发展。本节归纳现有可再生能源产业发展存在的几个主要问题。后文还将在相关章节中通过数理模型的建立，对这些问题做出更为深入的分析。

一　发电成本过高而缺乏市场竞争力

可再生能源与传统能源相比，虽然在环境效益以及能源储量等方面优势很大，但其却一直解决不了生产成本过高的问题。如表9－11所示，在生产过程中，仅就水电成本水平能够与其他传统能源相竞争，而其他类型可再生能源的发电成本与核能以及传统化石能源相比还无法形成市场竞争优势。

表9－11　　　　　　　　各种能源发电对比

类别	资源量（探明储量）	储产比（%）	碳排放系数（kg－co^2/kg）	经济性（单位发电成本 美元/千瓦时）
石油	35亿吨	18.7	3.0202	0.1—0.14
天然气	6.1万亿立方米	37.6	2.1622	0.058—0.062
煤炭	1388.19亿吨	38	1.9033	0.05—0.053
核能	—	—	0	0.048—0.054
可再生能源	无限	—	0	水电：0.082，光伏：0.43，风力：0.1—0.24，生物质能：0.6—1.89

资料来源：《BP世界能源统计年鉴（2019）》。

由此可见，可再生能源发电产业并没有达到市场自由竞争水平，目前这些产业还依靠政府颁布各类法律法规以及补贴政策得到保护。中华人民共和国《可再生能源法》中对可再生能源电力市场价格进行了规定："电网企业有责任按照政府制定的标杆电价全额收购可再生能源电力，超出市场价格的部分在全网消费者之间进行分摊。"不难看出，只有通过政府的扶持，可再生能源企业才能够在市场中正常经营。对此，政府应当使用科学合理的补贴手段和与其他政策相结合的规制措施，来确保在缺乏市场竞争力时，可再生能源产业仍能良好发展。

二　"上网、并网"难，导致替代效率低下

分布式电源并网一直是难点问题。我国一些大型电源分布在人少的区域，消纳能力低，很多电站因为无法并网而导致资源浪费。分布式电源一般分布在城市中，依托家庭和企事业单位，只要并网便可解决用户用电问题。但是，光、风和水资源不稳定，可能减小电网频率，降低电能质量，产生无功功率以及降低电压，从而影响整个电网的正常运行。

从电源角度来看，我国风能和光资源主要集中分布在"三北地区"，水资源分布在西藏、四川、云南等地区。目前，"三北地区"的主要能源结构是煤电发电。其电力消纳能力受经济水平限制，易发生"三弃"现象，即弃水、弃风和弃光现象。

从电网角度来看，我国资源和电力负荷逆向分布，因此选择电力长距离和特高电压电网输送。但是，"三北地区"建成的特高压输电以传统电力为主，部分因高压设备负荷低、设备老化，只能使用低压输电，并未实现输电和联网错峰交叉使用的效果。

可再生能源电力产品自从出现以来一直存在"上网"难的问题。

第一，可再生能源发电规划与其他能源发电规划不协调。电力消费与生产是时时平衡的瞬时过程，保证可再生能源电力瞬时平衡是电力系统安全生产的核心。但在规划可再生能源发电产业布局时（特别是关于建设大型可再生能源发电基地上），并未考虑发电当地的消纳能力问题。而且可再生能源周边配套调峰设备和输配变电系统的建设规划之间发展不同步。因此在缺乏调峰能力情况下，可再生能源电力企业在大规模发电时，仍然无法满足发电输电要求。

第二，电网规划滞后于可再生能源发电产业布局。这主要表现为：电力系统的电网规划中并未明确可再生能源电力接入责任的重要性。比如，中西部地区虽是我国经济薄弱地区，但却存在最丰富的可再生能源资源，当地不能完全消纳可再生能源电力发电量，故其他区域的电网需要分担西部地区开发的大部分可再生能源电力产品的消纳量。但是西部的输电系统建设速度却滞后于可再生能源电厂建设的速度，从而产生严重的"弃电"现象。虽然2016年在风电产业中的"弃电"现象已经较上年减少了7%，"弃电"率依然达到了10%，未能上网的风力发电高达200亿千瓦时，这使社会资源受到极大浪费。

第三，可再生能源发电产业规划对消纳市场的考虑不充分。在规划过程中，政府过分关注可再生能源发电产业的建设，却未重视消纳市场以及消纳方案的规划。因为未明确消纳对象，所以许多大型可再生能源电站或者可再生能源电力大规模集中开发区域，存在实际发电量不足以及电厂弃电等浪费现象。例如，在风力资源丰富的新疆、甘肃、内蒙古等地进行大规模的风电场建设，却因当地十分有限的电力消费规模而产生极大浪费。

总而言之，可再生能源是传统能源最佳的替代品，而其替代效应正是由于技术不成熟以及配套计划落后等因素，受到大幅削弱，因此许多地区消费者的消费偏好，并未转移到可再生能源电力产品上。为加快可再生能源电力产业发展，政府亟须加快可再生能源电力配套设施的建设以及制订合理的消纳计划。

三 "短期过剩"与"长期不足"矛盾凸显

学术界、企业界和政府部门，均认为可再生能源产业存在产能过剩问题。例如，国家发改委、工信部在其联合发布的《2009年中国工业经济运行夏季报告》中指出"太阳能、风能等新兴产业存在重复建设、无序上马等产能过剩问题非常严重"。之后在2012年中国经济周刊与商务部信用评级与认证中心联合发布的《2012年中国实体经济发展报告》中披露"作为可再生能源发电产业两大主力军的风电设备和光伏发电设备（多晶硅）有出现产能过剩的倾向"。每年中央经济会议在部署来年工作时，均明确提出与"要加快调整产业结构，把化解产能过剩矛盾作为工作重点"相类似的指示。

基于长期角度考虑，当前可再生能源电力产业建设规模不能满足将来的市场需求，可再生能源行业还存在广阔的发展前景和空间。但是，由于市场的恶性竞争，可再生能源发电企业以及其上游设备制造企业出现利润率低，甚至严重亏损等问题。例如，世界光伏企业领头羊无锡尚德在2012年亏损高达4.95亿美元，2013年上半年进入"破产重组"阶段；风电巨头华锐风电在2012年下半年已经处于全面亏损的状态。同时，国内风机价格从2008年的每千瓦6200元以上下滑到2012年的3500元左右，企业利润率不到10%。为了可再生能源产业的科学、健康和可持续发展，必须化解可再生能源产业的短期产能过剩与长期产能不足的矛盾。

多方面的原因导致了短期产能过剩：首先，可再生能源产业缺乏核心技术、存在恶性市场竞争，且企业利润率较低，这直接影响了可再生能源产业建设的规模化以及企业生产效率的提高；其次，我国政府部门的政绩评价机制以及上升机制不科学，地方政府规划混乱，导致局部地区短期产能过剩；最后，受欧债危机的影响，欧美等国家能源需求减少，我国能源产品出口量下降，这导致我国可再生能源电力产能过剩。为妥善解决短期产能过剩问题，政府必须加强对产业进入与退出的监管力度，推进收入分配体制改革，从而调节产能总供需关系，以增加新能源短期消纳量。

四 可再生能源技术水平处于较低状态

（一）可再生能源供热技术经济性和成熟度不足

当前可再生能源供热技术（如太阳能热水、太阳能供暖等）已经成熟，但系统集成技术并未成熟和完善，风电清洁供暖、太阳能制冷等新兴技术处于技术研发和试点示范阶段，部分融合技术（如智能化能源站、多种可再生能源集成技术等）尚处于试点示范阶段。同时，除太阳能热水器行业外，其他可再生能源供热市场均未实现完全市场化运行，不具备较好的经济性。

（二）可再生能源供热技术缺乏创新

首先，可再生能源供热技术成熟度差异大，技术创新体系缺乏系统性，关键技术和共性技术严重滞后；其次，市场应用方面，市场准入标准和技术标准体系尚不完善，企业不能有效贯彻执行可再生能源供热技术标准及规范；最后，设计、施工、验收等各时期，规范有效的规程体系和技术法则并未完善，可再生能源供热技术无法大规模发展和推广。因此，可再生能源供暖系统需要多能互补集成技术（如各种可再生能源的互补集成技术等）的支撑。

（三）热价机制不能有效提升技术和能效水平

首先，我国并未建立专门针对可再生能源的热价机制，同时常规能源供热领域存在成本倒挂等问题。其次，民用供暖按照政府指导价格收费，不能反映市场供热实际成本。再次，我国的供热机制改革发展缓慢，供热企业之间缺乏竞争，运行管理机制落后。最后，可再生能源供热一般是依据资源情况因地制宜设计建设项目，其一般规模较小，需要新型管理模式和商业模式，当前的环境无法促进可再生能源供热的发展。

第十章

可再生能源消费替代对经济增长的影响效应研究

鉴于化石能源的有限性和生态环境压力，世界主要国家都从经济、政治和技术等方面提出了一系列加快可再生能源发展的政策措施，极大地提高了可再生能源产业规模和技术水平。2019年4月，国际可再生能源机构（IRENA）发布的《全球能源转型：2050路线图》（2019年版）指出，电力已成为主要的能源载体，可再生能源已经占新安装发电量的一半以上，从可再生能源向电力的大规模转变可以带来60%的二氧化碳减排量，如果考虑加热和运输过程中使用的可再生能源，则二氧化碳减排量为75%。以欧洲和美国为代表的发达国家和地区更是将大力发展可再生能源作为改善生态环境状况和走出经济疲软状况的重要措施，其可再生能源的开发也取得了显著成绩，欧洲可再生能源产业的年增长率在20%以上，美国预计到2025年可再生能源将提供超过25%的电力。本章以可再生能源替代化石能源的经济增长效应为研究对象，将可再生能源消费和化石能源消费同时引入经济增长模型中，在理论分析可再生能源替代对经济增长的影响效应基础上，实证检验前者对后者的影响效应。

第一节 可再生能源替代对经济增长影响的理论分析

本部分在进行简单文献梳理的基础上，将包含化石能源和可再生能源的能源消费因素共同引入Solow的经济增长模型中，分析可再生能源替代传统化石能源的经济增长影响效应。

一 文献综述

国外关于可再生能源的研究较早，Clark 等（1979）采用动态数学模型研究了可再生资源利用问题。但之后20多年的研究成果较少，直到21世纪初，随着能源紧缺问题的日益严重，关于可再生能源的研究才逐渐成为热点。Grimaud 和 Rougé（2003）认为，研究能源系统的经济增长效应时，不仅要考虑煤、石油天然气等化石能源，还应考虑太阳能、风能和水能等可再生能源。学术界关于可再生能源的经济影响研究在理论探讨和实证检验两方面都取得了一定的研究成果。理论研究方面，多数学者认为可再生能源的开发利用有利于实现节能减排和经济的可持续发展，Kama（2001）、Lúdvik 和 Turnovsky（2004）、John 等（2002）、Koskela 等（2002）分别将可再生能源引入经济增长模型，讨论了可再生能源利用与经济可持续增长、环境污染之间的关系，认为可再生能源的合理开发能够实现经济的可持续发展。Vita（2006）、Bastianoni 和 Pulselli（2009）则将可再生能源和不可再生能源同时引入经济增长模型中，分析了前者替代后者对经济可持续发展最优路径的影响，认为加大可再生能源投资也是实现经济可持续发展的重要途径。陶磊等（2008）建立了包含可再生能源的内生增长模型，同样认为合理利用可再生能源能够实现经济的可持续增长。实证研究方面，学者研究尚未达成共识，根据研究结论分为三部分：一是可再生能源开发有利于经济增长（Apergis，Payne，2010；Apergis，Payne，2012；Ozturk，Bilgili，2015；Cho et al.，2015；后勇等，2008；Fang，2011；马丽梅等，2018）；二是可再生能源开发对经济增长的影响存在阈值效应和条件（Salim，Rafiq，2012；Al-Mulali et al.，2013；Apergis，Salim，2015；Bilgili，Ozturk，2015；Tugcu et al.，2015；张晓娣、刘学悦，2015；齐绍洲、李杨，2017）；三是可再生能源开发需要付出一定的经济代价，不利于经济增长（Ocal，Aslan，2013；齐绍洲、李杨，2018）。

可再生能源的开发利用和技术进步一样是突破资源耗减导致经济崩溃和污染问题的重要途径。国外学者有关可再生能源与经济增长的理论研究和实证研究较为丰富，但国内研究特别是理论研究相对不足。基于此，本书将可再生能源消费和化石能源消费同时引入经济增长模型中，在理论分析可再生能源替代对经济增长的影响效应基础上，实证检验前者对后者的影响效应。边际贡献体现在两方面：一是不同于以往学者基于产量或者消费量视角，本节基于价值量视角将能源消费引入经济增长模型中，分析可再生能源消费占比对经济增长的影响，提出了理论研究能源消费对经济增长影响效应的新思路。二是第二节将基于国家层面，检验可再生能源消费替代对经济增长影响效应，有利于借鉴欧美等发达国家发展可再生能源的经验，提出更具针对性和行之有效的，促进我国可再生能源开发，从而实现节能减排和经济增长的提质增效。

二 模型基本假设

第一，生产函数。生产函数采用 $C-D$ 函数的形式表示，产出变量为经济产出（Y）、投入要素包括资本（K）、劳动（L）、不可再生能源（F）、可再生能源（R）和技术（A）。为简化分析，经济产出（Y）、物质资本（K）、不可再生能源（F）、可再生能源（R）都采用人均形式表示（小写形式表示人均），因此人均经济增长的生产函数可设定为：

$$y = Ak^{\alpha}f^{\beta}r^{\gamma} \qquad (10-1)$$

式（10-1）中，y 表示人均产出水平；k、f、r、A 分别表示人均物质资本、人均不可再生能源消费量、人均可再生能源消费量和技术进步率，进一步假定在短期内，技术水平保持不变，即发展新能源是有成本约束的；α、β 和 γ 表示弹性系数且存在 $0<\alpha<1$、$0<\beta<1$、$0<\gamma<1$ 和 $\alpha+\beta+\gamma=1$。并进一步假定各生产要素满足边际产出递减的规律，即存在 $y_k>0$、$y_{kk}<0$、$y_f>0$、$y_{ff}<0$、$y_r>0$、$y_{rr}<0$。

第二，消费者效用函数。消费者从其他消费（c）、不可再生能源消费（f）和可再生能源消费（r）中获得效用，即其函数形式为 $u=u(c,f,r)$。并进一步假定其具体形式为：

$$u(c,f,r) = \frac{c^{1-\sigma}-1}{1-\sigma} + \frac{f^{1-\sigma}}{1-\sigma} + \frac{r^{1-\sigma}}{1-\sigma} \qquad (10-2)$$

式（10-2）中，σ 表示风险规避系数且 $\sigma>0$。并进一步假定消费函数满足 $u_c>0$、$u_{cc}<0$、$u_f>0$、$u_{ff}<0$、$u_r>0$、$u_{rr}<0$。

第三，能源消费函数。现有文献关于能源消费或者生产函数的设定都是基于产量或者消费量视角。这一假设的不足在于能源产量与消耗量

第十章 | 可再生能源消费替代对经济增长的影响效应研究

相同的强假设与现实不符。本书基于价值量视角，认为能源（不可再生能源和可再生能源）消费量（e）取决于能源价格（p_e）和购买投入（y_e）即 $e = y_e/p_e$，同时进一步假定 $y_E = \vartheta y$，式中 y 为国民收入，ϑ 为能源消费占国民收入的比重。进一步假定 $\varphi = \vartheta/p_e$，则进入转换，可以得到不可再生能源、可再生能源和总的消费函数为：

$$e_f = \varphi_f y \tag{10-3}$$

$$e_r = \varphi_r y \tag{10-4}$$

$$e = e_f + e_r = (\varphi_f + \varphi_r)y \tag{10-5}$$

为分析可再生能源消费占比状况，进一步假定存在 $f = \theta_f e$，$r = \theta_r e$，且 $\theta_f + \theta_r = 1$，其中 θ_r 即可表示可再生能源消费占比状况。

第四，物质资本积累函数。假定经济收入全部用于物质资本积累、能源购买和消费。因此可以得到物质资本积累的动态方程为：

$$\dot{k} = (1 - \varphi_f - \varphi_r)y - c \tag{10-6}$$

三 模型构建与分析

根据动态最优化理论，本书的动态最优化问题是在生产函数、能源消费函数和物质资本积累函数三个约束条件下，如何达到消费者效用最大化的目标。动态最优规划为：

$$Max \int_0^{+\infty} u(c, f, r) e^{-\rho t} dt$$

$$u(c, f, n) = \frac{c^{1-\sigma} - 1}{1 - \sigma} + \frac{f^{1-\sigma}}{1 - \sigma} + \frac{r^{1-\sigma}}{1 - \sigma}$$

$$s.t. \quad y = A k^\alpha f^\beta r^\gamma$$

$$e = (\varphi_f + \varphi_r)y$$

$$\dot{k} = (1 - \varphi_f - \varphi_r)y - c \tag{10-7}$$

式（10-7）表示消费者效用最大化函数，其中 ρ 表示时间贴现率。

代表性消费者的决策问题是一个动态最优化问题。为求解这个问题，可以构建现值 Hamiltonian 函数，函数形式为：

$$H = u(c, f, r) + \lambda[(1 - \varphi_f - \varphi_r)y - c] \tag{10-8}$$

式（10-8）中，λ 是 Hamiltonian 乘子，c 是控制变量，k 是状态变量。

为求解消费者效用最大化问题，对 Hamiltonian 分别求其他消费和物质资本的一阶偏导，可得：

$$\begin{cases} \partial H/\partial c = c^{-\sigma} - \lambda = 0 \\ \partial H/\partial k = \lambda(1-\varphi_f-\varphi_r)A\alpha k^{\alpha-1}f^\beta r^\gamma = \rho\lambda - \dot{\lambda} \end{cases} \quad (10-9)$$

根据最优性条件式（10-9）可得：

$$\begin{cases} c^{-\sigma} = \lambda \\ (1-\varphi_f-\varphi_r)A\alpha k^{\alpha-1}f^\beta r^\gamma = \rho - \dot{\lambda}/\lambda \end{cases} \quad (10-10)$$

由式（10-10）经过变换可得：

$$\frac{\dot{\lambda}}{\lambda} = \frac{d\ln\lambda}{dt} = \frac{d\ln c^{-\sigma}}{dt} = \frac{-\sigma d\ln c}{dt} = -\sigma\frac{\dot{c}}{c} \quad (10-11)$$

又在均衡经济增长下，经济增长率 g_y 与消费增长率相等，即存在：

$$g_y = \frac{1}{\sigma}[(1-\varphi_f-\varphi_r)A\alpha k^\alpha f^\beta r^\gamma - \rho] \quad (10-12)$$

对式（10-12）括号中的第一项进行变换，可得：

$$\begin{aligned} g_y &= \frac{1}{\sigma}[(1-\varphi_f-\varphi_r)A\alpha k^{\alpha-1}f^\beta r^\gamma(e^{1-\alpha-\beta-\gamma}) - \rho] \\ &= \frac{1}{\sigma}\left[(1-\varphi_f-\varphi_r)A\alpha\left(\frac{k}{e}\right)^{\alpha-1}\left(\frac{f}{e}\right)^\beta\left(\frac{r}{e}\right)^\gamma - \rho\right] \end{aligned} \quad (10-13)$$

根据预算约束条件可得：

$$\frac{k}{e} = \frac{[e/(\varphi_f+\varphi_r)]^{\frac{1}{\alpha}}/(Af^\beta r^\gamma)^{\frac{1}{\alpha}}}{e} = e^{\frac{1-\alpha}{\alpha}}(\varphi_f+\varphi_r)^{-\frac{1}{\alpha}}A^{-\frac{1}{\alpha}}f^{-\frac{\beta}{\alpha}}r^{-\frac{\gamma}{\alpha}} \quad (10-14)$$

将 $\alpha+\beta+\gamma=1$ 代入上式，可得：

$$\frac{k}{e} = (\varphi_f+\varphi_r)^{-\frac{1}{\alpha}}A^{-\frac{1}{\alpha}}\left(\frac{f}{e}\right)^{-\frac{\beta}{\alpha}}\left(\frac{r}{e}\right)^{-\frac{\gamma}{\alpha}} \quad (10-15)$$

将式（10-15）代入经济增长率方程（10-13）中，可得到均衡路径上的经济增长率与可再生能源替代之间的显式关系，即：

$$g_y = \frac{1}{\sigma}\left[(1-\varphi_f-\varphi_r)\alpha(\varphi_f+\varphi_r)^{\frac{1-\alpha}{\alpha}}A^{\frac{1}{\alpha}}\left(\frac{f}{e}\right)^{\frac{\beta}{\alpha}}\left(\frac{r}{e}\right)^{\frac{\gamma}{\alpha}} - \rho\right] \quad (10-16)$$

将 $f/e = 1 - r/e$ 代入式（10-16），并对上式求 (r/e) 的偏导数可得：

$$\frac{\partial g_y}{\partial (r/e)} = \frac{1}{\sigma}(1-\varphi_f-\varphi_r)\alpha(\varphi_f+\varphi_r)^{\frac{1-\alpha}{\alpha}}A^{\frac{1}{\alpha}}\left(\frac{f}{e}\right)^{\frac{\beta}{\alpha}-1}\left(\frac{r}{e}\right)^{\frac{\gamma}{\alpha}-1}$$

$$\frac{\gamma-(\beta+\gamma)(r/e)}{\alpha} \quad (10-17)$$

根据式（10-17）可得：

$$\begin{cases} \partial g_y/\partial(r/e) > 0, & r/e < \gamma/(\beta+\gamma) \\ \partial g_y/\partial(r/e) < 0, & r/e > \gamma/(\beta+\gamma) \end{cases} \quad (10-18)$$

由此可得本书的待检验命题10-1：

命题10-1：经济增长随可再生能源占比的提高呈现先增后减的倒"U"形曲线变动规律。

本书得到的倒"U"形曲线变动规律实际上也是与实际相符，虽然现阶段世界各国都在大力发展新能源，但短期内，传统化石能源仍然是能源消费的主体，可再生能源处于适度开发阶段。需要说明的是，理论分析还隐含一个强假设，即可再生能源的开发技术短期内保持不变，可再生能源的开发受到成本约束，实际上，随着可再生能源开发技术水平的提高和成本的下降，该倒"U"形曲线的最高点会进一步右移，直至消失，这也符合能源产业的演进规律。

第二节 可再生能源替代对经济增长影响的实证分析

一 数据选取和变量初步观察

安永会计事务所每半年推出一次全球"可再生能源国家吸引力指数（RECAI）"的排名，根据2019年刚刚公布的最新一期的排名，选取前40个国家作为最初的研究样本，再根据相关指标的可获得性进行筛选，最终选择34个国家作为研究可再生能源替代对经济增长影响实证研究的样本，这34个国家包括阿根廷、埃及、爱尔兰、澳大利亚、巴基斯坦、巴西、比利时、波兰、丹麦、德国、法国、菲律宾、芬兰、韩国、荷兰、加拿大、美国、秘鲁、墨西哥、南非、挪威、葡萄牙、日本、瑞典、泰国、土耳其、西班牙、希腊、意大利、印度、印度尼西亚、英国、智利和中国。指标选取方面，以水电消费量和其他可再生能源（包括风能、地热、太阳能和垃圾发电）消费量作为可再生能源消费总量（单位：百万吨油当量）；以煤炭、石油、天然气和核能消费量作为非可再生能源消费量（单位：百万吨油当量），以可再生能源消费占总能源消费（可再生和非可再生能源消费总量）比例作为各国家的可再生能源替代状况（单位:%），数据来源于《BP世界能源统计年鉴》(2010—2018)。各国经济增长数据采用以2000年为基期，消除通货膨胀之后的实际GDP（单位：亿美元）表示，数据来源于WDI数据库。同时，为保证数据的平稳性和收敛性，对二者皆取自然对数。以2000—2017年34国为研究样本，以可再生能源替代的自然对数为横坐标，以GDP的自然对数为纵坐标，得到的散点图如图10-1所示。

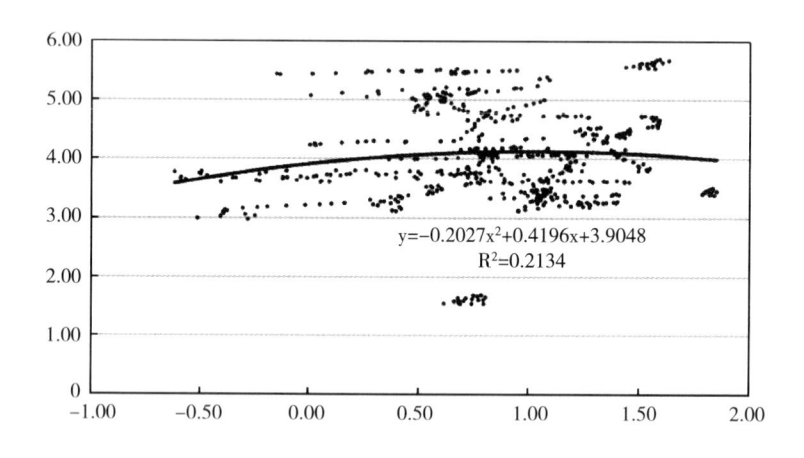

图10-1 可再生能源替代与经济增长关系散点

图10-1中可再生能源替代与经济增长之间的二项式趋势线的拟合优度为0.2134，要高于线性趋势向的拟合优度（0.0159）。因此，可以初步认定可再生能源替代与经济增长之间存在一定的倒"U"形趋势关系，随着可再生能源替代比例的上升，经济增长呈现先增长再下降的趋势。初步验证了理论分析提出的命题。本书将进一步采用计量回归分析方法进行严谨的实证检验。

二 模型构建与回归分析

根据理论分析和经验观察，可再生能源消费替代与经济增长之间的回归模型设定为：

$$\ln GDP_{it} = C + \alpha \ln R_{it} + \beta (\ln R_{it})^2 + \varphi Z_{it} + \varepsilon_{it}$$

式中，$\ln GDP_{it}$、$\ln R_{it}$ 分别表示第 i 个国家第 t 年的国内生产总值和可再生能源占比状况，直接使用上一部分计算的数据表示。C 表示常数项；α、β 和 φ 表示待估计参数；ε 表示残差项。Z 表示控制变量，主要包括：固定资本总量（$\ln K$），采用 WDI 数据库统计的各个国家固定资本形成总额占 GDP 的比重与实际 GDP 的乘积表示；劳动力投入量（$\ln L$），采用 WDI 数据库统计的失业率数据与总劳动人口数据，计算得到总劳动力投入量。产业结构（$\ln STR$），借鉴杨丽君和邵军（2018）采用的层次系数法测算，三次产业占比采用各产业就业人数占总就业人数的比重表示，数据来源于历年的《中国统计年鉴》。对外贸易（$\ln IE$），采用各国进出口贸易总额表示，数据来源于历年的《中国统计年鉴》。上述部分年份缺失的原始数据采用插值法得到。

为避免自变量内生性问题带来的参数估计偏误和组内估计变量非一致性问题，采用系统 GMM 回归方法进行回归分析，结果如表 10-1 所示。

表 10-1　　　　　　　　　回归结果

变量	方程（1）	方程（2）	方程（3）	方程（4）	方程（5）
$\ln GDP(-1)$	0.646***	0.602***	0.589***	0.741***	0.552***
	(3.692)	(3.471)	(9.016)	(8.225)	(8.101)
$\ln R$	0.536**	0.519***	0.462**	0.445***	0.422***
	(2.044)	(3.313)	(2.310)	(5.771)	(6.240)
$(\ln R)^2$	-0.066***	-0.064***	-0.057**	-0.055***	-0.052**
	(-14.025)	(-3.338)	(-2.408)	(-3.690)	(-2.442)
$\ln K$		0.370***	0.283***	0.275***	0.224***
		(10.714)	(10.314)	(9.406)	(9.358)
$\ln L$			0.492***	0.455***	0.396**
			(6.355)	(6.358)	(2.351)
$\ln STR$				0.252***	0.210***
				(5.562)	(6.610)
$\ln IE$					0.122**
					(2.255)

续表

变量	方程（1）	方程（2）	方程（3）	方程（4）	方程（5）
C	-0.426*** (-6.461)	-0.717*** (-7.213)	-0.553*** (-4.374)	-0.652*** (-6.331)	-0.688*** (-7.585)
地区固定效应	控制	控制	控制	控制	控制
年份固定效应	控制	控制	控制	控制	控制
最优值（$e^{-\alpha/2\beta}$）	58.01	57.67	57.55	57.14	57.84
$AR(1)$ p值	0.0011	0.0014	0.0006	0.0000	0.0016
$AR(2)$ p值	0.6308	0.5024	0.2007	0.5521	0.5725
$Sargan-p$值	1.0000	1.0000	1.0000	1.0000	1.0000
样本量	578	578	578	578	578

注：***、**和*分别表示在1%、5%和10%的显著性水平下通过显著性检验；括号中的数值为t统计值。下同。

由表10-1可知，在控制地区和年份的条件下，各回归方程AR(1)和AR(2)的p值分别小于0.01和大于0.1，这表明各方程残差序列存在一阶自相关且不存在二阶自相关；Sargan检验的p值也大于0.1，表明方程过度识别有效；同时各变量也在给定的水平下通过显著性检验，因此可认为设定的动态面板回归模型较为理想，与现实基本相符。从各变量影响看，前期的经济增长是当期经济增长的重要影响因素，其影响系数在0.55—0.75。可再生能源占总能源消费的比重$\ln R$提高1%，经济增长约提高0.42%—0.54%。这也为验证21世纪以来，世界各国特别是欧美发达国家大力发展可再生能源，以替代传统化石能源的政策规划提供了经验支撑。大力发展可再生能源可以从拉动投资、缓解化石能源需求压力、节能环保等多个方面提高经济增长质量和数量。可再生能源占总能源消费比重的平方$(\ln R)^2$对经济增长的影响显著为负，其增加1%，经济增长速度约下降0.052%—0.066%。这表明，随着可再生能源对化石能源替代比例的提高，其与经济增长之间存在倒"U"形关系，再次验证了理论分析提出的命题。本书认为，造成可再生能源占比增加而经济增长下降的原因可能在于：一是边际效应递减，随着新能源开发程度的提高，受资源禀赋、开发技术和成本的约束，新能源开发的投入和成本将加速提高，超过了其对经济增长的边际

第十章 可再生能源消费替代对经济增长的影响效应研究

贡献；二是新能源消费占比的提高，一定程度上挤出了传统化石能源消费带来的正效应，特别是对能源资源富集区更是如此。但随着技术水平的提高、边际成本的下降以及化石能源约束的加强，这一最优替代比例还有可能进一步提高，这也是笔者下一阶段跟踪研究的重点。

根据二次函数求最大值的方法，可以计算可再生能源占总能源消费的最优比重，计算结果为58%左右。根据前文对34个国家的统计分析，绝大部分国家尚未达到该水平，因此这些国家制定相应的可再生能源发展规划是可行的，适度发展可再生能源，对化石能源消费进行有效替代，可以在经济发展的节能减排、提质增效方面发挥重要贡献。2009年9月，时任国家主席胡锦涛在联合国气候变化峰会上提出，争取到2020年非化石能源占一次能源消费总量的比重达到15%左右，根据2018年《中国统计年鉴》数据显示，2017年我国煤炭、石油天然气以外的一次电力和其他能源消费占比约为13.8%。这一比例远远未达到最优比例，大力发展可再生能源对于中国更具重要作用和意义。

从控制变量影响效应看，固定资本总量、劳动力投入量、产业层次系数和进出口贸易总额四者的增加，都会对经济增长产生显著的正向影响，因此世界各国也可以从促进固定资本积累、扩大有效劳动投入、改善产业结构以及扩大对外贸易等方面提高经济增长水平。

三 稳健性检验

为保证估计结果的有效性，本书进一步做如下三个稳健性检验：一是删除可再生能源消费占比最大的五个国家；二是删除可再生能源消费占比最小的五个国家；三是同时分别删除可再生能源消费占比最大的三个国家和最小的三个国家数据，对三组数据再次采用系统 GMM 方法进行回归分析。三种稳健性检验的回归结果如表 10-2 所示。

表 10-2　　　　　　　　稳健性检验

变量	删除占比最大的五个国家		删除占比最小的五个国家		删除占比最大和最小的三个国家	
	方程（1）	方程（2）	方程（3）	方程（4）	方程（5）	方程（6）
$\ln GDP$（-1）	0.767***	0.342***	0.670***	0.335***	0.634***	0.428**
	(10.229)	(4.735)	(9.257)	(3.610)	(14.527)	(3.355)

续表

变量	删除占比最大的五个国家		删除占比最小的五个国家		删除占比最大和最小的三个国家	
	方程（1）	方程（2）	方程（3）	方程（4）	方程（5）	方程（6）
$\ln R$	0.442***	0.345***	0.407***	0.242***	0.433***	0.298*
	(4.417)	(3.587)	(6.251)	(3.262)	(5.788)	(1.926)
$(\ln R)^2$	-0.058*	-0.044***	-0.053***	-0.035***	-0.057***	-0.039*
	(-2.201)	(-6.411)	(-5.405)	(-4.621)	(-3.415)	(-2.194)
$\ln K$		0.272***		0.269***		0.298***
		(6.746)		(8.629)		(4.254)
$\ln L$		0.285***		0.340***		0.347***
		(4.355)		(4.450)		(2.818)
$\ln STR$		0.182*		0.239***		0.227**
		(1.882)		(3.577)		(2.438)
$\ln IE$		0.131**		-0.304**		0.118*
		(2.391)		(2.472)		(2.227)
C	-0.547***	-0.557***	-0.561***	-0.496***	-0.416***	-0.455***
	(-8.026)	(-4.596)	(-5.285)	(-6.770)	(-6.338)	(-5.745)
地区固定效应	控制	控制	控制	控制	控制	控制
年份固定效应	控制	控制	控制	控制	控制	控制
AR（1）p 值	0.0023	0.0076	0.0000	0.0003	0.0000	0.0001
AR（2）p 值	0.4589	0.4781	0.5670	0.5721	0.4553	0.5877
Sargan-p 值	1.0000	1.0000	1.0000	1.0000	1.0000	1.0000
样本量	493	493	493	493	476	476

可以看到，三组回归方程得到的解释变量对经济增长的影响效应与表 10-1 的回归结果一致，影响方向未发生变化，仅仅是影响程度的差别，这也表明表 10-1 的回归结果是稳健可靠的，能够反映 34 个国家可再生能源替代化石能源比重提高对经济增长的影响。

第三节 主要结论和政策启示

一 主要结论

本书主要研究了可再生能源对化石能源替代的经济增长效应,首先,将影响经济增长的能源因素分为化石能源和可再生能源两类,共同引入 Solow 的经济增长模型中,分析可再生能源占总能源消费的比重变化对经济增长的影响,理论分析结果表明,在技术水平特别是可再生能源开发利用技术水平保持不变的短期内,随着可再生能源占能源消费比重的提高,经济增长呈现先增长再下降的倒"U"形状态。其次,根据 2019 年安永会计事务所推出的最新一次全球"可再生能源国家吸引力指数(RECAI)"的排名,选择 34 个国家作为研究可再生能源替代对经济增长影响的研究样本进行实证研究,研究结果表明,可再生能源占总能源消费的比重与经济增长之间存在显著的倒"U"形关系,可再生能源占总能源消费比重的最优值在 58% 左右,大部分国家的新能源开发位于倒"U"形曲线的左侧,适度发展可再生能源,以替代传统化石能源消费,对国家经济增长具有显著的促进作用,特别是对于中国这样的能源消费大国来说更是如此。

二 政策启示

根据本书的理论分析和实证分析,并结合世界各国和我国新能源发展规划、目标和经验,本书从以下几个方面提出促进我国新能源发展的政策建议,为我国能源发展"十四五"规划和经济提质增效、高质量增长提供政策参考。

一是深入实施创新驱动发展战略,提高可再生能源研发技术。可再生能源的研发技术和技术装备水平直接决定了其开发水平,从能源产业长期的历史演化进程看,技术约束和成本约束是一种新能源替代旧能源最大的约束条件,但随着技术水平的提高,该约束条件会逐渐消失,因此,提高可再生能源开发水平首先要提高其技术研发水平。一方面,要加强可再生能源科技创新体系顶层设计,完善科技创新激励机制,统筹推进基础性、综合性、战略性可再生能源科技研发,提升能源科技整体竞争力,培育更多的技术优势并加快转化为经济优势。另一方面,要整合现有校企政各个主体的可再生能源研发科研力量,建设一批可再生能源创新中心和实验室,鼓励加强合作,建立一批技术创新联盟,推进技术集成创新。此外,还要推进可再生能源装备研发,突破可再生能源装备制造关键技术、材料和零部件等"瓶颈",加快形成重大装备自主成套能力,推动可再生能源上游制造业加快智能制造升级,提升全产业链发展质量和效益。

二是坚持集中开发与分散利用并举,调整优化开发布局。新能源发电站的发电功率是不可人为强制改变和调度的,其发功率与外界自然环境有很强的联系,一方面,它的发电功率随着湿度、温度、昼夜、季节等因素的变化而变化,外在表现为很强时变性;另一方面,间接性、不稳定性和随机性等特点更是导致新能源发展"瓶颈"的内因,内外因的叠加导致了新能源电力的利用低效率,出现结构性的过剩甚至无法消纳的结果。因此,为解决这一问题,可以从以下两方面入手:一方面,要积极发展储能,变革调度运行模式,加快突破电网平衡和自适应等运行控制技术,显著提高电力系统调峰和消纳可再生能源能力。另一方面,要加快智能电网发展,构建分布式能源系统,就地转换能源。分布式发电指的是在用户现场或靠近用电现场配置较小的发电机组(一般低于30MW),以满足特定用户的需要,支持现存配电网的经济运行,或者同时满足这两个方面的要求。推进分布式智能供能系统在工业园区、城镇社区、公用建筑和私人住宅开始应用,并进一步健全可再生能源调度运行和调峰成本补偿机制,以适应可再生能源大规模并网消纳的要求,解决部分地区弃风、弃水、弃光等问题。

第十一章

促进可再生能源产业发展的路径分析

第一节 可再生能源直接补贴影响分析

本章同样基于微观企业视角，通过建立一个可再生能源企业与传统化石能源企业的双寡头垄断企业动态博弈模型，理论分析政府提供一次性补贴、产量补贴和混合补贴三种方式对基于利润最大化目标的可再生能源企业生产决策行为选择的影响，从而分析促进我国可再生能源产业发展，实现整个能源产业升级的路径选择。

一 基本模型设定

假定电力市场中存在传统化石能源企业和可再生能源企业两类代表性电力生产企业，传统化石能源企业在发电过程中会因为传统化石能源消耗产生大量的二氧化碳、二氧化硫等污染气体排放，其生产过程中存在显著的生态环境负外部性问题；可再生能源企业是通过水能、风能以及太阳能等可再生能源进行发电，假定其电力生产过程中不存在生态环境污染等负外部性问题。传统化石能源企业具有成本优势，其在电力市场中具有绝对的优势，但其因生态环境污染造成的社会成本较大，不利于我国现阶段的生态文明和美丽中国建设，在此条件下，为促进可再生能源产业的发展，以缓解传统化石能源企业电力生产过程中的污染排放问题，政府会采取补贴的形式对可再生能源企业的发展给予支持，以实现社会整体效用的最大化。

假定传统化石能源企业和可再生能源企业在市场中组成一个古诺双寡头竞争模型，本书采用 F、R 分别代表传统化石能源企业和可再生能源企业。两类企业组成的电力市场的线性反需求生产函数为：

$$P = A - Q_R - Q_F \quad (11-1)$$

式（11-1）中，P 为整个电力市场的市场价格；A 表示电力市场的规模，为常变量；Q_F、Q_R 分别表示传统化石能源企业和可再生能源企业的电力产量。

政府对于可再生能源企业的补贴可以分为两类：一次性补贴和单位产量补贴，一次性补贴就是指政府对可再生能源企业给予一次总的补贴，之后不再进行补贴；单位产量补贴是指政府对可再生能源企业给予的补贴是根据企业的产量确定的，产量越大，补贴越大。假定政府给予可再生能源企业的一次性补贴和单位产量补贴分别表示为 S_I、S_O，则政府的补贴函数为 $f(S_I, S_O)$，根据两类补贴方式，可以将补贴模式分为三类：一次性补贴模式、产量补贴模式和混合补贴模式（既包括一次性补贴又存在产量补贴）。

根据上述假设，可以得到可再生能源企业和传统化石能源企业的利润函数分别为：

$$\pi_R = P_G Q_R - C_R Q_R^2 + f(S_I, S_O) \quad (11-2)$$

$$\pi_F = P_G Q_F - C_F Q_F^2 \quad (11-3)$$

在式（11-2）和式（11-3）中，π_R 和 π_F 分别表示可再生能源企业和传统化石能源企业的利润函数；P_G 是由政府确定的电力规制价格，这是因为考虑到我国电力市场是由政府垄断的国情，电力价格是由政府根据实际情况确定的，一般情况下政府规制价格与市场条件下电力市场价格是不一致的；C_R 和 C_F 分别表示可再生能源企业和传统化石能源企业的单位成本，为便于分析进一步假定两类企业的生产成本 $C_R Q_R^2$ 和 $C_F Q_F^2$ 为大于 0 的常数。此外，需要说明的是，本书这里借鉴 Sun 和 Nie（2016）模型设定思想，假定两类企业生产具有规模报酬递减的性质。

进一步考虑到政府在为可再生能源企业提供补贴政策的同时，也必然带来相应的额外成本，如审计成本、核算成本以及监督成本等，本书假定政府因给予可再生能源企业远程性补贴和产量补贴带来的成本分别为：

$$GE = \xi[f(S_I, S_O)]^2 \quad (11-4)$$

$$GE = (1+\eta)f(S_I, S_O) \quad (11-5)$$

一次性成本函数式（11-4）是参考 Bowles 和 Hwang（2008）的研究思想设定的，式中，ξ（$\xi>0$）表示政府的成本控制系数，该系数越大表明政府因对可再生能源企业的补贴带来的单位成本越大，政府的补贴管理能力越弱；反之，该系数越小表明政府因对可再生能源企业的补贴带来的单位成本越小，政府的资金管理能力越强。同时本书采用二次函数的形式表示补贴与政府补贴成本的关系，即存在边际成本递增的趋势。产量补贴成本函数式（11-5）为线性函数形式，式中，η（$\eta>0$）表示政府的可再生能源企业单位产量补贴的成本系数。

结合上述函数设定，可以得到消费者剩余函数为：

$$CS = \int_0^{Q_R+Q_F}(P-P_G)dQ = (A-P_G)(Q_R+Q_F) - \frac{1}{2}(Q_R+Q_F)^2$$

$$(11-6)$$

此外，需要考虑传统化石能源企业生产过程中产生的生态环境负外部性问题，借鉴 Poyago 和 Theotoky（2007）给出化石能源污染二次函数形式，本书假定传统化石能源企业生产产生的负外部性为：

$$NE = \gamma Q_F^2 \quad (11-7)$$

因此，最终可以得到社会福利函数表达式为：

$$\begin{aligned}W &= \pi_R + \pi_F + CS - GE - NE \\ &= P_G Q_R - C_R Q_R^2 + f(S_I, S_O) + P_G Q_F - C_F Q_F^2 + (A-P_G)(Q_R+Q_F) - \\ &\quad \frac{1}{2}(Q_R+Q_F)^2 - GE - \gamma Q_F^2\end{aligned} \quad (11-8)$$

二 模型推导

政府对可再生能源企业的不同存在一次性补贴、单位产量补贴以及混合补贴三种模式，本书接下来将通过构建两阶段双寡头古诺博弈模型，采用逆向归纳法分析三种补贴模式的效果。

（一）一次性补贴模式

此时，政府为实现可再生能源企业生产的电力替代传统化石能源生产的电力，实现节能减排和生态文明建设，政府对可再生能源企业的电力生产给予一次性补贴，此时，政府补贴函数变为 $f(S_I, S_O) = S_I$，同时可再生能源企业的电力生产的利润函数变为：

$$\pi_{1R} = P_G Q_R - C_R Q_R^2 + S_I \tag{11-9}$$

而传统化石能源企业的电力生产的利润函数保持不变，仍然为式（11-3）。

可以看到，可再生能源企业的电力生产函数式（11-9）与传统化石能源企业的电力生产的利润函数式（11-3）都是关于电力产量 Q_R 和 Q_F 的凹函数，因此，可以对利润函数求产量的偏导数，可得：

$$\begin{cases} \dfrac{\partial \pi_{1R}}{\partial Q_R} = P_G - 2C_R Q_R \\ \dfrac{\partial \pi_{1F}}{\partial Q_F} = P_G - 2C_F Q_F \end{cases} \tag{11-10}$$

进一步假定利润最大化的一阶条件为 $\partial \pi_{1R}/\partial Q_R = \partial \pi_{1F}/\partial Q_F = 0$，因此，由式（11-10）可以得到可再生能源企业和传统化石能源企业的最优电力产量为：

$$\begin{cases} Q_{1R}^* = \dfrac{P_G}{2C_R} \\ Q_{1F}^* = \dfrac{P_G}{2C_F} \end{cases} \tag{11-11}$$

进一步将式（11-11）分别带入式（11-2）至式（11-7）中，就可以得到在一次性不同模式下两类企业的利润、消费者剩余、政府补贴成本以及传统化石能源生产的负外部性表达式分别为：

$$\pi_{1R} = \dfrac{P_G^2}{4C_R} + S_I \tag{11-12}$$

$$\pi_{1F} = \dfrac{P_G^2}{4C_F} \tag{11-13}$$

$$CS_1 = (A - P_G) \dfrac{P_G (C_R + C_F)}{2C_R C_F} - \dfrac{P_G^2 (C_R + C_F)^2}{8 C_R^2 C_F^2} \tag{11-14}$$

$$GE_1 = \xi S_I^2 \tag{11-15}$$

$$NE_1 = \dfrac{\gamma P_G^2}{4 C_F^2} \tag{11-16}$$

由式（11-12）至式（11-16）可以最终求得社会福利函数为：

$$W_1 = \frac{P_G^2}{4C_F} + S_I + \frac{P_G^2}{4C_R} + (A - P_G)\frac{P_G(C_R + C_F)}{2C_R C_F} - \frac{P_G^2(C_R + C_F)^2}{8C_R^2 C_F^2} - \xi S_I^2 -$$
$$\frac{\gamma P_G^2}{4C_F^2} \qquad (11-17)$$

由社会福利函数式（11-17）可知，社会福利函数是一次性补贴 S_I、政府电力规制价格 P_G 的凹函数，同样将社会福利函数式（11-17）分别对 S_I 与 P_G 求偏导，可得：

$$\frac{\partial W_1}{\partial S_I} = 1 - 2\xi S_I \qquad (11-18)$$

$$\frac{\partial W_1}{\partial P_G} = \frac{P_G}{2C_R} + \frac{P_G}{2C_F} + (A - P_G)\frac{(C_R + C_F)}{2C_R C_F} - \frac{P_G(C_R + C_F)^2}{4C_R^2 C_F^2} - \frac{\gamma P_G}{2C_F^2}$$
$$(11-19)$$

可以看出，在 $\partial W_1/\partial S_I = \partial W_1/\partial P_G = 0$ 条件下，政府能够实现社会福利的最大化目标，进一步通过式（11-18）和式（11-19）可以求出政府的一次性补贴最优量以及最优电力规制价格分别为：

$$\begin{cases} S_{1I}^* = \dfrac{1}{2\xi} \\ P_{1G}^* = \dfrac{2A(C_R + C_F)C_R C_F}{2C_R C_F^2 + 2C_R^2 C_F + C_R^2 + C_F^2 + 2\gamma C_R^2} \end{cases} \qquad (11-20)$$

通过式（11-20）可以看出，最优电力规制价格与电力市场规模 A 成正比，电力市场规模越大，最优电力规制结果越高，一般情况下，电力生产的技术水平和装机量在短期内保持相对稳定的状态，此时最优规制电力价格必然随着市场规模的扩大而增大。最优电力规制价格与传统化石能源企业电力生产的负外部性系数 γ 负相关，负外部性系数越大，最优电力规制价格越小。

（二）产量补贴模式

产量补贴模式下，政府对于可再生能源企业电力生产的补贴是根据其电力产量设定的，假定产量补贴模式下的政策补贴函数为 $f(S_I, S_O) = S_O Q_R$，其中 S_O 为政府的单位电力产量补贴标准，此时可再生能源企业电力生产的利润函数变为：

$$\pi_{2R} = P_G Q_R - C_R Q_R^2 + S_O Q_R \qquad (11-21)$$

而传统化石能源企业电力生产的利润函数仍保持不变，为式（11-

3)。同样可知可再生能源企业的电力生产函数式（11-21）与传统化石能源企业的电力生产的利润函数式（11-3）都是关于电力产量 Q_R 和 Q_F 的凹函数，因此，可以对两类企业的电力生产利润函数求产量的偏导数。同样通过两类企业电力生产的利润最大化一阶条件 $\partial \pi_{2R}/\partial Q_R = \partial \pi_{2F}/\partial Q_F = 0$ 可以求出最优产量为：

$$\begin{cases} Q_{2R}^* = \dfrac{P_G + S_O}{2C_R} \\ Q_{2F}^* = \dfrac{P_G}{2C_F} \end{cases} \quad (11-22)$$

同样将式（11-22）分别带入式（11-2）至式（11-7），可得：

$$\pi_{2R} = \dfrac{P_G^2 + P_G S_O}{4C_R} \quad (11-23)$$

$$\pi_{2F} = \dfrac{P_G^2}{4C_F} \quad (11-24)$$

$$CS_2 = (A - P_G)\dfrac{P_G C_R + P_G C_F + S_O C_F}{2C_R C_F} - \dfrac{(P_G C_R + P_G C_F + S_O C_F)^2}{8C_R^2 C_F^2} \quad (11-25)$$

$$GE_2 = \dfrac{(1-\eta)S_O(P_G + S_O)}{2C_R} \quad (11-26)$$

$$NE_2 = \dfrac{\gamma P_G^2}{4C_F^2} \quad (11-27)$$

由此可以得到单位产量补贴模式下的社会福利函数变为：

$$W_2 = \dfrac{P_G^2 + P_G S_O}{4C_R} + \dfrac{P_G^2}{4C_F} + (A - P_G)\dfrac{P_G C_R + P_G C_F + S_O C_F}{2C_R C_F} -$$

$$\dfrac{(P_G C_R + P_G C_F + S_O C_F)^2}{8C_R^2 C_F^2} - \dfrac{(1-\eta)S_O(P_G + S_O)}{2C_R} - \dfrac{\gamma P_G^2}{4C_F^2}$$

$$(11-28)$$

由式（11-28）可知，社会福利函数中 S_O^2 与 P_G^2 的系数是负值，因此社会福利是关于单位产量补贴和政府电力规则价格的凹函数，进一步将社会福利函数分别对产量补贴 S_O 与政府电力规制价格 P_G 求偏导，可得：

$$\frac{\partial W_2}{\partial S_O} = \frac{P_G}{4C_R} + \frac{A - P_G}{2C_R} - \frac{P_G C_R + P_G C_F + S_O C_F}{4C_R^2 C_F} - \frac{(1-\eta)(P_G + 2S_O)}{2C_R}$$
(11-29)

$$\frac{\partial W_2}{\partial P_G} = \frac{2P_G + S_O}{4C_R} + \frac{P_G}{2C_F} - \frac{P_G C_R + P_G C_F + S_O C_F}{2C_R C_F} + \frac{(A-P_G)(C_R - C_F)}{2C_R C_F} -$$
$$\frac{(P_G C_R + P_G C_F + S_O C_F)(C_R + C_F)}{4C_R^2 C_F^2} - \frac{(1-\eta)S_O}{2C_R} - \frac{\gamma P_G}{2C_F^2} \quad (11-30)$$

由此可知在 $\partial W_2/\partial S_O = \partial W_2/\partial P_G = 0$ 条件下政府能够达到社会福利最大化目标，通过式（11-29）与式（11-30）可求出政府对可再生能源企业电力生产的最优产量补贴及最优政府电力规制价格分别为：

$$\begin{cases} S_{2O}^* = \dfrac{2(2\eta C_R C_F - 2\gamma C_R + C_R C_F + 2\eta C_F^2 + C_F^2)A}{K} \\ P_{2G}^* = \dfrac{2AC_F(2\eta C_F + 2\eta C_K + C_F + 4C_R)}{K} \end{cases}$$
(11-31)

式（11-31）中的分母 K 表达式为：

$$K = -8\gamma(\eta C_R + C_R + C_R C_F) - 4\eta(C_R + C_F + C_F^2 + \eta C_F^2) - 4(C_R + C_F) - 2\gamma + C_F^2 - 8C_R C_F$$

（三）混合补贴模式

混合补贴模式下，政府对可再生能源企业电力生产的补贴方式是同时给予一次性补贴和单位产量补贴，这种补贴模式下可再生能源企业电力生产的利润函数变为：

$$\pi_{3R} = P_G Q_R - C_R Q_R^2 + S_O Q_R + S_I \quad (11-32)$$

而传统化石能源企业电力生产的利润函数仍与式（11-3）相同。

与一次性补贴和产量补贴模式下的情形相似，可以求得可再生能源企业与传统化石能源企业的最优电力产量分别为：

$$\begin{cases} Q_{3R}^* = \dfrac{P_G + S_O}{2C_R} \\ Q_{3D}^* = \dfrac{P_G}{2C_F} \end{cases}$$
(11-33)

同样将式（11-33）带入式（11-2）至式（11-7）中可得：

$$\pi_{3R} = \frac{P_G^2 + P_G S_O}{4C_R} \tag{11-34}$$

$$\pi_{3F} = \frac{P_G^2}{4C_F} \tag{11-35}$$

$$CS_3 = (A - P_G)\frac{P_G C_R + P_G C_F + S_O C_F}{2C_R C_F} - \frac{(P_G C_R + P_G C_F + S_O C_F)^2}{8C_R^2 C_F^2} \tag{11-36}$$

$$GE_3 = \frac{(1-\eta)S_O(P_G + S_O)}{2C_R} + \xi S_I^2 \tag{11-37}$$

$$NE_3 = \frac{\gamma P_G^2}{4C_F^2} \tag{11-38}$$

根据上述公式可以求得混合补贴模式下的社会福利函数为：

$$W_3 = \frac{P_G^2 + P_G S_O}{4C_R} + \frac{P_G^2}{4C_F} + (A - P_G)\frac{P_G C_R + P_G C_F + S_O C_F}{2C_R C_F} - \frac{(P_G C_R + P_G C_F + S_O C_F)^2}{8C_R^2 C_F^2} - \frac{(1-\eta)S_O(P_G + S_O)}{2C_R} + \xi S_I^2 - \frac{\gamma P_G^2}{4C_R^2} \tag{11-39}$$

对社会福利函数式（11-39）分别求相应的产量补贴 S_O、一次性补贴 S_I 与政府规制电力价格 P_G 的偏导，可得：

$$\frac{\partial W_3}{\partial S_O} = \frac{P_G}{4C_R} + \frac{A - P_G}{2C_R} - \frac{P_G C_R + P_G C_F + S_O C_F}{4C_R^2 C_F} - \frac{(1-\eta)(P_G + 2S_O)}{2C_R} \tag{11-40}$$

$$\frac{\partial W_3}{\partial P_G} = \frac{2P_G + S_O}{4C_R} + \frac{P_G}{2C_F} - \frac{P_G C_R + P_G C_F + S_O C_F}{2C_R C_F} + \frac{(A - P_G)(C_R - C_D)}{2C_R C_F} - \frac{(P_G C_R + P_G C_F + S_O C_F)(C_R + C_F)}{4C_R^2 C_F^2} - \frac{(1-\eta)S_O}{2C_R} - \frac{\gamma P_G}{2C_R^2} \tag{11-41}$$

$$\frac{\partial W_3}{\partial S_I} = 1 - 2\xi S_I \tag{11-42}$$

通过对式（11-40）至式（11-42）求解可得政府对可再生能源企业电力生产的最优产量补贴以及最优电力规制价格分别为：

$$\begin{cases} S_{3O}^* = \dfrac{2(2\eta C_R C_F - 2\gamma C_R + C_R C_F + 2\eta C_F^2 + C_F^2)A}{K} \\ S_{3I}^* = \dfrac{1}{2\xi} \\ P_{3G}^* = \dfrac{2AC_F(2\eta C_F + 2\eta C_K + C_F + 4C_R)}{K} \end{cases} \quad (11-43)$$

第二节 不同补贴政策的经济性对比分析

本节将采用 MATLAB 软件工具对一次性补贴、产量补贴和混合补贴三种不同补贴模式的效果进行数值模拟，以进一步清晰分析不同补贴模式的异质性效果。为简化分析，本书进一步假设不同补贴模式下的电力市场规模以及两类能源企业发电的成本短期内保持稳定状态。

一 最优电力规制价格

实际上，我国电力价格一般由国家电力部门根据我国电力的供求状况决定，市场上的电力价格既要考虑电力生产企业的生产经营利润状况，又要兼顾电力消费企业和居民对电力价格的承受能力。

根据一次性补贴、产量补贴和混合补贴三种不同模式下政府的最优电力规则价格 P_G^* 表达式可以看出，政府对电力市场的规制价格与传统化石能源企业电力生产中的负外部性存在负相关关系，也就是说，传统化石能源企业电力生产中的环境污染加剧时，政府制定的电力市场规制价格越低。

由于以煤炭为主的传统化石能源的资源属性问题，传统化石能源企业的电力生产过程中必然会造成生态破坏和环境污染问题，伴随着传统化石能源企业电力生产过程中的生态破坏和环境污染，环保意识增强的电力消费企业和个人更倾向于采用可再生能源企业生产的电力。此外，政府也会基于环境达标和消费者行为选择视角支持可再生能源企业的电力生产活动，促进可再生能源企业发电替代传统化石能源发电。

根据实际情况和其他学者的研究假设，在假定整个电力市场规模 (A) 为 40 单位、可再生能源企业发电成本 (C_R) 为 2 单位、传统化石能源企业发电成本 (C_F) 为 1 单位以及政府对可再生能源企业电力生产的单位产量补贴成本系数（η）为 0.1 时，三种补贴模式对政府制定的最优电力规制价格的影响随传统化石能源企业电力生产中的污染系数增加的变动趋势如图 11-1 所示。

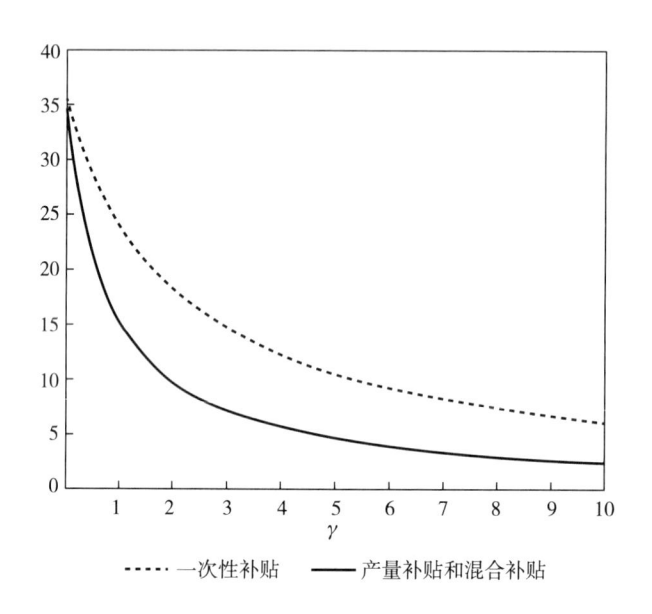

图 11-1　不同补贴方式对最优规制价格的影响

可以看到，在一次性补贴和产量补贴（混合补贴）模式下，政府的最优电力规制价格与传统化石能源企业电力生产过程中的生态破坏和环境污染负外部性呈现显著的负相关关系。传统化石能源企业电力生产过程中的污染系数提高导致了政府最优电力规制价格下降。但不同补贴模型下污染系数的影响效果存在异质性，具体来说，污染系数的下降对产量补贴（混合补贴）模式下政府最优电力规制价格的影响效果比一次性补贴模式下政府最优电力规制价格的影响更明显，对可再生能源企业发电具有更好的促进作用。基于此，提出命题 11-1：

命题 11-1：无论是在一次性补贴还是在产量补贴（混合补贴）模式下，政府最优电力规制价格都与传统化石能源企业电力生产中的负外部性呈显著的负相关关系，且产量补贴（混合补贴）模式的效果优于一次性补贴模式。

同时根据三种补贴模式下可再生能源企业发电成本与政府电力规制价格关系式可以发现,当可再生能源企业的发电成本足够高时,政府制定的最优电力规制价格将会趋于一致,也就间接证明了当可再生能源企业的发电成本足够高时,市场上愿意投资生产可再生能源的企业逐渐趋于消失,原本政府依据双寡头企业的政府规制也渐渐变为仅仅针对传统能源企业的价格规制。这一结论可以通过对可再生能源企业电力生产成本极大时的公式表达式看出。对式(11-20)求可再生能源企业电力生产成本进行求导可得:

$$\lim_{C_R \to \infty} \frac{2A(C_R+C_F)C_RC_F}{2C_RC_F^2+2C_R^2C_F+C_R^2+C_F^2+2\gamma C_R^2} = \frac{2AC_F}{2\gamma+1+2C_F} \quad (11-44)$$

同理,由式(11-31)和式(11-43)可得:

$$\lim_{C_R \to \infty} \frac{2AC_F(2\eta C_R+2\eta C_F+4C_R+C_F)}{K} = \frac{2AC_F}{2\gamma+1+2C_F} \quad (11-45)$$

因此,存在:

$$\lim_{C_R \to \infty} P_{1G}^* = \lim_{C_R \to \infty} P_{2G}^* = \lim_{C_R \to \infty} P_{3G}^* = \frac{2AC_F}{2\gamma+1+2C_F} \quad (11-46)$$

对上述等式进行数值模拟,本书假定电力市场规模(A)为40单位,传统能源企业电力生产过程中的负外部性系数(γ)为0.5,传统化石能源企业电力生产的成本(C_F)为1单位,政府对可再生能源企业电力生产过程中的产量补贴成本系数(η)为0.1。这一假设条件下的数值模拟结果如图11-2所示。

可以看出,数值模拟的结果与式(11-44)至式(11-46)的数理推导结论一致,随着可再生能源企业电力生产成本的增加,一次性补贴模式下最优的电力规制价格呈现先快速增长之后缓慢下降并逐渐保持不变的不规则倒"U"形变动趋势;而产量补贴和混合补贴方式会导致最优规制价格先快速下降之后缓慢下降并最终保持不变的变动趋势。一次性补贴和产量补贴对最优规制价格的影响效果最终趋于一致。基于此,提出命题11-2:

命题11-2:对可再生能源企业采用一次性补贴(产量补贴)政策时,电力最优规制价格随着可再生能源企业生产成本的增加呈现先增后减(递减)的趋势,最终二者趋于一致。

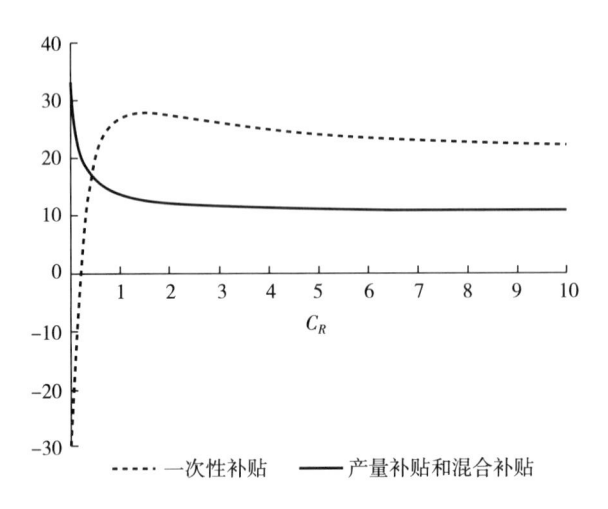

图 11-2 不同补贴方式对政府最优规制价格变动的影响

二 最优产出水平

将最优补贴和最优电力规制价格分别代入可再生能源企业和传统化石能源企业的最优电力产量式中，可以得到一次性补贴和产量补贴（混合补贴）模式下两类能源企业电力生产的最优产出水平为：

$$Q_{1R} = \frac{NC_F}{Z} \tag{11-47}$$

$$Q_{1F} = \frac{NC_R}{Z} \tag{11-48}$$

$$Q_{2R} = Q_{3R} = \frac{NC_R C_F}{ZC_R} + \frac{AM}{KC_R} \tag{11-49}$$

$$Q_{2F} = Q_{3F} = \frac{NC_R}{Z} \tag{11-50}$$

式中，N、Z、M 表示为 $N = A(C_R + C_F)$、$Z = 2C_F C_R(C_R + C_F + 1) + (1 + 2\gamma)C_R^2 + C_F^2$、$M = [(2\eta + 1)(C_R C_F + C_F^2) - 2\gamma C_R]$。

采用数值模拟的方法分析不同补贴政策对可再生能源企业电力生产最优产出水平的影响。假定电力市场规模（A）为 40 单位，传统化石能源企业电力生产过程中生态破坏和环境污染的负外部性系数（γ）为 0.5，传统化石能源企业电力生产成本（C_F）为 1 单位以及政府对可再生能源企业的产量补贴成本系数（η）为 0.1。此时一次性补贴和产量补贴（混合补贴）对可再生能源企业电量生产的最优产出水平的影响效果如图 11-3 所示。

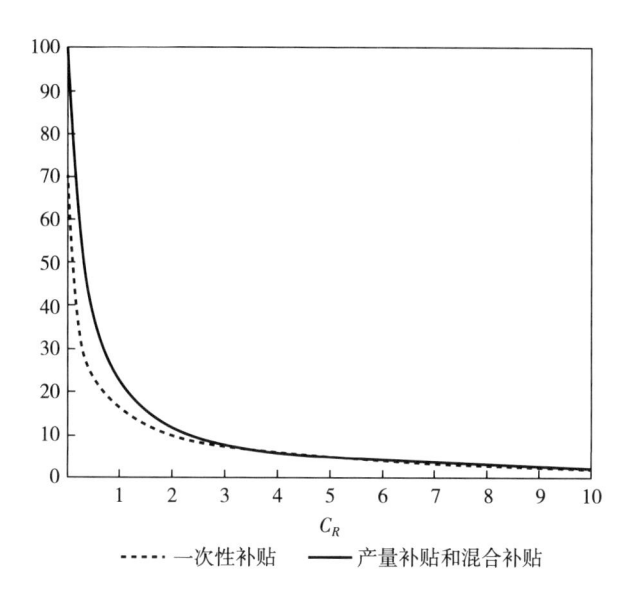

图 11-3 不同补贴政策对可再生能源企业电力生产最优产出水平的影响

由图 11-3 可以看出，当可再生能源企业电力生产的成本较低时，产量补贴（混合补贴）模式下，可再生能源企业电力生产的最优产量较大，政策效果更明显；而当可再生能源企业电力生产的成本较高时，一次性补贴模式下可再生能源企业电力生产的最优产量相对增加，政策效果更明显。

实际上，在可再生能源企业电力生产的成本较低时，可再生能源企业电力生产时面临的不确定性所带来的风险也相对较小，而对可再生能源企业电力生产的产量又给予单位产量补贴，这必然进一步降低了可再生能源企业在电力生产产能投产前的生产风险评估程度，提高了可再生能源企业相对于传统化石能源企业在电力市场中的竞争优势，因此此时的产量补贴政策效果更明显。当可再生能源企业电力生产的成本较高时，其电力设备设施建成投产后所面临的风险也相应提高，可再生能源

企业更愿意接受在风险可能发生之前的一次性补贴行为,因此此时的一次性补贴政策效果更明显。基于此,提出命题11-3:

命题11-3:不同补贴政策效果随可再生能源企业的电力生产成本变动而变动,当可再生能源企业电力生产成本较低时,产量补贴政策效果更明显;当可再生能源企业电力生产成本达到一定值时,一次性补贴政策效果更明显。

进一步分析不同补贴政策对可再生能源企业最优产量的影响效果随传统化石能源企业电力生产中的污染排放系数增加的变动趋势,如图11-4所示。

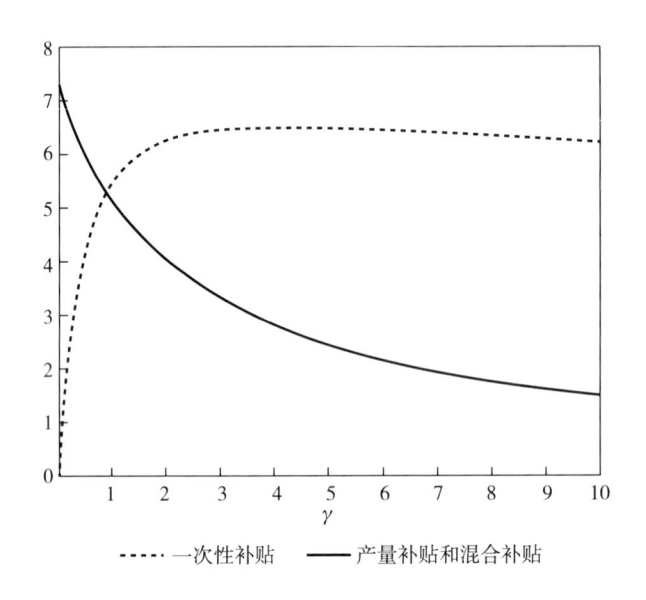

图11-4 不同补贴政策对最优产出水平的影响

可以看到,在电力市场规模(A)为40单位、可再生能源企业电力生产成本(C_R)为2单位、传统化石能源企业电力生产成本(C_F)为1单位以及政府对可再生能源企业产量补贴成本系数(η)为0.1的条件下,一次性补贴政策对可再生能源企业电力生产最优产出水平的影响效果在传统化石能源企业的污染排放系数较小时更加敏感,随着传统化石能源企业电力生产的污染排放系数增加,可再生能源企业电力生产的最优产出水平快速增长，其替代效果明显。产量补贴政策对可再生能源企业电力生产最优产出水平的影响效果随着传统化石能源电力生产的污染排放系数增加而减少，传统化石能源企业电力生产中的污染排放过大也意味着政府环境保护和节能减排的意识有待提高，此时政府采取的实体保护和污染治理措施的力度必将会大大下降，对可再生能源企业电力生产的激励和支持力度也将会降低。

三 社会福利水平对比

将可再生能源企业电力生产和传统化石能源企业电力生产的最优产量水平以及政府的最优电力规制价格带入社会福利函数中，可以得到社会福利函数表达式为：

$$W = \frac{N^2(C_R^2 C_F + C_R C_F^2)}{Z^2} + \frac{1}{2C_R C_F}\left\{A\left[\frac{2N(C_R^2 C_F + C_R C_F^2)}{Z} + \frac{2AMC_F}{K}\right] - \frac{2NC_R C_F}{Z}\left[\frac{2NC_R^2 C_F}{Z} + \frac{2NC_R C_F^2}{Z} + \frac{2AMC_F}{K}\right]\right\} - \frac{N(C_R + C_F)}{4ZC_R C_F} - \frac{AMC_F}{4KC_R^2 C_F^2} - \frac{AM(1+\eta)}{K}\left(\frac{2AM}{KC_R} + \frac{2NC_F^2}{KZ}\right) + \frac{1}{4\xi} - \frac{N^2 C_F^2}{Z^2} \quad (11-51)$$

式（11-51）中，N、Z、M、K 与前文中的设定相同。基于不同参数变化的社会福利水平变动数值模拟对比如图 11-5 至图 11-8 所示。

结合图 11-5 和图 11-6 可以看出，在电力市场规模（A）为 40 单位、可再生能源企业电力生产成本（C_R）为 2 单位、传统化石能源企业电力生产成本（C_F）为 1 单位、政府对可再生能源企业电力生产的产量补贴成本系数（η）为 0.1 的条件下，当政府对可再生能源企业电力生产的补贴成本控制系数（ξ）分别为 0.0001（图 11-5）和 0.001（图 11-6）时，随着传统化石能源企业电力生产的污染排放系数增加，一次性补贴政策下的社会福利水平都实现了较快增长，并且在政府成本控制系数较低时的效果更好；产量补贴政策下的社会福利水平在成本控制系数较低时增长比较缓慢，但在政府成本控制系数较大时效果较为明显，但该政策的效果相比较而言在三种模式中仍然是最低的；混合补贴政策下的社会福利水平一直处于较高水平，并且政府成本控制系数的影响相对较低。基于此，提出命题 11-4：

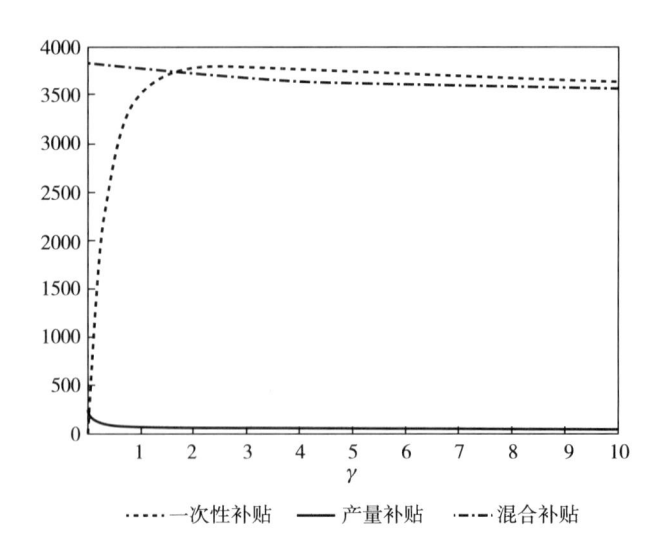

图 11-5 三种补贴模式下最优社会福利水平的变动

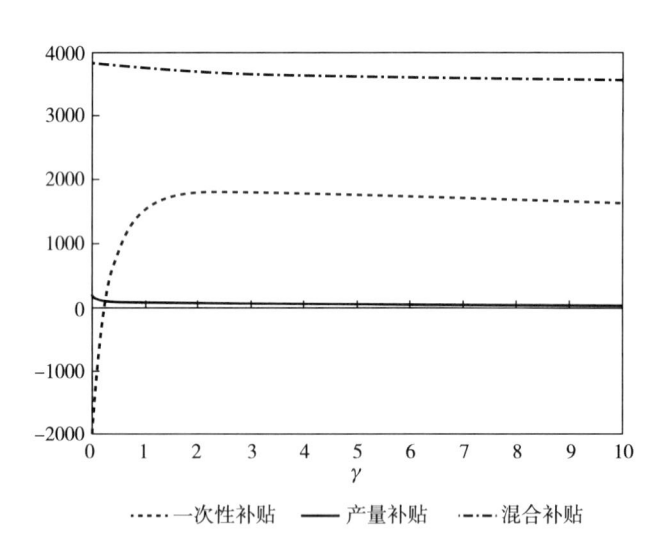

图 11-6 三种补贴模式下最优社会福利水平的变动

命题 11-4：基于社会福利最大化的视角考虑，混合补贴模式是三种补贴模式中的最优选择。

此外，需要注意的是，政府对可再生能源企业电力生产的补贴系数同样是社会福利水平变化的重要影响因素。以一次性补贴模式下的政府

第十一章 | 促进可再生能源产业发展的路径分析

补贴成本系数为例,对比图 11-5 和图 11-6 可以发现,随着政府对可再生能源企业电力生产的一次性补贴政策成本系数增加,最优的社会福利水平迅速下降。当传统化石能源企业电力生产的污染排放较为严重时,由于其高昂的成本系数,政府采取一次性补贴方式势必会付出高额的补贴费用以抵消传统化石能源企业电力生产所带来的生态破坏和环境污染问题。

由图 11-7 可以看出,当电力市场规模(A)为 40 单位,传统化石能源企业电力生产的负外部性系数(γ)为 0.5,传统化石能源企业电力生产成本(C_F)为 1 单位、政府对可再生能源企业电力生产的产量补贴成本系数(η)为 0.1、政府的补贴成本控制系数(ξ)为 0.0001 时,若政府对可再生能源企业电力生产采用一次性补贴,随着可再生能源企业电力生产成本增加,社会福利水平会逐渐上升,进而趋近于水平状态;若采用产量补贴模式,随着可再生能源企业电力生产成本的增加,社会福利水平几乎成水平状态;若采用混合补贴模式,随着可再生能源企业电力生产成本的增加,社会福利水平缓慢下降并趋于水平状态。但整体来看混合补贴政策仍然是最优的选择。

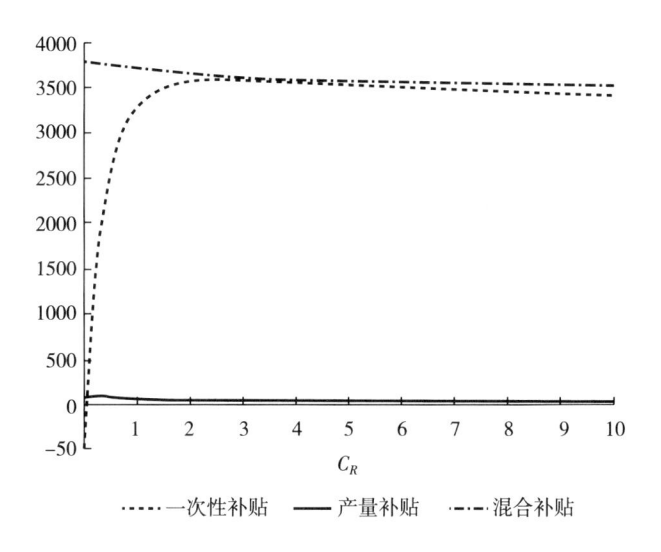

图 11-7 三种补贴模式下最优社会福利水平的变动

社会福利水平与整个电力市场规模变化的关系如图11-8所示，可以看到，当可再生能源企业电力生产成本（C_R）为2单位、传统化石能源企业电力生产产生的负外部性系数（γ）为0.5、传统化石能源企业电力生产成本（C_F）为1单位、政府对可再生能源企业产量补贴成本系数（η）为0.1、政府补贴成本控制系数（ξ）为0.0001时，对可再生能源企业电力生产采用产量补贴和混合补贴模式时的社会福利水平都随着市场规模的扩大而提高，但混合补贴模式效果更明显；而一次性补贴模式下社会福利变动则相反，导致社会福利水平的下降。

综合来看，无论将何种经济指标作为标杆用以评价政府对可再生能源进行补贴的三种政策效果，混合补贴模式都能够达到三种模式中最高的社会福利水平，是政府的可再生能源企业电力生产补贴的最优模式。

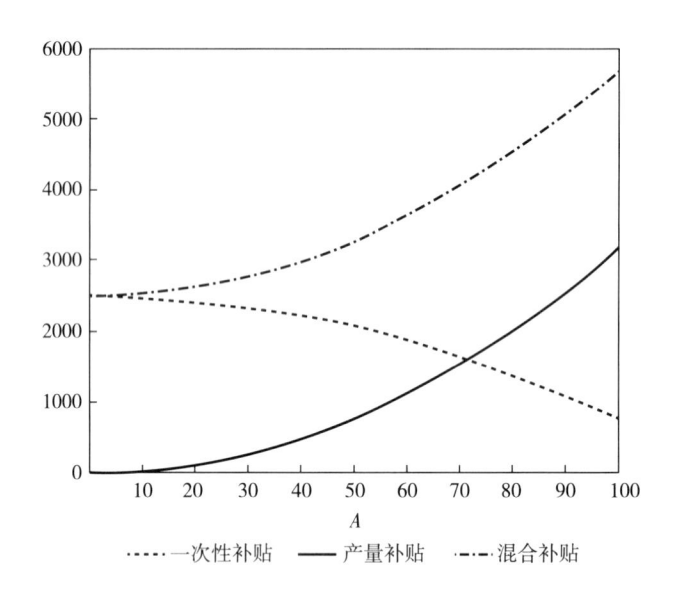

图11-8 三种补贴模式下最优社会福利水平的变动

第三节 主要结论

对于可再生能源企业的电力生产给予补贴是促进可再生能源产业发展的最普遍、最重要的经济激励政策选择。本章从理论的角度出发，通过对比一次性补贴、产量补贴和混合补贴三种不同的补贴模式，分析了不同条件下三种补贴模式对政府规制电力价格水平、可再生能源企业电力生产的最优产出水平以及社会福利水平的影响差异。

基于三种补贴方式的对比分析发现，在以社会福利最大化为政府目标导向的情况下，无论社会经济参数如何变化，混合补贴都能带来最高的社会福利水平。但同时也要看到，在传统化石能源企业电力生产的生态破坏和环境污染负外部性影响系数较小时，也就是说，政府对于生态环境保护和节能减排工作极为重视时，政府对可再生能源企业电力生产的混合补贴政策虽然能够显著提高可再生能源企业的电力生产产出水平，但也会带来相对于其他两种补贴方式来说较高的政府规制电力价格水平。此时在电力市场规模保持不变的条件下，必然也会促使传统化石能源企业电力生产的产出增加，这样不仅不利于可再生能源产业的发展，同时也给生态环境保护和节能减排工作带来了更大的压力。

而政府目标是提供可再生能源企业电力生产，以替代传统化石能源企业电力生产，在传统化石能源企业电力生产所造成的生态破坏和环境污染较小时，混合补贴是一种最好的补贴政策选择，此时混合补贴政策不仅能够提高可再生能源企业的电力生产水平，而且也可以显著提高社会福利水平；在传统化石能源企业电力生产所造成的生态破坏和环境污染较大时，采用混合补贴模式下的社会福利水平尽管比其他两种单一补贴模式下的社会福利水平高，但可再生能源企业电力生产水平有所下降。

本章的结论能够为政府在制定可再生能源企业电力生产补贴政策的决策过程中提供一定的理论参考。基于本章结论可以看出，政府对可再生能源企业电力生产采用的不同补贴政策有其自身优势的同时也在某些方面有所限制。政府应根据当地的资源禀赋、实际情况、产业目标、环境目标的不同制定差异化的可再生能源企业和产业的发展补贴政策。

第五篇

省域能源产业升级、资源环境及创新协调发展研究

第十二章

西部能源省域能源产业升级、资源环境与创新指数分析

我国经济发展已经由过去的高速经济增长进入了中高速经济增长的"新常态"阶段,在新常态阶段必须促进经济增长方式转变、调整产业结构的同时保护环境(吴晓青,2015)。《能源发展战略行动计划(2014—2020年)》提出了在能源、环境约束下"减煤、增气、发展清洁能源"的能源产业调整方向,通过推动非化石能源与化石能源高效清洁利用,实现绿色低碳战略。能源产业原有的"高能耗、高污染"的粗放型产业增长模式已成为制约西部可持续发展的"瓶颈"之一。在调整西部能源产业转型战略的同时,一方面要解决其上游强、下游弱,产业链条短、附加值低的产业转型问题,另一方面要充分考虑到西部生态环境脆弱、环境承载力差等问题,在产业升级转型的同时,实现与资源环境的协调发展。

本章分析构建了能源产业升级、产业资源环境与产业创新指标体系,根据2005—2016年近12年能源富集的13个省份数据测算了中国能源省份能源产业升级、环境资源与产业创新指数,并在后续章节运用"脱钩"模型分析二者之间的变化轨迹与关系,这对探索基于资源环境可持续发展下的能源产业的升级具有较强的实践意义。

第一节 能源省域产业规模、资源环境与创新产出现状

本节选取能源富集西部的省域,并根据2017年《中国能源统计年

鉴》中各省份能源产品产出的排序，选取能源上下游业务较为发达的陕西、甘肃、宁夏、新疆、内蒙古、贵州、四川、山西、安徽、河北、河南、黑龙江、山东13省份作为研究对象，以2005—2016年能源产业、资源环境与创新产出相关数据为基础进行了分析，数据来源于2006—2017年各省份统计年鉴、《中国工业统计年鉴》《中国环境统计年鉴》。

一 能源省域能源产业规模与产业结构现状

2016年13个省份中能源产业产值排名前六位的省份分别为山东34975亿元、河南9337.44亿元、河北7138.8亿元、四川6804.51亿元、内蒙古6697亿元、陕西6523.6亿元。从图12-1显示，2006—2010年，全国能源总需求随着经济增长增速逐年上升，山西、新疆从能源行业"一家独大"——能源产业产值平均占地区工业产值的60%以上，近三年来逐渐下降到40%左右，但是整体比例仍然偏高。能源产业仍然是陕西、宁夏、甘肃、黑龙江的支柱性产业，其能源产值占地区比例30%以上，河南、河北、安徽和四川能源产业产值占地区工业产值比例约为17%以上，并呈现出了产业多元化发展的趋势。

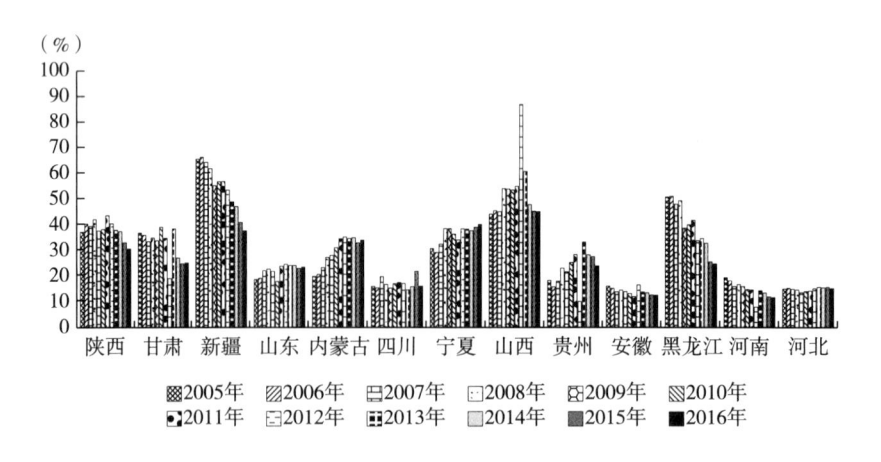

图12-1 2005—2016年能源省份能源产业产值占地区工业产值比重

随着环境容量的制约，各省份能源生产速度放缓，2010—2016年能源产业经历了产业迅速发展到产业结构调整的转折，各省份能源产业产值占地区规模以上工业产值比例总体稳中有降,新疆、山西、黑龙江和河南比例下降较为明显。

能源大省山东优势明显,其能源销售总产值稳中有升,约占全国16%以上,如图12-2所示。其余各个省份占比均低于5.2%。其中山西占比5.1%,河南4.8%,河北3.8%,陕西3.6%,黑龙江3.3%,四川和内蒙古平均约为3.1%。宁夏能源销售总产值占地区比例仅为0.6%。这反映出西部省域能源产业大多以初级产品销售为主,能源产品附加值偏低,虽然在本地区工业产值中具有一定优势,但能源销售总产值在全国占比普遍偏低。

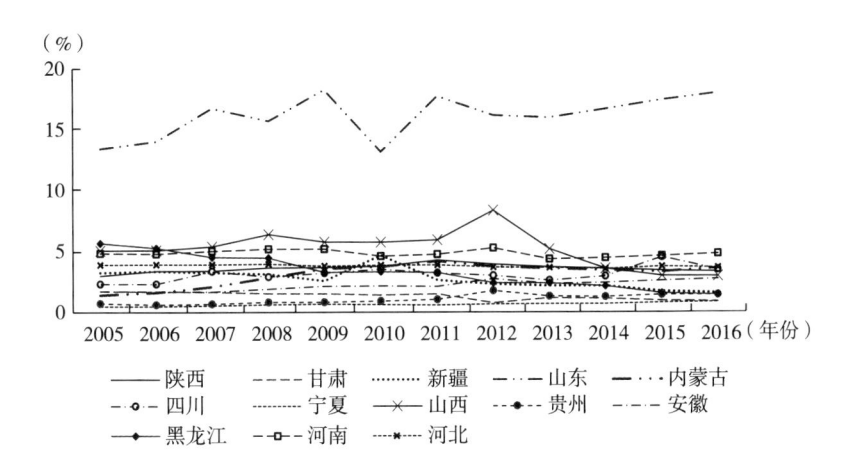

图12-2 2005—2016年能源省份能源产业销售额占全国比例

地区从业人员比例可以明显地划分为三类:第一类,能源产业从业人员占本地区从业人员的近60%,以山西为代表,如图12-3所示;第二类,能源产业从业人员比例在本地区较高,保持在30%—40%,如宁夏、新疆、甘肃、内蒙古、陕西、贵州和黑龙江;第三类,能源产业从业人员在本地区占比约为20%左右,如山东、四川、安徽、河南和河北。结合能源销售产值情况不难发现,这些省份相较于西部省份产业环境趋于多元化,虽然整体能源产业从业人员数量不多,但能源产业链条附加值相对更高。

地区能源产业结构变化如图12-4所示,能源开采业占整个能源产业产值高于50%的省份分别有：内蒙古、陕西、山西和贵州，这些省份能源产业主要靠初级资源开采为主，开采业占比过高，对能源产业升级和转型较为不利。其中内蒙古、山西能源开采业产值占能源产业产值的比例平均达60%，其次为陕西，平均约为57.5%，贵州平均为51%。新疆2010年后调整上游开采业比例，能源开采业务比例有所下降，平均占比为45%。甘肃、四川与宁夏能源开采业产值占能源产值比例相对略低，平均约为27%—35%。

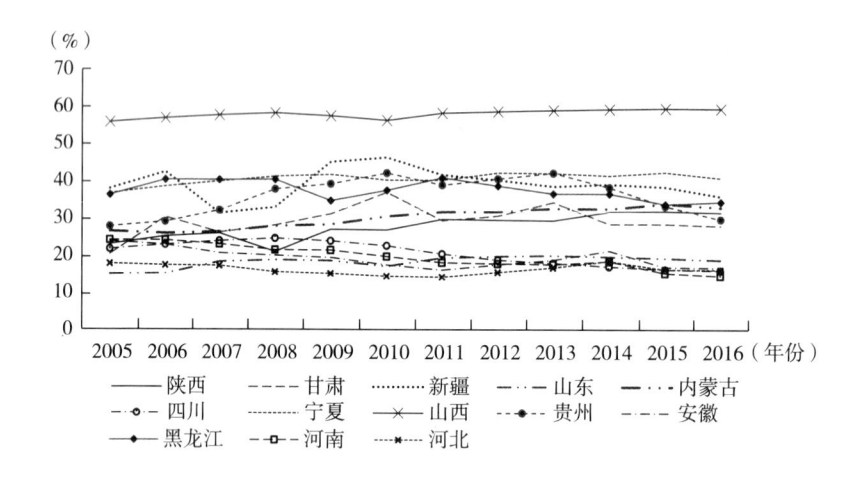

图12-3 2005—2016年能源省份能源产业从业人员占地区从业人员比重

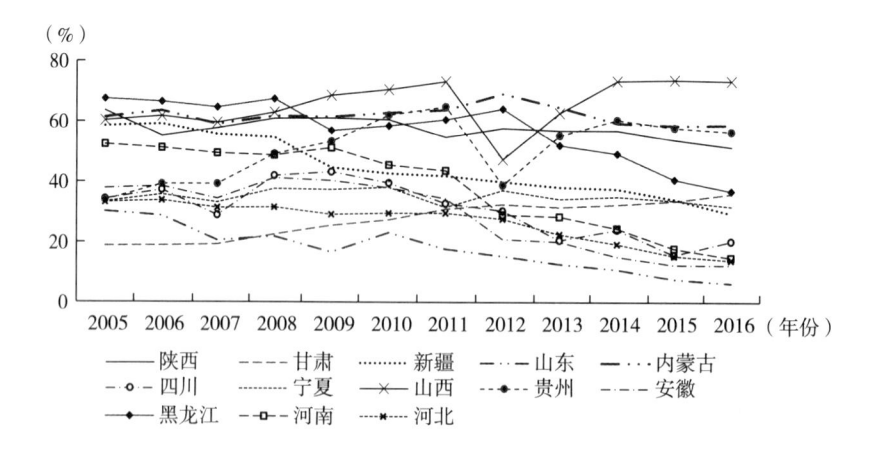

图12-4 2005—2016年能源省份能源开采业产值占能源产业产值比重

第十二章 | 西部能源省域能源产业升级、资源环境与创新指数分析

2011年后,各省份加大调整自身产业结构力度,西部省域与非西部省域差异显著扩大,非西部省域中的山东、安徽、河南、河北能源产业开采比例明显下降。山东从2005年的33%下降到2016年的6%,河南从2005年的50%下降到2016年的14%,安徽从34%下降到2016年的12.3%,河北从33%下降到2016年的14%。西部省域中,只有新疆呈现出了较为明显的能源产业调整态势,能源开采比例从2005年的50%以上下降到2016年的29%,上游业务比例显著下降。从各省份能源开采业比例变化可以发现,非西部省能源产业战略调整早于西部各省份,西部各省份能源产业以粗放的资源开发带动产业增长的模式实质并未发生明显转变。

能源化工下游业务比例与上游业务呈现了较大的负相关性,其中下游占比较高的省份分别为山东、安徽和四川,平均约为50%以上,如图12-5所示;河南、河北与贵州下游业务占比约为40%—45%。西部省域在近五六年开始重视发展下游业务,其中新疆能源化工下游业务比例上升幅度最快,从占能源产值比例不足10%上升到33%以上,山西在所有能源省份中下游业务发展最为缓慢,能源化工业占整个能源行业产值比例仅平均不足10%。

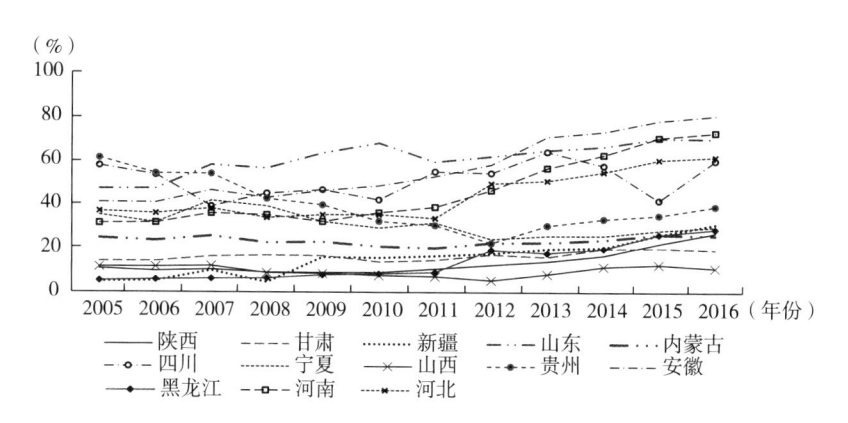

图12-5 2005—2016年能源省份能源化工业产值占能源产值比重

二 西部能源省域资源环境现状

(一)空气污染及其治理现状

由于"十一五"时期对环境污染的总量控制提升到国家环境保护

战略的高度，环境保护规划实现了由软约束向硬约束的转变，并将二氧化硫和化学需氧量作为两项刚性约束指标加以控制，在这一阶段环境污染总量控制成效较为显著。从单位工业产出的二氧化硫排放水平看，各省份单位工业产出的二氧化硫排放量明显下降，除山东、宁夏外其余各省份二氧化硫降低率平均大于20%。宁夏、贵州、甘肃、内蒙古和新疆的单位工业产出二氧化硫排放相对较高，平均大于0.025吨/万元，山东、黑龙江单位工业产出二氧化硫相对强度最低，平均不到0.01吨/万元（见图12-6）。

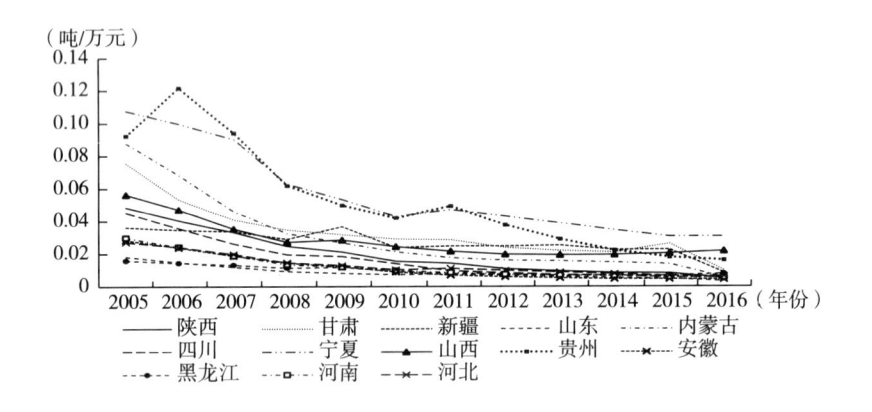

图12-6 2005—2017年各省份单位工业产出的二氧化硫排放量

在总量减排推进的过程中，环保投入总量不断增加，"十五"时期较"九五"时期翻了一番，占GDP的比例首次超过1%。"十一五"时期我国进一步加大了环境治理投入，其投入总量相当于过去20多年对环保的投入总额（王玉庆，2018）。从环境治理废气投资额来看，2010年后，各省份加大了环境治理投资力度，特别是西部省份的宁夏、内蒙古、新疆、甘肃，环境投资强度明显增大。山东治理废气投资额平均约为54.2亿元，其次为内蒙古治理废气投资额平均为26亿元，四川、甘肃和宁夏的治理废气投资额相对较低，平均不足8亿元。从环境治理废气投资额占各省份的GDP的比例来看，宁夏、山西环境治理废气投资额占GDP的比例约为0.3%，其余省份约为0.1%，如图12-7所示。

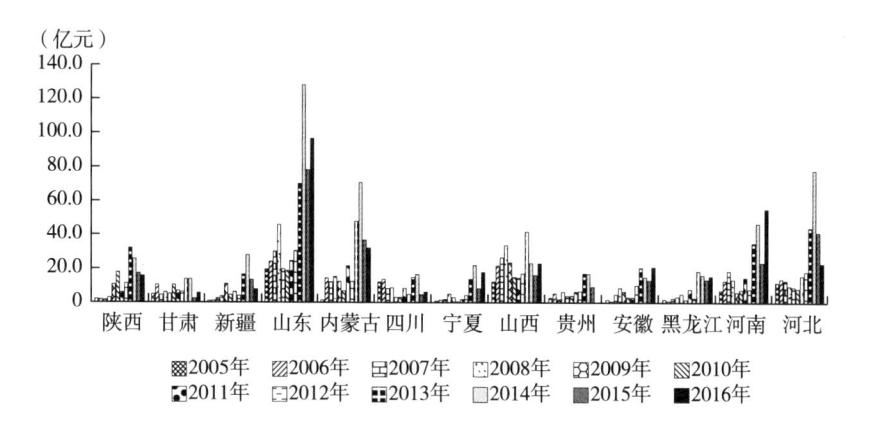

图 12-7 2005—2016 年各省份环境废气治理投资额

（二）水污染情况及其治理情况

从工业用水情况来看，各省份的单位产出用水量近 10 年内明显下降，四川单位产出的用水量下降最快，平均下降率约为 14%，山东与新疆下降率相对较低，约为 6%。2013 年后，用水量保持平稳，其中，甘肃、四川单位产出用水量相对处于高位。从单位产出的废水排放量与处理量来看，宁夏、四川呈现高排放量、高处理量的特征，其中宁夏单位废水排放量约为 34 吨/万元，四川单位废水排放量约为 17 吨/万元，河南、河北单位废水排放量约为 14 吨/万元。山东单位废水排放量最低，约为 9.8 吨/万元（见图 12-8）。

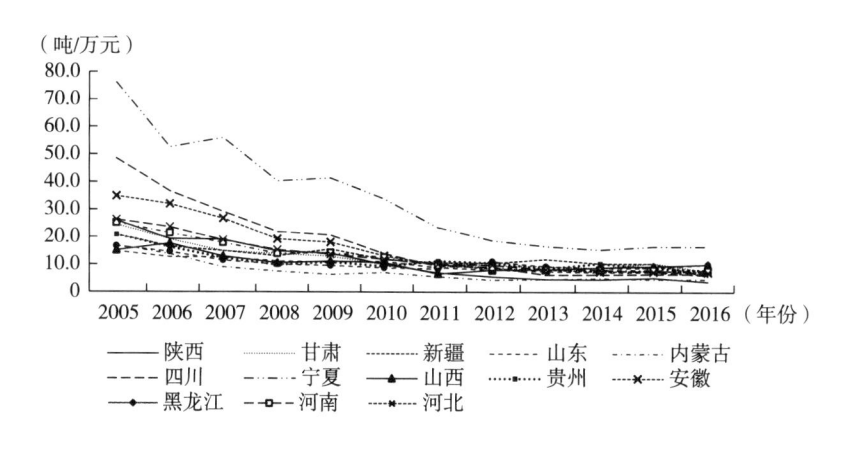

图 12-8 2005—2016 年各省份单位工业产出废水排放量

工业废水污染物排放持续下降，如图12-9所示，其中化学需氧量排放下降迅速。宁夏工业废水中化学需氧量排放最高，平均为149.8吨/亿元，但相对下降幅度也最明显，平均下降比例约为12%，其次为新疆，平均为88吨/亿元，山东平均排放量为14.2吨/亿元，四川平均排放量为17.7吨/亿元，在13个省份中相对较低。此外，宁夏与甘肃工业废水的氨氮排放量相对较高，其中宁夏平均排放量为9.3吨/亿元，甘肃平均为7.1吨/亿元。

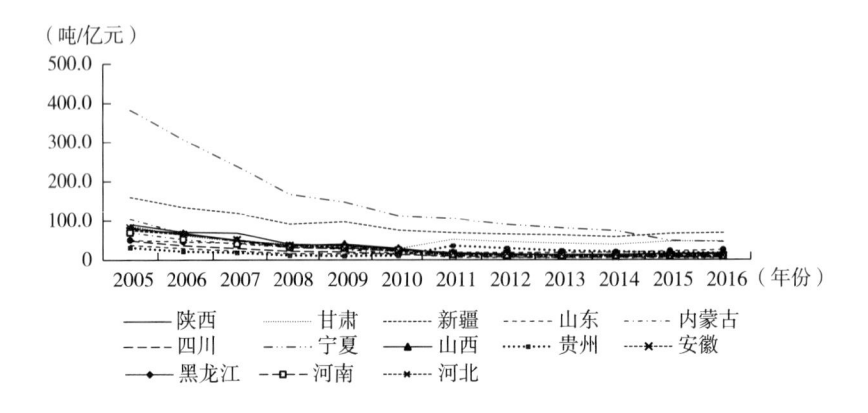

图12-9 2005—2016年各省份单位工业产出化学需氧量排放

废水治理投资额的投入强度如图12-10所示。各年呈现较大波动，其中宁夏、山西废水治理投资额的投入强度相对最高，宁夏平均强度为0.13%，山西平均强度为0.1%。黑龙江、安徽、四川、贵州、河南、河北和内蒙古平均投入强度最低，平均为0.028%—0.038%，西部省域陕西、甘肃、新疆、山东四省区居中，平均强度为0.06%—0.08%。废水治理投资总额各省份趋势相近，除安徽外，各省份在2010年左右呈现了较高峰值，后各年度投资总额有所放缓。其中山东平均废水治理投资额最高，为19.9亿元，其次为山西7.1亿元，陕西、四川、河南和河北平均投资额为5亿—6亿元，其余各省份低于3亿元。

（三）固体废弃物排放及治理情况

固体废弃物排放各省份在2005—2011年进入调整，并出现了明显的波动，除山西2011年后单位工业产出的固体废弃物排放出现了明显的升高趋势外，其余各省份均有一定降低。2006—2011年，贵州、山西、内蒙古单位工业产出的固体废弃物排放相对较高，分别平均为5.3吨/万元、4.1吨/万元和3.5吨/万元，其余各省份平均低于2吨/万元，其中山东最低为0.9吨/万元；2011—2016年，山西固体废弃物排放上升至6.0吨/万元，而贵州显著下降至3.5吨/万元，内蒙古则基本与前一阶段持平，新疆也略有上升至2.5吨/万元，山东仍然保持最低水平平均为0.8吨/万元，如图12-11所示。

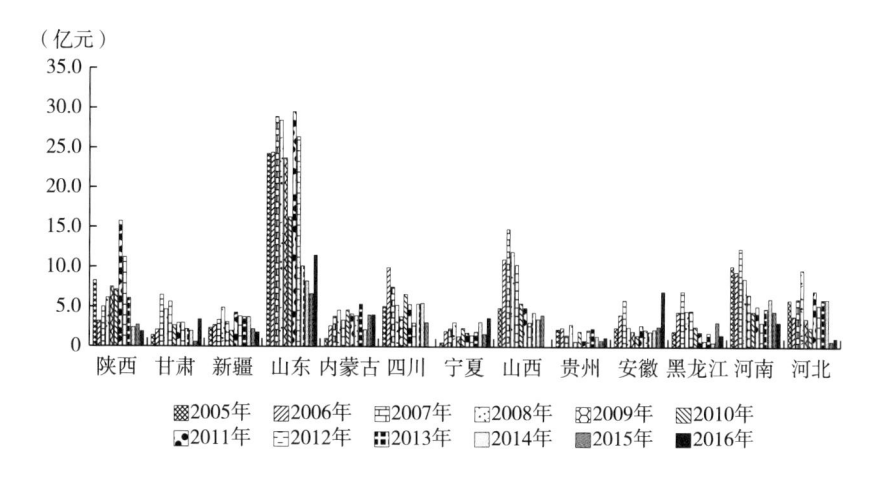

图 12-10　2005—2016 年各省份废水治理投资额

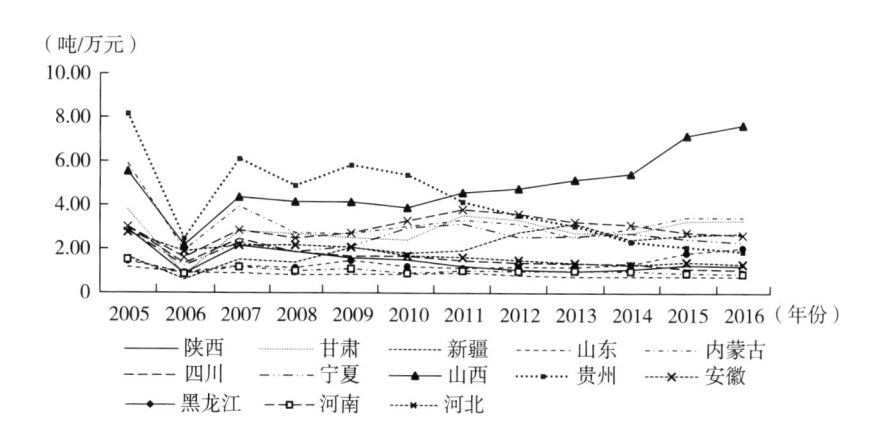

图 12-11　2005—2016 年各省份单位工业产出的固体废弃物排放量

13个省份中，固体废弃物治理投资总额中山西、贵州、内蒙古、山东年平均高于1亿元，而山西由于煤炭工业特点产生的固体废弃物居高不下。西部各省份固体废弃物投资额总体相对较低，其中甘肃和新疆两省份年平均投资额不足0.05亿元，与中东部省份差异较大。

三 研发投入及创新产出现状

近12年来，西部各省份的研发投入强度和研发投入增速呈现"两极分化"的趋势。研发投入强度如图12-12所示，陕西、山东、四川、安徽年平均研发投入强度大于1.5%，内蒙古、贵州、新疆年平均研发投入强度不足0.6%。从增长速度来看，四川、贵州、甘肃、陕西年平均增速不足3%，陕西虽然研发投入强度保持了较高比例，但增速明显放缓，而山东、安徽则依旧保持较高增速，研发投入强度呈现了赶超陕西态势。山东研发人员全时当量占全国比例平均为9.1%，研发投入强度平均为1.7%，年平均增长速度为4.8%。陕西研发投入强度在其他西部省份中相对较高，研发人员全时当量占全国比例平均为1.8%，研发投入强度平均为2.0%，四川研发人员全时当量占全国比例平均为2.6%，研发投入强度平均为1.5%。安徽研发人员全时当量占全国比例平均为2.9%，研发投入强度平均为1.4%。宁夏与新疆研发投入强度在西部省份中最低，仅有0.78%与0.49%，其研发人员全时当量占全国比例仅有0.2%和0.3%。西部省份中内蒙古、贵州研发投入强度最低，仅有0.5%和0.6%，其中研发人员全时当量占全国比例分别为1%和0.6%。

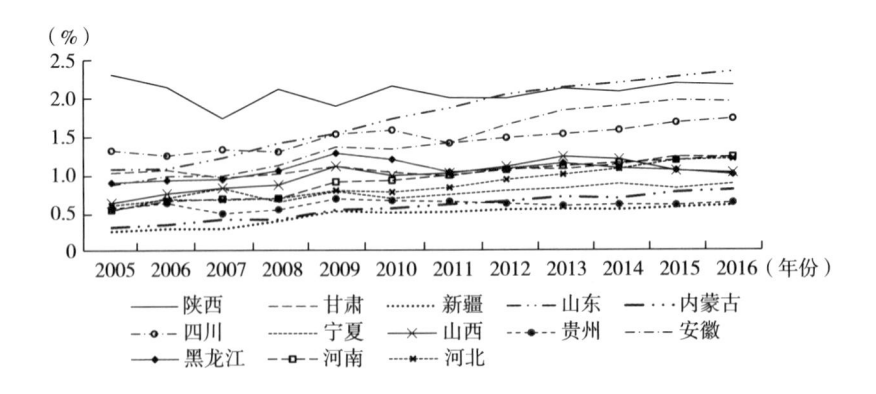

图12-12 各省份R&D研发投入强度

各省份新产品经费投入不断加大,除山西与贵州外,其余各省份年平均增速达20%以上,其中山东2016年新产品研发经费投入达1252亿元,年平均经费为669亿元,是安徽省的3倍,约为陕西省的6倍。安徽、四川、河南、河北和陕西年平均新产品研发经费投入超过100亿元。西部省份除陕西外,新产品研发经费投入年平均不超过20亿元,明显落后于其他地区,如图12-13所示。

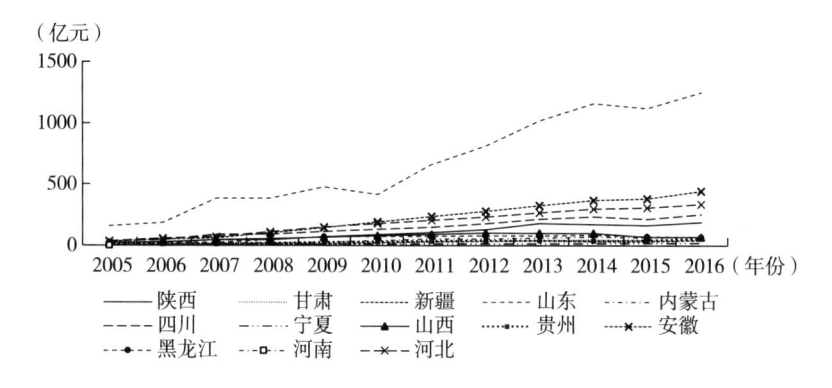

图12-13 各省份工业企业新产品研发经费

安徽、山东两省具有较高的新产品创新优势,安徽新产品在本地区产品销售收入比例平均约为12%,山东新产品在本地区产品销售收入的比例平均约为10%。其余各省份新产品在本地区产品销售收入占比平均约为4%—6%,其中新疆、内蒙古新产品销售占本地区的比例不足4%,但新疆增速势头良好,年平均增速较快约为16%,而内蒙古增速缓慢,暴露出本省工业创新竞争力不足的问题。

山东2016年新产品销售收入1.6万亿元,2006—2016年平均为9573亿元,安徽2016年新产品销售收入为7321亿元,2006—2016年年平均为3030亿元。两省新产品销售收入不断提高,分别从2005年占全国比例的7.80%、1.69%上升至2016年的9.34%、4.19%,如图12-14所示。其余各省份虽然新产品在本地区占比相对稳定,但黑龙江、甘肃、新疆、宁夏、贵州、内蒙古新产品销售收入占全国比例不足0.6%,陕西、山西新产品销售收入不足全国的1%,产品创新能力偏低。

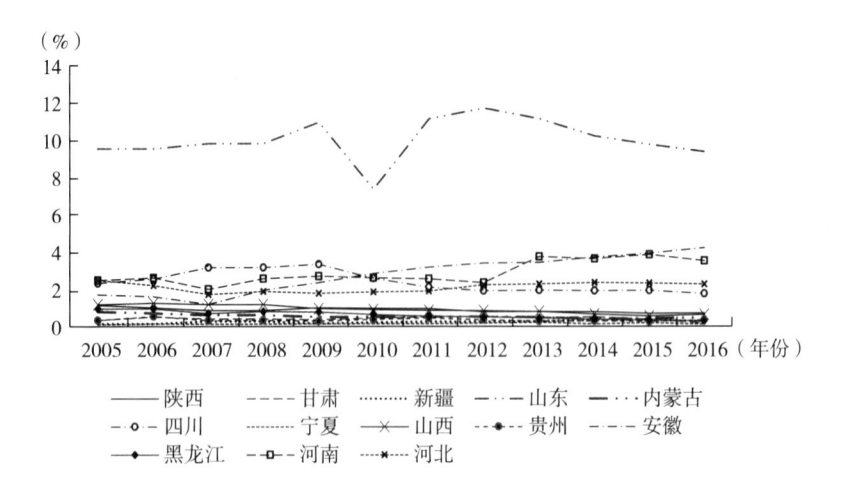

图 12-14 各省份工业企业新产品销售收入占比

第二节 西部省域能源产业升级、资源环境及创新指数分析

一 产业升级、资源环境与技术创新评价体系相关理论综述

(一) 产业升级评价指标综述

在产业升级的评价指标中,通常可以采用单一指标或者通过构建指标体系来反映产业升级水平。

采用单一指标来反映产业升级水平,较为常见的做法是采用全要素生产率(蔡昉,王德文等,2009)或者采用产业结构合理化和产业结构高级化衡量产业升级(干春晖等,2011)。其中全要素生产率(TFP)包含了配置效率和技术效率等重要内容(Barro,1999),因而它常常被用作观察产业升级或产业增长绩效的重要指标。其估算方法主要有以数据包络分析(DEA)为代表的非参数分析方法,以及以 OP 方法、LP 方法为代表的半参数分析方法和以随机前沿分析(SFA)为代表的参数分析方法等(田洪川和石美遐,2013;孙早和席建成,2015)。产业结构合理化通常使用产业结构偏离度或者泰尔指数进行衡量,其中结构偏离度的值越大,表示产业结构越不合理、越偏离均衡状态。由于结构偏离度指标的绝对值计算忽视了各产业在经济中的重要性，也有学者提出采用泰尔指数来衡量制造业的合理化水平。泰尔指数和结构偏离度具有相同的性质，都是与结构合理化呈负相关关系（傅元海等，2014）。产业结构高级化可以用第三产业增长率与第二产业的增长率之比来反映（吴敬琏，1998），或者更为普遍地采用第三产业产值与第二产业产值之比衡量（韩永辉等，2015）。此外，还有一些学者通过扩展后的指标反映产业升级水平，比如，何平等（2014）通过构建结构超前值指标来体现产业结构变化的程度和方向。季良玉（2016）认为，产业结构高度化的本质不但包括比例关系的演进，还包括劳动生产率的提高。他把劳动生产率指标也纳入反映产业结构高度化的范围。彭冲等（2013）则进一步提出以劳动生产率和各产业产值比重的乘积来衡量产业结构高度化程度。

除了单一指标外，另一些学者通过构建综合指标体系来反映产业升级的水平。多数学者将指标体系重点聚焦于产业结构高度化和产业结构合理化两方面。徐晔等（2015）从产业结构高度化、合理化两个层面构建了区域产业升级评价指标体系，其中结构高度化包括霍夫曼指数、基础产业超前系数、第三产业产值比重、信息产业产值比重等，产业合理化包括第一、第二、第三产业结构比例，产业开放性，产业可持续发展能力等。李慧和平芳芳（2017）从产业结构高度化、合理化角度选取了几个方面反映产业结构高度化的指标，包括技术结构高度化、资产结构高度化、劳动力结构高度化和产值结构高度化，用它们来测度装备制造业产业升级程度。此外，有些学者还考虑了除产业结构因素外的其他因素。如姚志毅和张亚斌（2011）更多考虑了产业从低级到高级的升级转化过程，具体包括价值链升级指标和产品结构升级指标，以及反映产品、工艺、管理等过程的技术创新能力指标；也有学者从要素投入的角度，从资本、劳动力、技术和产值结构等角度衡量制造业升级水平（段敏芳和田秉鑫，2017）；此外，有学者根据《中国制造2025》目标战略要求，把质量效益、创新能力、绿色发展、两化融合等方面纳入衡量产业升级的水平当中，用劳动生产率、高技术产品贸易竞争优势、资本密集型产业比重和技术密集型产业比重等指标来衡量质量效益（朱高峰和王迪，2017），用固体废物综合利用率和二氧化碳排放量下降等环境类指标反映绿色发展，用 R&D 投入强度、发明专利占专利申请数比例等技术创新方面指标反映技术能力，用信息技术在制造业中的应用情况反映量化融合（何宁，2018）。

通过上述分析可以发现，不管是采用单一指标计算还是通过构建综合指标体系来衡量产业升级水平，两种方法都有其侧重和优缺点。其中单一指标方法中的产业结构偏离度或者泰尔指数计算相对便捷，但也存在一些不足：第一，结构偏离度容易忽视各产业在经济中的不同重要性，而泰尔指数则反映某些产业可能会出现"假合理"现象，由于数值之间可以进行加减计算抵消，并没有考虑到绝对值的作用，也就是说，忽略了不同产业的结构偏离度值可能有正有负具有的不同含义。第二，采用单一指标相对较为单一，不能很好地反映产业升级的综合水平。而构建指标体系能够综合反映产业升级水平，虽然应用较广，但也存在一定的缺陷：首先，产业升级综合指标体系除了要有综合反映产业结构、规模与高度化的指标外，还涉及创新、可持续发展、产业质量效益等指标，而这些指标在具体应用于分析产业升级时并没有考虑到不同产业之间的差异。其次，现有产业升级指标体系设定侧重于反映第二、第三产业间的升级，对于能够反映产业内部升级的评价指标设计相对还比较欠缺。

（二）资源环境价指标综述

资源环境评价指标体系目前主要采用两类，一类是从资源环境承载理论出发，构建资源环境承载力评价指标体系，另一类是从可持续发展评价角度出发，探讨资源环境的可持续性。此外，生态足迹、人类发展指数（HDI）、GPI 等指数也被广泛用于资源环境系统可持续性评价中。

1. 资源环境承载力评价指标体系

根据涉及的资源环境要素，现有研究主要围绕单一要素的矿产资源、水资源、森林资源、土地资源，进而逐步拓展为探讨资源、环境等较为综合的评价。环境承载力评价指标体系的建立主要从以下角度构建：

第一，围绕联合国经济合作与发展组织的环境绩效评估体系的 PSR 模型或者联合国可持续发展委员会的可持续发展指标体系的 DSR 模型及其衍生模型开展指标评价（魏超，2013；黄敬军等，2015）。其中压力指标一般反映的是人类经济活动给生态环境造成的破坏，以及资源消耗及经济发展带来的压力（皮庆等，2016），通常包括环境污染压力（"三废"排放）、资源压力（土地、水、矿产资源）及社会发展压力（人口和经济等因素）；状态指标反映的是区域环境质量与自然资源以及经济发展状况，同样考虑了环境（空气质量优良率等）、经济社会（第三产业比重和居民收入等）和资源方面的状态（绿化率、森林覆盖率等）（张晓琴和石培基；2010）；响应指标主要反映当生态环境系统遭到破坏时，人类社会采取的各种响应措施，主要是从采取环保响应措施出发，涉及"三废"投资额、环保投资占GDP的比重指标。

第二，通过建立自然—环境—生态要素系统，或经济—社会—环境等人文要素构建评价指标体系。例如，秦成（2011）把资源、环境与社会经济三者结合成一个系统来进行资源环境承载力评价，其中社会经济子系统包括人口、经济、社会三个因素，资源子系统则考虑了水资源、土地资源、水土资源协调度因素，生态环境则通过考察大气环境、生态环境因素来进行评价。熊建新等（2012）从社会经济协调力、资源环境承载力和生态弹性力三大方面构建了生态承载力评价体系，其中生态弹性力主要通过遥感信息处理获得，资源环境承载力指标包括人均水资源、人均耕地面积、人均林地面积、人均粮食产量等指标，社会经济协调力主要通过经济、人口密度、城市化率、恩格尔系数、人均GDP等因素衡量。除了国家层面的研究外，评价区域范围内的资源环境承载力的研究也逐渐增多。李冉等（2015）基于专家效用函数构建了不同专家的主观评价矩阵，利用熵权法确定权重，并选取了经济、人口、自然资源和环境四个子系统，通过构建资源环境承载力评价综合指标体系，评价了广西北部湾城市群的资源环境承载力。雷勋平和邱广华（2016）通过构建经济、资源、环境三个系统共计18个指标，评价了安徽省近13年的资源环境承载力，并分析了影响资源环境承载力的因素。欧羿等（2017）从云南省永德县的土地资源、水资源、地质环境和生态环境等单要素出发，在单要素评价的基础上建立了资源环境承载力评价指标体系，利用均方差决策法对指标评价体系的权重进行了确定。

通过上述研究不难发现，现有研究的水资源、矿产资源等单一要素评价更多是从自然科学角度出发，聚焦自然资源与环境之间的关系，当考虑了人口、社会、经济等因素的综合评价时，把环境和人口因素作为承载经济与社会发展的基础，进而综合分析这个系统之间的协调发展关系，在自然科学领域有较广范围的使用。综合评价考虑了社会发展与经济发展，但该指标体系的应用不能很好地适用于经济基础与资源禀赋差异较大的地区，在分析具体经济行为时具有一定局限性。

2. 资源环境的可持续发展评价指标体系

从可持续发展评价的角度探讨资源环境可持续性的研究已经相对比较成熟，并已形成了比较完善成熟的指标体系。目前，在国家和区域尺度上，国际上比较具有代表性的可持续发展评估指标体系主要有以下几种：第一种是联合国可持续发展委员会的可持续发展指标体系（DSR），即以经济、社会、环境和制度四个维度建立驱动力、状态、响应概念模型，并用来衡量国家之间的可持续发展水平（Rajesh 等，2009）。第二种主要以经济合作与发展组织（OECD）构建的基于压力、状态、响应（PSR）为框架模型为代表。它构建了包含环境状况、环境政策实施、可持续发展的关键问题环境、国际合作等方面的指标，评价对象的压力—状态—响应指标。第三种是世界银行的可持续发展新指标体系，该体系综合了四组要素：自然资本、社会资产、人力资源和社会资源，用于判断各国或地区的实际财富以及可持续发展能力随时间的动态变化水平。通过利用储蓄率的概念，动态地反映了一个国家或区域可持续发展的能力。第四种是世界经济论坛、耶鲁大学和哥伦比亚大学共同合作开发的环境可持续指数（ESI）和在此基础上提出的环境绩效指数（EPI）。其中 ESI 包括环境系统状态、减缓环境压力、减轻人类脆弱性、社会与体制能力和全球参与管理共五个方面的指标，EPI 则包含了对人类健康影响、空气质量、水和环境卫生、水资源、农业、森林、渔业、生物多样性和栖息地、气候与能源等多个领域的评价。这些指标体系主要从国家层面，并且基于地区差异，对可持续发展目标关注的焦点可能不尽一致，当这些指标从国家层面应用转向区域层面指标应用时，可能并不能很好地反映地区产业差异造成的持续发展的问题。

国内关于资源环境评价指标体系早期的研究集中在国家层面，比较具有代表性的是中国科学院可持续发展研究组提出的中国可持续发展指标体系，国家统计局统计科学研究所提出的中国可持续发展指标体系以及北京师范大学构建的中国省级绿色发展指数体系和中国城市绿色发展指数。

中国科学院可持续发展研究组早在 1999 年的《中国可持续发展战略报告》中提出了中国可持续发展指标体系，并提出了资源环境综合绩效指数（REPI），把可持续发展指标体系分为生存支持系统、发展支持系统、环境支持系统、社会支持系统、智力支持系统。在此基础上，有学者对省域（智颖飙，2009）的资源环境综合绩效指数进行了计算。

国家统计局统计科学研究所和中国 21 世纪议程管理中心提出的中国可持续发展指标体系，把系统分为经济、资源、环境、社会、人口、科教 6 个子系统，共选入 83 个评价指标（谢洪礼，1999）。其中经济子系统包含 7 个指标，分别描述规模、结构、效益和能力四个主题，资源子系统包含 19 个指标，概括水、土地、森林、海洋、草地、矿产、能源和资源综合利用的状况，环境子系统包含 17 个指标，涉及水、土地、大气、废物、噪声、自然灾害与生物多样性及环境保护的内容，社会子系统包含 16 个指标，综合反映贫困、就业、人民生活、卫生健康和社会保障，人口子系统包含 7 个指标，分别描述人口的规模、人口结构和人口素质状况，科技与教育子系统包含 7 个指标，分属科教投入和科教发展程度两个主题。

以上从国家层面测度可持续发展的指标体系各有特色，但在具体的应用中也各自存在一些问题：具有代表性的 DSP 和 PSR 指标体系，在考察环境类指标方面具有较好的效果，但是如果涉及经济、社会类因素指标时，指标的归属也存在一定的模糊性，评价的效果不太理想。从具体应用来看，为了反映可持续发展丰富的内涵，涉及的指标数量较多，实际操作性较差，反映动态变化的指标偏少。从研究角度来看，由于早期可持续发展的指标更多地集中在国家尺度，这些指标在面向区域范围研究的应用时实用性存在一定不足，因此学者对研究地区区域范围尺度的可持续发展评价指标体系进行了探讨。

从城市角度出发探讨城市维度可持续发展水平的研究中，比较具有代表性的是北京师范大学的中国绿色发展指数。该指数包括了中国省际绿色发展指数和中国城市绿色发展指数，主要分别从省域和市域的经济增长绿化度、资源环境承载潜力和政府政策支持度三个维度去考察。毛汉英（1996）较早提出了省域可持续发展指标体系，该指标体系包括经济增长、社会进步、资源环境与可持续发展能力四个层次。刘求实（1997）则在考虑经济、社会、环境和资源的基础状态上，加入了考虑系统协调性的效率类指标，如资源转换效率、生态治理力度、经济社会发展的相关性和政策管理水平等，但是并没有对如何应用该指标体系展开实证分析。后续学者多在考虑经济、社会、资源、人口和环境静态状态（董峰，2010；杨银峰，2011）或是基于PSR指标模型的基础上（刘雅玲，2016），展开对地区可持续性的相关研究。闫鸿鹂（2020）根据滇黔桂3个省份经济社会、资源环境的发展情况，构建资源型产业可持续发展评价体系，涉及经济贡献、资源利用能力、环境影响、循环利用四个领域。后续的学者进一步将视角缩小到市域层面，例如，马延吉（2019）基于持续发展目标（SDGs）对市域一级的城镇可持续发展情况进行了评价，并从经济、社会、资源和环境四个领域建立了吉林省城镇化可持续发展指标体系。对区域可持续范围的可持续指标体系的研究可以发现，这个层面的指标体系理论大多建立在国家可持续评价指标体系的基础上，更加侧重于实证评价，指标体系的内容在反映经济社会、资源环境的静态状态方面的涉及比较多，而对于系统效率类的指标涉及较少。同时，这些指标不能很好适应地区之间的可持续评价，特别是地域间资源禀赋差异较大的情况。此外，当地区间产业经济结构差异等较大时，上述指标大多考虑不足，也具有一定的局限性。

3. 创新指标体系的相关研究

技术创新已成为提升生产力和增强国家竞争力的关键因素，国内外已经研究并发布的比较成熟的创新指数有：欧盟创新指数、OCED国家创新能力指数、中国区域创新指数等。

2011年欧盟发布了创新指数报告（EIS），对欧盟各国的创新绩效进行定量比较，并以美国和日本为标杆来分析欧盟各国的创新优劣势。

第十二章 西部能源省域能源产业升级、资源环境与创新指数分析

欧盟创新指数有创新推动、企业创新行为和创新产出三个方面的几个指标，从创新投入和创新产出两个角度衡量欧盟各国创新的综合表现。波特和斯特恩等在国家竞争优势模型和国家创新体系等理论的基础上，构建了国家创新能力指标体系。弗里曼（Furman，2000）在研究中进一步以此指标体系为基础，构建了创新产出、公共创新基础设施质量、特定产业集群创新环境、创新联系质量以及创新产出五个主要因素，并以1973—1995 年的数据为基础，实证计算了 OCED 17 个成员方的年度创新能力。

国内创新指标体系中，比较有代表性的有中国科技发展战略研究小组发布的中国区域创新指数、中国创新城市评价课题组发布的创新城市评价指标体系（赵彦云，2008）、中国科学院创新发展研究中心发布的《国家创新发展报告》中的创新指数、复旦大学经济研究中心发布的中国城市与产业创新指数等。

其中，《中国区域创新能力报告》是中国科技发展战略研究小组从1999 年开始每年对各省份的创新能力排名和各项创新能力分析。该报告建立了区域创新能力评价指标体系，它主要包括五个一级指标，涉及知识创造、知识获取、企业创新、创新环境和创新绩效。其中知识创造主要涉及研发投入、专利、论文；知识获取主要包括科技合作、技术转移和外企投资；企业创新指标涉及企业研发投入、设计能力、技术提升能力；创新环境指标涉及市场环境、劳动者素质、创业水平、金融环境等；创新绩效指标包括产业结构、宏观经济、国际竞争力和可持续发展等。

中国创新城市评价课题组发布的创新城市评价指标体系，主要从市域维度对城市创新水平进行了评价，涉及了创新投入、创新产出、创新效率、创新资源、创新产业五个方面的指标。除了考虑投入、产出等指标外，还考虑了创新效率因素，其中创新效率用劳动生产率、资本生产率和能源生产率来反映。

中国科学院创新发展研究中心发布的《国家创新发展报告》中主要从国家层面分别从创新能力和创新发展水平两个方面构建国家创新发展指标体系。该指标体系主要从国家层面对世界上 40 个主要国家进行国际比较，指标涵盖科学技术发展、创新条件发展、产业创新发展、社

会创新发展、环境创新发展五个维度。

此外，复旦大学经济研究中心每年也会发布中国城市和产业创新力报告，与上述指标体系相比，中国城市创新能力指数和创业创新力指数主要基于企业专利数据的指标测算，并用专利数据对省级、城市、行业、企业等层面的创新力指数进行了评价。由于采用的主要是专利数据，从专利数据反映行业、企业的创新情况具有一定代表性。

可以发现国内外学者对创新指标体系的研究成果丰富，大部分指标选取有一定相似性。指标体系中的一级指标主要涉及知识创新（马力和王燕燕，2007；赵雪雁等，2015）、技术创新（李庭辉和范玲，2009）、创新投入（高晓霞和芮雪琴，2014；谢远涛，2017）、创新产出（万勇和文豪，2009；谢远涛，2017）、创新环境（李庭辉和范玲，2009；齐亚伟和陶长琪，2014；赵雪雁，2015）和创新效率（邹艳，2012）等。在具体应用过程中，指标的选取仍然有一些差别，造成差别的原因主要是对于创新的内涵理解不同，有的是站在要素投入的基础上，将知识、技术、信息纳入生产过程，认为创新能力是要素投入的转化（甄峰等，2000）；有的则侧重于将创新理解为新产品、新工艺、新服务的能力（柳卸林和胡志坚，2002）。此外，不同区域的创新由于区域间创新能力差异较大，如何更好地在指标体系中反映创新空间的相关性仍然值得后续探索。

二 指标体系构建与数据来源

现有研究表明，产业结构变动对资源消费具有强相关性（严翔，2019），通过产业结构调整一方面可以促进资源在产业间流动，同时通过技术进步能够提高资源利用率（程中华，2109），另一方面通过降低单位产出的资源消耗从而最终减少生产污染（汪克亮，2105）。因此，要想实现经济可持续发展，必须通过调整和升级地区的产业结构，通过促进高附加值、高技术产业发展的同时，对传统"三高"产业进行升级，最终实现发展低能耗、高效率的高端制造业的工业发展路径（吴玉鸣，2102）。本节构建了能源产业升级—产业资源环境—产业创新指标体系，并对能源富集省域的能源产业升级、产业资源环境和产业创新指数进行了排序。指标体系如表12-1所示。

第十二章 | 西部能源省域能源产业升级、资源环境与创新指数分析

表 12 – 1　能源产业升级、产业资源环境与产业技术创新指标体系

目标层	准则层	指标层	单位	指标含义及性质
能源产业升级	产业规模	能源产业产值	万元	能源产业产值
		能源销售占全国比例	%	能源销售产值/全国能源产业销售产值
		能源产业从业人员占全国比例	%	能源产业从业人数/全国能源产业从业人数
	能源产业结构	开采业占比（%）	%	开采产业产值/能源产业产值（-）
		化工业务比例（%）	%	化工产业产值/能源产业产值
		新能源发电量（亿千瓦）	亿千瓦	风能、太阳能及核能发电量
		化工业务结构合理		化工产业偏离度
	能源结构升级	产业结构升级	%	化工/开采比例
		化工从业人员增长（%）	%	化工工业人员增长率
	产业升级潜力	能源产业 R&D 研发人员占比	%	能源产业 R&D 研发人员/地区从业人数
		能源产业新产品开发情况	件	能源产业新产品项目数
		能源产业新产品研发投入	万元	能源产业新产品研发经费
产业资源环境	资源环境状态	煤炭产量	万吨标准煤	煤炭产量（-）
		石油产量	万吨	原油产量（-）
		林草覆盖率	吨/千公顷	（森林面积+草原面积）/地区面积
		城市绿化率	%	城市绿化覆盖率
		农业用地面积	%	农业用地面积占地区比例
		工业用水消耗	%	工业年用水量/工业生产总值（-）
		工业工地比例	%	工业用地面积/地区用地面积
	产出污染压力	空气质量	微克/立方米	PM10 浓度（-）
		工业气体污染排放	吨/万元	工业粉尘排放量/工业生产总值（-）
			吨/万元	工业二氧化硫排放量/工业生产总值（-）

续表

目标层	准则层	指标层	单位	指标含义及性质
产业资源环境	产出污染压力	工业气体污染排放	吨/万元	工业氮氧化物排放量/工业生产总值（-）
		工业水污染排放	吨/万元	工业废水排放量/工业生产总值（-）
			吨/万元	工业废水中化学需氧量/工业生产总值（-）
			吨/万元	工业废水中氨氮排放量/工业生产总值（-）
		工业固体排放	吨/万元	工业固体废弃物产生量/工业生产总值（-）
	污染响应	固体废物控制	%	固体废弃物综合利用率
		水污染控制	套	集中式工业水污染治理设施
			吨/万元	工业废水处理量/工业生产总值
			%	治理废水投资额占GDP比例
		大气污染控制	套	集中式大气污染治理设施
			%	治理废气投资额占GDP比例
		污染治理投资额	%	总投资额占GDP比例
产业创新	创新投入	人员投入	%	规模以上工业企业R&D人员全时当量占全国比例
			%	地区研发投入强度
		经费投入	万元	规模以上工业企业R&D经费
		研发机构	个	各地区科研机构
	创新产出	论文产出	件	科研机构发布论文数
		发明专利产出	件	专利申请数
		技术市场额	亿元	技术市场成交额
		产品创新产出	%	规模以上工业企业新产品销售收入占全国比例
	创新效率	能源消费弹性系数	%	能源消费量年平均增长速度/国民经济年平均增长速度（-）
		每万元生产总值的能耗	吨标准煤/万元	能源消耗量/生产总值（-）

第十二章 | 西部能源省域能源产业升级、资源环境与创新指数分析

续表

目标层	准则层	指标层	单位	指标含义及性质
产业创新	创新效率	单位劳动生产率	万元/人	能源产业总产值/能源产业人数

注 "-"表示该指标为负指标，越小越好，其余指标为正指标，数值越大越好。根据国民经济行业划分标准（GB/T 7547-2017），能源开采行业涉及石油天然气开采、煤炭开采，能源大化工行业涉及化学原料和化学品制造、化学纤维制造、橡胶和塑料制品业。

产业升级指标体系构建结合能源产业升级的特征与规模并考虑数据的可获得性。本书借鉴现有研究产业升级现有指标体系的成果，从能源产业规模、能源产业结构、能源结构升级和产业升级潜力四个维度对能源产业升级状况进行了测度。其中，产业规模主要从能源产业总量规模的产值、能源产业销售额比例及从业人员的比例来反映；选择采用化工结构偏离度、新能源产业发电量、化工业务比例等指标反映能源产业结构的情况；利用产业结构升级指数的概念（吴敬琏，2008；焦勇，2015），采用化工产业与开采产业产值的比来测算能源产业内部是否升级，产业升级指数值越大，其下游业务延伸的趋势越明显，同时化工从业人员数增长反映能源产业下游扩张的情况；能源产业升级潜力主要通过能源产业创新投入与能源产业新产品产出情况反映，包括能源产业R&D研发人员比例、能源产业新产品研发投入和能源产业新产品开发情况。

产业资源环境指标体系利用PSR模型，并在此基础上考虑工业活动对资源环境的影响，侧重考量单位工业生产总值下的污染排放情况。其中，资源环境状态涉及林草覆盖率、城市绿化率、工业用水、工业用地等基本情况，由于石油、天然气的储量存量信息并不能反映这些资源在开发过程中对环境的影响，这里使用产量信息反映能源资源情况。产出污染压力用单位产出的工业气体污染排放、工业水污染排放和工业固体排放的情况来反映。其中，工业气体污染排放包括单位工业生产总值的工业粉尘排放量、单位工业生产总值的工业二氧化硫排放量和单位工业生产总值的工业氮氧化物排放情况；工业水污染排放用单位工业生产总值的废水排放量、工业废水中的氨氮排放量来衡

量；用单位工业生产总值的固体排放量衡量工业固体污染情况。污染响应应用空气污染、水污染和固体污染的治理经费及治理设施的投入情况来反映。

产业技术创新主要考虑了创新投入、创新产出以及创新效率方面的指标。创新投入从工业企业科研人员投入比例、地区科研经费强度的比例指标和企业研发经费投入总量衡量；创新产出除了涉及创新产出的论文、发明专利因素外，用技术市场成交额反映创新市场环境活力，并考虑了各地区产品创新产出的差异水平。创新效率用单位劳动生产率、能耗与能源消费弹性系数来衡量。由于在现有资源存量状态下，通过技术创新可以帮助实现低能耗、高效率的工业发展路径，从而降低单位产出的资源消耗，最终降低对环境的破坏污染，因此用能源消费弹性系数与能耗指标可以反映出创新效率。

由于能源产业升级与环境生态指标和创新指标的量纲不尽相同，采用极差标准化方法对各指标的原始数据进行标准化处理，在消除量纲和量级影响的同时保留各省份的差异。其中：

$$x'_{it} = \frac{x_{it} - \min(x_{it})}{\max(x_{it}) - \min(x_{it})}, x_{it} 为正向指标；x'_{it} = \frac{\max(x_{it}) - x_{it}}{\max(x_{it}) - \min(x_{it})},$$

x_{it} 为负向指标；$x'_{it} = 1 - \frac{|x_{it} - x_i^*|}{\max|x_{it} - x_i^*|}$，$x_{it}$ 为适度指标；x'_{it} 为无量纲化处理后的标准化数据变量。

相关数据来源于 2006—2017 年的各省份统计年鉴、《中国统计年鉴》《中国环境统计年鉴》《中国城市统计年鉴》等。其中 13 个省份面板数据共计 45 个指标，对于个别年份缺失的数据，采用插值法补齐。

三 测度方法与结果分析

本书构建的产业升级其资源环境可持续性测度指标是一个包含了多指标和多维度的指标体系，对多维度指标的综合测度方法主要包括因子分析法、层次分析法及模糊综合法等。以上各方法均有优缺点，而由于熵值法确定权重是根据各指标的实际情况确定的，规避了主观因素的影响的差距，因此本书采用熵值法进行指标测度。

指标权重的计算过程如下：

（1）计算单个标准化处理后的指标所占比重。

第十二章 | 西部能源省域能源产业升级、资源环境与创新指数分析

$$P_{ij} = \frac{x'_{it}}{\sum_{i=1}^{n} x'_{it}} \tag{12-1}$$

式（12-1）中，P_{ij} 为第 j 个指标在第 i 个个体中所占的比重，n 为个体数量。

（2）计算熵值，其中 e_j 为熵值。

$$e_j = -\frac{1}{\ln n} \sum_{i=1}^{n} p_{ij} \ln p_{ij} \tag{12-2}$$

（3）计算权重，其中 w_j 为第 j 个指标的权重。

$$w_j = \frac{(1-e_j)}{\sum_{j=1}^{m}(1-e_j)} \tag{12-3}$$

计算结果如图 12-15 所示，可以看出，2005—2016 年主要能源省的能源产业升级整体表现并不突出，并呈现出了明显的"东高西低"态势。对标山东省其能源产业升级优势明显，平均指数为 0.62。而西部其他省份能源产业升级较慢，各省份能源产业升级指数不足 0.1。其中，陕西能源产业升级指数为 0.1，新疆、甘肃为 0.90，宁夏则在西部省域中能源产业升级相对最低，约为 0.08，与贵州能源产业升级水平较为接近。内蒙古、四川能源产业升级水平略高于陕西、新疆、甘肃等西部省份，其中内蒙古能源产业升级平均指数为 0.15，四川平均为 0.19。安徽和河北两省的能源产业升级指数也均高于其他西部省份，分别约为 0.23 和 0.22，河南约为 0.21。非西部省份中黑龙江、贵州的能源产业升级指数也相对较低，黑龙江平均约为 0.1，贵州仅仅为 0.08。

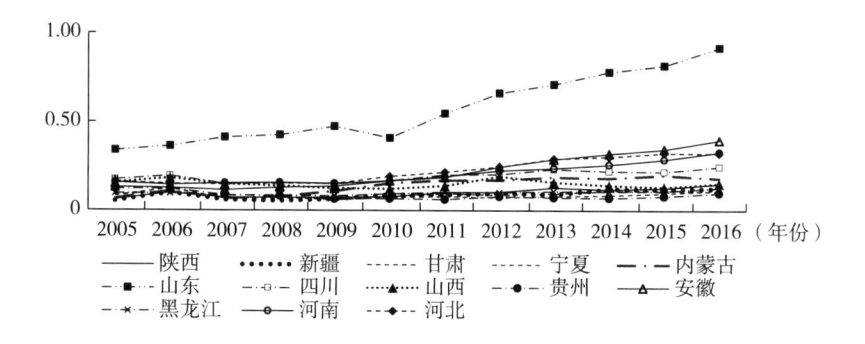

图 12-15 能源省域产业升级指数

近四年能源产业升级排名情况如表12-2所示，根据产业升级指数可以划分为0.2以下省域与0.2以上省域。其中内蒙古、山西、陕西、新疆、甘肃、黑龙江、宁夏、甘肃和贵州能源产业升级指数均为0.2以下，除黑龙江与新疆排名略有波动外，其余省份的排名较稳定。非西部省份的产业升级指数均高于西部省份，反映出西部省份能源产业升级速度相对落后。

表12-2　　　　　　　　能源省域产业升级指数

排序	2013年	升级指数	2014年	升级指数	2015年	升级指数	2016年	升级指数
1	山东	0.711	山东	0.781	山东	0.818	山东	0.919
2	河北	0.291	安徽	0.319	安徽	0.344	安徽	0.396
3	安徽	0.289	河北	0.302	河北	0.323	河南	0.329
4	河南	0.237	河南	0.258	河南	0.287	河北	0.322
5	四川	0.232	四川	0.221	四川	0.219	四川	0.247
6	内蒙古	0.187	内蒙古	0.182	内蒙古	0.199	内蒙古	0.181
7	山西	0.159	山西	0.141	山西	0.131	山西	0.152
8	陕西	0.129	新疆	0.122	陕西	0.127	陕西	0.150
9	黑龙江	0.108	陕西	0.117	新疆	0.119	黑龙江	0.127
10	甘肃	0.096	甘肃	0.110	甘肃	0.112	新疆	0.125
11	新疆	0.092	黑龙江	0.107	黑龙江	0.109	宁夏	0.112
12	宁夏	0.081	宁夏	0.086	宁夏	0.096	甘肃	0.107
13	贵州	0.073	贵州	0.071	贵州	0.080	贵州	0.099

能源产业资源环境指数如图12-16所示，可以看出，各省份资源环境有较为明显的波动与调整。其中2010年后各省份均出现较为明显的环境改善，后续年度有所放缓至2014年后又出现上升趋势。其中，从平均指数来看，山东、四川相对略高，平均为0.41和0.34，其次为安徽，平均为0.33。河南、河北资源环境指数平均约为0.33，高于大部分西部省域。陕西、山西和贵州资源环境指数较为接近，平均约为0.28。甘肃则低于其他省域，资源环境指数平均约为0.18。优势省份山东与其他各省份之间产业资源环境差异在逐渐加大。

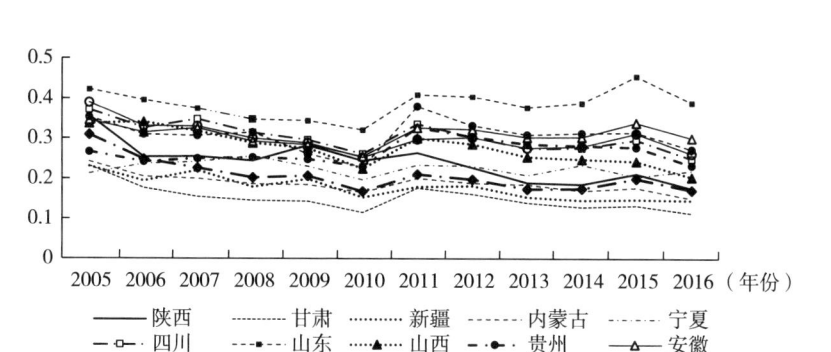

第十二章 | 西部能源省域能源产业升级、资源环境与创新指数分析

图 12-16 能源省域产业资源环境指数

表 12-3 为各省份近四年的产业资源环境指数排名变化。虽然各省份环境指数有一定波动，但从排名情况来看相对比较稳定，排名前六位的省份依次为山东、安徽、河北、河南、四川和贵州。而甘肃、新疆、内蒙古、黑龙江四省份产业资源环境则相对排名靠后。

表 12-3　　　　　　　　能源省域产业资源环境指数

排序	2013年	环境指数	2014年	环境指数	2015年	环境指数	2016年	环境指数
1	山东	0.377	山东	0.387	山东	0.456	山东	0.389
2	河北	0.309	河北	0.313	安徽	0.339	安徽	0.300
3	安徽	0.302	安徽	0.303	河北	0.315	河北	0.273
4	贵州	0.286	贵州	0.282	河南	0.312	河南	0.262
5	河南	0.276	河南	0.280	四川	0.297	四川	0.250
6	四川	0.275	四川	0.276	贵州	0.278	贵州	0.233
7	山西	0.254	山西	0.248	山西	0.243	宁夏	0.220
8	宁夏	0.208	宁夏	0.234	陕西	0.212	山西	0.203
9	陕西	0.190	陕西	0.186	宁夏	0.205	陕西	0.176
10	内蒙古	0.185	黑龙江	0.175	黑龙江	0.200	黑龙江	0.171
11	黑龙江	0.174	内蒙古	0.169	内蒙古	0.177	内蒙古	0.151
12	新疆	0.154	新疆	0.146	新疆	0.148	新疆	0.146
13	甘肃	0.140	甘肃	0.129	甘肃	0.133	甘肃	0.113

图 12-17 反映出了各省份在近 12 年的产业创新情况，山东产业创

新能力显著高于其他省份，创新指数平均为 0.62，其次为安徽、河南和四川，产业创新指数平均分别为 0.26、0.25 和 0.25；陕西产业创新指数相对高于西部其他省份，平均指数约为 0.24。黑龙江、河北创新指数不足 0.2，约为 0.18 和 0.16。山西与新疆平均产业创新指数为 0.12 和 0.11。其中甘肃、内蒙古、贵州和宁夏创新指数不足 0.1。

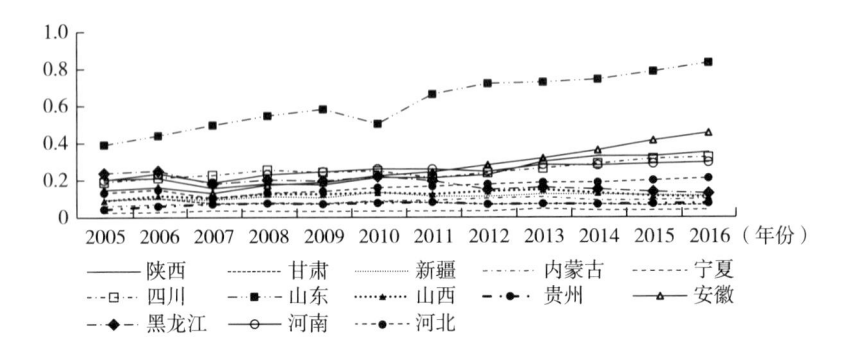

图 12-17 能源产业技术创新指数

表 12-4 为各省份近四年的产业技术创新指数排名变化。近四年来各省份排名稳定无变化，产业技术创新指数排名前六位的省份为山东、安徽、陕西、四川、河南、河北。排名后四位的省份依次为内蒙古、贵州、甘肃和宁夏。

表 12-4　　　　　　　　能源省域产业技术创新指数

	2013 年	升级指数	2014 年	升级指数	2015 年	升级指数	2016 年	升级指数
1	山东	0.729	山东	0.743	山东	0.786	山东	0.833
2	安徽	0.318	安徽	0.361	安徽	0.413	安徽	0.454
3	陕西	0.3	陕西	0.33	陕西	0.33	陕西	0.351
4	河南	0.283	四川	0.289	四川	0.316	四川	0.322
5	四川	0.263	河南	0.28	河南	0.289	河南	0.296
6	河北	0.189	河北	0.189	河北	0.199	河北	0.210
7	黑龙江	0.162	黑龙江	0.152	黑龙江	0.138	黑龙江	0.130
8	山西	0.149	山西	0.131	新疆	0.119	新疆	0.116
9	新疆	0.125	新疆	0.124	山西	0.115	山西	0.110

第十二章 | 西部能源省域能源产业升级、资源环境与创新指数分析

续表

	2013年	升级指数	2014年	升级指数	2015年	升级指数	2016年	升级指数
10	内蒙古	0.109	内蒙古	0.091	内蒙古	0.093	内蒙古	0.099
11	贵州	0.074	甘肃	0.072	贵州	0.074	贵州	0.076
12	甘肃	0.072	贵州	0.07	甘肃	0.065	甘肃	0.068
13	宁夏	0.047	宁夏	0.038	宁夏	0.038	宁夏	0.041

通过以上排序可以发现，能源省域产业升级速度普遍较慢，东西部发展差异较大，而资源环境指数受到国家环境治理刚性指标的约束影响，各省份环境调整中有一定提升，但整体差异并不大。产业创新指数受到经济发展水平与科技投入的影响，东西部差距也较大。优势省份山东无论在产业升级还是产业创新中的表现突出，资源环境也略优于其他省份。山西、陕西、黑龙江、甘肃、新疆、宁夏和贵州产业升级相对较慢，这些省份除贵州外产业资源环境的矛盾也较为突出。

第三节 主要结论

本章主要通过构建能源富集省份的产业升级、资源环境与产业创新指标体系，并对13个省份进行了测度。各省份能源产业升级、资源环境与产业创新呈现以下规律：

第一，从产业升级情况来看，各能源大省产业升级速度普遍较慢，且东西部发展差异较大。由于资源禀赋条件差异决定了能源富集区集中的西部地区主要以能源开采为主，陕西、山西、内蒙古、贵州开采业占比大于50%，这些省份能源化工业发展相对较弱，产业升级速度相对较低。近三四年各省份加大了能源产业调整力度，中东部省份产业下游业务增长明显高于西部省份，山东、河南、安徽、河北下游业务增长较为显著，西部省份中只有新疆开采业比例下降到30%以下，这反映出西部地区能源化工业发展相对缓慢，产业链条延长不足。从产业升级指数来看，山东能源产业升级优势较为明显，其次为四川、安徽、河南和河北。西部其他省份能源产业升级指数整体较低，各省份能源产业升级指数不足0.1。其中，陕西能源产业升级指数为0.1，新疆、甘肃为

0.90，宁夏则在西部省域中能源产业升级相对最低，约为0.08。能源产业升级与调整依然是西部各省份在现阶段的主要任务。

第二，各能源省份其资源环境指数受到国家环境治理刚性指标约束的影响，环境均有一定提升，但整体差异并不大。由于"十一五"时期对单位GDP能耗和污染物排放设置了刚性约束指标，政策的积累使工业企业对环境的治理呈现出阶段性成效，各省份在2010年后均出现较为明显的环境改善，但后续年度有所放缓。从资源环境指数来看，山东、四川相对略高，平均为0.41和0.34。陕西、山西和贵州的资源环境指数较为接近，平均约为0.28，甘肃的资源环境指数最低。

第三，各省份产业创新指数受到其经济发展水平与科技投入的影响，东西部差距显著。通过近四年的产业创新排名情况看，山东产业创新优势显著，内蒙古、贵州、甘肃与宁夏的产业创新动力显著不足。由于西部地区产业创新水平普遍较低，而现有诸多研究似乎都在表明，低水平的创新状态一方面不利于推进产业升级转型，同时在低水平的产业创新环境下，环境规制也不利于产业结构转型升级（周柯，2019；陈阳等，2019）。西部省份推进能源产业升级和环境改善的重要途径之一，势必是打破低产业创新水平的约束与门槛，一方面通过能源产业新产品与新技术的开发与使用，逐步淘汰落后产能和降低对能源开发的过度依赖；另一方面通过延长产业链，加大化工产业技术创新、整合资源优先发展化工产业，最终通过提升产业创新水平实现产业升级与环境改善的良性发展。

第十三章

能源省域能源产业升级与环境的脱钩指数分析

第一节 能源省域能源产业升级与环境的脱钩指数构建

一 能源产业升级与环境脱钩指数建立

为进一步分析能源产业升级发展与其资源环境之间的互动关系,通过分析能源产业升级发展与资源环境的 Tapio 脱钩指数来反映其动态变化。脱钩(decoupling)被广泛应用于不同学科领域,最早的脱钩概念来自 OCED 应用于农业政策领域分析农业政策与贸易和市场均衡之间的相互关系。如果一项政策对于生产或者贸易没有或者只有很小的影响则称为脱钩。脱钩现被广泛地引入在资源环境领域,用来分析资源环境与经济增长的协调状况(赵兴国,2011)。与 OECD 的模型相比,Tapio 模型进一步综合考虑了相对变化量,以弹性分析方法来反映变量之间的脱钩关系,使用较为广泛。

这里构建能源产业发展与环境压力之间的脱钩指数。

$$Tep = \frac{\Delta EN/EN}{\Delta GP/GP} \qquad (13-1)$$

式(13-1)中,Tep 为某省份能源产业发展与环境压力之间脱钩指数,EN 表示环境压力,用上述资源环境指标中的环境污染压力指标部分表示,GP 表示能源产业增加值。

根据Tapio对弹性指数的划分和其他学者的研究（张成，2013），将能源产业发展与环境压力的脱钩状态细分为10项指标，即扩张相对负脱钩、扩张连接、扩张相对脱钩、扩张弱绝对脱钩、扩张强绝对脱钩、衰退强绝对负脱钩、衰退弱绝对负脱钩、衰退相对负脱钩、衰退连接和衰退相对脱钩。能源产业脱钩指数分类如图13-1所示，指数状态划分说明如图13-1所示。

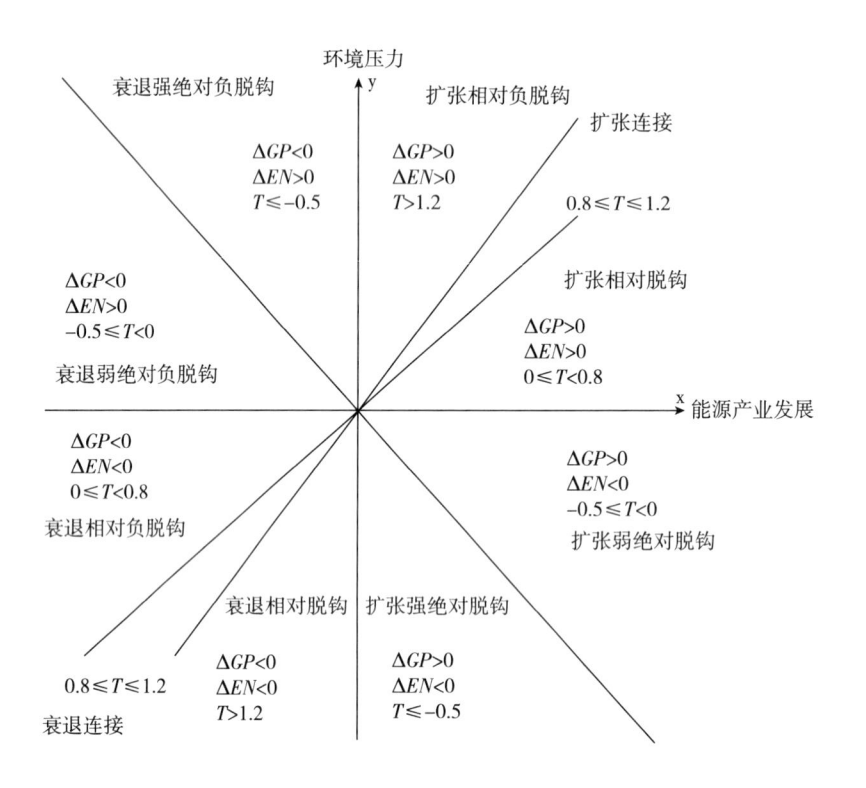

图13-1 脱钩指数分类

表13-1　　　　　脱钩指数状态的判别及其含义

脱钩状态	判别条件			含义
	ΔGP	ΔEN	T	
扩张强绝对脱钩	>0	<0	$T \leq -0.5$	能源产业发展，资源环境持续改善
扩张弱绝对脱钩	>0	<0	$-0.5 \leq T < 0$	能源产业发展，资源环境略有改善

续表

脱钩状态	判别条件 ΔGP	ΔEN	T	含义
扩张相对脱钩	>0	>0	0≤T<0.8	能源产业发展，同时略有环境压力
扩张连接	>0	>0	0.8≤T≤1.2	能源产业发展的同时环境压力上升
扩张相对负脱钩	>0	>0	>1.2	能源产业发展，环境压力加速加大，且环境压力增速大于能源产业升级
衰退相对负脱钩	<0	<0	0≤T<0.8	能源产业发展停滞，资源环境持续改善
衰退连接	<0	<0	0.8≤T≤1.2	能源产业发展停滞，资源环境持续改善
衰退相对脱钩	<0	<0	>1.2	能源产业发展下降，资源环境大幅度提升，环境改善大于产业发展
衰退弱绝对负脱钩	<0	>0	−0.5≤T<0	环境资源压力加大，但产业发展不明显
衰退强绝对负脱钩	<0	>0	T≤−0.5	环境资源压力加大，产业发展倒退

二 脱钩指数分解

本书在 Tapio 模型的基础上，借鉴李斌（2014）的思路，进一步把能源产业发展过程中的结构效应、技术效应与规模效应在脱钩指数中反映出来，引入能耗指标，将环境污染对能源产业发展的脱钩弹性进一步分解为：

$$Tep = \frac{\Delta EN}{EN} \bigg/ \frac{\Delta GP}{GP} = \left(\frac{\Delta EN}{EN} \bigg/ \frac{\Delta IU}{IU}\right) \times \left(\frac{\Delta IU}{IU} \bigg/ \frac{\Delta EC}{EC}\right) \times \left(\frac{\Delta EC}{EC} \bigg/ \frac{\Delta GP}{GP}\right) \quad (13-2)$$

式（13-2）中，Tep 为某省份能源产业发展与环境压力之间脱钩指数，EN 表示环境压力，用上述资源环境指标中的环境污染压力指标部分表示，IU 表示能源产业升级情况，用能源产业升级指数表示，EC 表示能耗，GP 表示能源产业增加值。

其中：

$$Tei = \frac{\Delta EN}{EN} \bigg/ \frac{\Delta IU}{IU} \quad (13-3)$$

Tei 表示环境压力与能源产业升级之间的弹性系数。该指标衡量了能源产业升级情况导致的环境压力变化。由于能源产业升级活动，产业链条向下游延伸，产业内部的升级活动使开采向化工业务延伸，反映了能源产业结构变化对环境污染造成的相对影响，将该弹性 Tei 定义为结构脱钩弹性。

$$Tic = \frac{\Delta IU/IU}{\Delta EC/EC} \qquad (13-4)$$

Tic 表示能源产业升级与能耗之间的弹性系数。能源产业结构升级，一方面，高能耗的开采业务比例降低，转向能耗相对较低的下游产业。另一方面，技术进步改进了生产工艺，可以降低能源的消耗，将 Tic 定义为技术脱钩弹性。

$$Tcp = \frac{\Delta EC/EC}{\Delta GP/GP} \qquad (13-5)$$

Tcp 表示能耗与能源产业销售增加值之间的弹性系数。能源产业销售增加值可以反映出整个能源行业的规模情况，一般认为能源行业规模越大，重工业比例大，其消耗的能耗相对较多；而能源产业销售增加值的减少则反映出能源产业的减产或萎缩，将该弹性 Tcp 定义为规模脱钩弹性。

第二节 能源产业升级及其环境的脱钩指数分析

一 结构脱钩弹性分析

2006—2016 年能源省域的 Tei 脱钩弹性指数如表 13-2 所示，各年份 Tei 脱钩弹性指数的含义如表13-3 所示。

表 13-2　　2006—2016 年能源省份脱钩指数 Tei 结构脱钩弹性

年份 省份	2006	2007	2008	2009	2010	2011	2012	2013	2014	2015	2016
陕西	-0.39	-0.23	10.59	-3.98	-4.43	-0.54	-12.78	-0.57	0.16	1.94	-0.53
新疆	-0.38	0.36	1.03	0.02	-0.50	-71.16	-1.12	1.08	-0.22	-5.50	-1.82
甘肃	-0.40	-0.10	-5.78	-2.98	-2.23	0.41	-0.31	0.85	-0.68	0.27	0.06
宁夏	-1.25	0.54	-8.51	0.35	-0.37	0.21	1.63	-0.46	-1.44	-1.50	-0.65
内蒙古	-0.62	0.32	-1.49	-0.30	-0.27	-0.33	-8.75	-0.86	-0.12	1.25	0.42
山东	-1.02	-1.02	-0.98	-0.83	1.28	-0.25	-0.72	-1.17	0.18	-1.98	-1.08
四川	-1.87	0.30	-8.43	1.020	-1.96	-1.41	-17.11	-0.61	2.51	8.74	-1.02
贵州	-0.96	-0.72	3.48	-0.06	13.87	-0.57	-0.68	0.99	1.68	2.58	-0.96

续表

年份 省份	2006	2007	2008	2009	2010	2011	2012	2013	2014	2015	2016
山西	-10.15	0.18	2.67	-0.07	-9.47	0.66	-0.04	-0.95	-2.34	2.14	0.16
安徽	3.68	1.00	-1.06	-0.30	-1.22	-1.48	-0.48	-0.47	-0.12	-1.01	-0.93
黑龙江	-22.41	-0.98	-15.15	-1.81	-1.70	-1.67	7.49	-1.06	-6.31	-2.89	0.30
河南	2.44	-1.56	-6.59	1.07	-2.03	-0.80	-0.72	-0.76	0.16	-1.03	-0.90
河北	2.79	3.62	-5.11	8.50	-0.52	-0.24	-0.70	-0.37	-0.15	-1.90	61.71

表 13-3　2006—2016 年能源省份 Tei 脱钩指数状态及其含义

年份	陕西	新疆	甘肃	宁夏	内蒙古	四川
2006	扩张弱绝对脱钩	扩张弱绝对脱钩	扩张弱绝对脱钩	扩张强绝对脱钩	扩张强绝对脱钩	扩张强绝对脱钩
2007	衰退弱绝对负脱钩	衰退相对负脱钩	衰退弱绝对负脱钩	衰退相对负脱钩	衰退相对负脱钩	衰退相对负脱钩
2008	衰退相对脱钩	衰退连接	扩张强绝对脱钩	扩张强绝对脱钩	扩张强绝对脱钩	扩张强绝对脱钩
2009	扩张强绝对脱钩	扩张相对脱钩	衰退弱绝对负脱钩	衰退相对负脱钩	扩张强绝对脱钩	衰退连接
2010	扩张强绝对脱钩	扩张弱绝对脱钩	扩张弱绝对脱钩	扩张强绝对脱钩	扩张强绝对脱钩	扩张强绝对脱钩
2011	扩张弱绝对脱钩	衰退强绝对负脱钩	扩张相对脱钩	扩张强绝对脱钩	扩张强绝对脱钩	扩张强绝对脱钩
2012	扩张强绝对脱钩	扩张强绝对脱钩	衰退弱绝对负脱钩	衰退相对脱钩	扩张强绝对脱钩	扩张强绝对脱钩
2013	扩张强绝对脱钩	衰退连接	扩张连接	扩张弱绝对脱钩	扩张强绝对脱钩	扩张强绝对脱钩
2014	衰退相对负脱钩	扩张弱绝对脱钩	扩张弱绝对脱钩	衰退弱绝对负脱钩	衰退相对负脱钩	衰退相对脱钩
2015	扩张相对负脱钩	衰退强绝对负脱钩	扩张相对脱钩	扩张强绝对脱钩	扩张相对脱钩	衰退相对负脱钩
2016	扩张强绝对脱钩	扩张强绝对脱钩	衰退相对负脱钩	衰退相对负脱钩	衰退相对负脱钩	扩张强绝对脱钩

续表

年份	贵州	山西	安徽	黑龙江	河南	河北	山东
2006	扩张强绝对脱钩	扩张强绝对脱钩	衰退弱绝对负脱钩	扩张弱绝对脱钩	衰退相对负脱钩	衰退相对负脱钩	扩张强绝对脱钩
2007	衰退强绝对负脱钩	衰退相对负脱钩	衰退连接	衰退弱绝对负脱钩	扩张强绝对脱钩	衰退相对脱钩	扩张强绝对脱钩
2008	衰退相对脱钩	衰退相对脱钩	扩张强绝对脱钩	扩张强绝对脱钩	扩张强绝对脱钩	扩张强绝对脱钩	扩张强绝对脱钩
2009	衰退弱绝对负脱钩	衰退弱绝对负脱钩	扩张弱绝对负脱钩	衰退强绝对负脱钩	衰退连接	衰退相对脱钩	扩张强绝对脱钩
2010	衰退相对负脱钩	扩张强绝对脱钩	扩张强绝对脱钩	扩张强绝对脱钩	扩张弱绝对脱钩	扩张强绝对脱钩	衰退相对负脱钩
2011	扩张强绝对脱钩	衰退相对负脱钩	扩张强绝对脱钩	扩张强绝对脱钩	扩张强绝对脱钩	扩张弱绝对脱钩	扩张强绝对脱钩
2012	扩张弱绝对脱钩	扩张弱绝对脱钩	扩张强绝对脱钩	衰退相对负脱钩	扩张强绝对脱钩	扩张弱绝对脱钩	扩张强绝对脱钩
2013	衰退连接	衰退强绝对负脱钩	扩张弱绝对脱钩	扩张强绝对脱钩	扩张强绝对脱钩	扩张弱绝对脱钩	扩张强绝对脱钩
2014	衰退相对脱钩	衰退强绝对负脱钩	扩张弱绝对脱钩	衰退相对负脱钩	扩张相对脱钩	扩张弱绝对脱钩	扩张相对脱钩
2015	衰退相对负脱钩	扩张相对负脱钩	扩张相对脱钩	扩张强绝对脱钩	扩张强绝对脱钩	扩张强绝对脱钩	扩张强绝对脱钩
2016	扩张强绝对脱钩	扩张相对脱钩	扩张强绝对脱钩	扩张相对脱钩	扩张强绝对脱钩	衰退相对脱钩	扩张强绝对脱钩

Tei 脱钩指数的时间与空间变化如图 13-2 所示，颜色较深的色块表示产业升级与环境压力之间摩擦与失衡，能源省份环境与能源产业升级呈现以下特点：

第一，从时间维度来看，2006 年和 2009 年，各省份正处在能源产业升级调整初期与持续扩大内需阶段，其中 2006 年 84.6% 的省份能源产业升级出现震荡调整，53.8% 的样本省域中的省份都经历了"衰退相对负脱钩/连接"——表现为既没有明显的能源产业升级，同时资源环境也有所下降；2010—2012 年，随着"十一五"时期各省份对环保的投入持续加大和对排污总量实施严格的控制，和"十二五"持续推进生态文明建设目标，近 85% 的省份呈现"扩张弱/强绝对脱钩"状态，表现为能源产业升级与资源环境的同步提升。

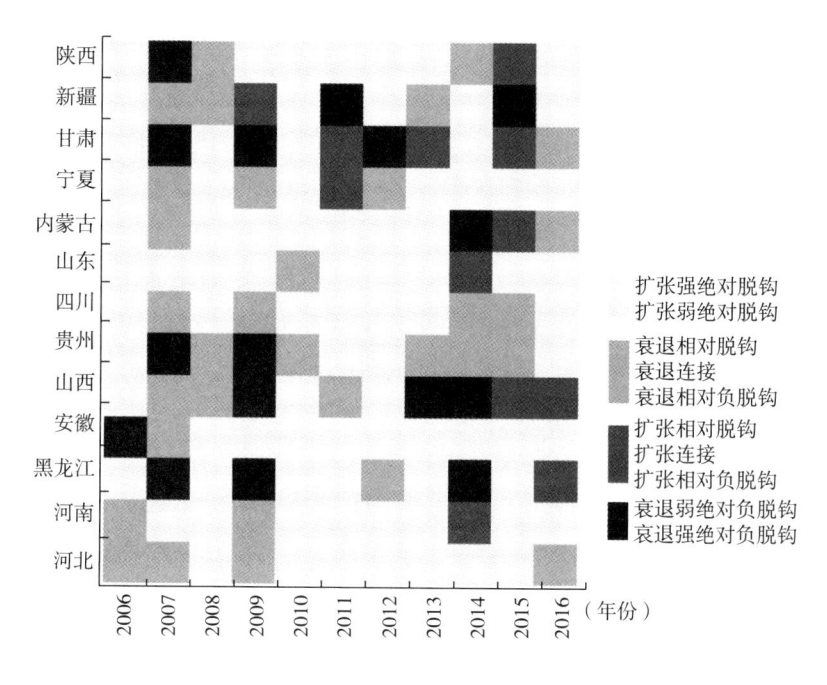

图 13 - 2　Tei 结构脱钩指数时空变化

第二，从空间维度来看，由于各省份产业升级程度差异较大，根据产业升级指数水平可以把 13 个省份划分为两个类型：低产业升级水平省，其特征为产业升级指数不足 0.3，以宁夏、贵州、陕西、新疆、甘肃、内蒙古、四川、山西、黑龙江、河南、河北和安徽为代表；中高产业升级水平省，以山东为代表，其产业升级指数大于 0.5。从能源产业升级与其资源环境的关系来看，产业升级水平低省域的能源产业升级与环境之间的矛盾较为集中，而中高产业升级水平省份山东在产业升级过程中环境明显持续改善。

处于产业升级的中高级水平的山东，仅出现过一次"扩张相对脱钩"，在整个产业升级过程中持续呈现环境质量的提升与持续改善，

2006—2009 年产业升级每增加 1 个百分点，环境污染平均下降 0.96 个百分点，2008—2015 年产业升级每增加 1 个百分点，环境污染平均下降 1.03 个百分点。由于山东化工、化纤等下游业务占比较大，而非能源产业在工业总产值占比也较高，在保持现有产业结构水平下，环境矛盾没有西部省份突出。宁夏、四川、河南与河北整体环境持续改善，虽然经历过短期的产业升级震荡调整下滑，但后续产业升级过程中与环境良性循环，宁夏 2012—2015 年产业升级每增加 1 个百分点，环境污染平均下降 1.01 个百分点，四川 2009—2015 年产业升级每增加 1 个百分点，环境污染平均下降 4.42 个百分点，河南 2009—2015 年产业升级每增加 1 个百分点，环境污染平均下降 1.04 个百分点，河南 2009—2015 年产业升级每增加 1 个百分点，环境污染平均下降 0.72 个百分点。黑龙江、甘肃、山西、新疆、贵州在能源产业升级下滑的同时出现了较为明显的环境下降，反映出了这些地区能源产业活动与环境之间的较大摩擦。

二 技术脱钩弹性分析

从 Tic 技术脱钩弹性来看，当其为负时，反映了能源产业升级的同时降低了单位能耗，当技术进步越明显时，表现为"衰退强/弱绝对负脱钩"即能耗下降同时产业升级提升。各省份 Tic 技术脱钩弹性如表 13-4 所示，可以看出山东技术进步优势较为明显，整个阶段呈现出"衰退强/弱绝对负脱钩"状态。

表 13-4　2006—2016 年能源省份脱钩指数 Tic 技术脱钩弹性

年份 省份	2006	2007	2008	2009	2010	2011	2012	2013	2014	2015	2016
陕西	-32.81	9.83	0.91	-0.42	-0.78	-1.11	-0.55	-6.73	0.88	-2.47	-1.9
新疆	-82.15	19.92	8.64	-5.98	-26.23	-0.01	-0.21	-0.92	-37.29	-0.54	7.44
甘肃	-18.96	7.18	-0.62	0.94	-3.27	-1.36	2.13	-2.14	-2.81	-0.23	0.49
宁夏	-27.58	23.22	-1.70	2.94	-3.43	-0.40	1.96	-4.13	-1.57	0.59	-3.91
内蒙古	-24.72	14.92	-10.52	-5.69	-6.12	-2.42	-0.18	-1.90	0.65	-2.29	2.27
山东	-2.11	-5.45	-1.43	-1.81	5.37	-7.65	-213.31	-75.75	-4.34	-1.20	-0.13
四川	-5.77	5.05	-0.68	1.17	-2.66	-1.18	-0.06	-3.01	0.96	0.14	-2.51
贵州	-8.92	4.74	1.04	0.59	0.36	-10.01	-14.02	4.40	1.96	0.94	-2.27
山西	-1.06	6.49	0.89	2.74	-0.32	0.31	-8.01	1.83	0.70	-2.36	-5.56

第十三章 | 能源省域能源产业升级与环境的脱钩指数分析

续表

年份 省份	2006	2007	2008	2009	2010	2011	2012	2013	2014	2015	2016
安徽	0.73	2.37	-2.72	-1.03	-4.80	-0.72	-2.78	-2.81	-1.76	-1.42	-1.31
黑龙江	-0.15	2.86	-0.26	0.66	-3.08	-1.95	0.20	-0.46	0.15	-0.51	-6.57
河南	2.67	-1.65	-0.40	0.55	-2.73	-15.45	-0.72	-1.53	-2.14	-1.69	-1.93
河北	1.85	0.67	-0.46	0.08	-7.61	-0.73	-1.92	-3.93	-0.31	-1.16	0.07

图 13-3 反映了各省份时空变化趋势，黑色热图色块反映在产业升级过程中技术进步并未有效推进能耗下降。可以看到中高能源升级省山东除 2010 年出现产业结构调整短暂的升级停滞外，其余各个阶段始终在能源产业升级的同时保持能耗下降，其技术进步推动能耗下降显著，单位能耗每下降一个百分点，推动能源产业升级近 11%。同时，安徽、河南技术效应略高于其他省份，安徽单位能耗每下降一个百分点，推动能源产业升级 2.1%，河南单位能耗每下降一个百分点，推动能源产业升级 2.7%。山西、贵州和新疆在产业升级的过程中技术效应明显处于相对劣势，产业提升并不显著。特别是新疆，出现了能耗上升和产业升级放缓的状态，其产业技术效应并未有效低其能耗，对产业升级的提升也相对有限。

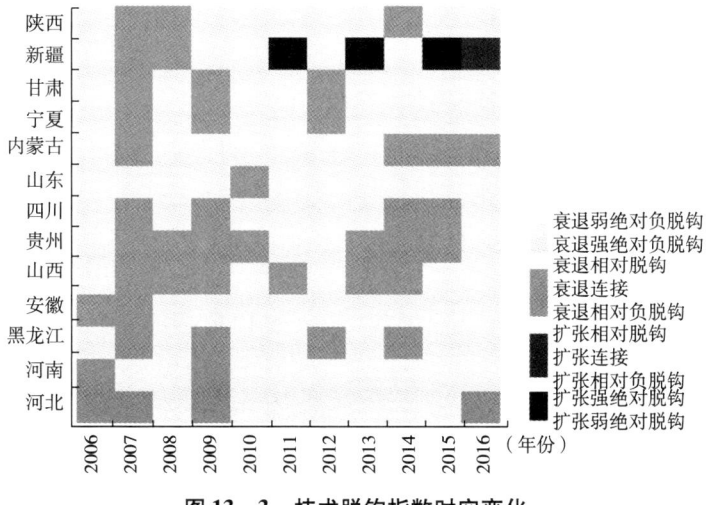

图 13-3 技术脱钩指数时空变化

三 规模弹性分析

Tcp规模弹性反映了能耗与能源产业销售增加值之间的弹性系数，若能耗为负、能源产业增加值为正，说明能源产业扩张的同时能耗在下降，表现为规模效应的"扩张强/弱绝对脱钩"，其规模弹性如表13-5所示。

表13-5 2006—2016年能源省份脱钩指数Tcp规模脱钩弹性

年份 省份	2006	2007	2008	2009	2010	2011	2012	2013	2014	2015	2016
陕西	-0.05	-0.04	-0.12	-2.83	-0.23	-0.62	-0.32	-0.60	-9.19	0.32	9.42
新疆	-0.04	0.01	-0.13	0.19	-0.04	2.73	-10.55	1.25	-0.07	-0.17	-0.12
甘肃	-0.12	-0.26	-0.29	16.36	-0.16	-0.62	0.10	-0.07	-10.93	0.39	1.88
宁夏	-0.05	0.01	-0.07	-0.98	-0.26	-1.24	-0.14	-0.21	-0.76	3.39	-0.42
内蒙古	-0.06	0.01	-0.06	-0.23	-0.11	-0.69	-0.55	-26.01	0.41	-0.35	
山东	-0.11	0.01	-0.23	-0.35	0.61	-0.06	-0.01	-0.01	-0.25	2.30	-18.23
四川	-0.09	-0.06	-0.34	-0.25	-0.11	-0.91	-1.84	2.10	-0.27	-0.16	0.24
贵州	-0.32	-0.06	-0.12	-6.52	-0.03	-0.03	0.24	-7.71	-1.24	-3.43	
山西	-0.08	-0.15	-0.15	0.91	-0.17	-0.66	-0.05	0.13	0.15	0.24	-4.45
安徽	-0.15	-0.17	-0.10	-0.37	-0.14	-0.63	-0.20	1.72	-0.69	21.70	-1.49
黑龙江	-0.19	-0.68	-0.19	0.24	-0.19	0.82	-1.15	0.67	0.12	0.39	
河南	-0.13	-0.14	-0.16	-3.02	-0.1	-0.73	0.56	-0.59	2.54	-1.35	
河北	-0.13	-0.12	-0.22	1.82	-0.1	-0.58	-0.50	-0.41	-5.98	4.61	6.54

从时间维度来看，如图13-4所示，深色色块表示"衰退弱绝对脱钩"，反映出产业规模减产而能耗依然上升的负面状态。从Tcp规模脱钩指数时空变化图可看到，2010年之前能源产业升级调整与持续扩大内需阶段，各省份能源产业销售增加值不断扩大，普遍处于规模的扩张的同时能耗不断下降的良性状态。进入2012年后能源消费增长减速，能源结构升级步伐加快，部分省份进入调整减产阶段。山西、甘肃和黑龙江能源产业规模有明显减产调整，新疆则表现出能耗与产业规模之间的持续摩擦。

第十三章 | 能源省域能源产业升级与环境的脱钩指数分析

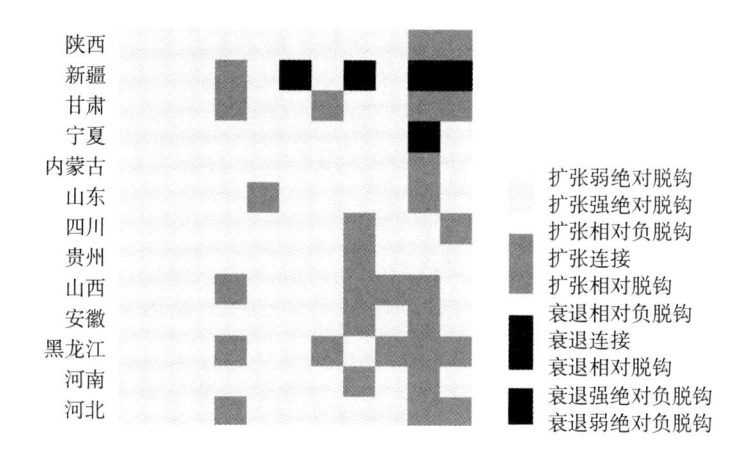

图 13-4 Tcp 规模脱钩指数时空变化

第三节 主要结论

从上述 Tei 结构脱钩弹性、Tic 技术脱钩弹性和 Tcp 规模弹性反映的各省份状态可以看出，山东在保持现有能源产业不断升级情况下，环境质量持续提升，其技术提升环境改善较为明显，各个阶段始终在能源产业升级的同时保持能耗下降，其技术进步推动能耗下降显著，产业规模也不断扩张。而黑龙江、甘肃、山西、新疆、贵州这些省份，能源产业升级放缓的同时出现了较为明显的环境下降，反映出了这些地区能源产业活动与环境之间的较大摩擦，产业结构矛盾凸显，其中山西、贵州和新疆在产业升级的过程中 Tic 技术脱钩弹性表明其技术效应处于相对劣势，特别是新疆，其产业技术效应并未有效较低其能耗，无论是产业升级还是产业规模都受到了一定制约。

脱钩指数分析可以得到以下结论：西部能源省份能源产业升级与资源环境之间的整体摩擦较大。从 Tei 环境压力与能源产业升级之间的弹性系数来看，产业升级水平低省域的能源产业升级与环境之间的矛盾较为集中，而中高产业升级水平省份山东在产业升级过程中环境明显持续改善。处于产业升级的中高级水平的山东，在整个产业升级过程中持续呈现环境质量的提升。而宁夏、四川、河南与河北初步也呈现了产业升

257

级过程中与环境的良性循环发展。黑龙江、甘肃、山西、新疆、贵州在能源产业升级放缓的同时出现了较为明显的环境下降，反映出这些省份能源产业活动与环境之间的较大摩擦。Tic 反映的技术脱钩弹性显示，山东技术进步优势显著，其整个阶段呈现出较高的技术创新势头，在产业升级的同时能耗不断下降；而贵州与新疆无论是技术创新指数还是 Tic 弹性均反映出其技术效应明显处于劣势，技术效应对产业升级的提升非常有限。从 Tcp 规模弹性反映出随着各省份产业结构调整，部分省份进入减产阶段，山西、甘肃和黑龙江能源产业规模有明显减产调整，新疆则表现出能耗与产业规模之间的持续摩擦。

综上可知，在重视环境治理与可持续发展的外部环境政策引导下，各省份加大了环境治理力度，资源环境有阶段性改善。但随着能源产业活动的持续与发展，能源省份在产业活动过程中与资源环境的矛盾始终存在。以能源开采和初级加工为支柱产业的西部地区来说，这种资源环境压力与调整会伴随能源产业升级过程出现持续震荡。能源产业升级优势省份，如山东、安徽、河南、河北和四川，随着产业技术创新活动推进，能耗不断下降的同时，产业发展势头良好，同时与资源环境之间的压力也明显小于西部省份。

第十四章

能源省域能源产业升级、资源环境与创新耦合协调分析

第一节 系统耦合度模型构建

一 产业升级系统、资源环境系统与创新系统的耦合机理

耦合是指两个或两个以上的系统或运动形式通过各种相互作用、相互影响的现象。本书中产业升级、产业资源环境与创新之间的耦合关系是指能源产业升级系统和产业资源环境系统及创新系统三者之间相互影响、相互协调和相互促进而产生的互动过程。

能源产业升级发展过程中，一方面不断利用并改变已有的资源环境（吕明元和陈维宣，2015），产生消耗资源的同时产生废水、废气等污染，另一方面通过拓展下游业务、不断延长产业链减少产业活动对环境的压力（韩永辉等，2016）；同时，资源环境的状态为能源产业提供了依托与"母体"，资源禀赋一方面提供了重要的产业成长环境，另一方面也制约着产业升级与转型，能源产业升级与资源环境系统之间的耦合关系相互制约、相互影响（Almeida 等，2017）。

一般认为科技创新活动可以有效促进产业升级（王章名和王成璋，2016），一方面通过创新活动的资金、知识等要素投入驱动产业升级（陈凯华等，2013；林春艳等，2016），另一方面通过"绿色技术创新"减少对环境的破坏。能源消耗对环境的负面影响已经达成了共识，通过提升创新潜力和创新产出使生产技术与环境治理技术的应用进一步提

高，进而降低单位产出能耗、提高单位劳动生产率。也就是说，通过技术创新活动可以节约相对昂贵的生产要素，降低能源使用的成本（Dowlatabadi 和 Oravetz.，2006），从而减少对环境的破坏。

其耦合机理如图 14-1 所示，能源产业升级受到创新要素投入、创新潜力水平与资源环境的制约与影响，在合理利用资源的基础上，一方面要促进产业发展与资源环境良性循环，另一方面通过产业创新活动的要素投入与积累促进产业升级，通过创新技术应用实现对环境的改善，同时要克服创造性活动可能对资源环境产生不利的影响，在资源生态环境可承载的范围内展开产业升级活动。

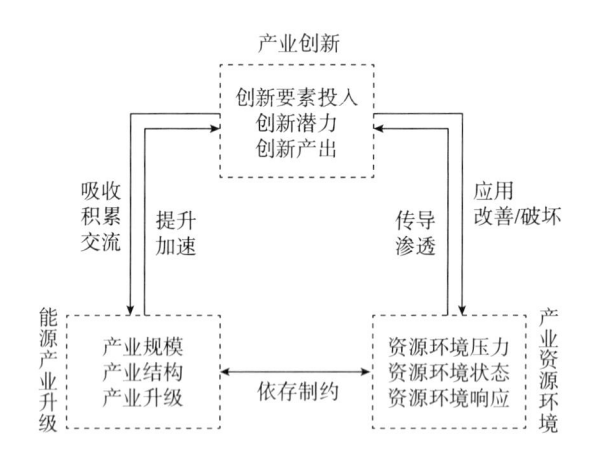

图 14-1 能源产业升级、产业资源环境与创新的耦合关系

二 系统耦合度测度模型

本书构建能源产业升级、环境及创新系统三者的耦合协调度模型，根据上章所选的指标以及 TOPSIS 熵值法确定的指数，计算各城市能源产业升级指数 U_1、产业资源环境指数 U_2 与创新指数 U_3 三者的综合得分，并计算其耦合度（C）和协调度（D）的数值。

根据已有推荐使用的三系统耦合度模型（黄小卜，2016），则三系统耦合度为：

$$C = \left[\frac{U_1 \times U_2 \times U_3}{(U_1 + U_2 + U_3)/3}\right]^{1/3} \qquad (14-1)$$

第十四章 | 能源省域能源产业升级、资源环境与创新耦合协调分析

由于耦合度能显示各系统之间作用的强弱,但是不能显示系统的整体协调情况,协调度模型则可以更好地评判产业升级、资源环境与创新三者的耦合协调程度。

耦合协调度 D 为:$D = \sqrt{C \times T}$,其中 T 的表达式为:

$$T = \alpha U_1 + \beta U_2 + \gamma U_3 \qquad (14-2)$$

T 为三大系统的综合评价指数,α、β、γ 为待定参数。U_1、U_2、U_3 分别为能源产业升级系统综合指数、产业资源环境系统综合指数和产业技术创新综合指数,用第十二章综合测定的指数分别表示。由于这里的 α、β、γ 待定参数设置上并没有客观的方法可以确定,通常人为设定,这就造成了协调度的大小除了受到每个系统的评价得分的影响之外,也受到了研究者主观的影响。一般来说,系统的作用程度越高,其待定系数相应采用更高的值,如存在多个系统时,单个系统的系数最大不得超过 0.5(Cui 等,2019)。为了避免主观影响,本书的研究采用专家问卷调查的形式,选取典型能源型城市榆林市的有关科技局、能源局、工信局、环保局、工信局以及能源园区工作的专家,收集并统计了系数结果。在协调发展能源产业升级、产业资源环境与创新三者协调发展下,三个系数分别为 0.36、0.36、0.28。

根据已有研究(方传棣等,2019),把耦合协调度划分为如下等级,具体分类详见表 14-1。

表 14-1　　　　　　　　耦合协调度的划分

耦合协调度 D	协调等级	耦合协调度 D	协调等级
0—0.09	极度失调	0.5—0.59	勉强失调
0.1—0.19	严重失调	0.6—0.69	初级协调
0.2—0.29	中度失调	0.7—0.79	中级协调
0.3—0.39	轻度失调	0.8—0.89	良好协调
0.4—0.49	濒临失调	0.9—1	优质协调

第二节　系统耦合协调度测度与分析

一　测度结果分析

根据式（14-2）计算系统的协调度 D，结果如表 14-2 所示，其中根据其协调度可以把各省份划分为三个阶段，其中除山东能源产业升级、资源环境与产业创新处于中级协调状态外，其余各省域均面临濒临失调或轻度失调状态。其中，四川、河南、陕西、山西与河北濒临失调，新疆、甘肃、宁夏、内蒙古、贵州和黑龙江则轻度失调。宁夏和新疆为代表的西部省份产业升级、资源环境与产业创新整体呈现出较为明显的轻度失调状态。其中，山东耦合协调值增长速度较快，从 2005 年的 0.618 上升至 2016 年的 0.812，平均年增速为 2%，安徽耦合协调值从 2005 年的 0.439 增长至 2016 年的 0.612，平均年增速为 3%。但贵州和黑龙江两省耦合协调值还出现了略微下降的趋势，反映出两省在产业升级过程中与资源环境、产业技术创新三者的不协调性。

表 14-2　能源省份的协调度

年份 省份	2005	2006	2007	2008	2009	2010	2011	2012	2013	2014	2015	2016
陕西	0.404	0.417	0.379	0.382	0.392	0.397	0.422	0.415	0.433	0.429	0.446	0.448
新疆	0.328	0.356	0.331	0.321	0.334	0.348	0.35	0.357	0.347	0.362	0.359	0.359
甘肃	0.352	0.365	0.307	0.305	0.299	0.3	0.335	0.319	0.318	0.321	0.319	0.310
宁夏	0.286	0.308	0.301	0.302	0.283	0.286	0.3	0.294	0.311	0.311	0.309	0.326
内蒙古	0.322	0.346	0.317	0.329	0.344	0.368	0.388	0.392	0.399	0.382	0.391	0.378
山东	0.618	0.629	0.648	0.651	0.669	0.630	0.721	0.754	0.755	0.775	0.810	0.812
四川	0.484	0.491	0.480	0.480	0.469	0.470	0.496	0.496	0.505	0.508	0.52	0.517
山西	0.402	0.422	0.402	0.410	0.400	0.397	0.428	0.455	0.44	0.421	0.407	0.402
贵州	0.359	0.379	0.362	0.355	0.335	0.328	0.344	0.348	0.339	0.334	0.342	0.345
安徽	0.439	0.434	0.417	0.435	0.442	0.460	0.497	0.530	0.549	0.569	0.600	0.610
黑龙江	0.436	0.421	0.387	0.386	0.383	0.384	0.400	0.380	0.379	0.376	0.381	0.377
河南	0.484	0.473	0.463	0.470	0.469	0.469	0.494	0.507	0.513	0.521	0.544	0.542
河北	0.449	0.441	0.417	0.436	0.425	0.440	0.496	0.500	0.513	0.517	0.528	0.519

第十四章 | 能源省域能源产业升级、资源环境与创新耦合协调分析

如表 14-2 所示，结合产业升级评价值、资源环境评价值以及创新评价值综合分析可以发现，时间维度上 13 个省份产业升级指数普遍相对较低，产业创新上升趋势明显，而资源环境呈现出一定的波动型态势。从耦合度来看，除甘肃与贵州外，其他 9 省域的能源产业升级、产业资源环境与产业创新水平 C 值均在 0.9 以上，达到了较高水平，三系统的关联非常高，且比较平稳。

表 14-3 显示，西部省域中，陕西、四川濒临失调，其能源产业升级相对落后，其余西部省域均为轻微失调，其特征主要为产业创新明显滞后。非西部省域中，山东能源产业升级、产业资源环境与产业创新中级协调，资源环境成为制约三者协同发展的主要因素。山西、河南、河北和安徽濒临失调，其中，安徽与河南产业升级相对滞后，山西与河北主要为产业创新相对滞后。贵州与黑龙江则轻度失调，贵州主要为创新驱动相对滞后，黑龙江能源产业升级相对滞后。

表 14-3　　　　能源省份的耦合协调值及其类型

	产业升级评价值	资源环境评价值	创新评价值	耦合度	协调度	协调类型	滞后因素
陕西	0.099	0.241	0.241	0.903	0.414	濒临失调	产业升级相对滞后
新疆	0.088	0.177	0.113	0.941	0.346	轻度失调	产业升级相对滞后
甘肃	0.091	0.152	0.077	0.950	0.321	轻度失调	创新驱动相对滞后
宁夏	0.083	0.225	0.035	0.754	0.301	轻度失调	创新驱动相对滞后
内蒙古	0.139	0.188	0.086	0.931	0.363	轻度失调	创新驱动相对滞后
山东	0.572	0.386	0.62	0.975	0.706	中级协调	资源环境相对滞后
四川	0.193	0.304	0.252	0.974	0.493	濒临失调	产业升级相对滞后
山西	0.149	0.266	0.122	0.941	0.415	濒临失调	创新驱动相对滞后
贵州	0.084	0.276	0.071	0.813	0.347	轻度失调	创新驱动相对滞后
安徽	0.215	0.309	0.258	0.963	0.499	濒临失调	产业升级相对滞后
黑龙江	0.100	0.207	0.185	0.947	0.391	轻度失调	产业升级相对滞后
河南	0.205	0.302	0.251	0.975	0.496	濒临失调	产业升级相对滞后
河北	0.221	0.308	0.162	0.954	0.473	濒临失调	创新驱动相对滞后

空间上，协调度 D 值呈现出了中东部普遍高于西部省域的空间格

局。从图 14-2 可以看出，西部省份协调度近年来变化较少，反映出西部各省份能源产业升级、产业资源环境与产业创新之间的协调发展关系无明显进展，而非西部省份如山东、河南、河北和安徽则在近几年相对呈现出了较快的三系统协调发展的趋势。

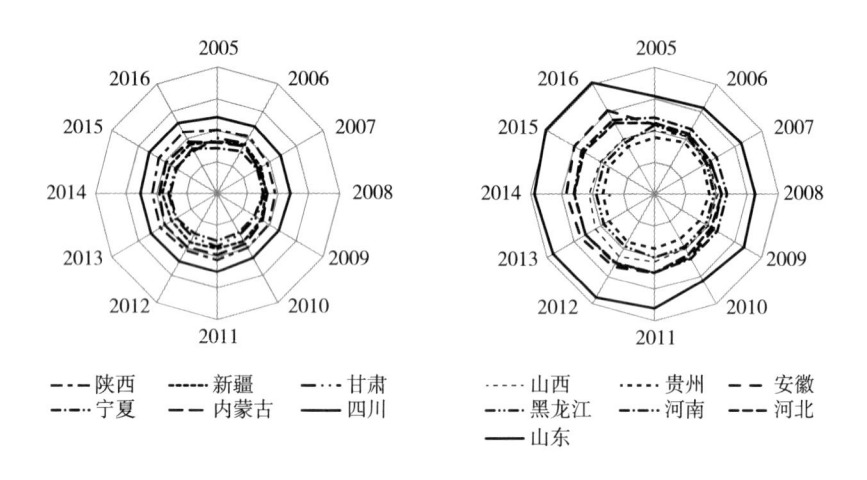

图 14-2　能源省份的协调值雷达图对比

二　结论与启示

综上所述，西部省份其能源产业升级、产业资源环境与创新三者系统耦合程度普遍较低，资源环境矛盾相对突出的同时能源产业创新活力普遍偏低，导致三者耦合协调度普遍不高，各省份大多处在濒临失调或者轻度失调的状态。

西部省域中，陕西三系统耦合度略高于其余西部省份，能源产业升级成为制约三者协调发展的重要因素，寻求有效提升能源产业升级发展路径成为陕西重要的发展方向。而甘肃、宁夏、新疆则轻微失调，其特征主要表现为产业创新明显滞后，这 3 个省份需要提高创新能力，通过技术创新活动推动产业升级和资源环境的协调发展。以上研究表明，西部能源省份要想实现可持续发展，在产业升级发展的同时资源环境可持续性不断提升，需要从以下几个方面着手调整：第一，重视技术创新，技术进步是推动产业发展、降低能耗、降低环境污染的重要因素之一，推进节能减排技术、发展清洁化能源对降低能耗、减少污染起着重要的作用；第二，能源产业结构的调整一方面要通过延长产业链条、拓展其下游业务行业实现内部结构的优化，另一方面要尽快带动能源化工—制造业—其他服务业的跨行业转移，通过能源产业内部的结构升级和非能源产业的发展实现产业升级与资源环境可持续"共赢"。

第六篇

市域能源产业升级、资源环境及创新协调发展研究

第十五章

西部能源市域能源产业升级、资源环境与创新指数分析

国务院于 2013 年印发了《全国资源型城市可持续发展规划（2013—2020 年）》，明确划分了我国 262 个资源型城市，其中 128 个地级市，中西部最为密集，约有 50 个。以石油、天然气开采和加工为主的资源型城市作为我国重要的能源资源战略保障基地，为工业经济持续健康发展提供了重要的支撑，但也面临着一些亟待解决的问题：一方面能源产业发展与资源环境之间的矛盾加剧，水资源过度消耗和地区环境污染问题日益严重；另一方面这些城市产业结构过度单一，由于长期粗放式的产业发展，其能源产业链条延伸不足、产品附加值低等问题也逐渐暴露。

本章试图进一步通过城市层面的分析进一步研究能源产业升级、资源环境与创新三者之间的关系，并通过构建指标体系对其进行测度。

第一节 能源型城市的产业升级、资源环境与创新现状

一 研究城市的选取

根据现有对资源型城市的典型分类（余建辉，2018）并结合能源产业升级的状况，本书选取供应保障相对较充足、产业发展稳定的成长型及成熟型资源型城市为研究对象，同时结合 2017 年国家发改委、工

信部发布的《现代煤化工产业创新发展布局方案》中涉及的四个煤转化基地所在城市［内蒙古鄂尔多斯、陕西榆林、银川（宁夏宁东）、昌吉（新疆准东）］，共选取 36 个以石油和煤炭产业发展良好的能源型城市，如表 15-1 所示。

表 15-1　　　　　　　　36 个典型能源型城市分类

	煤炭城市	石油城市	煤、油综合型城市
典型成熟、成长型能源型城市	三门峡 运城 鄂尔多斯 长治 朔州 大同 阳泉 忻州 临汾 广安 攀枝花 平凉 哈密 晋城 晋中 赤峰 昌吉* 银川* 六盘水 邯郸 邢台 宜春 鹤壁 牡丹江 鸡西 济宁 唐山 泰安	东营 克拉玛依 庆阳 巴音郭楞 松原	鄂尔多斯 榆林 延安

注：新疆准东数据报送以昌吉州数据反映，宁夏宁东数据报送以银川市数据反映。

根据从 2007 年到 2016 年开采业的平均产值，将这 36 个资源型城市进行了聚类分析，根据聚类分析结果分成了三大类。

第一类（以下简称小型能源城市）是能源开采产值约 160 亿元及以下的城市：运城、牡丹江、哈密、忻州、攀枝花、三门峡、鹤壁、宜春、赤峰、鸡西、呼伦贝尔、邢台、昌吉、银川、广安和平凉；第二类（以下简称中型能源城市）是能源开采产值大约在 160 亿—340 亿元的城市：大同、临汾、晋城、巴音郭楞、唐山、朔州、六盘水、松原、庆阳、阳泉和邯郸；第三类（以下简称大型能源城市）是能源开采产值约为 500 亿元以上的城市：东营、克拉玛依、榆林、鄂尔多斯、延安、长治、泰安、晋中和济宁。

二　产业升级、产业资源环境与创新现状

（一）能源型城市的能源产业规模与结构分析

从能源总产值来看，三组城市能源产业总产值与开采业产值的趋势相同，近 10 年来呈现出逐年递增的趋势。其中以大型能源城市的增长速度最快，平均能源行业总产值达 1687 亿元，近十年增长了 2.3 倍。只有长治和晋中平均低于 1000 亿元，而东营市最高，达到了 4772 亿元。中型能源城市多为典型的煤炭型城市，其产业规模趋势大致相同，

第十五章 | 西部能源市域能源产业升级、资源环境与创新指数分析

先增长后平稳，2012年后受到煤炭结构性去产能及环保等政策综合影响，产业规模保持平稳并略有下降。其平均产值为581亿元，2016年相比2007年增长了2倍。其中，唐山能源产业总产值超过了1000亿元。小型能源城市平均能源产业产值仅为256亿元，产值近十年来保持稳定。

从能源产业产值占本地区总产值的比重来看，大型能源城市能源产业产值占本地区产值的61%，克拉玛依和榆林更是达到90%以上，只有济宁、泰安和东营占比在50%以下。反映出大型能源城市对能源过度依赖，导致其他产业的发展严重不足。中型能源城市的占比略低于大型城市，平均在55%左右，说明能源产业在本地区中也具有重要的地位，其中，占比最低的是邯郸和唐山，分别只有0.15和0.12，而朔州和庆阳均超过80%。小型能源城市能源总产值最低，且近十年下降至27%。除鸡西、平凉和忻州的产业结构能源产业占比接近50%以外，其余城市对于能源的依赖程度相对比大中型能源城市低。这些城市平均能源产业产值占本地区总产值约26%，如图15-1所示。

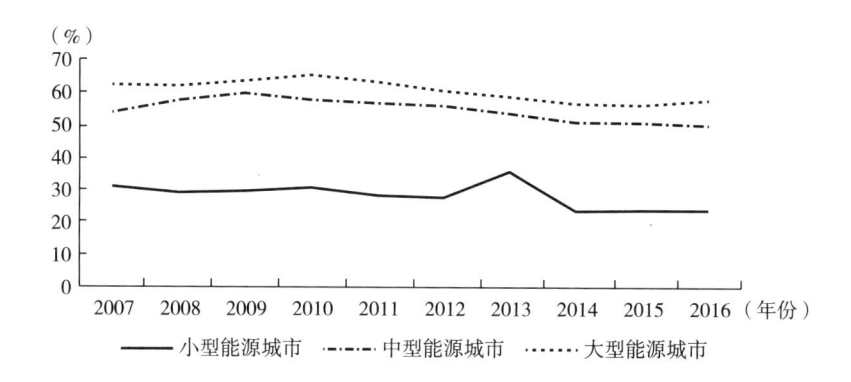

图15-1 资源型城市能源产值占本地区总产值的比重

从图15-2可以看出，三种类型城市其开采业比例呈现较大差异。其中大型能源城市中的榆林和鄂尔多斯开采业务平均占比78%，煤炭城市长治、泰安、晋中和济宁平均占比达到60%，而以东营和克拉玛依为代表的石油型城市，其开采业产值的占比呈现逐年下降的趋势，且下降速度较快，2016年开采业务比例约为20%，仅为2007年的一

半。中型能源城市产值为 340 亿元以上且大多数是煤炭城市，能源开采上游业务平均占比在 60% 以上。其中大同的开采业占比平均达到了 96%。小型能源城市的开采业占比整体呈下降的趋势，上游开采业务平均占比为 49%，除平凉和鸡西上游开采业务高达 90% 以外，以宜春和运城为代表的城市其上游开采业务占比仅占 20%，这些小型能源城市，其能源产业产值在地区产业中的占比逐年降低，产业间结构出现了调整的同时，能源产业内部结构也呈现出了明显的上游业务比例减少和下游业务比例增加的趋势。

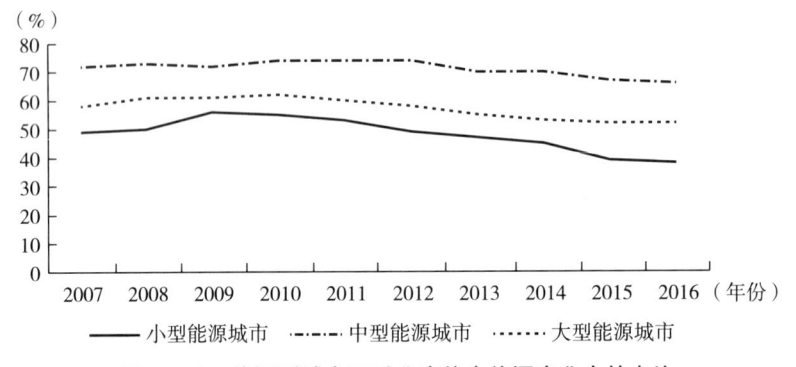

图 15-2 能源型城市开采业产值在能源产业中的占比

36 个能源型城市能源产业在产业规模和产业结构上有一定差异，具体呈现以下趋势：

第一，大型能源城市中，以东营和克拉玛依为代表的新型石油城市，产业发展迅猛。虽然能源产业产值在地区工业总产值中占比高达 58%，但其产业结构调整很快，近十年明显有从开采业向加工业转型和加速发展化工业务的趋势，下游业务占比逐年增加。而传统综合能源城市，如鄂尔多斯和榆林，其能源开采业占比较大，化工产业有所增长，但还是偏低。大型能源城市中的新型煤炭型城市，如长治、泰安、晋中和济宁，作为单一煤炭型能源城市，虽然煤炭开采业占能源产业总产值的比例为 60%，但其下游化工产业发展较传统型更强，比石油型城市略弱。

第二、中型能源城市，如大同、临汾、晋城、巴音郭楞、唐山、朔州、六盘水、延安、松原、庆阳、阳泉和邯郸，这些大多为传统煤炭型城市,其能源开采业务在这些城市占比高,开采业占能源产业比例大于60%,化工业务虽有发展但远低于新型煤炭型城市和石油城市。从邯郸、唐山能源产业规模和人员结构来看,其能源产业产值占工业产值比重为15%和12%,远低于同类型其他城市,说明两个传统煤炭型城市产业结构正在发生转变。

第三,小型能源城市以运城、牡丹江、哈密、忻州、攀枝花、三门峡、鹤壁、宜春、赤峰、鸡西、呼伦贝尔、邢台、昌吉、银川、广安和平凉为代表。其能源产业产值平均仅为256亿元,除平凉、哈密、鸡西和忻州四个城市能源产业在地区业务中占比较大外,其他城市能源产业产值占本地区总产值的27%,同时石油加工、化工业务等下游业务的比例也最高。反映出小型能源城市能源产业内部结构上下游业务均有发展,能源产业发展多元化。

(二) 能源型城市环境现状

能源型城市的空气污染排放呈现逐年下降的趋势,且小型能源城市下降迅速,递减速度依次为小型能源城市快于中型能源城市,中型能源城市快于大型能源城市。2007—2012年,小型能源城市二氧化硫排放量下降迅速,由2007年的223.76吨/亿元下降到2012年的67.77吨/亿元,下降率为13.94%。其中,小型能源城市中二氧化硫排放量最大的是平凉、哈密、忻州市,二氧化硫排放量分别为229.94吨/亿元、227.36吨/亿元和168.77吨/亿元。2012—2015年城市间单位工业产出排放二氧化硫量趋于稳定,说明主要空气污染物排放量基本得到控制。

从区域差异来看,如图15-3所示,在2012年之前,各区域之间的差异较为明显,2012年后,城市间差异逐渐缩小。从空气质量角度分析可以看出煤炭型城市单位污染排放大于综合性能源城市,石油型城市单位工业产出的二氧化硫污染相对在能源城市中较低。

从单位工业产出废水排放量来看,小型能源城市同样变化显著。2007—2013年,小型能源城市的单位产出工业废水排放量远远高于其他城市群,但2013年后,工业废水排放量有所下降,小型能源城市与大型能源城市单位废水排放量接近,中型能源城市单位产出的工业废水排放量最低。在小型能源城市中,忻州市的单位产出工业废水排放量最大。总体来看,煤炭型能源城市单位污染排放大于综合性能源城市,石油型城市单位产出的污染相对在能源城市中较低。

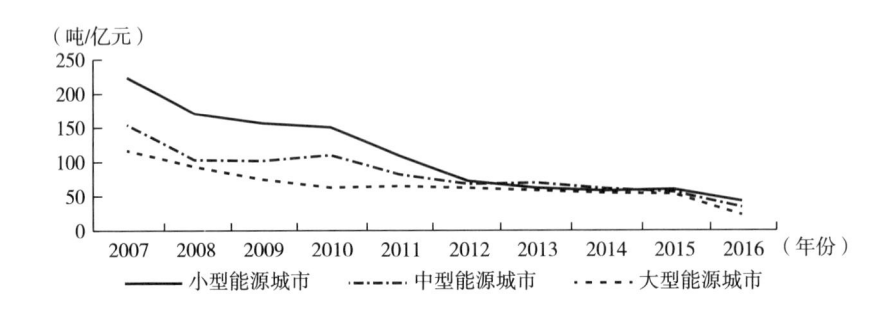

图 15-3 能源型城市单位工业产值的二氧化硫排放量

从单位 GDP 能耗来看，能源型城市平均单位 GDP 能耗为 1.76 吨标准煤/万元。其中晋中市的单位产值能耗是这 36 个资源型城市中最高的，平均值达到了 5 吨标准煤/万元以上，而攀枝花、克拉玛依、鸡西平均单位 GDP 能耗大于 3 吨标准煤/万元，反映出这些城市较为粗放的经济增长方式。

从单位产出的资源能源消耗角度来看，大型能源城市工业及技术与经济发展较快，要素禀赋的比较优势与规模经济的成本优势的存在，单位产出的用水、用电、用地呈现较低水平。另外，小型、中型能源型城市呈现出逐步追赶大型能源城市的趋势，城市区域间环境污染差异在逐步缩小。

（三）能源型城市创新现状

能源型城市研发投入强度基本稳定，均在 0.6% 水平上下浮动。大型能源城市研发投入强度呈现波动性上扬态势，且显著高于中小型城市。中型和小型能源城市研发投入强度变化缓慢，中型能源城市 2007—2010 年研发投入强度不断下降，从 0.56% 下降到 0.43%，2010 年以后缓慢上升，但 2016 年研发投入强度仅为 0.57%，与 2007 年持平；小型能源城市 2007—2012 年研发投入强度不断下降，从 0.4% 下降到 0.32%，2012 年以后缓慢上升，2016 年研发投入强度为 0.41%，同样与 2007 年持平，如图 15-4 所示。

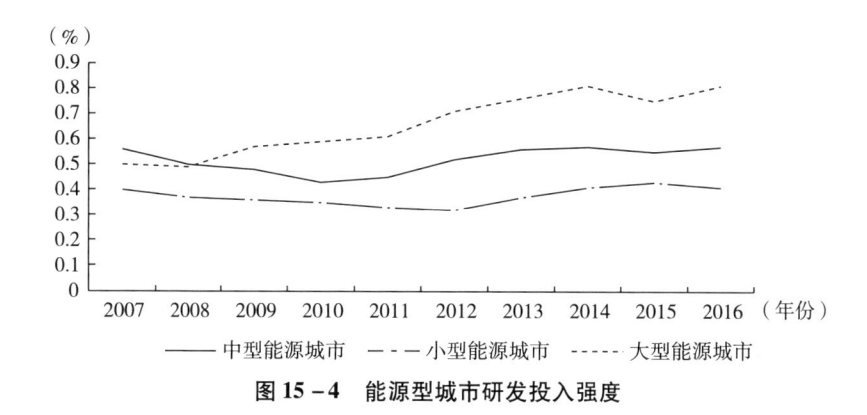

第十五章 | 西部能源市域能源产业升级、资源环境与创新指数分析

图 15-4 能源型城市研发投入强度

大型能源城市近几年研发投入总额基本保持稳定，除东营市外，各城市2016年研发投入基本和2013年研发投入持平。东营市研发投入近十年变化明显，研发投入从2007年的18.61亿元快速上升到2016年的90.37亿元，上涨近五倍，且年平均增速20%。同时，各城市间研发投入差异明显，研发投入靠前的依次为东营、济宁和鄂尔多斯，近年研发投入均在30亿元以上；研发投入靠后的依次为延安、晋中、榆林和克拉玛依，近年研发投入最高为5亿元左右。可以发现东部城市研发投入明显高于西部城市，且差距有不断扩大的趋势。

小型能源城市研发投入差异并不明显。牡丹江、哈密、忻州、赤峰、鸡西、呼伦贝尔、广安和平凉研发投入一直处于较低水平，历年均低于1.2亿元，且多为煤炭型城市。

第二节　能源型城市产业升级、资源环境与创新指数分析

一　产业升级、资源环境与创新指标体系的建立

资源型城市能源产业升级指数、资源环境指数和创新指数的获取，需要结合能源产业结构特征与规模，同时考虑数据的可获得性，通过构建产业升级发展、资源环境和创新的指标体系获得。其中衡量能源产业升级除了考察产业规模外，需要考察能源产业内部上下游的联系和比例关系。借鉴产业结构偏离度的概念，衡量开采、化工业务的产业偏离度。同时用借鉴产业结构升级的指数的概念，采用化工产业与开采产业

产值的比，来测算能源产业内部是否升级，产业升级指数值越大，其下游业务延伸的趋势越明显。资源环境指标同样借鉴联合国经济合作与发展组织建立的 PSR 模型来确定：压力代表产业发展需求对产业资源环境施加的压力，与产业资源环境呈负相关关系，状态代表目前生态环境所处的状态及产业活动对环境产生的影响，响应代表环境受到产业经济活动的影响所做出的反应。其中空气和水的环境压力分别用单位产出的二氧化硫和单位产出的工业废水排放量衡量；用单位产出用水、用电、用地反映单位产出资源使用的现状。对于创新要素指标主要从创新投入、创新产出及创新环境及创新效率衡量。

本书研究的时段涉及 10 年 36 个资源型城市共计 20 个指标，相关数据来源于 2008—2017 年的《中国城市统计年鉴》、36 个城市的统计年鉴及各市国民经济统计公报。对于个别年份缺失的数据，采用插值法补齐。指标的建立如表 15 - 2 所示。

表 15 - 2　　　　能源产业升级、产业资源环境及创新指标体系

目标层	准则层	指标层	单位	指标含义及性质
能源产业升级	产业规模	能源产业产值	亿元	（规上）能源产业总产值
		能源产业从业人员比例	%	地区（规上）能源产业就业人数/地区（规上）就业人数
	产业结构	开采业务结构合理*		开采产业偏离度
		化工业务结构合理*		化工产业偏离度
	产业升级	化工产业增长率	%	（化工产业产值$_t$—化工产业产值$_{t-1}$）/能源化工产业产值$_{t-1}$
		结构升级		化工业务/开采比例
资源环境指标	单位产出污染压力	单位产出水质量	吨/万元	工业废水排放量（万吨）/工业生产总值（-）
		单位产出空气质量	吨/万元	工业废气中的二氧化硫排放量（万吨）/工业生产总值（-）
			吨/万元	工业废气中的粉尘排放量（万吨）/工业生产总值（-）
	资源环境状态	单位产出用水	吨/元	年用水总量（亿吨）/工业生产总值（-）

第十五章 | 西部能源市域能源产业升级、资源环境与创新指数分析

目标层	准则层	指标层	单位	指标含义及性质
资源环境指标	资源环境状态	单位产出用地	平方公里/亿元	工业用地面积（平方公里）/工业生产总值
		单位产出用电	千瓦时/万元	工业用电/工业生产总值（-）
	资源环境响应	固体废物处理	%	固体废弃物综合利用率
		污水处理	%	污水集中处理率
创新活力	研发投入	研发投入	万元	R&D 经费
		研发强度	%	R&D 经费/GDP
	创新产出	论文	篇	本地区被引论文数量
		专利	件	专利申请数
	创新环境	高等学校教师数	人	普通高等学校专任教师数
		每万人在校大学生数		每万人在校大学生数
	创新效率	单位产出能耗	吨标准煤/万元	能源消耗量/国内生产总值
		能源产业单位劳动生产率	万元/人	能源产业总产值/能源产业从业人员

注：＊为适度指标。

由于能源产业升级指标、环境指标和创新指标的量纲不尽相同，采用极差标准化方法对各指标的原始数据进行标准化处理，在消除量纲和量级影响的同时保留各省份的差异，处理方法与第十二章相同。

指标的权重依然采用熵值法，并进一步使用 TOPSIS 思想进行优化。TOPSIS 基本思想是利用归一化后的数据矩阵，通过余弦法找出最优最劣方案，计算待评价对象与最优最劣方案之间的距离，获得待评价对象与两者的接近程度作为评价依据。

设决策有 n 个目标 f_j （$j = 1, 2, 3, \cdots, n$），

m 个可行解 $Z_i = (Z_{1i}, Z_{2i}, Z_{3i}, \cdots, Z_{in})$ （$i = 1, 2, 3, \cdots, n$）。

设最优解 Z^+ 为每列中最大值构成，

$Z^+ = (Z_1^+, Z_2^+, \cdots, Z_n^+)$，从任意解到 Z^+ 的距离为：

$$S_i^+ = \sqrt{\sum_{i=j}^{n} (Z_{i1} - Z_j^+)^2} \qquad (15-1)$$

式（15-1）中，S_i^+ 为任意解到最优解的距离。

同理，$Z^- = (Z_1^-, Z_2^-, \cdots, Z_n^-)$，$Z^-$ 为规范化目标最劣解，从任意解到 Z^- 的距离为：

$$S_i^- = \sqrt{\sum_{i=j}^{n}(Z_j^- - Z_{i1})^2} \qquad (15-2)$$

S_i^- 为任意解到最劣解的距离。

可行解对理想解的相对接近度为：

$$C_i = \frac{S_i^-}{S_i^- + S_i^+}(0 \leq C_i \leq 1, i = 1, 2, 3, \cdots, m) \qquad (15-3)$$

式（15-3）中，C_i 为可行解对理想解的相对接近度。

若 Z_i 越接近最劣解，C_i 越接近0；Z_i 越接近最优解，C_i 越接近1，从而给出评价结果。

二 产业升级指数分析

近四年产业升级指数与各城市排名如表15-3所示。其中东营排名持续第一位，赤峰、呼伦贝尔则排名最后。近十年来，小型城市中产业升级呈现出了较大差异，平均升级指数为0.11。宜春的产业升级指数相对较高，平均大于0.26，由于宜春近几年煤炭开采业务产值持续调整，2016年煤炭开采业务产值已经减少为2007年的1/20，下游化工业务不断扩大，产业结构发生了重大转型，已经明显不同于传统能源城市；运城、牡丹江产业升级指数平均大于0.15，银川、昌吉、邢台产业升级指数平均值大于0.1。这些城市的产业升级出现震荡式调整。而其他城市能源产业升级指数平均低于0.1，能源产业升级相对缓慢。传统煤炭开采为主的城市中，呼伦贝尔、赤峰、忻州能源产业延伸明显不足，其产业升级指数最低，平均不足0.05。

表15-3　2013—2016年36个能源型城市产业升级排序

	2013年	产业升级指数	2014年	产业升级指数	2015年	产业升级指数	2016年	产业升级指数
1	东营	0.427	东营	0.473	东营	0.538	东营	0.606
2	鄂尔多斯	0.235	宜春	0.34	宜春	0.41	宜春	0.426
3	榆林	0.227	鄂尔多斯	0.217	邢台	0.243	邢台	0.255
4	昌吉	0.181	榆林	0.205	银川	0.231	牡丹江	0.21

第十五章 | 西部能源市域能源产业升级、资源环境与创新指数分析

续表

	2013年	产业升级指数	2014年	产业升级指数	2015年	产业升级指数	2016年	产业升级指数
5	牡丹江	0.176	牡丹江	0.177	鄂尔多斯	0.215	榆林	0.199
6	宜春	0.174	邢台	0.161	榆林	0.214	鄂尔多斯	0.197
7	克拉玛依	0.162	克拉玛依	0.141	牡丹江	0.178	昌吉	0.191
8	银川	0.155	泰安	0.14	晋中	0.157	晋中	0.153
9	晋中	0.149	银川	0.138	克拉玛依	0.144	银川	0.151
10	泰安	0.149	昌吉	0.138	济宁	0.137	济宁	0.132
11	济宁	0.148	晋中	0.136	昌吉	0.135	延安	0.132
12	延安	0.147	济宁	0.132	泰安	0.134	松原	0.132
13	长治	0.147	延安	0.124	六盘水	0.131	克拉玛依	0.13
14	邢台	0.143	长治	0.123	大同	0.129	泰安	0.122
15	朔州	0.142	六盘水	0.119	延安	0.129	长治	0.121
16	阳泉	0.139	大同	0.116	长治	0.128	六盘水	0.12
17	六盘水	0.138	阳泉	0.114	阳泉	0.125	阳泉	0.117
18	临汾	0.136	朔州	0.113	临汾	0.119	大同	0.115
19	大同	0.133	唐山	0.11	唐山	0.114	临汾	0.113
20	唐山	0.132	庆阳	0.109	朔州	0.114	唐山	0.106
21	庆阳	0.129	晋城	0.097	松原	0.107	晋城	0.103
22	晋城	0.123	临汾	0.096	晋城	0.107	鹤壁	0.1
23	平凉	0.114	平凉	0.089	庆阳	0.103	朔州	0.1
24	哈密	0.109	三门峡	0.089	平凉	0.102	三门峡	0.099
25	鸡西	0.107	松原	0.087	运城	0.101	运城	0.099
26	忻州	0.106	哈密	0.087	鹤壁	0.098	邯郸	0.098
27	邯郸	0.103	忻州	0.082	鸡西	0.096	庆阳	0.097
28	松原	0.1	鸡西	0.079	忻州	0.094	平凉	0.095
29	攀枝花	0.095	广安	0.078	邯郸	0.092	攀枝花	0.091
30	三门峡	0.09	鹤壁	0.077	巴音郭楞	0.091	忻州	0.09
31	巴音郭楞	0.086	邯郸	0.076	哈密	0.089	鸡西	0.088
32	鹤壁	0.082	巴音郭楞	0.074	攀枝花	0.089	巴音郭楞	0.085
33	赤峰	0.077	攀枝花	0.073	三门峡	0.087	哈密	0.085
34	呼伦贝尔	0.075	运城	0.072	广安	0.082	广安	0.084
35	广安	0.073	呼伦贝尔	0.064	呼伦贝尔	0.073	呼伦贝尔	0.081
36	运城	0.072	赤峰	0.057	赤峰	0.069	赤峰	0.069

中型能源城市产业升级指数趋势较为接近，2011年、2012年后均呈现出了产业结构略微升级的趋势。近10年来，产业升级指数平均为0.09。其中六盘水产业升级指数相对略微高于其他城市，邯郸、巴音郭楞的能源产业升级指数相对较低，平均为0.07。

大型能源城市产业升级指数平均为0.15，高于中小型能源城市。其中东营市能源产业升级显著，近5年来指数从0.2逐年上升至0.6左右，其化工业务增产迅速，下游业务比例不断扩大。榆林和鄂尔多斯能源产业结构有一定调整，产业升级指数平均为0.16和0.17，反映出这两个城市近年来试图通过调整能源产业结构不断增加下游业务比例，但总体来看产业升级能力相对有限。

三 资源环境指数分析

近四年的资源环境排序情况如表15-4所示。小型能源城市的平均环境指数为0.52，其中宜春、运城资源环境指数较高，分别为0.64和0.63，鸡西、平凉环境指数最低，平均为0.43。中型城市的平均资源环境指数为0.57，略高于小型城市，其中巴音郭楞环境指数较高，平均为0.74；阳泉最低，平均为0.49。大型能源城市的平均环境指数为0.61，其中东营的资源环境指数较高，平均为0.80；济宁和晋中相对较低，平均约为0.53。大型能源城市环境指数略高于中型能源城市，中型能源城市资源环境指数略高于小型能源城市。这反映出能源型城市由于资源环境压力相对较大，大型能源城市通过加大对环境的治理、降低单位产出能耗等措施以降低对环境造成的不良影响，资源环境改善的变化大于中小型城市。

表15-4　　2013—2016年36个能源型城市资源环境排序

	2013年	环境指数	2014年	环境指数	2015年	环境指数	2016年	环境指数
1	东营	0.822	东营	0.924	东营	0.899	东营	0.955
2	巴音郭楞	0.806	巴音郭楞	0.820	巴音郭楞	0.737	巴音郭楞	0.725
3	克拉玛依	0.738	鄂尔多斯	0.734	鄂尔多斯	0.712	鄂尔多斯	0.703
4	鄂尔多斯	0.720	克拉玛依	0.722	克拉玛依	0.706	克拉玛依	0.682
5	庆阳	0.707	庆阳	0.657	榆林	0.659	榆林	0.656
6	朔州	0.686	运城	0.651	运城	0.655	运城	0.645

第十五章 | 西部能源市域能源产业升级、资源环境与创新指数分析

续表

	2013 年	环境指数	2014 年	环境指数	2015 年	环境指数	2016 年	环境指数
7	榆林	0.676	榆林	0.639	松原	0.608	庆阳	0.632
8	运城	0.675	朔州	0.629	昌吉	0.595	昌吉	0.617
9	松原	0.631	松原	0.618	延安	0.590	延安	0.605
10	延安	0.617	延安	0.603	邯郸	0.587	唐山	0.596
11	邯郸	0.608	昌吉	0.600	庆阳	0.582	宜春	0.587
12	泰安	0.602	泰安	0.591	泰安	0.582	泰安	0.587
13	昌吉	0.600	邯郸	0.590	宜春	0.579	攀枝花	0.586
14	唐山	0.597	宜春	0.588	唐山	0.576	松原	0.583
15	攀枝花	0.596	唐山	0.584	朔州	0.571	邢台	0.569
16	赤峰	0.593	临汾	0.578	广安	0.568	邯郸	0.564
17	邢台	0.591	广安	0.574	赤峰	0.563	赤峰	0.554
18	呼伦贝尔	0.585	赤峰	0.567	攀枝花	0.558	广安	0.552
19	临汾	0.583	晋中	0.562	呼伦贝尔	0.557	呼伦贝尔	0.550
20	长治	0.571	三门峡	0.558	六盘水	0.557	朔州	0.549
21	三门峡	0.569	长治	0.558	邢台	0.557	晋中	0.546
22	宜春	0.564	忻州	0.557	晋中	0.556	六盘水	0.539
23	广安	0.559	呼伦贝尔	0.554	鹤壁	0.553	临汾	0.539
24	晋城	0.559	邢台	0.546	临汾	0.549	鹤壁	0.539
25	鹤壁	0.558	六盘水	0.544	忻州	0.543	银川	0.536
26	银川	0.556	鹤壁	0.543	长治	0.538	长治	0.530
27	晋中	0.551	银川	0.541	银川	0.538	三门峡	0.530
28	六盘水	0.544	晋城	0.539	三门峡	0.536	忻州	0.529
29	忻州	0.543	大同	0.532	晋城	0.532	牡丹江	0.525
30	济宁	0.537	攀枝花	0.518	牡丹江	0.531	晋城	0.513
31	大同	0.530	阳泉	0.506	大同	0.524	大同	0.497
32	阳泉	0.521	济宁	0.499	阳泉	0.496	平凉	0.494
33	牡丹江	0.484	牡丹江	0.463	平凉	0.487	阳泉	0.476
34	鸡西	0.477	哈密	0.462	济宁	0.481	济宁	0.475
35	哈密	0.476	平凉	0.457	哈密	0.479	鸡西	0.440
36	平凉	0.474	鸡西	0.446	鸡西	0.449	哈密	0.430

四 创新指数分析

小型能源城市的平均创新指数为0.11，近10年来，银川、邢台的平均创新指数最高，分别为0.3与0.19，哈密与平凉创新能力相对最弱，分别为0.02和0.04。中型能源城市的平均创新指数为0.13，其中近一半城市的创新指数不足0.1，唐山的创新指数相对较高，平均为0.46，朔州、六盘水、巴音郭楞创新能力相对较弱，平均为0.03、0.04和0.06。大型能源城市的平均创新指数为0.20，但呈现出较大的差异性，其中济宁和东营创新指数相对较高，平均为0.47和0.37。克拉玛依、榆林创新能力相对较弱，平均分别为0.04和0.07。从创新指数来看，中小型能源城市创新指数相对较低，创新指数平均值小于0.1的城市占一半以上，大型能源城市创新指数差异性较大，如表15-5所示。

表15-5　　　　　　2013—2016年36个能源型城市创新排序

	2013年	创新指数	2014年	创新指数	2015年	创新指数	2016年	创新指数
1	济宁	0.482	唐山	0.531	唐山	0.585	济宁	0.598
2	唐山	0.482	济宁	0.5	济宁	0.55	唐山	0.596
3	银川	0.258	东营	0.344	东营	0.397	东营	0.496
4	东营	0.256	银川	0.303	银川	0.33	晋中	0.341
5	泰安	0.243	泰安	0.282	泰安	0.309	银川	0.336
6	牡丹江	0.203	鄂尔多斯	0.244	晋中	0.3	泰安	0.295
7	邢台	0.201	邯郸	0.244	鄂尔多斯	0.262	鄂尔多斯	0.266
8	邯郸	0.19	长治	0.232	邯郸	0.257	宜春	0.206
9	晋中	0.179	晋中	0.216	长治	0.235	邯郸	0.205
10	长治	0.178	邢台	0.196	邢台	0.204	邢台	0.202
11	鄂尔多斯	0.173	牡丹江	0.184	运城	0.193	长治	0.202
12	运城	0.132	大同	0.167	牡丹江	0.182	运城	0.195
13	晋城	0.118	运城	0.16	大同	0.171	牡丹江	0.18
14	宜春	0.116	晋城	0.141	晋城	0.16	攀枝花	0.171
15	临汾	0.115	攀枝花	0.136	攀枝花	0.156	晋城	0.144
16	攀枝花	0.113	临汾	0.129	宜春	0.144	临汾	0.135
17	大同	0.094	宜春	0.122	临汾	0.144	赤峰	0.131

第十五章 | 西部能源市域能源产业升级、资源环境与创新指数分析

续表

	2013 年	创新指数	2014 年	创新指数	2015 年	创新指数	2016 年	创新指数
18	赤峰	0.092	延安	0.111	赤峰	0.113	大同	0.13
19	昌吉	0.087	赤峰	0.097	延安	0.113	昌吉	0.098
20	榆林	0.085	昌吉	0.096	昌吉	0.104	鹤壁	0.092
21	三门峡	0.079	阳泉	0.083	阳泉	0.096	延安	0.088
22	忻州	0.074	鹤壁	0.082	鹤壁	0.09	阳泉	0.087
23	广安	0.072	忻州	0.081	忻州	0.088	庆阳	0.087
24	阳泉	0.069	庆阳	0.073	榆林	0.078	榆林	0.085
25	鹤壁	0.067	榆林	0.073	三门峡	0.077	三门峡	0.084
26	呼伦贝尔	0.065	三门峡	0.07	庆阳	0.07	忻州	0.082
27	延安	0.064	广安	0.066	松原	0.068	呼伦贝尔	0.074
28	鸡西	0.06	巴音郭楞	0.063	广安	0.065	广安	0.069
29	松原	0.059	松原	0.063	呼伦贝尔	0.058	松原	0.063
30	巴音郭楞	0.053	呼伦贝尔	0.058	六盘水	0.053	六盘水	0.056
31	庆阳	0.051	鸡西	0.051	巴音郭楞	0.053	巴音郭楞	0.054
32	克拉玛依	0.045	六盘水	0.049	鸡西	0.044	克拉玛依	0.046
33	平凉	0.044	朔州	0.046	克拉玛依	0.042	鸡西	0.041
34	六盘水	0.044	平凉	0.041	平凉	0.038	平凉	0.04
35	朔州	0.028	克拉玛依	0.04	朔州	0.033	哈密	0.04
36	哈密	0.018	哈密	0.017	哈密	0.025	朔州	0.03

从以上研究可知，大型能源城市在产业升级上的优势相对较突出，但城市间创新个体差异非常大。小型城市能源产业升级差异较大，有的小型城市产业间结构发生了重大的调整，有的几乎处于停滞状态。中型能源城市则相对无论在产业升级还是资源环境改善中的变化均不够明显。

第十六章

市域能源产业升级、资源环境与创新的关系研究

第一节 能源型城市能源产业升级、资源环境与创新的动态冲击关系

以城市角度关注产业发展与环境可持续发展的研究中，国内外学者在研究内容上具有一定差异。国外学者最早从生命周期理论角度分析资源型城市的建设、发展、转型、成熟、衰退、关闭等阶段的特征（Lucas，1971；Bradbury，1979）；到20世纪90年代后，当技术创新成为经济增长的重要驱动力，国外学者也更多从产业集群、"资源诅咒"等经济学角度出发分析产业转型对资源型城市产生的影响，并从劳动力市场结构及经济发展角度分析资源型社区如何应对过于依赖主导经济产业而带来的问题（Hayte，1996；Barns，2000；Grossmann，2013）；进入21世纪，可持续发展问题成为经济发展中的重要议题，国外学者也试图从资源开发与社区发展等领域寻求资源型城市的可持续发展问题，在传统的经济领域研究之外，对文化多样性、社区安全等城市社会问题给予了较多关注（Banchirigah and Hilson，2010；Martinez，2012，Ennis，2013）。国内学者更多关注经济领域的问题，从早期分析产业结构调整的路径与方法的理论研究的同时（徐建中，2001；王志锋，2008），也逐渐开始探索资源型城市产业结构调整和城市可持续发展问题（胡爱萍，2012），并从生态效率评价（张晶，2011）和影响因素（郭存芝，

2014）等角度展开对资源型城市可持续发展的实证研究。

通过国内外资源型城市产业升级与可持续发展的研究回顾可以发现，国外学者研究角度除了经济领域之外还从文化、社会角度关注资源型城市的转型问题，国内学者从经济角度对资源型城市的产业升级转型与可持续发展问题的研究相对充分。但对于很多成熟与成长型的资源型城市来说，短时间内并不能完全脱离原有依赖的自然禀赋，实现跨越式产业转型，因此更有必要从产业内升级角度去研究其如何通过产业升级实现与环境的可持续发展。对大多依赖资源禀赋的资源型城市而言，相对单一的产业结构与资源环境的矛盾相对更加突出，而基于能源资源的战略性地位，也使能源型城市更亟须探索与环境更加适应的产业发展道路，本章进一步探讨了能源型城市能源产业升级、资源环境与创新三者之间互动的关系。

一　PVAR（面板向量自回归）模型的构建

向量自回归模型（PVAR）通常被应用于解决一些非结构的经济系统问题，这类经济系统中的代理变量之间可能存在某种交互关系，但是这种关系很难以结构化的形式表达出来。由于传统的向量自回归模型中包含有内生变量的滞后项，对观察值的个数就有较高要求，而面板数据同时具备截面数据与时间序列数据的特点，它可以最大限度地降低多重共线性的影响，有效分析不同对象之间的规律，从而提高估计的效率。在 Arellano（1995）的发展与推广基础上，PVAR 在面板数据领域的应用逐步走向成熟。

本书构建能源型城市产业结构升级、资源环境与创新的 PVAR 模型表达式为：

$$Y_{it} = \alpha_i + \beta_i + AY_{it-1} + BY_{it-2} + CY_{it-1} + \mu_{it} \tag{16-1}$$

式（16-1）中，i 表示能源型城市，t 表示时间；A、B、C 是 3×3 系数矩阵；α_i 表示 3×1 个体效应向量；β_i 表示 3×1 的时间效应向量。$Y_{it} = \{stru_{it}, envi_{it}, ino_{it}\}$，扰动项 μ_{it} 满足 $E(\mu_{it}^m | \alpha_{it}^m, \beta_{it-2}^m, Y_{it-3}^m, \cdots) = 0$。

对于模型中的时间效应和个体效应，可以采用前向均值差分法去除，即可以得到内生变量的当期值和滞后项都与处理后的干扰项不相关。

选取2007—2016年资源型城市中36个成长型和成熟型的能源型城市为样本区间，为了增强变量之间的线性趋势和减少变量异方差的影响，使用上述拟合的能源产业升级指数、资源环境指数和创新指数取对数形式来综合反映。能源产业城市产业升级（lstru）、资源环境（lenvi）和创新活动（lino）作为系统内生变量，构建能源型城市的PVAR模型，通过采用面板广义矩估计（Generalized Method of Moments，GMM），运用面板脉冲响应函数研究能源产业升级、资源环境、创新三者之间的动态冲击效应与关系。

二 计算结果与分析

（一）面板单位根检验及滞后阶数的确定

为了避免数据出现"伪回归"现象，进而影响脉冲响应与方差分解的稳定性，首先应对相关数据的平稳性进行检验。本书选择的面板数据单位根检验分别为LLC检验，IPS检验，ADF检验和PP检验。根据表16-1的检验结果可知，能源产业升级、资源环境以及创新在LLC检验，IPS检验，ADF检验，PP检验下都强烈拒绝原假设，所以基本可以认为三者是平稳的，不存在单位根过程。

表16-1　　　　　　　　　　面板单位根检验结果

	统计量与P	lstru	lenvi	lino
LLC	t	-25.319***	-14.029***	-12.111***
IPS	W	-8.1963***	-8.717***	-6.528***
PP	Chi2（74）	182.447***	426.479***	112.760***
ADF	Chi2（74）	148.022***	707.639***	135.58***

注：（1）***、**、*表示在1%、5%、10%的置信水平下显著；下同。（2）LLC、IPS、PP、ADF检验的零假设H0：序列存在单位根，备择假设H1：序列不存在单位根。

根据AIC、BIC、QIC最小化原则（见表16-2），综合考虑本书将模型滞后阶数确定3阶。同时，采用截面上的均值差分法消除PVAR模型中的时间效应，采用前向均值差分法消除城市间的固定效应，使滞后变量和转换后的变量正交，且与随机误差项不相关。

表 16-2　　　　　　　　模型最优滞后阶数的确定

lag	AIC	BIC	HQIC
1	-2.42939	-0.933298	-1.83038
2	-2.65905	-0.887507	-1.94679
3	-3.45888	-1.34371*	-2.60491*
4	-3.51968*	-0.9608	-2.48263

注：*表示最后滞后阶数的选择标准。

（二）PVAR 模型稳定检验

为了明确每一个内生变量的变化对模型中其他变量的影响，需对变量进行脉冲响应和方差分解，但在此之前需要对 PVAR 模型进行稳定性（Stability）检验，判断的依据是检验伴随矩阵（Companion Matrix）根的模（Modulus）是否小于 1，如果对应根的模小于 1，则说明所构建的模型是稳定的，反之则说明所构建模型不稳定。由图 16-1 可知，能源产业升级、资源环境和创新的 PVAR 模型其特征根均小于 1，且都落在单位圆之内，故 PVAR 模型是稳定的。

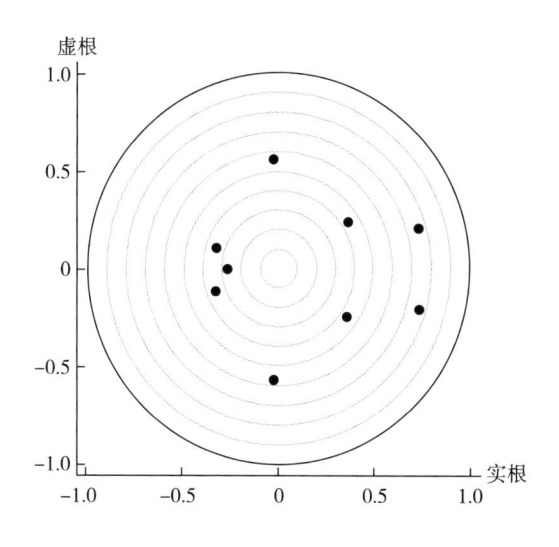

图 16-1　PVAR 模型单位根圆检验

(三) PVAR 模型估计结果

估计结果展示了不同的变量作为依赖变量时,其他变量对该变量的影响,从中可以发现各变量的相互影响关系。表 16-3 给出了估计结果,其中 L、L2、L3 分别代表滞后一期、二期、三期。

表 16-3　　　　　　　　PVAR 模型的 GMM 估计结果

	h_lstru	Z 值	h_lenvi	Z 值	h_lino	Z 值
L. h_lstru	0.167**	(2.30)	0.016	(0.59)	0.035	(0.58)
L. h_lenvi	0.605	(1.43)	0.355***	(2.65)	0.211	(0.65)
L. h_lino	0.240	(0.81)	-0.057	(-0.63)	0.528**	(1.75)
L2. h_lstru	0.311***	(5.76)	0.000	(0.01)	0.067	(1.36)
L2. h_lenvi	0.184	(0.90)	0.031	(0.48)	0.097	(0.56)
L2. h_lino	-0.024	(-0.30)	0.048*	(1.85)	-0.254***	(-3.11)
L3. h_lstru	0.029	(0.58)	-0.013	(-0.77)	0.017	(0.44)
L3. h_lenvi	0.136	(1.06)	-0.044	(-1.03)	0.003	(0.03)
L3. h_lino	-0.123	(-1.33)	-0.067***	(-2.58)	0.105	(1.43)

从表 16-3 中可以发现在 5% 和 1% 的显著水平下,产业升级的滞后一期和二期会对当期产业升级产生正向的影响,影响程度分别达到 0.167 和 0.311。说明能源产业升级受到过去产业结构的影响。滞后一期的资源环境对能源产业升级的影响程度达到 0.605 但不显著,反映出能源产业的发展依赖于自身的资源环境条件,但两者之间还并不协调。滞后一期的创新对能源产业升级的影响为 0.240,但不显著的主要原因在于能源城市的创新活动相对较弱。

滞后一期的资源环境会对当期的资源环境在 1% 的显著水平下产生较强影响,这也说明能源型城市的当前资源环境状况受往期资源环境水平的影响;滞后二期的创新在 10% 的显著水平下对环境产生 0.048 的影响,反映出创新活动未来对环境的正向促进作用有一定滞后性,同时滞后三期的创新在 1% 的显著水平下对环境产生 0.067 的负波动影响,这侧面反映出"创造性破坏"对环境可能造成不利影响。

同样，对于能源型城市而言，当前的创新水平受到过去一期创新活动水平的强烈影响，在1%的显著水平下，滞后一期会对当期以0.528的强度产生正向影响。滞后一期的资源环境对创新的影响程度达到0.211但不够显著。

（四）面板格兰杰因果检验

在对能源产业升级、资源环境和创新构建PVAR模型进行估计的基础上，通过格兰杰因果关系检验分析能源产业升级、资源环境和创新之间的交互作用。

如表16-4所示，由lstru方程可知，创新是产业升级的格兰杰原因，在5%的显著水平下创新是引起能源产业升级的格兰杰原因，同时资源环境和创新两者联合是能源产业升级的格兰杰原因。由lenvi方程可知，能源产业升级并不是资源环境改善的格兰杰原因，创新在10%的显著水平下是资源环境变化的格兰杰原因，同时能源产业升级和创新两者联合共同作用是资源环境变化的格兰杰原因；由lino方程可知，无论是能源产业升级还是资源环境以及它们的联合都不是创新变化的格兰杰原因。

表16-4　　　　　　　　面板格兰杰因果检验结果

变量	原假设	统计量chi2	自由度	p值
lstru	lenvi 不是引起 lstru 变化的格兰杰原因	7.2752	3	0.064
	lino 不是引起 lstru 变化的格兰杰原因	7.8124	3	0.050
	lenvi 和 lino 联合作用不是引起 lstru 变化的格兰杰原因	23.707	6	0.001
lenvi	lstru 不是引起 lenvi 变化的格兰杰原因	0.9709	3	0.808
	lino 不是引起 lenvi 变化的格兰杰原因	6.9523	3	0.073
	lstru 和 lino 联合作用不是引起 lenvi 变化的格兰杰原因	22.686	6	0.001
lino	lstru 不是引起 lino 变化的格兰杰原因	2.4364	3	0.487
	lenvi 不是引起 lino 变化的格兰杰原因	1.227	3	0.747
	lstru 和 lenvi 联合作用不是引起 leino 变化的格兰杰原因	4.3077	6	0.635

这反映出创新活动在能源产业升级和资源环境的关系中起到了一种媒介桥梁作用。一方面创新活动可以促进能源产业升级，另一方面能源产业升级与创新的共同作用会影响资源环境，而资源环境与创新的共同

作用也会影响能源产业升级。此外，值得注意的是，无论是能源产业活动与资源环境都不是创新变化的主要原因，这可能是因为区域产业创新活动更主要受到创新基础与政府支持、产学研质量等因素的影响（谭俊涛，2019）。

三 脉冲响应及方差分析

（一）面板脉冲响应分析

面板脉冲响应函数是指 PVAR 模型的随机扰动项发生变化，即受到某种冲击时，对资源型城市能源产业升级、资源环境与技术创新系统的动态冲击效应。由于脉冲响应函数是通过 PVAR 参数构造的，需要考虑到标准差，而标准差很难计算获得，这里通过蒙特卡洛方法模拟 200 次产生置信区间，得到脉冲响应结果，如图 16 - 2 所示，该图模拟出表示滞后 10 期的资源型城市能源产业升级、资源环境与技术创新对一个标准差冲击的面板脉冲响应函数，其中，横轴表示冲击发生的滞后期数，纵轴表示内生变量对冲击的动态响应程度，中间线代表脉冲响应函数，下区间线与上区间线表示 5% 和 95% 分位点形成的估计区间。

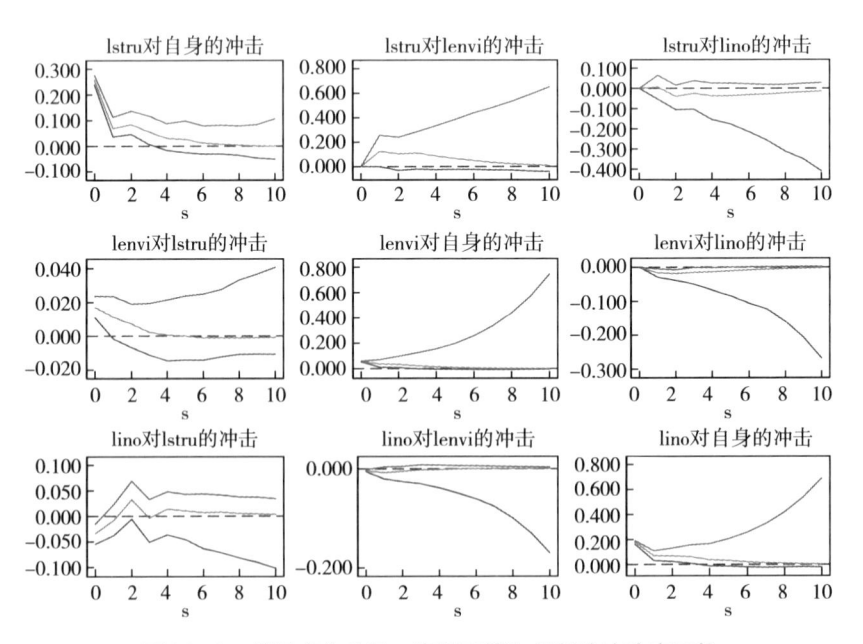

图 16 - 2 能源产业升级、资源环境和创新脉冲响应函数

注：Monte - Carlo 模拟 200 次 95% 的置信区间。

根据脉冲响应函数图可知，给能源产业升级一个标准差的冲击，会在第 1 期对自身产生约为 0.2 的影响，并在第 5 期后趋于 0；给能源产业升级一个标准差的冲击，在第 2—6 期则都会对资源环境持续产生较高的正向影响，这反映出能源型城市通过能源产业升级对资源环境具有重要的促进作用；能源产业升级对创新产生一定影响，在第 0—2 期相对较强，但从第 4 期后趋于 0。

给资源环境一个标准差的冲击，会对自身产生持续正向的影响，但第 2 期后迅速衰减，在第 3 期后迅速趋于 0，这说明环境具有明显的累积效应，但持续力较弱；给环境一个标准差的冲击，则会对产业升级第 0—2 期产生正向的影响，在第 3 期后有微弱负影响，后渐渐趋于 0，说明资源环境提升有助于产业升级，但基于资源环境约束在一定程度上限制了产业发展与产业升级活动；给环境一个标准差冲击，则整体会对创新产生负面的影响，这说明加大环境规制对创新活动的积极性可能产生一定制约，第 6 期之后负面作用冲击渐渐消失。

给创新一个标准差冲击，会持续对自身产生正向影响，第 2 期之后趋于平稳；给创新一个标准差冲击，对能源产业升级会产生持续的强烈的正向影响，这反映出创新活动对能源产业升级的重要作用；而创新产生的标准差冲击对环境会有正向的促进作用，长期来看创新活动有助于提升环境。

（二）方差分解分析

为了进一步考察资源型城市能源产业升级、环境和创新的相互影响，把 PVAR 方差分解得到不同变量对预测误差均方差的贡献比例，即预测误差的方差分解，并将它预测误差的来源分别归因于各个变量的正交化信息。具体的预测误差的方差分解见表 16 - 5。

表 16 - 5　　　　　　　　　　预测误差变量分解

响应变量	脉冲变量	1	2	3	4	5	6	7	8	9	10
lstru	lstru	1	0.94	0.923	0.905	0.898	0.894	0.892	0.891	0.891	0.89
	lenvi	0	0.035	0.051	0.069	0.075	0.078	0.079	0.079	0.079	0.079
	lino	0	0.025	0.026	0.026	0.027	0.028	0.029	0.03	0.03	0.031

续表

响应变量	脉冲变量	1	2	3	4	5	6	7	8	9	10
lenvi	lstru	0.003	0.006	0.007	0.008	0.009	0.01	0.012	0.013	0.013	0.013
	lenvi	0.997	0.975	0.975	0.963	0.949	0.943	0.942	0.941	0.941	0.941
	lino	0	0.019	0.019	0.029	0.043	0.046	0.046	0.046	0.046	0.046
lino	lstru	0.01	0.016	0.031	0.042	0.047	0.049	0.05	0.051	0.051	0.051
	lenvi	0.036	0.052	0.061	0.066	0.069	0.07	0.071	0.071	0.071	0.071
	lino	0.954	0.932	0.908	0.892	0.884	0.881	0.879	0.879	0.878	0.878

根据能源产业升级、资源环境和创新的预测误差方差分解模型的计算结果，在第9个预测期后产业升级、资源环境和创新的动态关系基本已达到收敛。对能源型城市能源产业升级进行前3期的预测，则预测方差92.3%来自能源产业升级本身，3.5%来自资源环境，2.5%来自创新，如果做10期预测，能源产业升级的预测方差87.5%来自本身，7.9%来自资源环境，3.1%来自创新。

对资源环境进行10期预测，资源环境状况预测方差94.1%来自自身，4.6%来自创新，1.3%来自产业升级。这反映出资源环境有较强的正反馈现象，它较少受到外部因素的影响。

对创新进行前期预测，在当期预测方差95.4%来自创新自身，3.6%来自资源环境；如果进行5期预测，约88.4%左右的预测误差来自自身，6.9%来自资源环境，4.7%来自产业升级；进行前10期预测，约有87.8%左右的预测误差来自自身，7.1%来自资源环境，5.1%来自产业升级。

第二节　能源型城市能源产业升级、资源环境与创新系统耦合协调度的时空分析

本节探讨了城市层面能源产业升级、资源环境与创新三者耦合系统发展的状态，并进一步探讨在"重视环境保护"和"注重创新发展"不同价值取向下时空上会产生何种变化，同时分析了各子系统耦合协调

发展的动态演变规律，展示了能源城市时间与空间维度上的变化趋势。

一 系统发展情景设置与协调度分析

本书设置的三种不同的发展情景，通过专家咨询设定系数 α、β、γ，探讨不同情景下对系统协调度的影响差异。本书的研究采用专家问卷调查的形式，选取典型能源型城市榆林的有关科技局、能源局、工信局、环保局、工信局以及能源园区工作的专家，并对情景进行了假设，分析并统计了在不同情景下的系数结果。

在环境压力影响下，若把"生态文明建设"作为推进总体布局的战略，需要注重强调资源环境的改善与环境质量的提升，三个系统系数分别为 0.29、0.40、0.31。

若"创新是第一动力"，走创新驱动的道路，强调通过加大创新活动，促进系统的协调发展，系数分别为 0.29、0.33、0.38。

若均衡发展，强调协调发展能源产业升级、产业资源环境与创新三者之间的关系，三个系数分别为 0.36、0.36、0.28。

可以发现，2007—2016 年三种类型城市的能源产业升级、资源环境及创新的耦合度值均呈现出上升趋势，如表 16-6 所示。但在不同策略的影响下，会存在一定差异：

（1）对于大部分中小型能源城市而言，"均衡发展""注重环境保护"和"创新发展"策略的偏好对系统耦合协调度的影响不大，小型能源城市耦合协调度平均增长率约为 14%，而中型能源城市耦合协调度平均增长率约为 11%。

（2）对于大型能源城市特别是产业升级水平较高的城市而言，"创新发展"策略则能更好地促进系统耦合协调度。创新策略下耦合协调度的平均增长率为 22.5%，高于其他情景。对于大型能源城市而言，"注重环境保护"策略对系统的耦合协调度提升相对最低，平均增长率为 21.3%，这反映强调"生态环境改善与环境保护"而产生的环境规制行为可能对大型能源城市产生一定的负面约束，反而不利于系统耦合协调度的提升。

表 16-6　三种情景下 2007 年和 2016 年能源型城市耦合协调度

		环境重要			均衡发展			创新重要		
		2007 年	2016 年	增长率(%)	2007 年	2016 年	增长率(%)	2007 年	2016 年	增长率(%)
小型能源城市	运城	0.484	0.506	4.6	0.476	0.488	2.6	0.458	0.483	5.4
	牡丹江	0.484	0.539	11.3	0.481	0.529	9.9	0.476	0.518	9.0
	哈密	0.310	0.345	11.3	0.298	0.333	11.6	0.286	0.321	12.0
	忻州	0.370	0.421	13.7	0.359	0.407	13.2	0.351	0.395	12.6
	攀枝花	0.369	0.481	30.1	0.357	0.464	30.0	0.354	0.459	29.5
	三门峡	0.410	0.429	4.7	0.396	0.415	5.0	0.387	0.403	4.2
	鹤壁	0.405	0.437	8.0	0.392	0.423	7.8	0.382	0.411	7.7
	宜春	0.508	0.658	29.5	0.495	0.665	34.4	0.477	0.637	33.5
	赤峰	0.355	0.438	23.	0.342	0.421	23.0	0.334	0.414	24.1
	鸡西	0.375	0.363	-3.2	0.366	0.351	-4.1	0.354	0.338	-4.5
	呼伦贝尔	0.316	0.411	30.0	0.302	0.396	31.2	0.293	0.384	31.1
	邢台	0.473	0.574	21.2	0.460	0.564	22.8	0.457	0.553	21.0
	广安	0.389	0.409	5.2	0.379	0.395	4.1	0.368	0.382	3.9
	平凉	0.358	0.374	4.4	0.350	0.362	3.6	0.337	0.348	3.1
	昌吉	0.396	0.499	26.3	0.386	0.488	26.6	0.374	0.471	26.0
	银川	0.553	0.564	2.1	0.540	0.549	1.7	0.550	0.555	0.7
	平均增长			13.9			14.0			13.7
中型能源城市	大同	0.419	0.464	10.5	0.404	0.450	11.4	0.406	0.441	8.8
	临汾	0.421	0.473	12.	0.409	0.458	11.9	0.403	0.449	11.4
	晋城	0.421	0.466	10.5	0.409	0.451	10.3	0.398	0.444	11.6
	巴音郭楞	0.404	0.415	2.9	0.388	0.399	3.0	0.374	0.385	2.7
	唐山	0.491	0.589	20.1	0.474	0.570	20.3	0.490	0.593	20.9
	朔州	0.347	0.367	5.7	0.337	0.355	5.4	0.321	0.340	5.7
	六盘水	0.347	0.415	19.7	0.339	0.403	19.1	0.325	0.388	19.4
	松原	0.398	0.437	9.7	0.387	0.424	9.5	0.378	0.408	7.9
	庆阳	0.395	0.445	12.6	0.380	0.430	13.1	0.366	0.417	13.9
	阳泉	0.397	0.434	9.2	0.388	0.422	8.7	0.376	0.409	8.8
	邯郸	0.451	0.496	9.8	0.436	0.479	10.0	0.445	0.477	7.1
	平均增长			11.2			11.1			10.7

续表

		环境重要			均衡发展			创新重要		
		2007年	2016年	增长率(%)	2007年	2016年	增长率(%)	2007年	2016年	增长率(%)
大型能源城市	延安	0.441	0.463	5.0	0.430	0.449	4.5	0.416	0.435	4.4
	长治	0.452	0.505	11.8	0.439	0.490	11.6	0.439	0.487	10.9
	晋中	0.416	0.568	36.6	0.405	0.553	36.6	0.400	0.558	39.5
	济宁	0.510	0.584	14.5	0.495	0.567	14.6	0.502	0.593	18.1
	泰安	0.506	0.545	7.8	0.490	0.528	7.8	0.500	0.531	6.3
	鄂尔多斯	0.369	0.600	62.6	0.358	0.584	63.3	0.344	0.578	68.1
	榆林	0.416	0.497	19.6	0.404	0.485	20.2	0.389	0.466	19.8
	克拉玛依	0.390	0.426	9.3	0.378	0.412	9.0	0.362	0.395	9.0
	东营	0.664	0.828	24.6	0.648	0.821	26.8	0.642	0.808	25.9
	平均增长			21.3			21.6			22.5

二 能源产业升级、资源环境和创新子系统的耦合协调分析

根据耦合协调度的划分原则，选取近 5 年耦合协调度并对其进行排序可以发现，2012—2016 年能源城市中除东营中级协调外，所有其他城市耦合协调值均不足 0.6，且近一半城市濒临失调。这反映出大部分能源型城市，由于产业结构相对单一，能源产业升级严重滞后的同时创新不足，导致产业升级、资源环境与创新之间处于磨合阶段，如表 16－7 所示。

表 16－7　2012—2016 年能源型城市平均耦合协调度排序及状态

排序	城市	平均耦合协调度	协调发展耦合度类型	排序	城市	平均耦合协调度	协调发展耦合度类型
1	东营	0.736	中级协调	4	济宁	0.563	勉强失调产业升级相对滞后
2	鄂尔多斯	0.575	勉强失调产业创新相对滞后	5	宜春	0.557	勉强失调产业创新相对滞后
3	唐山	0.568	勉强失调产业升级相对滞后	6	银川	0.548	勉强失调产业升级相对滞后

续表

排序	城市	平均耦合协调度	协调发展耦合度类型	排序	城市	平均耦合协调度	协调发展耦合度类型
7	泰安	0.532	勉强失调产业升级相对滞后	22	庆阳	0.420	濒临失调产业创新严重滞后
8	邢台	0.530	勉强失调产业升级相对滞后	23	克拉玛依	0.418	濒临失调产业创新严重滞后
9	晋中	0.520	勉强失调产业升级相对滞后	24	忻州	0.413	濒临失调产业升级严重滞后
10	牡丹江	0.515	勉强失调产业升级严重滞后	25	松原	0.407	濒临失调产业创新严重滞后
11	长治	0.500	勉强失调产业升级严重滞后	26	三门峡	0.407	濒临失调产业升级严重滞后
12	榆林	0.485	濒临失调产业创新严重滞后	27	巴音郭楞	0.403	濒临失调产业创新严重滞后
13	邯郸	0.480	濒临失调产业升级严重滞后	28	鹤壁	0.403	濒临失调产业升级严重滞后
14	运城	0.473	濒临失调产业升级严重滞后	29	赤峰	0.400	濒临失调产业升级严重滞后
15	临汾	0.459	濒临失调产业升级严重滞后	30	六盘水	0.399	轻度失调产业创新严重滞后
16	昌吉	0.458	濒临失调产业创新严重滞后	31	广安	0.389	轻度失调产业升级严重滞后
17	晋城	0.454	濒临失调产业升级严重滞后	32	呼伦贝尔	0.379	轻度失调产业升级严重滞后
18	大同	0.453	濒临失调产业升级严重滞后	33	朔州	0.378	轻度失调产业升级严重滞后
19	延安	0.448	濒临失调产业创新严重滞后	34	鸡西	0.370	轻度失调产业创新严重滞后
20	攀枝花	0.435	濒临失调产业升级严重滞后	35	平凉	0.365	轻度失调产业创新严重滞后
21	阳泉	0.425	濒临失调产业升级严重滞后	36	哈密	0.301	轻度失调产业创新严重滞后

从系统的耦合协调度来看，除东营处于中级协调状态外，一半以上的城市处于濒临失调及轻度失调状态。大型能源城市中，榆林与鄂尔多斯平均耦合协调度偏低，且这两个城市均属于创新严重滞后型，反映出这两个城市需要从创新驱动角度一方面加大城市技术创新投入，同时加快技术创新产业成果转化进而带动提升产业升级与资源环境的协调发展。中型能源城市中，巴音郭楞、六盘水和朔州耦合协调度相对靠后，其中巴音郭楞、六盘水属于创新严重滞后型，而朔州则主要为产业升级相对落后。鸡西、平凉与哈密在小型能源城市中系统耦合协调度相对最差，反映出产业升级发展过程中与资源环境和创新的轻度失调，其主要原因在于产业技术创新相对落后。

三 能源产业升级、资源环境与创新子系统耦合协调变化规律

图 16-3 给出了能源产业升级子系统演变规律，2007 年曲线除主峰尖锐外还呈现出了两到三个强度基本一致的"双峰"，表明此时 36 个城市除个别城市外，产业升级水平偏低且趋同；2011 年存在一个强度高于 2007 年的"主峰"，同时曲线左移，反映出当年能源产业升级状况整体趋同并略有倒退，同时出现了较为明显的"双峰"，"双峰"距离有所扩大，表明已有的个别城市产业升级出现突破，这些城市产业升级程度较 2007 年差异逐渐扩大；2016 年曲线整体右移，反映出大部分城市能源产业有一定幅度升级，但"双峰"间距持续拉大，产业升级优势城市与其他城市的差异加大，其中近一半城市处在"低值"区，反映出大部分城市整体产业升级幅度有限，未有明显突破。

图 16-4 给出了资源环境子系统演变规律，2007 年仍然呈现了"双峰"特性，表明存在一定的极化特性；2011 年，曲线右移，环境改善明显，"主峰"外左右各呈现波动，反映出这些城市资源环境明显提升；2016 年曲线左移，反映出环境系统提升较 2011 年略有下降，但峰值更高，反映出能源城市之间环境差异逐渐缩小。

图 16-5 给出了创新子系统演变规律，2007 年从半峰宽幅可以看出，此时各城市差异很大，2006 年和 2011 年，能源型城市创新曲线峰值不断增高，低创新水平城市之间差异非常小，而城市与城市之间的创新程度差异逐渐加大。

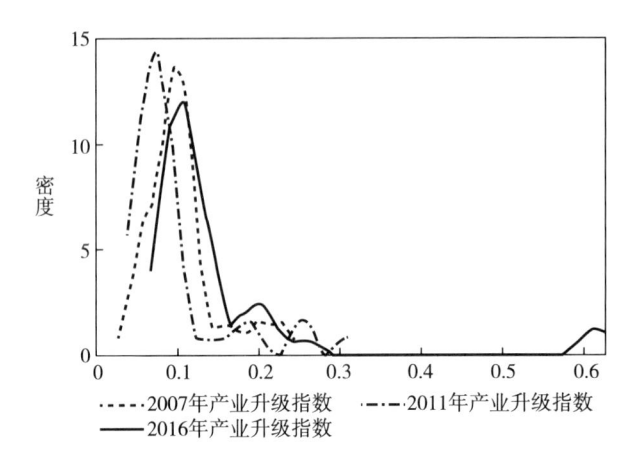

图 16-3 能源产业升级子系统演变规律

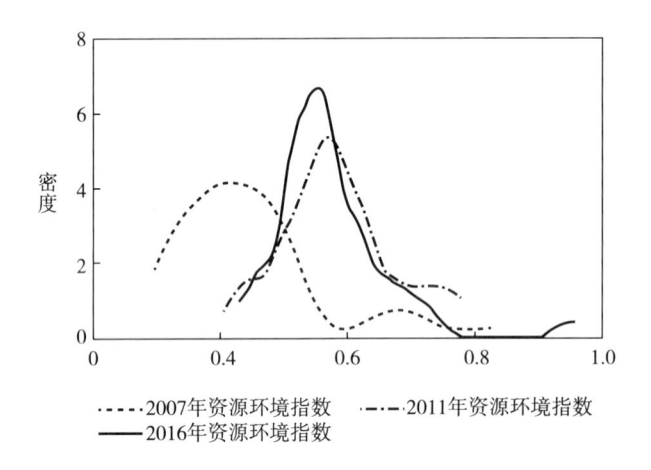

图 16-4 资源环境子系统演变规律

从三系统的耦合协调变化来看，如图 16-6 所示，2007—2016 年，曲线峰值发生了右移，反映出 36 个城市通过近 10 年的发展，整体来看三系统的耦合协调度均有一定提升，但是系统耦合协调度差异在逐渐加大；2007 年呈现右侧拖尾的单峰曲线，但是单峰宽度较窄，反映各市耦合协调度相对差异不大；到 2016 年，右半峰宽增大趋势明显，表明各市系统综合协调程度的差异加大。

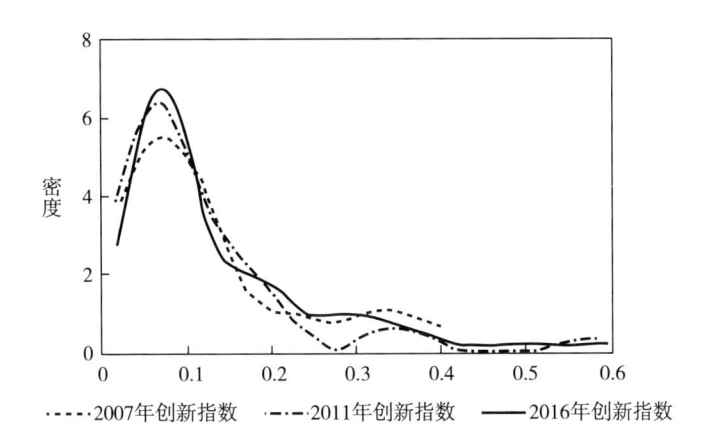

图 16-5 创新子系统演变规律

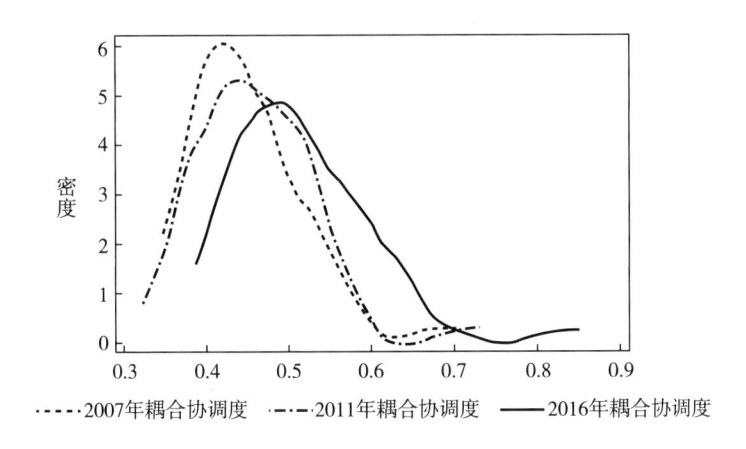

图 16-6 三系统耦合协调演变规律

第三节 主要结论与启示

本章从城市维度探讨了能源产业升级、资源环境与创新的三者互动关系。并通过耦合协调度模型对 36 个典型的资源型城市能源产业升级、资源环境与创新交互关系进行研究，并分析了在"注重环境保护"和"注重创新发展"的不同情境下的耦合协调度变化情况，得到以下主要结论：

第一，创新活动在能源产业升级和资源环境的关系中起到了一种媒介桥梁的作用。一方面创新活动可以促进能源产业升级，另一方面能源产业升级与创新的共同作用会影响资源环境，而资源环境与创新的共同作用也会影响能源产业升级。能源产业升级、资源环境及创新三者对其自身都有着正向的累积促进作用。通过能源产业内部结构升级可以对资源环境产生积极的促进作用，能源产业的发展也同时依赖于自身的资源环境条件，但两者还不协调。从实际情况来看，36个城市中除东营以外，其他城市其能源产业升级能力还相对较弱。

第二，创新活动也可以促进能源产业升级与资源环境改善，但西部能源型城市创新能力普遍偏低，36个城市中除唐山、济宁、东营、银川相对具有创新活动力，其他大部分城市创新严重不足。对于创新能力较低的大多数资源型城市而言，一方面需不断提升城市的创新水平，另一方面也要警惕"创造性破坏"可能对资源环境带来的负面影响。

第三，提升资源环境展开的行为有可能对资源型城市的创新活动和产业升级活动产生一定的负面制约。这反映出重污染的能源行业未必会在环境规制的倒逼作用下实现"创新补偿"，同时在环境约束下，对能源行业展开较为严格的环境治理可能会导致该行业被迫提升要素价格与运营成本，从而制约产业升级。因此，应当谨慎对资源型城市的资源环境治理采用"一刀切"式的管理办法。

第四，从三者之间的耦合协调关系来看，资源型城市的能源产业升级、资源环境与创新系统的协调耦合程度普遍较低，其中近一半城市濒临失调。这反映出大部分能源型城市，由于产业结构相对单一，能源产业升级严重滞后，同时产业创新活力不足，导致产业升级、资源环境与创新大多处于磨合阶段。36个城市的产业升级、资源环境和创新系统发展都有了一定提升，但趋势有差异。能源产业子系统发展水平普遍不高，城市间差异不大。而资源环境子系统近年来改善迅速，原来环境较差的城市通过调整，城市间资源环境差异在逐渐缩小。创新子系统则除了整体发展水平偏低外，两极分化状态持续扩大，一部分城市创新止步不前，另一部分城市则创新优势加剧。三系统的耦合度水平基本保持稳定提升，地区差异略有减小，但协调发展水平存在一定的不均衡性和差异性：对于东营这样的大型能源城市而言，继续保持产业升级优势的同时，已经初步开始探索出一条产业升级与资源环境协调发展的道路；而其他大型能源城市如济宁、泰安、邢台、长治、晋中则更需要优先加快产业升级步伐，榆林、延安、鄂尔多斯和克拉玛依则需要重点加大产业创新力度。而六盘水、广安、呼伦贝尔、朔州、鸡西、平凉和哈密这些城市由于已经出现了轻度失调，说明本地区产业升级、资源环境与创新系统之间发展失调，产业升级与创新活动明显不足，更需要着力推进三者的协调发展。

第五，不同的发展策略对于提升系统耦合协调度具有一定差异。对于中小型能源城市而言，"均衡发展""注重环境保护"和"创新发展"策略的偏好对系统耦合协调度的影响均不大。而对于大型能源型城市"注重环保策略"则并不是提升系统耦合协调度的最佳选择，也反映出"一刀切"式地实施环境治理政策，可能会对大型能源城市协调发展产生更大的冲击。

以上研究对于未来政策制定具有以下启示意义：首先，对于成长型和成熟型能源型城市而言，政府应当尽快扶持下游配套产业、加快产业延伸速度，通过调整产业内部结构与产业链条高端化，进而推动资源环境的改善；其次，资源型城市的资源禀赋不利于实施过于严格的环保政策，应当结合自身实际因地制宜地推行环境规制策略，要谨慎地看待环境约束对技术创新带来的负面影响，尽量减少对产业升级带来负面冲击，努力实现能源型城市产业升级与环境改善的良性循环。要充分合理利用技术创新这一媒介，通过搭建创新平台、改善创新机制、加大创新投入等手段，积极通过政策引导将生产技术创新成果应用于实践，推动城市产业升级和逐步实现生态可持续发展；最后，在产业升级、资源环境与创新系统的协调发展过程中，大型能源城市更需要重视技术创新，通过技术进步推动产业发展、降低环境污染，从而推进系统的协调发展。对于大多数中小资源型城市而言，应结合本地区能源产业实际发展状况和比较优势，或采用创新战略或采用产业驱动模式，推进产业升级、资源环境与创新的均衡协调发展。

第七篇

中国能源产业政策演进与发展（2000—2020 年）

第十七章

传统能源行业产业政策的演进与发展

第一节 煤炭行业产业政策的演进与发展

煤炭行业自第一个五年计划以来的50年中，一直处于微利和亏损边缘，其中有25年全行业亏损，直到2001年才真正走出困境。从2002年开始，煤炭行业进入"黄金十年"，煤炭产量从13.8亿吨增加到35.2亿吨，年均增长2亿吨，煤炭价格从275元/吨大幅增加到853元/吨，价格翻了3倍，行业总利润从23亿元增加到3246亿元，翻了100余倍。煤炭的"黄金十年"导致大量资本涌进，固定资产投资从110亿元增加到4700亿元，翻了40倍。煤炭行业产能极速扩张，2012年达到40亿吨，产能过剩问题日益突出。自2012年党的十八大之后，煤炭行业作为产能严重过剩行业开始进行供给侧结构性改革，走上了艰难的"去产能"之路。总体来看，煤炭行业政策可以分为两大阶段：第一阶段是"十二五"之前的做大做强，政策导向是推动煤炭生产向大型基地、大型企业和大型煤矿转变；第二阶段是"十三五"开始的煤炭行业"去产能"阶段，政策导向是区域优化、产能控制和清洁化生产。

一 "十五"时期煤炭行业结构调整开始启程（2001—2005年）

2001年，中国加入世界贸易组织，对外开放进程加速。中国企业需要尽快变大变强，增强产业竞争力。但是2000年之前，我国煤炭行业存在的主要问题表现如下：

一是组织结构不合理。截至2000年，全国矿井平均产量仅为3万多吨，国有重点煤矿矿井平均年生产能力为80万吨，仅仅是先进采煤国家的1/3左右。煤炭行业市场集中度低，CR4市场占有率仅为9%，CR8市场占有率不到13%，119家国有重点煤矿平均年销售煤炭量为440万吨，市场占有率不到0.5%。产、运、销一体化综合经营体系建设严重滞后。

表17-1　　　　　"十五"时期煤炭工业发布主要政策一览

	印发日期	文件名	发文单位	主要内容
1	2001年1月1日	煤炭工业"十五"规划	国家经贸委	1. 组织结构调整目标：到2005年，产业集中度明显提高，煤炭产量位居前8家的企业，市场占有率达到35%以上。形成2—3个煤—电—路—港—航综合经营、具有国际竞争力的特大型公司和企业集团。 2. 技术结构调整目标：到2005年，煤矿生产技术和装备水平进一步改善，安全生产可靠性明显增强。大型煤矿采掘机械化程度达到90%以上，中型煤矿达到60%以上，小型煤矿机械化、半机械化开始起步。大中型煤矿科技进步贡献率达到40%以上。 3. 产品结构调整目标：到2005年，全国原煤入选率达到50%以上，动力配煤量达到7000万吨左右，煤层气产量30亿—40亿立方米，水煤浆产量1000万吨左右，煤炭液化产油250万吨以上。煤炭出口8000万吨左右
2	2001年6月13日	国务院办公厅《关于关闭国有煤矿矿办小井和乡镇煤矿停产整顿的紧急通知》	国办发明电〔2001〕25号	所有矿办小井立即停止生产，并于2001年6月30日前予以关闭。关闭任务重的山西、吉林、黑龙江必须在2001年9月底前将本省的矿办小井全部关闭

续表

	印发日期	文件名	发文单位	主要内容
3	2001年9月16日	国务院办公厅关于进一步做好关闭整顿小煤矿和煤矿安全生产工作的通知	国办发〔2001〕68号	四个"一律关闭",即:凡国有煤矿矿区内的小煤矿,一律予以关闭;凡采矿许可证、煤炭生产许可证、营业执照和矿长资格证(简称"四证")不全的,一律关闭;生产高硫高灰的,一律关闭;凡不具备基本安全生产条件的,一律关闭
4	2005年5月9日	国务院关于促进煤炭工业健康发展的若干意见	国发〔2005〕8号	发展目标:从2005年起,用3—5年时间,建立规范的煤炭资源开发秩序,大型煤炭基地建设初见成效,形成若干个亿吨级生产能力的大型煤炭企业和企业集团,煤矿安全基础条件有较大改善。再用5年左右时间,形成完善的"四大体系"

二是技术结构不合理。全国煤矿非机械化采煤占60%以上,大中型矿井生产设备老化,小型矿井生产技术装备水平极低。煤矿用人多、效率低。2000年全国原煤洗选比重不到35%,大量原煤未经加工直接燃烧,效率低,环境污染严重。

三是煤矿安全事故居高不下。煤矿安全技术与装备水平低,事故隐患多,矿井防灾抗灾能力差。特别是部分地区煤矿,重大、特大事故频繁发生,造成人民生命、财产重大损失。

四是煤炭全行业亏损,生产压力巨大。受煤炭市场供大于求以及煤价下滑的影响,2000年国有重点煤矿整体亏损,煤款拖欠严重。

针对国家煤矿生产的严峻局面,2001年1月1日,国家经贸委发布《煤炭工业"十五"规划》,提出以发展为主题,以市场为导向,以企业为主体,以改革开放和科技进步为动力,大力调整煤炭工业结构。

2001年6月和9月,国务院办公厅分别发布《关于做好关闭国有煤矿矿办小井和乡镇煤矿停产整顿的紧急通知》和《关于进一步做好关闭整顿小煤矿和煤矿安全生产工作的通知》,明确提出四个"一律关闭",即凡国有煤矿矿区内的小煤矿,一律予以关闭;凡采矿许可证、煤炭生产许可证、营业执照和矿长资格证（简称"四证"）不全的，一律关闭；生产高硫高灰的，一律关闭；凡不具备基本安全生产条件的，一律关闭。

经过5年的治理整顿，在对煤炭生产形式进行大量调查、研究的基础上，国务院于2005年5月9日发布《国务院关于促进煤炭工业健康发展的若干意见》，制定了煤炭工业发展序列，明确提出"从2005年起，用3—5年时间，建立规范的煤炭资源开发秩序，大型煤炭基地建设初见成效，形成若干个亿吨级生产能力的大型煤炭企业和企业集团，煤矿安全基础条件有较大改善，煤矿安全生产形势明显好转，矿区生态环境恶化的趋势初步得到控制，煤炭法规政策体系逐步完善"。在此基础上，2010年起再用5年左右时间，形成现代煤炭工业五大体系[1]。

总体来看，在"十五"时期，煤炭工业政策的聚焦点是上大压小[2]，全力进行结构调整，尽快改变煤炭工业"弱、小、散"的不利局面。

二 "十一五"时期煤炭行业兼并重组工作加速（2006—2010年）

经过"十五"时期煤炭行业的大力结构调整，煤炭工业中，大中型煤矿产量占比达到54%，比2000年上升7个百分点；原煤入选率为32%，比2000年提高6个百分点；在建煤矿中，大中型煤矿规模占82%，已经有23家煤炭企业跨入全国500强。但是煤炭工业的规模实力与发达国家相比差距巨大，因此"十一五"时期，煤炭工业的重点工作转向煤炭行业整合及其有序开发。

煤炭行业整合是指对中小煤矿实施整合改造，实现各种生产要素的整合和重组。在大型煤炭基地内，一个矿区原则上由一个主体开发，推进企业整合。鼓励大型煤炭企业整合重组和上下游产业融合。

有序开发是指根据煤炭资源、区位、市场等情况，全国划分为煤炭调入区、煤炭调出区和煤炭自给区，稳定调入区生产规模，增加调出区开发规模，适度开发自给区规模。

---

[1] 以合理保护、强化节约为重点的资源开发监管体系；以大型煤炭基地和大型煤炭企业集团为主体的煤炭供给体系；以强化管理和投入为重点、先进技术为支撑的安全生产保障体系；以煤炭加工转化、资源综合利用和矿山环境治理为核心的循环经济体系；以《中华人民共和国煤炭法》和《中华人民共和国矿产资源法》为基础的法规政策调控体系。

[2] 上大压小指上大型煤矿，压缩中小型煤矿。

为了保证煤炭有序开发，避免因煤炭勘查投资过热而出现产能过剩问题，保持煤炭生产基本稳定，国土资源部2007年2月出台《关于暂停受理煤炭探矿权申请的通知》（国土资发〔2007〕20号），决定至2008年12月，在全国范围内暂停受理新的煤炭探矿权申请。

表17-2　　　　"十一五"时期煤炭行业重要政策一览

	印发日期	文件名	文件号	主要内容
1	2007年1月	煤炭工业发展"十一五"规划	国家发展和改革委员会	1. 大型煤炭基地建设：大型煤炭基地包括神东、陕北、黄陇（华亭）、晋北、晋中、晋东、鲁西、两淮、冀中、河南、云贵、蒙东（东北）、宁东13个大型煤炭基地。2010年，大型煤炭基地产量达到22.4亿吨。产量占比达到85%。 2. 大型集团发展：促进以煤为基础，煤电、煤化、煤路等多元化发展，形成6—8个亿吨级和8—10个5000万吨级大型煤炭企业集团，煤炭产量占全国的50%以上。 3. 技术进步：大型煤矿采掘机械化程度达到95%以上，中型煤矿达到80%以上，小型煤矿机械化、半机械化程度达到40%。安全高效煤矿数量达到380个，产量占全国的45%，其中千万吨级煤矿达到25个
2	2007年2月27日	国土资源部《关于暂停受理煤炭探矿权申请的通知》	国土资发〔2007〕20号	2007年2月2日至2008年12月31日，国土资源部和各省（区、市）国土资源主管部门暂停受理煤炭探矿权申请（包括以招标、拍卖、挂牌等竞争方式出让煤炭探矿权）
3	2009年8月19日	国家安全监管总局《关于深化煤矿整顿关闭工作的指导意见》	安监总煤监〔2009〕157号	工作目标：通过深化煤矿整顿关闭工作，将现有小煤矿淘汰关闭一批、资源整合扩能改造一批、大集团兼并重组一批，力争到"十一五"期末把小煤矿数量控制在1万座以内

续表

	印发日期	文件名	文件号	主要内容
4	2009年10月26日	国土资源部《关于进一步推进矿产资源开发整合工作的通知》		1. 整合范围包括煤、铁、锰、铜、铝、铅、锌、钼、金、钨、锡、锑、稀土、磷、钾盐15个重要矿种，以及其他对各地经济社会发展有较大影响的矿种。 2. 影响大矿统一规划开采的小矿，一矿多开、大矿小开的矿区，小矿密集区，位于地质环境脆弱区范围内的矿区；开采方法和技术装备落后，资源利用水平低的矿山；生产规模长期达不到设计要求，管理水平低、存在安全隐患，社会效益、环境效益较差的矿山

2009年8月，国家安监总局等14个部委联合下发《关于深化煤矿整顿关闭工作的指导意见》，重申力争到2010年把全国小煤矿数量控制在1万座以内。2009年10月26日，国土资源部、工信部等12部委联合下发了《关于进一步推进矿产资源开发整合工作的通知》（以下简称《通知》），明确到2010年3月底以前，各省份按要求组织编制和审批整合实施方案，并报国土资源部备案。2010年年底前，按照经批准的进一步推进整合实施方案，全面完成整合工作任务，建立健全矿产资源管理有关制度，初步建立矿产资源开发利用长效机制。2011年起，整合工作转入常态化管理。凡是没有按期完成资源整合任务的地方政府，自2011年1月起，将不再给予新的探矿权。在中央要求下，各省份纷纷将煤炭行业整合大限设在2010年年底。

在中央指导下，2009年6月，国内产煤第一大省——山西率先高举"煤炭企业重组"的大旗，集中整合省内年产30万吨级以下的中小煤矿。2009年12月，30万吨/年以下的小煤矿全部淘汰，保留矿井将全部实现机械化开采，平均单井规模100万吨/年以上，形成了"山西模式"。

2010年3月2日，河南省政府印发了《河南省煤炭企业兼并重组实施意见》，目标到2010年年底全省建成3个年产5000万吨的特大型煤炭企业；实现省骨干煤炭企业控制煤炭资源量占全省资源量的95%以上、产量占全省总产量的80%以上；单个矿井生产规模不低于15万吨/年。河南推行的兼并重组，以15万—30万吨为底线，低于该底线的实现"关闭"，处于之间的实现"重组"，高于30万吨以上的煤矿，若符合相关条件，则可单独组织生产。

2010年8月6日，山东能源集团挂牌成立。山东煤炭企业重组采取了"6+1"模式，即作为龙头企业的兖矿集团保持不动，淄矿集团、枣矿集团、新矿集团、肥矿集团、龙矿集团、临矿集团6家省属煤炭企业联合组建山东能源集团。

自2009年年初从山西开始的煤炭企业兼并重组、煤炭资源整合工作，至"十一五"期末，已推广至河南、内蒙古和陕西等主要产煤省区。煤炭企业兼并重组工作的主旋律由各省份内部煤企间并购行为转为跨地区、跨行业、跨所有制兼并重组，煤炭资源整合进入深水区。因此，2010年10月16日，国家发改委发布《关于加快推进煤矿企业兼并重组的若干意见》（国办发〔2010〕46号），明确规定山西、内蒙古、河南、陕西等重点产煤省（区），要坚决淘汰落后小煤矿，大力提高煤炭产业集中度，促进煤炭资源连片开发。黑龙江、湖南、四川、贵州、云南等省份，要加大兼并重组力度，切实减少煤矿企业数量。针对煤炭企业兼并重组过程中出现的"国进民退"争议以及低价兼并损害民营企业利益的呼声，国家也明确要按照充分发挥市场机制作用、依法整合资源、尽量减少不必要的行政干预的原则，支持符合条件的国有和民营煤矿企业成为兼并重组主体。

由于煤价的大幅飙升，"十一五"时期，我国煤炭行业超常规发展。2006—2010年，全国煤炭产量以每年近2亿吨的速度增加，到2010年，全国煤炭行业产能已经达到国家原计划的2015年煤炭产量的38亿吨，提前五年达到目标。全国"十一五"时期煤炭投资总额达12489.7亿元，是"十五"时期的5.54倍，相当于中华人民共和国成立55年煤炭投资总和的2.8倍。快速开发建设煤矿积聚了巨大产能，煤炭产能过剩已隐约显现。

三 "十二五"时期煤炭行业跨区域兼并重组（2011—2015年）

"十二五"时期，煤炭工业产业结构调整以不断提高产业集中度为目标，以建立大型企业集团为核心任务。因此，《煤炭工业发展"十二五"规划》明确，到2015年，全国煤炭生产企业要形成10个亿吨级和10个5000万吨级大型企业集团，产量占全国煤炭总产量的65%以上，承担起稳定国内市场、保障煤炭供应和参与国际竞争的任务。

煤炭"十二五"规划一个重要特点就是继续坚持推进煤炭生产的集约化、大型化。以建设大基地、培育大集团为重点，着力推动煤炭结构调整，提升行业发展的集约化水平。生产布局以"控制东部，稳定中部，发展西部"为主要思路。对于西部地区，将大力推进神东、陕北、黄陇和宁东等大型煤炭基地建设；内蒙古东部褐煤资源开发得到重视；提出优先建设大型露天矿，重点供应东北地区。

煤炭产业兼并重组进入第二阶段后，由各省份内煤炭企业兼并重组为主转向大型煤炭企业的跨区域兼并重组，国家也开始大力支持大型优势煤炭企业跨区域发展。

表17-3　　"十二五"时期煤炭行业重要政策一览

	印发日期	文件名	文件号（或发文单位）	主要内容
1	2011年4月25日	《产业结构调整指导目录（2011年本）》	国家发改委第9号令	单矿井产量限制：山西、内蒙古、陕西120万吨/年；重庆、四川、贵州、云南15万吨/年；福建、江西、湖北、湖南、广西9万吨/年；其他地区30万吨/年
2	2011年11月5日	国家发改委《关于"十二五"时期进一步推进煤炭行业淘汰落后产能工作的通知》	发改能源〔2011〕2091号	（一）不符合煤炭产业政策、矿产资源规划和矿区总体规划的煤矿；（二）单井井型低于3万吨/年的煤矿；（三）乱采滥挖，资源浪费严重，采区回采率连续3年平均低于50%的煤矿

第十七章 传统能源行业产业政策的演进与发展

续表

	印发日期	文件名	文件号（或发文单位）	主要内容
3	2012年3月22日	《煤炭工业发展"十二五"规划》	发改能源〔2012〕640号	1. 坚持培育大型煤炭集团，鼓励兼并重组，2015年年末，形成10个亿吨级、10个5000万吨级特大型煤炭企业，煤炭产量占全国的60%以上。 2. 山西、内蒙古、河南、陕西等重点产煤省份，要以大型煤炭企业为主体，进一步提升产业集中度，促进煤炭资源连片开发。对已设置矿业权的矿区，鼓励优势企业整合分散的矿业权，提高勘查开发规模化和集约化
4	2013年11月8日	国务院办公厅关于促进煤炭行业平稳运行的意见	国办发〔2013〕104号	1. 严格新建煤矿准入标准，停止核准新建低于30万吨/年的煤矿、低于90万吨/年的煤与瓦斯突出矿井。逐步淘汰9万吨/年及以下煤矿。 2. 有效整合资源，鼓励煤炭企业兼并重组，以大型企业为主体，在大型煤炭基地内有序建设大型现代化煤矿，促进煤炭集约化生产

2010年10月，国家发改委发布《关于加快推进煤矿企业兼并重组的若干意见》（国办发〔2010〕46号），明确规定，通过兼并重组，全国煤矿企业数量特别是小煤矿数量明显减少，形成一批年产5000万吨以上的特大型煤矿企业集团，煤矿企业年均产能提高到80万吨以上，特大型企业集团煤炭产量占全国总产量比重达到50%以上。

随着中国经济高速增长，作为基础能源的煤炭市场需求大增，如电煤价格从每吨200多元涨至800多元，煤炭行业也经历了高增长、高盈利的"黄金十年"。然而，自2011年11月以来，煤炭市场需求萎缩、进口增加，导致煤炭价格不断下跌、库存相应增高，煤炭企业出现近十年来前所未有的经营困难。在市场需求增速预期放缓的同时，煤炭行业产能超前以及去库存化压力大等问题日益突出。2004年,我国煤炭行业产能仅为17亿吨左右,到2012年,全国煤炭产能已达40亿吨,8年内增长135%,年均增幅近3亿吨。

表17-4 "十二五"时期煤炭行业淘汰落后产能政策一览

	印发日期	文件名	文件号（或发文单位）	主要内容
1	2011年11月5日	国家发改委《关于"十二五"时期进一步推进煤炭行业淘汰落后产能工作的通知》	（发改能源〔2011〕2091号）	（一）不符合煤炭产业政策、矿产资源规划和矿区总体规划的煤矿；（二）单井井型低于3万吨/年的煤矿；（三）乱采滥挖,资源浪费严重,采区回采率连续3年平均低于50%的煤矿
2	2012年4月	《关于做好2012年煤炭行业淘汰落后产能工作的通知》	国家能源局	2012年计划淘汰落后煤矿625处,淘汰落后产能2347万吨/年
3	2013年3月	《关于做好2013年煤炭行业淘汰落后产能工作的通知》	国家能源局	2013年淘汰煤矿1256处,淘汰落后产能6418万吨
4	2014年3月	《关于做好2014年煤炭行业淘汰落后产能工作的通知》	国家能源局	2014年我国淘汰煤矿1725处,淘汰落后产能11748万吨。其中,关闭退出煤矿800处,涉及产能4070万吨；改造升级煤矿402处,涉及产能1766万吨；兼并重组煤矿523处,涉及产能5912万吨

2013年11月18日,国务院办公厅下发《关于促进煤炭行业平稳运行的意见》,要求科学调控煤炭总量,坚决遏制煤炭产量无序增长。同时提出,要严格新建煤矿准入标准,鼓励有效整合资源,促进煤炭集约化生产。在国家政策的大力引导下,在大型煤炭生产基地建设方面,14个大型煤炭基地产量34亿吨左右,占全国总产量的92%,内蒙古、山西、陕西、贵州、河南、山东、新疆、安徽、云南9个省份产量超亿吨,占全国总产量的83%左右。在大型煤炭企业集中度方面,神华、中煤、

同煤、山东能源、冀中能源、陕西煤业化工、河南能源、山西焦煤 8 家企业原煤产量超过亿吨，总产量占全国的 37% 左右；全国超过 5000 万吨的煤炭企业有 11 家，总产量占 19% 左右；17 家涉煤央企产量 9.8 亿吨，占全国总产量的 26.5%。全国前 4 家煤炭企业产量占全国总产量的 25% 左右，前 10 家煤炭企业产量占全国总产量的 40% 左右。

在"十二五"规划中，大基地、大企业、大煤矿的煤炭生产模式已经形成，自 2002 年以来的煤炭行业兼并重组工作已经胜利完成，但是 2012 年后煤炭产能过剩问题日益严重，煤炭行业供给侧结构性改革开始提上规划日程。

四 "十三五"时期煤炭产业供给侧结构性改革（2016—2020 年）

"十一五"及"十二五"时期，煤炭行业固定资产投资 2.3 万亿元，按照 800 元投资 1 吨的产能，2.3 万亿元投资就有了 30 亿吨产能。2012 年煤炭行业的固定资产投资是 2001 年的 52 倍，2014 年年底我国煤炭产能已经过剩约 5 亿吨。在 2015 年中央经济工作会议上，中央提出"供给侧结构性改革"，在这一背景下煤炭行业供给侧结构性改革的序幕在 2016 年拉开。

2016 年 2 月 1 日，国务院印发《关于煤炭行业化解过剩产能实现脱困发展的意见》（国发〔2016〕7 号），该文件是煤炭行业"供给侧结构性改革"的顶层设计。此后国家发改委、财政部、国家环保部、国土资源部、国家安监总局银监会等部委先后发布 6 个专项政策以落实煤炭行业化解过剩产能的中央部署，如表 17-5 所示。

2016 年年末，"十三五"时期能源行业和煤炭行业发展的指导文件《能源发展"十三五"规划》和《煤炭工业发展"十三五"规划》出台，随后推进能源革命的指导意见《能源生产和消费革命战略（2016—2030）》印发（见表 17-6）。

经过 2016 年的供给侧结构性改革，煤炭行业经济运行形势反转，煤炭价格触底反弹，煤炭企业经营情况有所好转；煤炭行业从供需宽松逐渐转为供需紧张。为了加快落后产能退出，2017 年 4 月 17 日，国家发展改革委等 23 部委印发《关于做好 2017 年钢铁煤炭行业化解过剩产能实现脱困发展工作的意见》（发改运行〔2017〕691 号），这是政府首次发布年度煤炭行业去产能实施方案，该文件对 2017 年煤炭行业供

表17-5　　　　　　　煤炭行业化解产能"1+6"政策

印发日期	文件名	文件号	主要内容
2016年2月1日	国务院关于煤炭行业化解过剩产能实现脱困发展的意见	国发〔2016〕7号	1. 总体目标：2016起，用3—5年的时间，再退出产能5亿吨左右、减量重组5亿吨左右。 2. 严格控制新增产能。从2016年起，3年内原则上停止审批新建煤矿项目、新增产能的技术改造项目和产能核增项目；确需新建煤矿的，一律实行减量置换。 3. 加快淘汰落后产能和其他不符合产业政策的产能。 4. 推进企业改革重组。利用3年时间，力争单一煤炭企业生产规模全部达到300万吨/年以上。 5. 严格控制超能力生产。引导企业实行减量化生产，从2016年开始，严格执行"276"制度
2016年3月30日	国土资源部关于支持钢铁煤炭行业化解过剩产能实现脱困发展的意见	国土资规〔2016〕3号	严格控制新增产能用地，对新建项目、新增产能的技术改造项目和产能核增项目，一律不予受理用地预审。从2016年起，3年内停止煤炭划定矿区范围审批。严格审批煤炭采矿权新立和变更扩大生产规模申请，未经项目核准（产能核增）机关批准的煤矿建设项目，不得受理审批其采矿权新立和变更扩大生产规模申请
2016年4月7日	人力资源社会保障部 国家发展改革委等七部门关于在化解钢铁煤炭行业过剩产能实现脱困发展过程中做好职工安置工作的意见	人社部发〔2016〕32号	1. 多渠道分流安置职工：支持企业内部分流、促进转岗就业创业。 2. 符合条件人员可实行内部退养，对距法定退休年龄5年之内、再就业有困难的，在职工自愿选择、企业同意并签订协议后，可实行内部退养。 3. 运用公益性岗位托底帮扶，妥善处理劳动关系

续表

印发日期	文件名	文件号	主要内容
2016年4月15日	国家安全监管总局 国家煤矿安监局关于支持钢铁煤炭行业化解过剩产能实现脱困发展的意见	安监管四〔2016〕38号	1. 自2016年起3年内，原则上停止新核准（审批）的建设项目和新增产能的技术改造项目安全设施设计审查工作；原则上3年内不再进行煤矿生产能力核增。 2. 重新确定煤矿生产能力，对于全国所有生产煤矿，有关部门在现有合规产能的基础上，直接乘以0.84（276除以330）取整数，确定为煤矿的生产能力
	环保部 国家发改委 工信部印发关于支持钢铁煤炭行业化解过剩产能实现脱困发展的意见		1. 从2016年开始，3年内原则上停止审批新建煤矿项目、新增产能的技术改造项目和产能核增项目，确需新建煤矿的，一律实行产能减量替代。 2. 进一步优化主要产煤地区煤炭资源开发布局、调整开发方式及规模，确保区域生态功能和环境质量不退化。 3. 彻底清理违法违规建设项目。学习借鉴山东省人民政府"淘汰关闭一批、整顿规范一批、完善备案一批"的工作模式，加大清理整顿工作力度，确保2016年年底前完成清理任务
2016年4月18日	中国人民银行 银监会 证监会 保监会关于支持钢铁煤炭行业化解过剩产能实现脱困发展的意见	银发〔2016〕118号	1. 满足钢铁、煤炭企业合理资金需求，严格控制对违规新增产能的信贷投入，加快信贷产品创新，促进钢铁煤炭行业转型升级，改进利率定价管理，降低企业融资成本。 2. 加强直接融资市场建设，支持钢铁、煤炭企业去杠杆、降成本，加快股债、贷债结合产品和绿色债券创新。 3. 支持企业债务重组和兼并重组，拓宽企业兼并重组融资渠道，推动钢铁、煤炭行业结构调整优化。 4. 大力支持钢铁、煤炭扩大出口，加强对企业"走出去"融资支持

续表

印发日期	文件名	文件号	主要内容
2016年4月18日	财政部 国家税务总局关于化解钢铁煤炭行业过剩产能实现脱困发展的意见	财建〔2016〕151号	1. 中央财政设立工业企业结构调整专项奖补资金，用于解决钢铁、煤炭行业化解过剩产能过程中的人员安置问题。 2. 煤炭采掘企业可按规定执行增值税抵扣政策。煤炭企业符合规定的用地继续暂免征收城镇土地使用税。 3. 煤炭企业重组、破产等可享受税收优惠政策。企业符合税法规定条件的股权（资产）收购、合并、债务重组等重组行为，可按税法规定享受企业所得税递延纳税优惠政策。 4. 煤炭企业重组、破产等可按规定享受退出土地出让收入政策

表17-6　"十三五"时期煤炭发展规划比较

印发日期	文件名	文件号	主要内容
2016年12月26日	能源发展"十三五"规划	发改能源〔2016〕2744号	1. 严控煤炭消费总量，京津冀鲁、长三角和珠三角等区域实施减煤量替代，其他重点区域实施等煤量替代。 2. 严格控制审批新建煤矿项目、新增产能技术改造项目和生产能力核增项目，确需新建煤矿的，实行减量置换。 3. 加快淘汰落后产能：尽快关闭13类落后小煤矿，以及开采范围与自然保护区、风景名胜区、饮用水水源保护区等区域重叠的煤矿。 4. "十三五"时期，煤制油、煤制天然气生产能力达到1300万吨和170亿立方米左右。积极推广应用清洁煤技术，大力发展煤炭洗选加工，2020年原煤入选率达到75%以上

续表

印发日期	文件名	文件号	主要内容
2016年12月22日	煤炭工业发展"十三五规划"	发改能源〔2016〕714号	1. 优化生产开发布局：压缩东部，限制中部和东部，优化西部。煤炭生产开发进一步向大型煤炭基地集中，14个大型煤炭基地产量37.4亿吨，占全国煤炭产量的95%以上。 2. 按照减量置换原则，严格控制煤炭新增规模。东部地区原则上不再新建煤矿，中部和东北地区从严控制接续煤矿。 3. 促进跨区调运平衡。预计2020年，煤炭调出省区净调出量16.6亿吨，其中晋陕蒙地区15.85亿吨。 4. 推进企业兼并重组、推进煤炭清洁生产、发展煤炭洗选加工、推进煤炭深加工产业示范。 5. 开展国际煤炭贸易，推进境外煤炭资源开发利用，扩大对外工程承包和技术服务
2016年12月29日	《能源生产和消费革命战略（2016—2030）》	发改基础〔2016〕2795号	1. 总体目标：到2020年，能源消费总量控制在50亿标准煤以内，煤炭消费比重进一步降低。2021—2030年，能源消费控制在60亿吨标准煤以内。 2. 推动煤炭清洁高效开发利用，实现煤炭集中使用，推动优质能源替代民用散煤，大力推广煤改气、煤改电工程。严控煤炭新增产能。做好新增产能与化解过剩产能衔接，完善煤矿正常退出机制，实现高质量协调发展

资料来源：国家发展改革委、Wind数据库。

给侧结构性改革工作提出了明确的要求，提出了2017年退出煤炭产能1.5亿吨以上，晋陕蒙宁4个地区30万吨/年以下（不含30万吨/年）、冀辽吉黑苏皖鲁豫甘青新11个地区15万吨/年以下（不含15万吨/年）、其他地区9万吨/年及以下（含9万吨/年）的煤矿纳入2017年或 2018 年去产能范围等工作任务。

为推进煤炭行业"调结构、促转型",提高煤炭行业集中度,增加上下游协同性,促进煤炭行业健康可持续发展,2017 年 12 月国家发展改革委印发《关于进一步推进煤炭企业兼并重组转型升级的意见》(发改运行〔2017〕2118 号),支持有条件的煤炭企业之间实施兼并重组,支持煤炭、电力企业通过实施兼并重组,鼓励煤炭与煤化工企业实施兼并重组,推进中央专业煤炭企业重组其他涉煤中央企业所属煤矿,实现专业煤炭企业做强做优做大。进一步降低鲁西、冀中、河南、两淮煤炭基地生产规模,控制蒙东(东北)、宁东、晋北、晋中、晋东、云贵煤炭基地生产规模,支持陕北、神东、黄陇、新疆煤炭基地通过兼并重组适度扩大规模,减少区内开发主体数量。

继 2017 年发布首份煤炭行业去产能实施方案之后,2018 年 4 月 9 日,国家发改委发布了《关于做好 2018 年重点领域化解过剩产能工作的通知》(发改运行〔2018〕554 号),提出了 2018 年化解煤炭过剩产能 1.5 亿吨左右,确保 8 亿吨左右煤炭去产能目标三年内实现的工作任务。2018 年将提高南方地区煤矿产能退出标准,有序引导退出 30 万吨/年以下(不含 30 万吨/年)煤矿。

自 2016 年以来,国内退出煤炭落后产能 8.1 亿吨,淘汰关停落后煤电机组 2000 万千瓦以上,提前两年完成"十三五"去产能目标任务。因此,2019 年 5 月 9 日,国家发改委发布《关于做好 2019 年重点领域化解过剩产能工作的通知》(发改运行〔2019〕785 号),提出统筹考虑区域煤炭供应、企业转产转型、矿井安全生产条件等因素,坚决退出达不到安全环保要求的煤矿,持续破除无效低效供给。进一步优化存量资源配置,推动在建煤矿加快建设、建成煤矿加快投产,有序释放优质先进产能,不断扩大优质增量供给。

煤炭行业经过五年的供给侧结构性改革,自 2019 年开始,煤炭去产能已由总量性去产能转向结构性去产能,总量控制任务已经顺利提前完成。按照国家统一部署,煤炭优质产能开始加速释放,并进一步向资源富集地区集中。晋陕蒙宁新等省份正在按照产能置换原则加快建设一批大型现代化煤矿,2019 年国家已核准年产 120 万吨及以上煤矿 40 余处,自此年产 120 万吨及以上煤矿产能占比达到总产能的 75%。

第十七章 | 传统能源行业产业政策的演进与发展

第二节　现代煤化工产业政策的演进与发展（2001—2020年）

煤炭不仅是我国一次能源的主要消费品种，也是化工产业的主要原材料。煤化工产业是指以煤为主要原料，采用化工过程，生产化工产品的产业，包括煤焦化、煤气化、煤液化三大部门，传统的煤化工以煤焦化为主，主要产品为电石、乙炔、煤焦油和制氢等，而现代煤化工则包含煤制汽柴油、煤制天然气、烯烃、甲醇等。

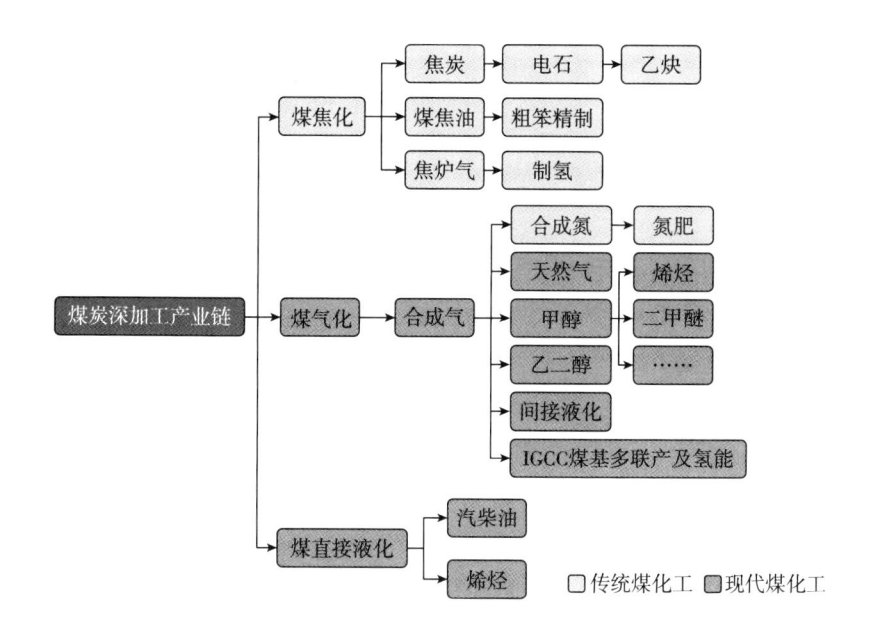

图17-1　煤炭产业链

一　"十一五"时期传统煤化工向现代煤化工的转型（2006—2010年）

在"十五"时期，为了增加煤炭附加值，各省份开始大力发展煤化工产业，到2005年我国生产焦炭2.33亿吨，电石895万吨，煤制化肥约2500万吨（折纯），煤制甲醇约350万吨，均位居世界前列。在煤化工产业快速发展的同时，也出现了盲目规划、竞相建设煤化工项目的问题，电石和焦炭等传统煤化工产品产能严重过剩，煤制甲醇、二甲

321

醚等项目规模小，生产效率低，资源浪费严重。因此"十一五"规划时期，国家为煤化工产业发展定下基本方针：煤化工的发展是为了发展现代煤化工，同时将煤制油、煤制气、煤制甲醇、煤制烯烃、煤制乙二醇五条煤炭深加工产业线路定位为现代煤化工主力发展路线，开始进行大力示范。

2006年7月14日，国家发改委下发了《关于加强煤化工项目建设管理促进产业健康发展的通知》（发改工业〔2006〕1350号），明确提出稳步发展煤制油品、甲醇、二甲醚、烯烃等石油替代产品，其中煤炭液化尚处于示范阶段，应在取得成功后再推广；限制发展电石、焦炭等高耗能产品。同时强调年产规模在300万吨以下的煤制油项目、100万吨以下的甲醇和二甲醚项目、60万吨以下的煤制烯烃项目列入禁止建设名单。尽管国家政策中明确现代煤化工还处于示范建设阶段，各地要依据煤炭资源情况、水源情况和生态环境容量适度发展。但是随着国际原油价格上涨，煤化工行业的盈利预期不断强化，刺激了国内现代煤化工行业的投资和生产，导致产业过剩现象开始凸显。

第一，规范煤制油项目发展，国家发改委先后于2006年7月、9月及2008年9月三次暂停煤制油项目审批。2008年，国家发改委出台了《关于加强煤制油项目管理有关问题的通知》（发改办能源〔2008〕1752号），明确煤制油仍处于示范工程建设阶段，可以继续开展工作的煤制油示范工程项目只有神华集团煤直接液化项目和神华宁夏煤业集团公司与南非沙索公司合作的宁夏宁东煤间接液化项目。除此之外，所有煤制油项目审批一律暂停。

第二，规范煤制气项目发展，2010年8月，国家发改委下发了《关于规范煤制天然气产业发展有关事项的通知》（发改能源〔2010〕1205号），明确指出煤制天然气是新兴产业，国家尚未制定明确的产业政策。在国家出台明确的产业政策之前，煤制天然气及配套项目由国家发展改革委统一核准。各级地方政府不得擅自核准或备案煤制天然气项目。

第三，规范煤制甲醇。2009年，国内甲醇总产量达到1752万吨，而企业的平均开工率只有45%左右。因此，2009年9月29日，国务院发出的《关于抑制部分行业产能过剩和重复建设引导产业健康发展的若干意见》第一次将煤化工列入产能过剩和结构调整行列。明确规定对于煤制油、煤制烯烃、煤制二甲醚、煤制乙二醇和煤制天然气等现代煤化工产业，今后三年原则上不再安排新的现代煤化工试点项目。

二 "十二五"时期现代煤化工的解锁与突进（2011—2015年）

2011年3月23日，国家发改委发布了《关于规范煤化工产业有序发展的通知》（发改产业〔2011〕635号），对煤化工项目的规模提出明确要求，年产50万吨及以下煤经甲醇制烯烃项目，年产100万吨及以下煤制甲醇项目，年产100万吨及以下煤制二甲醚项目，年产100万吨及以下煤制油项目，年产20亿立方米及以下煤制天然气项目，年产20万吨及以下煤制乙二醇项目全部禁止建设。在煤炭调入省份、缺水和环境容量不足的地方严格限制煤化工的发展。

2012年1月，国家发改委、国家能源局在梳理总结了近十年来煤化工产业发展的经验教训基础上，编制完成了《煤炭深加工示范项目规划》（以下简称《规划》）及《煤炭深加工产业发展政策》（以下简称《发展政策》）。其中《规划》中的10个省份15个示范工程项目，主要是结合国家主体功能区规划、国家煤炭工业发展"十二五"规划以及14个大型煤炭基地布局，按照在煤炭净调出区布局的原则进行设置。

表17-7 《煤炭深加工示范项目规划》15个煤化工示范项目一览

序号	建设地点	项目名称	建设单位	备注
一 新疆伊犁综合示范区					
1	新疆伊犁	55亿立方米煤制天然气	庆华集团	
2	新疆伊犁	煤化电热一体化项目（煤制天然气为主产品）	新汶、中电投等企业比选或联合	
二 新疆准东综合示范区				
3	新疆准东	煤化电热一体化项目（煤制天然气为主产品）	中石化牵头，华能、兖矿、新疆龙宇能源、潞安、神华、中煤、新疆兵团等参与	
4	新疆准东	煤炭分质综合利用示范项目	华电牵头，相关企业参与	

续表

序号	建设地点	项目名称	建设单位	备注
三　内蒙古示范项目					
5	内蒙古鄂尔多斯	300万吨二甲醚	中天合创公司	
6	内蒙古西部	煤炭清洁高效综合利用项目（煤制天然气、油品、焦油、烯烃及联产电力等产品）	煤电化企业优选和整合	
7	内蒙古兴安盟	煤化电热一体化项目（煤制天然气为主产品）	煤电化企业比选	
四　陕西示范项目					
8	陕西榆林	100万吨煤间接液化	兖矿集团 延长石油集团	
9	陕西	煤化电热一体化项目（煤制烯烃为主产品）	神华集团、陕西煤化、陶氏公司等	
五　山西示范项目					
10	山西	高灰、中高硫煤炭清洁高效综合利用项目（煤制天然气、油品、焦油、烯烃及联产电力等产品）	煤电化企业比选	
六　宁夏示范项目					
11	宁夏宁东	400万吨煤间接液化	神华宁煤集团	
七　安徽示范项目					
12	安徽	煤化电热一体化项目（煤制天然气为主产品）	煤电化企业比选	
八　云南示范项目					
13	云南	褐煤综合利用项目	煤电化企业比选	
九　贵州示范项目					
14	贵州	煤化电热一体化项目（煤制烯烃为主产品）	煤电化企业比选	
十　河南示范项目					
15	河南	煤化电热一体化项目（煤制烯烃为主产品）	煤电化企业比选	

第十七章 传统能源行业产业政策的演进与发展

在2012年国家重启煤化工审批后,各地方政府、大型能源企业上马煤化工项目的热情空前高涨,全年共申请在"十二五"时期开工建设104个现代煤化工项目,投资规模高达2万亿元。

2012年3月22日,《煤炭工业发展"十二五"规划》明确提出促进煤炭高效清洁利用,建设现代煤化工升级示范工程是"十二五"煤炭工业结构调整的主要任务。2013年3月,国家发改委集中放行了5个煤制天然气(220亿立方米/年)、4个煤烯烃(240万吨/年)和1个煤制油(150万吨/年)10个大型煤化工项目。2013年11月山西省发布的《山西省煤化工产业发展"十二五"规划》显示,未来将在晋东、晋中、晋北规划建设各具特色的三大现代煤化工产业基地,培育壮大15个具有鲜明循环经济特色的煤化工精品园区,最终形成以现代煤化工为主导、传统煤化工为基础、精细化工、化工新材料为特色的产业格局。

2014年全国能源工作会议做出了"有序推进煤改气""到2020年煤制气产量达到500亿立方米以上"等政策安排,"十二五"时期,仅列入国家发改委《煤炭深加工示范项目规划》的各类大型煤化工项目就达15个,总投资额在5000亿元左右。

经过"十二五"时期的快速发展,我国现代煤化工产业取得了突破性进展,技术创新和产业化走在了世界前列,自主开发了大型先进煤气化、大型煤制甲醇、煤直接制油、煤间接制油、煤制烯烃、煤制乙二醇、低阶煤分质利用、合成气变换等技术,促进和带动了煤化工装备的研制和开发。现代煤化工产业发展的园区化、基地化格局初步形成,基本形成了内蒙古鄂尔多斯煤化工基地、宁夏宁东能源化工基地、陕西榆横煤化工基地以及新疆准东、伊犁等煤化工基地。

截至2015年年底,我国煤制油产能达到278万吨,产量132万吨;煤(甲醇)制烯烃产能达到792万吨,产量648万吨;煤制乙二醇产能达到212万吨,产量102万吨;煤制天然气产能达到31亿立方米,产量16亿立方米。截至"十二五"期末,我国已建成20套煤(甲醇)制烯烃、4套煤制油、3套煤制天然气和12套煤制乙二醇示范及产业化推广项目。经过"十二五"时期的高速发展,我国现代煤化工行业产能过剩问题开始突出,已有产能释放大约只有50%,大量煤化工企业则深陷亏损。"十二五"时期的实践已经证明,延伸产业链、深加工、实现高附加值化、生产差异化产品已经成为现代煤化工未来发展的主攻方向。

三 "十三五"时期现代煤化工上下游一体化加速推进(2016—2020年)

2014年以来,现代煤化工投资乱象频出。2017年年初,《煤炭深加工产业示范"十三五"规划》和《现代煤化工产业创新发展布局方案》由国家发改委相继印发,为"十三五"时期的现代煤化工发展提出发展方向和任务,具体内容如表17-8所示。

根据《能源发展"十三五"规划》要求,"十三五"时期,国内煤制油、煤制天然气生产能力分别达到1300万吨和170亿立方米左右。

表17-8 "十三五"时期煤化工行业发展规划

印发日期	文件名	文件号	主要内容
2017年2月8日	国家能源局《煤炭深加工产业示范"十三五"规划》	国能科技〔2017〕43号	1. 预计2020年,煤制油产能为1300万吨/年、煤制天然气产能为170亿立方米/年、低阶煤分质利用产能为1500万吨/年。 2. 煤制油方面:进一步改进和完善煤直接液化技术,推动兖矿榆林百万吨级和神华宁煤400万吨/年煤间接液化示范项目实现"安、稳、长、满、优"运行。研发处理能力3000—4000吨/日的新型气流床气化技术。 3. 煤制天然气方面:推动已建成的煤制天然气示范工程系统优化完善。开发大型化环保型固定床熔渣气化技术,开展处理能力1500—2000吨/日气化炉工业化示范。 4. 低阶煤分质利用:研发清洁高效的低阶煤热解技术

续表

印发日期	文件名	文件号	主要内容
2017年3月22日	国家发展改革委工业和信息化部关于印发《现代煤化工产业创新发展布局方案》的通知	发改产业〔2017〕553号	1. 重点开展煤制烯烃、煤制油升级示范；有序开展煤制天然气、煤制乙二醇产业化示范，逐步完善工艺技术装备及系统配置；稳步开展煤制芳烃工程化示范，加快推进科研成果转化应用。 2. 采取煤化电热一体化、多联产方式，大力推动现代煤化工与煤炭开采、电力、石油化工、化纤、盐化工、冶金建材等产业融合发展，延伸产业链，壮大产业集群，提高资源转化效率和产业竞争力。 3. 规划布局内蒙古鄂尔多斯、陕西榆林、宁夏宁东、新疆准东4个现代煤化工产业示范区，每个示范区"十三五"时期新增煤炭转化量总量须控制在2000万吨以内

资料来源：国家发展改革委、Wind数据库。

表17-9 煤炭深加工建设重点

煤化工项目	地区分布
煤制油项目	宁夏神华宁煤二期、内蒙古神华鄂尔多斯二三线、陕西兖矿榆林二期、新疆甘泉堡、新疆伊犁、内蒙古伊泰、贵州毕节、内蒙古东部
煤制天然气项目	新疆准东、新疆伊犁、内蒙古鄂尔多斯、山西大同、内蒙古兴安盟
煤炭分质利用示范项目	陕西延长榆神煤油电多联产、陕煤榆林煤油化多联产、龙成榆林煤油气多联产、江西江能神雾萍乡煤电油多联产等

按照国家发改委、工业和信息化部联合发布的《现代煤化工产业创新发展布局方案》布局的内蒙古鄂尔多斯、陕西榆林、宁夏宁东、新疆准东4个现代煤化工产业示范区的产业化和升级示范，现代煤化工技术取得突破性进展，煤制油、煤制烯烃、煤制芳烃等一些关键技术的水平已居世界领先地位，并积累了非常宝贵的工程化、产业化经验和实

际运行数据。

"十三五"时期,国家能源集团108万吨/年煤直接液化、神华宁煤400万吨/年煤间接液化、大唐克旗煤制天然气等一批新型煤化工项目建成投产,五年间煤制油、煤制气、煤制烯烃和煤制乙二醇四大类已投产项目累计投资约5260亿元,年转化煤炭9560万吨。截至2019年年底,我国煤制油、煤制气、煤制烯烃及煤制乙二醇的年产能,分别达到921万吨、51.05亿立方米、932万吨、438万吨。通过技术优化,百万吨级煤间接液化项目的吨油水耗从12吨降至6—7吨,60万吨/年煤制烯烃项目吨产品水耗由设计值36.5吨降至20吨以下。

表 17-10　　　　国内煤制烯烃产能汇总（2018 年）　　　　单位：万吨

序号	煤制聚乙烯			煤制聚丙烯	
	企业名称	聚乙烯类型	年产能	企业名称	年产能
1	包头神华	全密度	30	神华宁煤	160
2	延长中煤	HOPE	30	大唐多伦	46
3	延长中煤	全密度	30	包头神华	30
4	中煤榆林	全密度	30	神华榆林	30
5	宁夏宝丰	全密度	30	神华新疆	45
6	神华榆林	HOPE	30	陕西延长中煤榆林	60
7	神华新疆	HOPE	27	中煤榆林	30
8	中煤蒙大	全密度	30	中煤蒙大	30
9	中天合创	全密度	30	蒲城新能源	40
10	中天合创	HOPE	25	宁夏宝丰	30

总体来看,"十三五"时期仍然是我国现代煤化工产业"升级示范"的重要阶段。未来现代煤化工应进一步加强核心技术和重点装备创新,推动产品差异化发展,同时注重集约发展,打造一批具有国际水平的产业基地,提升产业的经济效益及安全环保水平。下一时期国家政策的基本思路是现代煤化工发展,主要是两大工作重点:"做短"与"做长"。做短是指如何通过最简便的路线,来实现煤炭的化工化、产出优质化工品。做长是在有了大量、廉价的煤基化工品后,如何从低成本上突破,将基础原料进一步转化为高端化工材料。

第三节　石油天然气产业政策的演进与发展

"十五"时期，我国石油天然气的发展重点是推进油气勘探开发，增加生产供应；"十一五"时期，我国石油天然气的发展方向是加快勘探开发建设油气基地和加强油气输送管网建设，从油气的生产领域拓展到运输领域；"十二五"时期，在稳油增气的基础上，大力推进非常规油气资源的开发利用，并加快石油天然气价格改革，从生产输送领域继续延伸到绿色环保能源的开发以及消费领域的价格改革；"十三五"时期，我国石油天然气的发展重点是油气体制改革，在全产业链各环节放宽准入，真正促进石油天然气全产业链的发展。

表 17-11　　　　石油天然气工业"十五"政策一览

序号	印发日期	文件名	发文单位	主要内容
1	2001年5月26日	国民经济和社会发展第十个五年计划能源发展重点专项规划	国家计委（计规划〔2001〕711号）	1. 勘探：在东部老油区要力争发现新层系和地区，增加石油天然气探明储量；在西部地区，要继续努力寻找大中型油气田，力争实现石油工业的战略接替，特别是要配合"西气东输"工程重点做好塔里木、鄂尔多斯、柴达木盆地和川渝地区的天然气勘探工作，增加探明天然气储量；在南方地区，要继续坚持对海相碳酸盐岩的评价勘探工作，力求获得突破；在海域地区应主要抓好东海盆地、渤海和南海海域的石油天然气勘探工作，力争寻找大中型油气田。 2. 开发建设："十五"时期，力争新建 9630 万吨左右的原油生产能力和 400 亿立方米的天然气生产能力。 3. 海外油气供应基地：加大建立海外油气供应基地的步伐，促进我国石油天然气供应渠道的稳定和多元化。 4. 国内石油储备："十五"时期，着手国家和企业两级石油储备体系的建设工作，逐步形成一定规模的国家原油战略储备

续表

序号	印发日期	文件名	发文单位	主要内容
2	2001年6月26日	石油工业"十五"规划	国家经贸委	1. 发展方针：立足国内、开拓国际，加强勘探、合理开发，厉行节约、建立储备。 2. 油气探明储量。探明石油地质储量38亿吨以上、可采储量8.5亿吨以上；探明天然气地质储量1.2万—1.4万亿立方米、可采储量7000亿—8000亿立方米；探明煤层气可开发地质储量约1000亿立方米。 3. 油气产量：2005年，原油产量达到1.7亿吨以上，天然气（含煤层气）产量达到500亿立方米以上，海外份额油达到1500万—2500万吨。 4. 油气储运设施："十五"时期，建设油气管道总长约14500千米，国家原油储备库800万立方米、地下储气库11.4亿立方米
3	2004年7月15日	国务院发布《关于投资体制改革的决定》	国发〔2004〕20号	1. 原油：年产100万吨及以上的新油田开发项目由国务院投资主管部门核准，其他项目由具有石油开采权的企业自行决定，报国务院投资主管部门备案。 2. 天然气：年产20亿立方米及以上的新气田开发项目由国务院投资主管部门核准，其他项目由具有石油开采权的企业自行决定，报国务院投资主管部门备案。 3. 石化：新建炼油及扩建一次炼油项目、新建乙烯及改扩建新增能力超过年产20万吨乙烯项目，由国务院投资主管部门核准
4	2005年3月15日	《关于国家石油储备基地建设有关税收政策的通知》	财税〔2005〕23号	1. 对国家石油储备基地第一期项目建设过程中涉及的营业税、城市维护建设税、教育费附加、城镇土地使用税、印花税、耕地占用税和契税予以免征。 2. 上述免税范围仅限于应由国家石油储备基地缴纳的税收。 3. 国家石油储备基地第一期项目包括大连、黄岛、镇海、舟山4个储备基地

第十七章 传统能源行业产业政策的演进与发展

一 "十五"时期石油天然气勘探开发规模大幅跃升（2001—2005 年）

"十五"时期，国家"十五"能源发展专项规划中明确了石油天然气的发展方针：加强勘探、经济开发、油气并举、扩大开放、建立储备。其中加强石油天然气勘探开发是"十五"时期的重点内容。

在"十一五"时期，石油天然气行业规模以上产业发展迅速，尤其是下游产业，国际地位明显上升。据统计，截至 2005 年年底，中国天然气探明储量达 2.82 万亿立方米，比 2000 年增长 86.8%，从 2000 年的世界第 21 位提高到第 13 位。原油一次加工能力从 2000 年的 2.77 亿吨/年增加至 2005 年的 3.55 亿吨/年，增加 28.2%，从世界排名第三位升至第二位。乙烯产能从 2000 年的 445.2 万吨/年猛增加至 2005 年年底的 788.5 万吨/年，增长 77.1%，从世界第六位跃升至第二位，占世界总产能的比例也从 4.4% 提高到 6.7%；合成树脂的产量从 2001 年的 1212 万吨猛增至 2005 年的 2142 万吨，增长 95.3%，年均增幅高达 14.3%。其中，聚乙烯的产量从 2001 年的 308 万吨猛增至 2005 年的 529 万吨，产能从世界第六位跃升至第二位；我国现已是世界第一大聚苯乙烯和聚氯乙烯生产国，ABS 树脂产能也从世界第五位升至第三位。同时，2005 年中国合成纤维的产量已从 2000 年的 652 万吨猛增至近 1500 万吨，增长 2.3 倍，由此使中国稳居世界合成纤维生产国第一位，产能已占全球总产能的一半。其中聚酯聚合物产能在过去五年中以年均 28.2% 的高速度增长，2005 年的产能超过 2000 万吨/年，远高于世界其他国家。合成橡胶的产量从 2000 年的 83.6 万吨（占世界的 7.7%）提高至 2005 年的 163 万吨（占世界的 13.5%），增长 95.2%，超过日本而居世界第二位；合成橡胶的产能从 100.4 万吨/年增加至 140.8 万吨/年（不含合成胶乳），增长 40.2%，占世界的比重从 8.8% 升至 11%，居世界第三位。其中丁苯橡胶、顺丁橡胶产能分列世界第一位和第二位。

"十五"时期，在行业规模世界占比不断攀升的同时，石油天然气行业做大做强的步伐开始加快。我国形成了镇海石化、上海石化、茂名石化、大连石化、金陵石化、高桥石化、齐鲁石化、大连西太平洋石化、兰州石化、广州石化 10 个千万吨级的炼油基地，以及上海金山、上海赛科、广东惠州、南京扬子、北京燕山、山东齐鲁 6 个产能或产量在80万吨级以上的乙烯生产基地，800万吨/年以上炼厂的原油加工能力已占全国总加工能力的50%以上，最大炼厂的加工能力由2000年的1350万吨/年提高至2005年的2000万吨/年。中国石化和中国石油所属炼厂的平均规模已提高到489.8万吨/年，乙烯厂的平均规模提高到了45.4万吨/年。

二 "十一五"时期基地化、大型化、一体化生产模式凸显（2006—2010年）

"十一五"时期，国家能源发展"十一五"规划中提出了油气发展方向：加快开发石油天然气，适度加快海域油气的勘探开发，增加能源基地的输送能力。优化开发陆上油气资源，稳定生产能力，缓解运输压力。因此，加快勘探开发建设大型油气生产基地和加强油气输送管网建设是石油、天然气"十一五"时期的发展重点。

表17-12　　　石油天然气工业"十一五"政策一览

序号	印发日期	文件名	发文单位	主要内容
1	2007年4月11日	能源发展"十一五"规划	国家计委（计规划〔2001〕711号）	1. 加快建设油气基地，使2010年全国原油、天然气产量分别达到1.93亿吨和920亿立方米。 2. 加快建设油气输送管网。按照"西部油气东输、东北油气南送、海上油气登陆"的格局，加强骨干油气管线建设，逐步形成全国尤其骨干管网和重点区域网络
2	2006年5月22日	关于促进西部地区特色优势产业发展的意见	国务院西部开发办	1. 加快勘探开发石油天然气，大力发展新能源。 2. 因地制宜发展石油化工、天然气化工和煤化工。 3. 加大新疆、川渝、陕甘宁、青海、内蒙古等地石油天然气资源勘探开发力度，建设石油天然气开发及相关产业基地。 4. 建设广西沿海地区炼油及相关产业基地

续表

序号	印发日期	文件名	发文单位	主要内容
3	2007年8月13日	加强东西互动深入推进西部大开发意见	发改厅〔2007〕2012号	勘探开发石油天然气，建设大型炼油和石化基地
4	2009年5月18日	石化产业调整和振兴规划	国务院	1. 长三角、珠三角、环渤海地区产业集聚度进一步提高，建成3—4个2000万吨级炼油、200万吨级乙烯生产基地。 2. 按照一体化、园区化、集约化、产业联合的发展模式，统筹重大项目布局

"十一五"时期，原油生产在越来越艰难的情况下维持稳产不动摇，2009年中国以1.89亿吨的石油产量成为世界第四大产油国；我国炼油能力大幅提升，原油加工能力已跃居世界第二位，装置大型化、炼化一体化发展势头强劲，一批千万吨级炼油、百万吨乙烯基地迅速崛起，产业布局趋向合理。2009年年末，全国原油加工能力已达4.77亿吨/年，其中规模达千万吨级的炼厂14家，占总能力的37.3%。2010年年底，全国炼油总产能达到5.075亿吨/年，千万吨级炼厂超过20家。

"十一五"时期，中国的油气管道建设规模大、速度快，基本形成了西北中哈原油管道、中亚天然气管道，东北中俄原油管道，西南中缅原油、天然气管道与海上航运通道构成的中国油气四大战略通道格局。同时，我国国内油气骨干管网建设也在加快推进：原油管道方面，围绕着长江三角洲、珠江三角洲、环渤海、沿长江、东北以及西北地区为主的原油加工基地，原油管道运输也随之迅速发展；成品油管道方面，目前已在西北、西南和珠三角地区建成了骨干输油管道，横穿国内的兰郑长管道、锦州—郑州管道已经开始建设。按照规划，我国成品油管道将覆盖东北、西北、华北、中南、鲁西的成品油管网系统。这些管道建成后，我国将逐渐形成"北油南运、西油东送"的成品油管网格局；天然气管道方面，目前已形成以4大气区（新疆、青海、陕甘宁、川渝）外输管线和进口天然气管线为主干线、连接海气登陆管线和进口LNG

三 "十二五"时期油气行业集约化发展阶段（2011—2015年）

"十二五"时期，国家能源发展"十二五"规划强化节能优先战略，全面提升能源开发转化和利用效率，控制能源消费总量，构建安全、稳定、经济、清洁的现代能源产业体系。

2011—2015年，中国石油天然气行业在短短5年的时间里，从最早的页岩气革命冲击，到反腐浪潮涌现，再到创纪录的低油价时代，油气行业在坎坷起伏中持续发展。

西北、东北、西南和海上四大进口战略通道布局基本完成，油源供应、进口渠道和运输方式逐步实现多元化。"十二五"时期国内新投运原油长输管道总里程5000千米，新投运成品油管道总里程3000千米。截至2015年年底累计建成原油长输管道2.7万千米、成品油管道2.1万千米，基本满足当前国内原油、成品油资源调配需求。

表17–13　　　　石油天然气工业"十二五"政策一览

序号	印发日期	文件名	发文单位	主要内容
1	2013年1月28日	能源发展"十二五"规划	国务院国发〔2013〕2号	1. 按照稳定东部、加快西部、发展南方、开拓海域的原则，围绕新油气田规模高效开发和老油气田采收率提高两条主线，鼓励低品位资源开发，推进原油增储稳产、天然气快速发展。 2. 按照上下游一体化、炼化储一体化的原则，依托进口战略通道建设炼化产业带，统筹新炼厂建设和既有炼厂升级改造，建设若干个大型化、集约化的炼化基地，逐步形成环渤海、长三角、珠三角三大炼油产业集群。 3. 加快西北（中哈）、东北（中俄）和西南（中缅）三大陆路原油进口通道建设。 4. 加快建设西北（中国—中亚）、东北（中俄）、西南（中缅）和海上四大进口通道，形成以西气东输、川气东送、陕京输气管道为大动脉，连接主要生产区、消费区和储气库的骨干管网

续表

序号	印发日期	文件名	发文单位	主要内容
2	2013年10月22日	页岩气产业政策	国家能源局	1. 鼓励建立页岩气示范区。支持在国家级页岩气示范区内优先开展页岩气勘探开发技术集成应用，探索工厂化作业模式。 2. 鼓励页岩气勘探开发企业应用国际成熟的高新、适用技术。鼓励页岩气勘探开发技术自主化，加快页岩气关键装备研制。 3. 依据《页岩气开发利用补贴政策》，按页岩气开发利用量，对页岩气生产企业直接进行补贴
3	2014年2月13日	油气管网设施公平开放监管办法（试行）	国能监管〔2014〕84号	1. 油气管网设施运营企业按签订合同的先后次序向新增用户公平、无歧视地开放使用油气管网设施。 2. 鼓励油气管网设施互联互通
4	2015年5月29日	石化产业规划布局方案	发改产业〔2014〕2208号	1. 新建炼油、乙烯、对二甲苯项目应布局在产业基地内，按照炼化一体化、装置大型化的要求建设。 2. 新设立的石化产业基地应按照产业园区化、炼化一体化、装置大型化、生产清洁化、产品高端化的要求，统筹规划，有序建设

我国油气体制改革稳步推进。常规油气勘探开发体制改革率先在新疆启动试点，勘探开发和基础设施建设领域混合所有制试点稳步推进，投资主体进一步多元化；初步组建起行业监管队伍，基础设施第三方公平开放开始实施；原油进口权逐步放开，期货市场建设加快推进，成品油价格形成机制进一步完善。

四 "十三五"时期油气行业全产业链开放阶段（2016—2020年）

2017年5月21日，中共中央、国务院印发《关于深化石油天然气体制改革的若干意见》，成为新时代石油天然气行业体制改革顶层设计方案。方案的主要发力点是对石油天然气行业开展全方位、全产业链条的改革，加快推进石油天然气行业市场化改革。在顶层改革方案推出之后，一句"上游有序放开、中游适度放开、下游全面规范放开"的原则，石油天然气行业全产业链改革速度开始加速。

表 17-14　　石油天然气工业"十三五"政策一览

序号	印发日期	文件名	发文单位	主要内容
1	2017年5月23日	关于深化石油天然气体制改革的若干意见	中共中央、国务院	1. 上游完善并有序放开油气勘查开采体制，提升资源接续保障能力。 2. 中游分步推进国有大型油气企业干线管道独立，实现管输和销售分开。完善油气管网公平接入机制，油气干线管道、省内和省际管网均向第三方市场主体公平开放。 3. 深化下游竞争性环节改革，提升优质油气产品生产供应能力。保护和培育先进产能，加快淘汰落后产能
2	2017年1月17日	能源发展"十三五"规划	国家能源局	1. 加强国内勘探开发，促进石油增储稳产。延缓东部石油基地产量衰减，实现西部鄂尔多斯、塔里木、准噶尔三大石油基地增储稳产。加强海上石油基地开发。 2. 天然气坚持海陆并进，常非并举。推进鄂尔多斯、四川、塔里木气区持续增产，加大海上气区勘探开发力度。 3. 加快完善东北、西北、西南陆上进口通道，提高管输原油供应能力。统筹规划天然气管网，实现全国主干管网及区域管网互联互通

续表

序号	印发日期	文件名	发文单位	主要内容
3	2016年12月24日	石油天然气发展"十三五"规划	发改能源〔2016〕2743号	1. 巩固老油田，开发新油田，加快海上油田开发，大力支持低品位资源开发，实现国内石油产量基本稳定。 2. 原油管道重在优化和提升陆上、海上原油进口能力，成品油管道重在解决区域油品不平衡问题和提高管输比例。 3. 推进国家石油储备二期、三期项目建设。 4. 加强常规、非常规天然气资源调查评价。在加强常规天然气开发的同时，加大非常规天然气科技攻关和研发力度。 5. 完善西北、东北、西南、海上四大进口通道，提高干线管输能力，加强区域管网和互联互通管道建设
4	2018年9月5日	国务院关于促进天然气协调稳定发展的若干意见	国发〔2018〕31号	1. 加大国内勘探开发力度。2020年年底前国内天然气产量达到2000亿立方米以上。健全天然气多元化海外供应体系。 2. 建立以地下储气库和沿海液化天然气（LNG）接收站为主、重点地区内陆集约规模化LNG储罐为辅、管网互联互通为支撑的多层次储气系统。 3. 加快天然气管道、LNG接收站等项目建设，集中开展管道互联互通重大工程，加快推动纳入环渤海地区LNG储运体系实施方案的各项目落地实施

续表

序号	印发日期	文件名	发文单位	主要内容
5	2019年5月24日	油气管网设施公平开放监管办法	发改能源规〔2019〕916号	1. 国家鼓励和支持各类资本参与投资建设纳入统一规划的油气管网设施，提升油气供应保障能力。 2. 国家鼓励和支持油气管网设施互联互通和公平接入，逐步实现油气资源在不同管网设施间的灵活调配。 3. 油气管网设施运营企业应当无歧视地向符合开放条件的用户提供油气输送、储存、气化、装卸、转运等服务
6	2019年12月31日	自然资源部关于推进矿产资源管理改革若干事项的意见（试行）	自然资规〔2019〕7号	1. 继续推进油气探矿权竞争出让试点。 2. 开放油气勘查开采市场。在中华人民共和国境内注册，净资产不低于3亿元人民币的内外资公司，均有资格按规定取得油气矿业权。 3. 油气矿业权实行探采合一制度。油气探矿权人发现可供开采的油气资源的，在报告有登记权限的自然资源主管部门后即可进行开采

这一时期，主要的政策变动表现在：

第一，上游实现油气资源多主体多渠道供应。2019年12月31日，自然资源部印发《关于推进矿产资源管理改革若干事项的意见（试行）》是油气矿业权竞争性出让的一个里程碑式政策文件，明确了在全国范围内探索以出让收益市场基准价确定的价格等作为油气探矿权竞争出让起始价，开展油气探矿权竞争出让试点。油气矿业权实行探采合一制度，不仅对新增探矿权征收出让收益，对存量探矿权一定期限后也要征收出让收益。

第二，中游实现统一管网高效集输。2019年3月，中央全面深化改革委员会审议通过《石油天然气管网运营机制改革实施意见》，明确要求组建国有资本控股、投资主体多元化的石油天然气管网公司。2019

年5月,《油气管网设施公平开放监管办法》正式出台,明确了公平开放的制度基础、基本原则、解决方案和监管措施,提出鼓励和支持油气管网设施互联互通和公平接入,逐步实现油气资源在不同管网设施间的灵活调配。2019年12月9日,国家石油天然气管网集团有限公司(简称国家管网公司)正式成立。

第三,下游实现销售市场充分竞争。2015年以来,天然气价格调整经历了由出厂价到门站价、由最高门站价到基准门站价、由存量气到增量气、由非居民用气到居民用气的改革历程。2018年,居民用气与非居民用气基准门站价格已实现衔接,放开门站气价涉及居民气价调整。2019年11月,国家发展和改革委员会发布《中央定价目录》(修订征求意见稿)并公开征求意见,明确提出"视天然气市场化改革进程适时放开由市场形成"为天然气价格改革指明了方向。我国于2015年向地方炼厂放开了原油进口权和进口原油使用权,原油非国营贸易进口允许量占比已从2015年的12%提升到2018年的31%。2019年,原油非国营贸易进口允许量2.02亿吨,占当年原油进口总量的40%。2019年8月27日,国务院办公厅发布《关于加快发展流通促进商业消费的意见》,取消石油成品油批发仓储经营资格审批,将成品油零售经营资格审批下放至地市级政府。2018年《外商投资准入特别管理措施(负面清单)》明确指出,自2018年7月28日起,取消外商连锁加油站超过30家需要中方控股的限制。2019年6月,2019年版负面清单取消了外资进入"50万人口以上城市燃气、热力管网须由中方控股"的限制性规定。在《鼓励外商投资产业目录(2019年版)》的中西部地区外商投资优势产业目录中,有19个省份将"城市燃气建设、经营"作为外商鼓励类,能够享受相应的优惠政策。

第十八章

新能源产业政策的演进与发展

第一节 光伏产业政策的演进与发展（2001—2020年）

2003—2007年，我国光伏产业的平均增长率达到190%。2007年中国超越日本成为全球最大的光伏发电设备生产国。中国光伏产业产能巨大，但"两头在外"即太阳能级高纯度多晶硅原料依赖国外市场供应，而生产的太阳能电池及组件产品严重依赖国外消费市场的状况为行业快速发展埋下了巨大的隐患。2008年，国际金融危机爆发，光伏电站融资困难，欧洲需求减退，中国的光伏制造业遭到重挫，产品价格迅速下跌。2009—2010年，在全球市场回暖及国家4万亿元救市政策的刺激下，中国掀起了新一轮光伏产业投资热潮。2011年年末受欧债危机爆发影响，欧洲需求迅速萎缩，全球光伏发电新增装机容量增速放缓。而上一阶段的投资热潮导致我国光伏制造业产能增长过快，中国光伏制造业陷入严重的阶段性产能过剩，产品价格大幅下滑，世界贸易保护主义兴起，我国光伏企业遭受欧美"双反"调查。中国光伏制造业再次经历挫折，几乎陷入全行业亏损。中国光伏产业自2011年下半年开始陷入低谷。2013年，受益于日本、中国相继出台的产业扶持政策，以及中欧光伏产品贸易纠纷的缓解，中国掀起光伏装机热潮，带动光伏产品价格开始回升，光伏产业在2013年下半年开始回暖。2013—2018年，中国连续六年光伏发电新增装机容量世界排名第一。

中国光伏产业历经曲折，在各项政府扶持政策的推动下，通过不断的技术创新，产业结构调整，产品持续升级，重新发掘国内外市场，建立了完整的产业链,产业化水平不断提高,国际竞争力继续巩固和增强,确立了全球领先地位。因此光伏产业政策的演变趋势是推动我国光伏产业做大做强的核心推动力。

一 "两头在外"模式推动光伏产业国际化发展道路(2001—2008年)

随着德国出台可再生能源法案,欧洲国家大力补贴支持光伏发电产业,中国光伏制造业在此背景下,利用国外的市场、技术、资本,迅速形成规模。在这一背景下,我国光伏产业逐步形成"两头在外"模式,即光伏产业九成以上的原材料依赖进口,且九成以上的产品需要出口国外。在国内光伏用户市场尚处于萌芽状态背景下,欧洲作为全球光伏发电的第一大主要市场,安装量占世界总量的60%以上,表现出巨大的市场需求。2001年,无锡尚德建立10MW(兆瓦)太阳电池生产线获得成功,2002年9月,尚德第一条10MW太阳电池生产线正式投产,产能相当于此前四年全国太阳电池产量的总和,一举将我国与国际光伏产业的差距缩短了15年。2003—2005年,在欧洲特别是德国市场拉动下,尚德和保定英利持续扩产,其他多家企业纷纷建立太阳电池生产线,使我国太阳电池的生产迅速增长。2004年,洛阳单晶硅厂与中国有色设计总院共同组建的中硅高科自主研发出了12对棒节能型多晶硅还原炉,以此为基础,2005年,国内第一个300吨多晶硅生产项目建成投产,从而拉开了中国多晶硅大发展的序幕。2007年,中国成为生产太阳电池最多的国家,产量从2006年的400MW一跃达到1088MW。2008年,中国太阳电池产量达到2600MW。

但是随着2008年国际金融危机爆发,光伏企业融资困难,加之欧洲如西班牙等国的政策支持力度减弱导致光伏电池需求减退,中国的光伏制造业经历了重挫,产品价格迅速下跌。

二 政府补贴模式激活光伏产业国内市场(2009—2017年)

模式一:金太阳示范工程的事前补贴模式(2009—2013年)

一直以来,我国的光伏产业发展受到"两头在外"的双重制约,九成以上原材料依赖进口,九成以上产品用于出口。但是受国际金融危机影响,自2008年第四季度以来,高度依赖欧美市场的国内光伏行业普遍亏损。2009年3月,财政部联合住房城乡建设部接连发布《太阳能光电建筑应用财政补助资金管理暂行办法》和《关于加快推进太阳能光电建筑应用的实施意见》,通过财政补贴方式①支持开展光电建筑应用示范,实施"太阳能屋顶计划",项目补贴为20元/千瓦时。2009年7月,财政部、科技部和国家能源局联合发布《关于实施金太阳示范工程的通知》,明确中央财政从可再生能源专项资金中安排一定资金,支持光伏发电技术在各类领域的示范应用及关键技术产业化(以下简称金太阳示范工程)。此次补贴的力度为每省不超过20MW,全国不低于500MW。2009年9月,财政部、科技部、国家能源局又联合下发《关于做好"金太阳"示范工程实施工作的通知》,要求加快实施金太阳示范工程,金太阳示范工程总投资近200亿元。

此后,金太阳示范工程相关政策几经调整,不断完善技术要求、补贴强度、补贴方式等。2009—2012年,通过金太阳示范工程,我国新增光伏发电装机容量高达6.15吉瓦。全国360个城市中有近一半数量的城市都将目光锁定光伏产业,提出了建设千亿级光伏产业园区的目标,各地光伏产业园遍地开花。在区域政策和资源影响下,我国已初步形成以环渤海、长三角、西南、西北等为核心的新能源产业集聚区。

表18-1　　　　　　　　　金太阳示范工程政策一览

	印发日期	文件名	发文单位	补贴标准
1	2009年7月21日	《关于实施金太阳示范工程的通知》	财建〔2009〕397号	1. 并网光伏发电项目,按光伏发电系统及其配套输配电工程总投资的50%补助。 2. 偏远无电地区的独立光伏系统按总投资的70%补助。 3. 按国家核定的当地火电机组标杆上网电价全额收购

---

① 目前,在光伏产业补贴政策选择方面,国际主要采用三种模式:第一种是以德国为代表的电价补偿模式。根据购电补偿法,政府按不同的太阳能发电形式给予为期20年,0.45—0.62欧元/度的补贴,每年递减5.0%—6.5%。该政策使德国光伏产业迅速发展,一举超过日本成为世界最大的光伏市场。第二种是以美国为代表的税收抵补模式,美国政府2005年颁布的《联邦能源政策法案》规定了对光伏系统的投入可以用来抵扣税收的措施,光伏项目可以享受30%的税收抵免。第三种是以日本为代表的项目补贴模式,对安装光伏系统的项目直接进行补贴。

续表

	印发日期	文件名	发文单位	补贴标准
2	2010年9月21日	《关于加强金太阳示范工程和太阳能光电建筑应用示范工程建设管理的通知》	财建〔2010〕662号	1. 中央财政对示范项目建设所用关键设备，按中标协议供货价格的一定比例给予补贴。其中，2010年用户侧光伏发电项目补贴比例暂定为50%，偏远无电地区的独立光伏发电项目为70%。 2. 示范项目建设的其他费用采取定额补贴。2010年补贴标准暂定为：用户侧光伏发电项目4元/瓦（其中建材型和构件型光电建筑一体化项目为6元/瓦），偏远无电地区独立光伏发电项目10元/瓦（其中户用独立系统为6元/瓦）
3	2011年6月26日	《关于做好2011年金太阳示范工作的通知》	财建〔2011〕380号	2011年采用晶体硅组件的示范项目补助标准为9元/瓦，采用非晶硅薄膜组件的为8元/瓦
4	2012年2月1日	《关于做好2012年金太阳示范工作的通知》	财建〔2012〕21号	2012年用户侧光伏发电项目补助标准原则上为7元/瓦。考虑到2011年第四季度以来，光伏发电系统建设成本下降幅度较大，2011年用户侧光伏发电项目的补助标准原则上由9元/瓦调整为8元/瓦
5	2013年5月6日	《财政部关于清算金太阳示范工程财政补助资金的通知》	财建〔2013〕117号	没有按期完工的项目，要求"取消示范工程，收回补贴资金"；没有按期并网的项目，则会被"暂时收回补贴资金，待并网发电后再来函申请拨付"

金太阳工程的一大特点，是"初投资补贴"，即用财政收入直接补贴工程建设。与其对应的是"度电补贴"，即根据电站建成后的发电量进行补贴。初投资补贴鼓励投资者压低电站成本造价，度电补贴则要求投资者通过提升电站质量来获利。在初投资补贴模式设计下，从项目审批，到补贴发放再到后期监管，任何一个环节都有可能出现财政资金流

343

失和浪费的漏洞。

2009年第一期示范工程,包括329个项目,设计装机总规模642兆瓦。按规定,这些项目按工程投资(约29元/瓦)的50%给予国家补助,偏远无电地区的独立光伏发电系统,则按投资的70%给予补助。由于进入门槛较低,出现了企业在获得财政补助资金后,用劣质材料来进行建设的问题。2010年,财政部宣布取消39个"围而不建、以次充好"的项目,总计装机54兆瓦,这其中包括无锡尚德、阿特斯、BP等国内外知名光伏企业担任业主的工程。

为了解决这一问题,2010年,三部委与住建部联合下文,将关键设备招标方式由项目业主自行招标,改为国家集中招标。国家财政资金按中标协议供货价格的一定比例给予补贴。但是,2010年项目的补贴标准,仍按照2009年的市场行情确定。因此企业中标后,国内光伏设备价格便会上演"高台跳水"。于是,大量的金太阳工程开始延后开工时间,坐等组件价格继续下降,以便获取额外的利润。到了2011年6月,三部委又将政府集中招标,改为由业主单位自主采购。这时又出现了金太阳业主与设备供应商签订"阴阳合同",上报的价格定得高,但实际成交价格压得很低,从而达到套取国家补贴的目的。由于政府补贴存在持续性突出问题,终于在2013年3月,财政部决定金太阳示范工程不再进行新增申请审批,金太阳工程逐步退出历史舞台。初投资补贴模式在中国的实践宣告失败。

模式二:分布式光伏市场的度电补贴模式(2013—2017年)

随着我国光伏产业逐渐走向规模化,光伏发电开始迈进度电补贴时代。2013年,《关于促进光伏产业健康发展的若干意见》正式下发。随后,国家能源局发布《关于发挥价格杠杆作用促进光伏产业健康发展的通知》,明确光伏补贴从金太阳示范工程的事前补贴正式转为度电补贴。

自2013年7月15日国务院发布《关于促进光伏产业健康发展的若干意见》之后,能源局、财政部、工信部、国家电网、国开行均出台了各类方案细则,并给出之前光伏行业发展中所遭遇过的各类"瓶颈"的解决途径(见表18-2)。

表 18－2　　　　　　　分布式光伏产业启动政策一览

	印发日期	文件名	发文单位	主要内容
1	2013年7月15日	《关于促进光伏产业健康发展的若干意见》	国务院（国发〔2013〕24号）	1. 鼓励各类电力用户按照"自发自用，余量上网，电网调节"的方式建设分布式光伏发电系统。 2. 优先支持在用电价格较高的工商业企业、工业园区建设规模化的分布式光伏发电系统。 3. 支持在学校、医院、党政机关、事业单位、居民社区建筑和构筑物等推广小型分布式光伏发电系统
2	2013年7月18日	国家发展改革委《分布式发电管理暂行办法》	发改能源〔2013〕1381号	1. 对于以35千伏及以下电压等级接入配电网的分布式发电，电网企业应按专门设置的简化流程办理并网申请，并提供咨询、调试和并网验收等服务。 2. 对于小水电站和以35千伏以上电压等级接入配电网的分布式发电，电网企业应根据其接入方式、电量使用范围，本着简便和及时高效的原则做好并网管理，提供相关服务
3	2013年7月24日	国家财政部《关于分布式光伏发电实行按照电量补贴政策等有关问题的通知》	财建〔2013〕390号	1. 国家对分布式光伏发电项目按电量给予补贴，补贴资金通过电网企业转付给分布式光伏发电项目单位。补贴标准综合考虑分布式光伏上网电价、发电成本和销售电价等情况确定，并适时调整。 2. 中央财政根据可再生能源电价附加收入及分布式光伏发电项目预计发电量，按季向国家电网公司、南方电网公司及地方独立电网企业所在省级财政部门预拨补贴资金。电网企业根据项目发电量和国家确定的补贴标准，按电费结算周期及时支付补贴资金

续表

	印发日期	文件名	发文单位	主要内容
4	2013年8月26日	国家发改委《关于发挥价格杠杆作用促进光伏产业健康发展的通知》	发改价格〔2013〕1638号	1. 对于分布式光伏发电项目，其项目类型无论是自发自用、余量上网还是全部上网，均实行按照全电量补贴的政策，电价补贴标准为每千瓦时0.42元，补贴资金通过可再生能源发展基金支付。 2. 光伏发电项目自投入运营起执行标杆上网电价或电价补贴标准，期限原则上为20年
5	2013年8月22日	国家开发银行《关于支持分布式光伏发电金融服务的意见》	国能新能〔2013〕312号	1. 国开行支持各类以"自发自用、余量上网、电网调节"方式建设和运营的分布式光伏发电项目，重点配合国家组织建设的新能源示范城市、绿色能源县、分布式光伏发电应用示范区等开展创新金融服务试点。 2. 国开行积极为各类分布式光伏发电项目投资主体提供信贷支持。符合国开行直接申请贷款资格的投资主体可直接申请国开行信贷资金支持；对不符合直接申请国开行贷款条件的企业和自然人，采用统借统还的模式给予支持

地面电站和分布式光伏是光伏发电两大业务，此前地面电站发展规模迅速扩大及分布式光伏不受重视的现状并不是正常发展的趋势，但是随着上网电价下调、弃光限电和可再生能源补贴缺口不断增加，未来地面电站将继续遭遇困境，分布式光伏将迎来发展的契机。

表18-3　　　　　　　　分布式光伏产业发展规划

	印发日期	文件名	发文单位	主要内容
1	2015年3月16日	《国家能源局关于下达2015年光伏发电建设实施方案的通知》	国家能源局	2015年全国新增光伏电站建设规模目标为1780万千瓦，增加530万千伏光伏电站建设规模

续表

	印发日期	文件名	发文单位	主要内容
2	2016年11月7日	《电力发展"十三五"规划》	国家发改委	"十三五"时期，太阳能发电装机达到1.1亿千瓦以上，其中分布式光伏6000万千瓦以上
3	2016年12月16日	《太阳能发展"十三五"规划》	财建〔2013〕390号	2020年年底，太阳能发电装机达到1.1亿千瓦以上，其中，光伏发电装机达到1.05亿千瓦以上

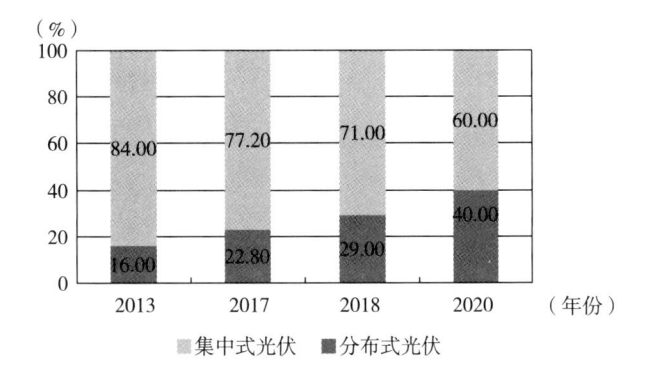

图18-1 中国分布式光伏累计装机占比

2017年我国分布式光伏发展驶上了"高速路"，全国新增光伏装机50GW，其中分布式装机超20GW。2018年则实现了对集中式光伏的"弯道超车"。2018年第一季度，国内新增地面光伏电站197万千瓦，同比下降64%；分布式光伏电站新增768.5万千瓦，同比新增217%。分布式光伏新增装机首次超过集中式光伏。

模式三："领跑者计划"补贴模式支持光伏制造业做大做强（2015—2017）

2015年6月10日，工业和信息化部、国家能源局、国家认监委联合印发《关于促进先进光伏技术产品应用和产业升级的意见》，从市场引导、产品准入标准、财政支持、产品检测等方面提出具体意见和执行标准，以促进先进光伏技术产品应用和产业升级。该文件首次将"领跑者计划"准入标准进行量化，且明确提出将以政策资金和政府采购方式对"领跑者"先进技术产品进行政策倾斜。

表18-4　　　　　　光伏"领跑者计划"政策一览

序号	印发日期	文件名	发文单位	主要内容
1	2015年6月	《关于促进先进光伏技术产品应用和产业升级的意见》	国能新能〔2015〕194号	多晶硅电池组件和单晶硅电池组件的光电转换效率分别达到16.5%和17%以上
2	2016年6月	《国家能源局关于下达2016年光伏发电建设实施方案的通知》	国能新能〔2016〕166号	1. 2016年下达全国新增光伏电站建设规模1810万千瓦，其中，普通光伏电站项目1260万千瓦，光伏领跑技术基地规模550万千瓦。 2. 光伏领跑技术基地应采取招标、优选等竞争性比选方式配置项目，而且应将电价作为主要竞争条件
3	2017年11月	《国家能源局关于推进光伏发电"领跑者计划"实施和2017年领跑基地建设有关要求的通知》	国能发新能〔2017〕76号	2017年光伏发电领跑基地名单为：山西大同二期、山西寿阳、陕西渭南、河北海兴、吉林白城、江苏泗洪、青海格尔木、内蒙古达拉特、青海德令哈和江苏宝应共10个应用领跑基地和江西上饶、山西长治和陕西铜川共3个技术领跑基地

从三批"领跑者计划"实施以来，领跑基地的实施明显加快了先进技术的推广应用，带动了先进光伏产能市场拓展，大幅提高了高转换率光伏组件的市场比重，整体加快了光伏产品技术指标提升速度和产业升级步伐及其成本下降速度，对于已经形成产能的先进技术，起到了关键性的引领和支撑作用。

2015年12月8日，宁夏回族自治区发改委出台首个地方光伏新政，要求宁夏回族自治区 2016 年所有光伏项目都必须符合"领跑者计划"相应的指标。2015 年 12 月 13 日新疆维吾尔自治区要求光伏发电项目应优先选用"领跑者"技术标准组件。这意味着，准东 2 吉瓦光伏电站项目也向"领跑者"指标看齐。随后，以"领跑者计划"技术指标要求来规范光伏发展的已经不仅限于宁夏和新疆，陕西西安、浙江衢州等地同样开始要求使用满足"领跑者"指标的组件，更有一大批电站投资者，主动要求使用"领跑者"指标的光伏产品。

"领跑者计划"推出五年来，技术领先的产品普及与推广迅速加快，17% 及以上转换效率的组件产品市场份额在"领跑者"项目中占六到七成，并且规模化应用带动高效产品日趋经济化，光伏全行业开始向高效、先进技术看齐。以往以价廉制胜的多晶企业，开始投入资金开发黑硅技术、PERC 技术用以提升转换效率。国内主要光伏企业开始改变投入方向，建设转换效率更高的单晶光伏产品生产线。"领跑者计划"对于国内光伏产业的倒逼效应逐渐显现。

三　光伏产业供给侧结构性改革（2018 年至今）

2015 年，光伏发电累计装机达 4318 万千瓦，成为光伏发电装机第一大国。自此我国光伏发电新增装机连续 5 年全球第一，累计装机规模连续 3 年位居全球第一，"十二五"时期年均装机增长率超过 50%，进入"十三五"时期，光伏发电建设速度进一步加快，年平均装机增长率 75%。但是，在光伏产业高速发展的同时，政府补贴缺口持续扩大，截至 2017 年年底，累计可再生能源发电补贴缺口总计达到 1127 亿元，其中光伏补贴缺口 455 亿元（占比约 40%），且呈逐年扩大趋势，直接影响光伏行业健康有序发展。

（一）"531"新政的实施，标志着光伏产业供给侧结构性改革拉开帷幕

2018 年 6 月 1 日，国家发改委、财政部、国家能源局联合发布《关于 2018 年光伏发电有关事项的通知》，根据行业发展实际，暂不安排 2018 年普通光伏电站建设规模。明确各地 5 月 31 日（含）前并网的分布式光伏发电项目纳入国家认可的规模管理范围。新投运的、采用"自发自用、余电上网"模式的分布式光伏发电项目，全电量度电补贴标准降低 0.05 元，即补贴标准调整为每千瓦时 0.32 元（含税）。新建普通光伏电站上网电价全部通过竞争性招标形成，不再执行政府定价。规模控制、补贴退坡标志着光伏产业从拼规模、靠补贴到拼质量、重效益。

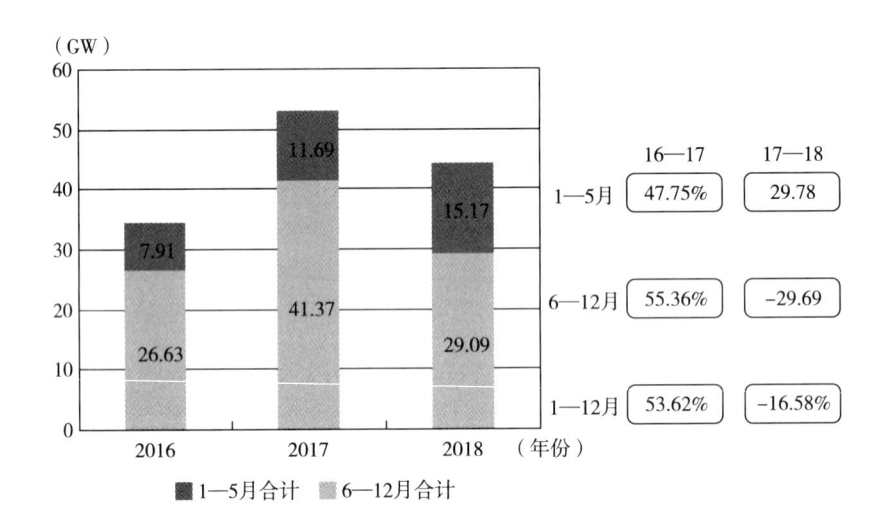

图18-2 "531"新政策颁布前后新增装机量变动

在"531"新政影响下，2018年，我国光伏新增装机超过43GW，同比下降18%；累计装机超过170GW：其中集中式约23GW，同比下降31%，分布式约20GW，同比增长5%。

（二）无补贴平价上网政策推出，标志光伏产业市场化改革进入攻坚阶段

2019年1月，国家发展改革委、国家能源局联合印发《关于积极推进风电、光伏发电无补贴平价上网有关工作的通知》（发改能源〔2019〕19号），重点工作集中在积极推行平价上网项目，减少行业发展对国家补贴的依赖。政策目标是"十四五"初期，风电、光伏发电将逐步全面实现平价。

国家在新时期针对光伏产业的政策总体思路是要落实"放管服"改革要求，能交给市场的就交给市场，必须由政府管理的也要采用市场化的办法，国家不再安排光伏发电建设规模。需要国家补贴的光伏发电项目原则上都要采取竞争配置方式确定项目业主和电价补贴，国家不再

给各省份下达年度建设规模,由市场确定需要补贴的光伏发电建设规模。国家对光伏发电产业的补贴方式主要转为将上网电价作为重要竞争条件,优先建设补贴强度低、退坡力度大的项目。

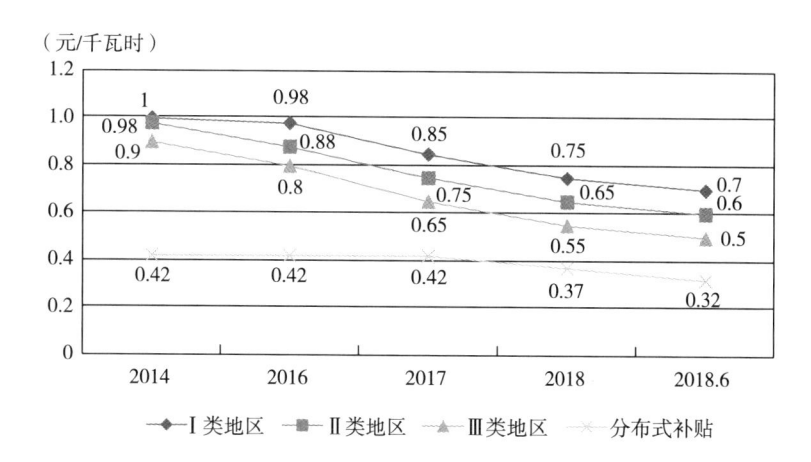

(元/千瓦时)

年份	Ⅰ类地区	Ⅱ类地区	Ⅲ类地区	分布式补贴
2014	1	0.98	0.9	0.42
2016	0.98	0.88	0.8	0.42
2017	0.85	0.75	0.65	0.42
2018	0.75	0.65	0.55	0.37
2018.6	0.7	0.6	0.5	0.32

图 18-3 光伏补贴下调趋势

随着光伏产业技术发展,发电成本持续下降。2012—2019 年,光伏发电度电成本下降 60%;2020—2023 年,预计光伏发电成本会持续下降,由 2019 年的 0.43 元/千瓦时下降到 2023 年的 0.32 元/千瓦时。据此推测,到 2022 年左右光伏发电成本接近燃煤标杆电价,为实现发电侧平价上网奠定基础。

近 20 年来,我国光伏产业从无到有,从落后到赶超,不断实现产业升级。同时随着中国光伏技术水平显著提升,关键组件和元器件基本实现国产化,已构建了具有国际先进水平的完整产业链。光伏产业的跨越式发展极大优化了能源结构,为中国实现能源安全、大气污染防治、低碳减排等多重目标做出了突出贡献。在我国光伏产业升级的每一个关键环节,国家产业政策都起到了最关键推动力量的作用。2009 年,财政部、科技部、国家能源局联合出台《关于实施金太阳示范工程的通知》,决定综合采取财政补助、科技支持和市场拉动方式,加快国内光伏发电的产业化和规模化发展。2013 年,《关于促进光伏产业健康发展的若干意见》正式下发,光伏发电迈进度电补贴时代,为我国光伏产业的发展打了一剂"强心针"。2018年5月31日，国家发改委、财政部、国家能源局三部委发布《关于2018年光伏发电有关事项的通知》，拉开了光伏发电平价上网的序幕。2019年年初，国家发改委、国家能源局发布《关于积极推进风电、光伏发电无补贴平价上网有关工作的通知》，鼓励在资源优良、建设成本低、投资和市场条件好的地区实施无补贴和平价上网项目。

第二节　风电行业政策的发展与演变

一　特许权招标模式推动风电行业快速启动（2001—2008年）

我国面对自身能源资源的缺乏和环境保护压力的不断加大，发展清洁能源成为我国的战略性选择。通过学习借鉴欧盟风电发展经验，分析总结我国风电发展问题，国内逐步形成共识："规模化带动产业化，产业化推动规模化"成为中国发展风电的基本思路。具体风电产业发展选择的突破口就是引入特许权招标，由政府部门拿出大型风电项目，公开招标选择投资企业，通过招标确定风电价格，政府承诺全额收购风电。2003年，国家发展改革委首次实施特许权招标，众多的国内外企业积极参加投标，风电价格比原来的电价降低了近一半，与沿海地区煤电价格已相差无几，多年困扰风电发展的高价因素随制度的改变而消散。

2005年，国家制定了《中华人民共和国可再生能源法》（以下简称《可再生能源法》），更加明确了支持风电等新能源发展的政策，风电规模化建设和设备国产化取得重大进展，风电发展进入了"快车道"。2005年以来，我国风电建设连年翻番增长，2008年累计装机1200万千瓦，跃居世界第四位。我国风能资源主要分布在三北地区（包括内蒙古、河北、甘肃和东北）。2008年内蒙古、河北、甘肃和东北地区累计装机容量865万千瓦，占全国的71.2%，其中，内蒙古风电装机达到376万千瓦，辽宁、吉林、河北的风电均已超过百万千瓦，在内蒙古的赤峰和辉腾西勒、河北的张家口已分别建成了100万千瓦规模的风电场。2009年8月，酒泉千万千瓦级风电基地一期工程516万千瓦全面开工，标志着我国风电进入了大规模开发阶段。

第十八章 新能源产业政策的演进与发展

由图 18-4 可以看出,"十一五"时期,我国陆续出台了《可再生能源法》及《关于风电建设管理有关要求的通知》《可再生能源中长期发展规划》等一系列配套政策和实施细则,推动了我国风电行业飞速发展。据统计,2005—2010 年风电装机容量年增长率都在 50% 以上,其中 2006—2009 年的增长率超过 100%。2012 年,我国并网风电已达 5258 万千瓦,首次超越美国,成为世界第一。

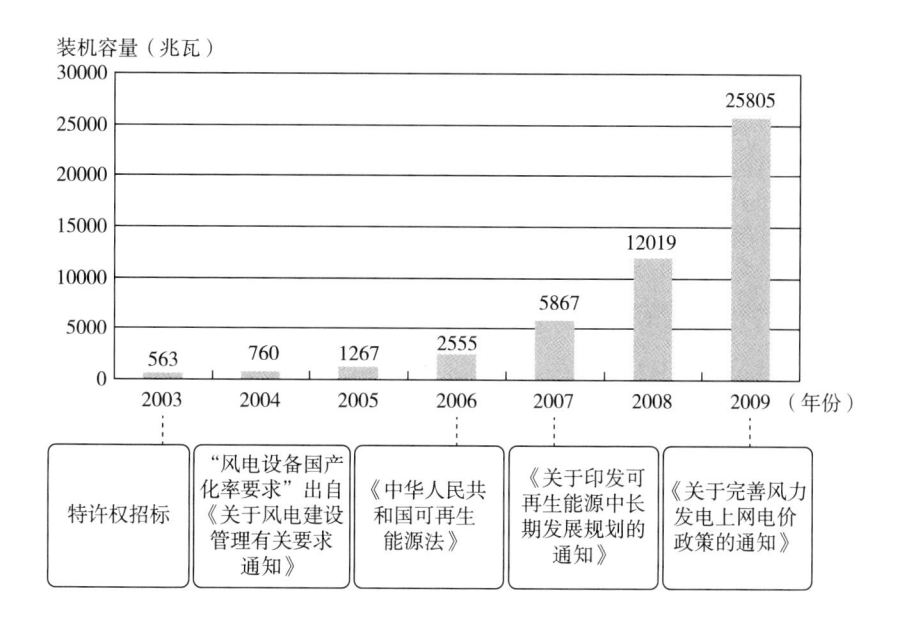

图 18-4 关键政策对风电规模的影响

在以特许权招标推动大型风电项目的同时,2005 年,国家发改委发布《关于风电建设管理有关要求的通知》,明确要求风电设备国产化率要达到 70% 以上,为国产化风电设备的发展提供了市场支撑。此后,风电设备商如雨后春笋般生长,国内整机企业纷纷看准机会、蜂拥入市,并推动我国风电装备制造业从无到有、由弱变强。2004 年我国风机国产化率仅为 10%,2011 年年底已升至 90% 以上。风机企业坚持自主创新,不仅打破了国外企业对兆瓦级风机的技术垄断,还瞄准世界风电尖端技术一路追赶:1.5 兆瓦、3 兆瓦风机先后成功实现规模化生产。2007 年,国产风电设备市场份额首度过半,2008 年国产化设备市场份

353

额再度攀升达到75%。2008年金风科技、华锐风电、东汽三大制造商在当年新增风电装机中的比例分别为18.12%、22.45%、16.86%，总计达到57.43%，而2009年上半年这一比例已经达到61.89%，由此可以看出，2009年以来我国风电产业在快速增长的同时，风电设备市场也显示出集中化趋势。

二 风电产业产能过剩初现端倪（2009—2013年）

（一）限电弃风问题成为政策关注的焦点

2008年年底，我国有超过1215万千瓦的风电机组完成吊装，其中1000万千瓦风电机组已通过调试可以发电，但并网的装机容量仅为894万千瓦，其并网比例只有73.6%。风电场实际运行利用小时数在2000小时以下，而规划的平均利用小时数是2300小时。2009年7月，我国相继出台的《我国风电发展情况调研报告》《关于完善风力发电上网电价政策的通知》，2009年9月，国务院批转发展改革委等部门《关于抑制部分行业产能过剩和重复建设引导产业健康发展的若干意见》（国发〔2009〕38号），首次提出风电设备、多晶硅等新兴产业出现了重复建设倾向。

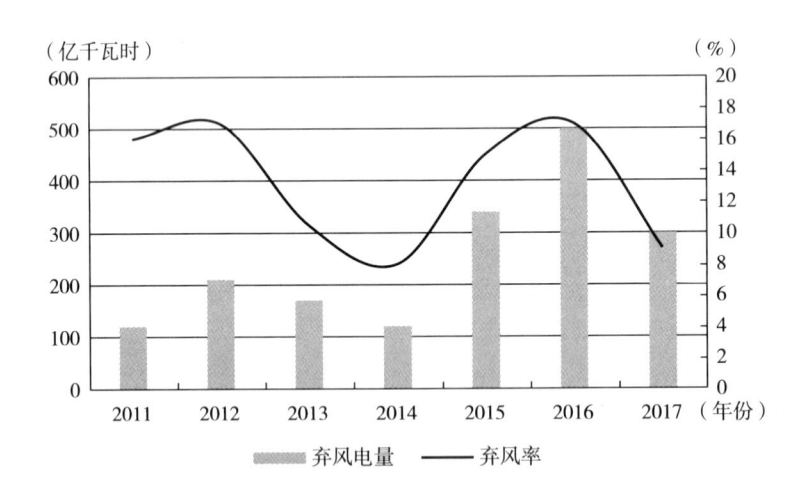

图18-5 我国弃风电量与弃风率情况

从2011年开始，限电弃风成为制约风电发展最直接的因素。2011年全部弃风限电100亿度，损失超过50亿元，风机每天停转19小时。

2012年形势更加严峻，风电限电率在2011年的基础上翻了一番，全国"限电"总量超过200亿度，其直接造成的经济损失超过100亿元。其中内蒙古自治区达到50%，蒙东呼伦贝尔则创纪录地攀升到了80%。因此国家政策的焦点开始转向解决风电的并网发电问题。为了解决风电并网及弃风弃电问题，2010年3月25日，国家能源局发布《关于加强风电开发与电网接入和运行管理协调工作的通知》（国能新能〔2010〕75号），明确"各省级能源主管部门依据国家风电建设技术归口管理单位评审通过的风电发展规划，筛选提出2010年风电开发方案，报国家能源局审核。通过审核的项目，方可享受国家电价补贴政策"。2012年6月1日，国家能源局下发《关于加强风电并网和消纳工作有关要求的通知》。明确要求，把保障风电运行作为当前风电管理的重要工作，鼓励风能资源丰富地区开展促进风电就地消纳的试点和示范工作，加快建立风电场与大电力用户和电力系统的协调运行机制。2012年6月20日，《国家能源局综合司关于印发风电机组并网检测工作协调会议纪要的通知》，将风电行业首份并网国标进行大范围的调整和"修改"，放松了风电并网检测标准。2013年2月16日，国家能源局印发《关于做好2013年风电并网和消纳相关工作的通知》，要求全国更加高度重视风电的消纳和利用，认真分析风电限电原因，尽快消除"弃风"限电。加强资源丰富区域的消纳方案研究，加强风电配套电网建设，做好风电并网服务工作。2013年3月11日，国家能源局印发《"十二五"第三批风电项目核准计划》，计划总装机容量2872万千瓦，包括491个常规项目（总装机容量2797万千瓦）和4个促进风电并网运行和消纳示范项目（总装机容量75万千瓦）。

（二）由分散到统一是政府监管政策的发力点

2011年是风电管理转折年，这一年风电场大规模脱网等事故高发，2月24日，甘肃酒泉出现风机脱网事故，脱网风机598台，损失率占事故前酒泉地区风电率的54.4%；4月17日，甘肃瓜州、河北张家口也都出现风机脱网事故。在国家重点风电基地连续出现大规模风机脱网事故，国家电监会调查结论主要由风电设备、风场管理、电网接入以及运行安全监管四方面问题导致。因此，2011年8月5日，国家能源局召开能源行业风电标准化工作会议，批准《风力发电机组振动状态监测导则》等 17 项能源行业风电标准（2011 年第 5 号公告文件），加快了能源主管部门制定标准的步伐。8 月 25 日，国家能源局发布《风电开发建设管理暂行办法》，明确省级政府投资主管部门核准的风电场工程项目，要按照报国家能源局备案后的风电场工程建设规划和年度开发计划进行。风电审批正式纳入国家统一规划。

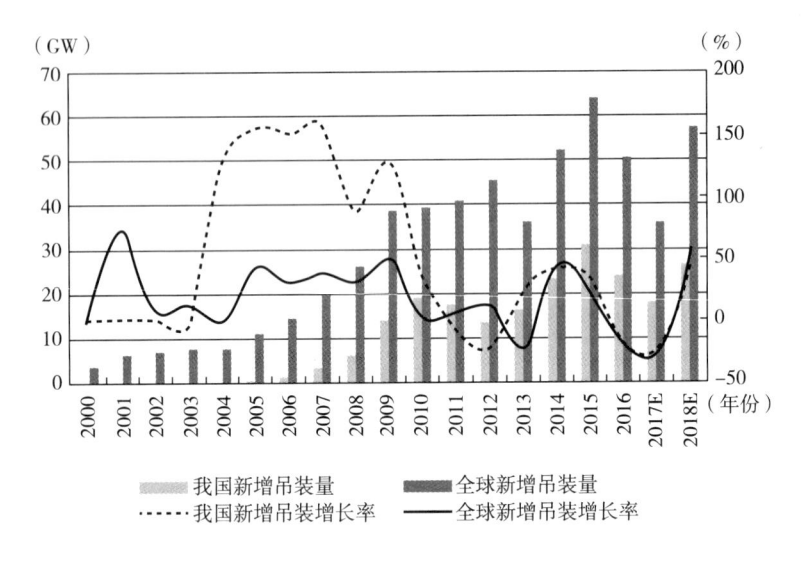

图 18-6　风机新增吊装量及增长率

（三）分散式风电成为风电产业政策新发力点（2014—2020 年）

2009 年，我国开始提出分散式风电的概念，由于分散式风电必须符合接入电压等级在 35 千伏以下、利用现有变电配电系统，就近接入当地电网进行消纳的风电项目，有利于风电消纳，降低弃风率，在中东南部低风速地区具有广阔的发展空间。因此，《风电发展"十三五"规划》对风电产业的建设布局做了进一步优化和调整，"十三五"时期，中东部和南方地区将成为我国风电开发的重心。中东部和南方地区风能资源分散，风况条件更加复杂，连片集中开发模式已经难以适用，"分散开发、就近接入、本地消纳"则是更可行的方式。按照这样的原则，《风电发展"十三五"规划》提出推动接入低压配电网的分散式风电建设。

第十八章 新能源产业政策的演进与发展

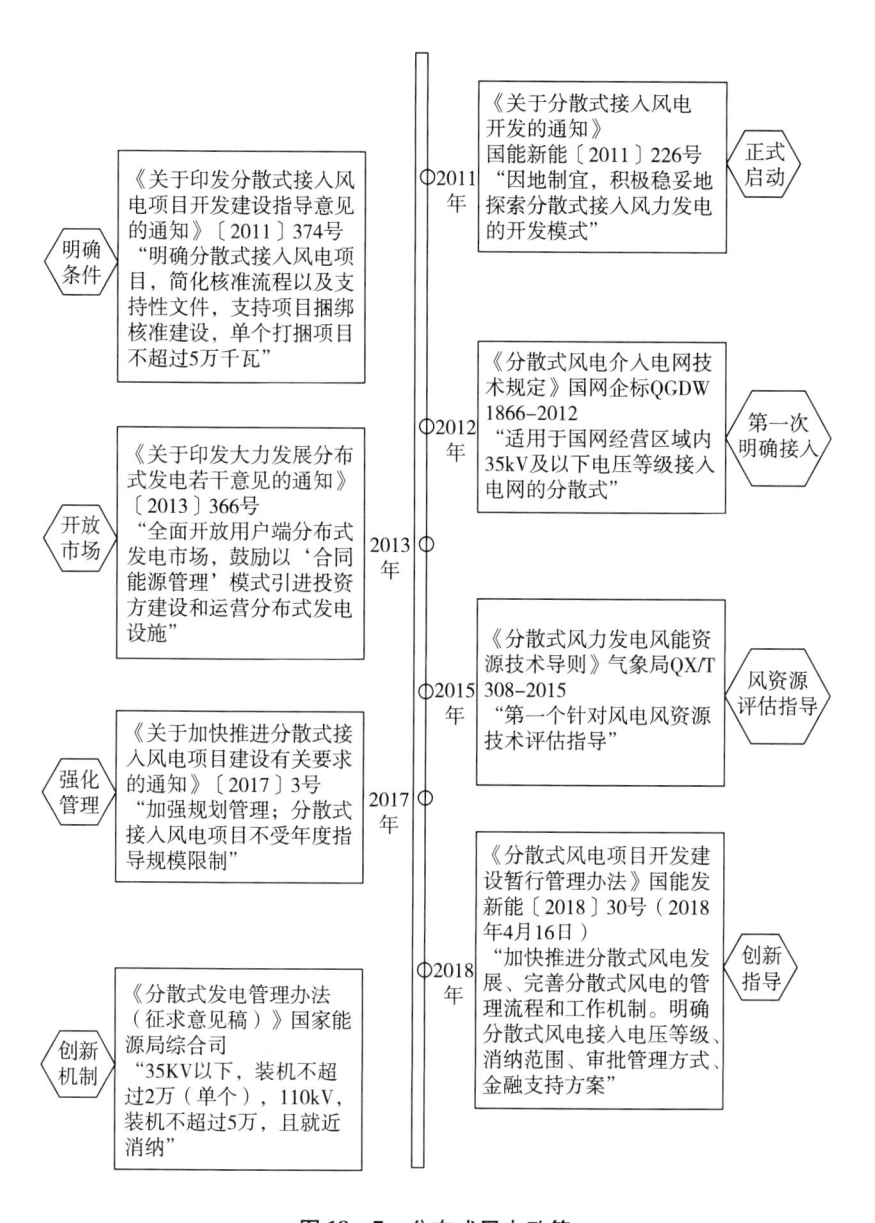

图 18-7 分布式风电政策

时间轴政策梳理：

2011年
- 《关于分散式接入风电开发的通知》国能新能〔2011〕226号 "因地制宜，积极稳妥地探索分散式接入风力发电的开发模式"（正式启动）
- 《关于印发分散式接入风电项目开发建设指导意见的通知》〔2011〕374号 "明确分散式接入风电项目，简化核准流程以及支持性文件，支持项目捆绑核准建设，单个打捆项目不超过5万千瓦"（明确条件）

2012年
- 《分散式风电介入电网技术规定》国网企标QGDW 1866-2012 "适用于国网经营区域内35kV及以下电压等级接入电网的分散式"（第一次明确接入）

2013年
- 《关于印发大力发展分布式发电若干意见的通知》〔2013〕366号 "全面开放用户端分布式发电市场，鼓励以'合同能源管理'模式引进投资方建设和运营分布式发电设施"（开放市场）

2015年
- 《分散式风力发电风能资源技术导则》气象局QX/T 308-2015 "第一个针对风电风资源技术评估指导"（风资源评估指导）

2017年
- 《关于加快推进分散式接入风电项目建设有关要求的通知》〔2017〕3号 "加强规划管理；分散式接入风电项目不受年度指导规模限制"（强化管理）

2018年
- 《分散式风电项目开发建设暂行管理办法》国能发新能〔2018〕30号（2018年4月16日）"加快推进分散式风电发展、完善分散式风电的管理流程和工作机制。明确分散式风电接入电压等级、消纳范围、审批管理方式、金融支持方案"（创新指导）
- 《分散式发电管理办法（征求意见稿）》国家能源局综合司 "35KV以下，装机不超过2万（单个），110kV，装机不超过5万，且就近消纳"（创新机制）

2018年，国家能源局颁布了最新的分散式风电项目管理办法（《分散式风电项目开发建设暂行管理办法》国发新能〔2018〕30号），该管理办法将我国分散式风电发展带入了一个新的里程碑。

2019年，国家能源局相继发布关于风电项目的新政，平价上网工作迅速推进，标志着全面平价阶段的开始：风电去补贴的同时，降低核准成本，着力解决消纳，鼓励市场积极完成从"替代能源"向"主力能源"的转型。2019年5月28日，《国家能源局关于2019年风电、光伏发电项目建设有关事项的通知》中，明确采取多种方式支持分散式风电建设：鼓励各省（区、市）按照《国家发展改革委 国家能源局关于积极推进风电、光伏发电无补贴平价上网有关工作的通知》（发改能源〔2019〕19号）有关政策，创新发展方式，积极推动分散式风电参与分布式发电市场化交易试点。对不参与分布式发电市场化交易试点的风电项目，可不参与竞争性配置，按有关管理和技术要求由地方政府能源主管部门核准建设。

在中央政府有关部门要求下，河南、河北、山西、陕西、贵州、内蒙古、青海、江西、黑龙江、宁夏等省份已经明确编制分散式风电规划，全国整体已发布规划总容量超过18GW。

2019年5月21日，国家发展改革委下发《关于完善风电上网电价政策的通知》，明确2018年年底之前核准的陆上风电项目，2020年年底前仍未完成并网的，国家不再补贴；2019年1月1日至2020年年底前核准的陆上风电项目，2021年年底前仍未完成并网的，国家不再补贴。自2021年1月1日开始，新核准的陆上风电项目全面实现平价上网，国家不再补贴。伴随补贴政策调整，陆上风电产业开始步入"平价时代"。

第八篇

中国能源产业政策的量化分析

第十九章

基于政府视角中国能源产业政策的分析
——政策文本计量分析

第一节 文献综述

一 政策文本及政策文本量化概念界定

政策文本是指因政策活动而产生的记录文献,既包括国家或地区的各级权力及行政机关以文件形式颁布的法律、法规、部门规章等官方文献,也包括政策制定者或政治领导人在政策制定过程中形成的研究、咨询、听证或决议等公文档案,并且还包括政策活动过程中因辩论、演说、报道、评论等形成的政策舆情文本(Dedai,2004)。一直以来,多数学者的关注点集中在采用定性研究的角度分析政策文本的作用、地位或者其政策效力等,但随着政策文本透明度的增加,越来越多的政策文本可以被作为研究对象进行量化分析。

政策文本量化研究是一种量化分析政策文本结构属性的研究方法,该方法将文献计量学、社会学、数学、统计学等学科方法引入政策分析中,对政策文本内容和外部结构要素进行量化分析,并结合基于文本内容的定性分析方法,揭示政策主题、目标与影响,政策主体的合作模式,以及政策体系的结构与演进(李江等,2015)。政策文本量化研究不同于传统政策研究范式对政策文献内容的关注,更多的关注大样本量、结构化或半结构化政策文本的定量分析(苏竣,2014)。同时,政策文本的量化研究可以避免主观性的判断，客观地、可视化地描绘和呈现政策特点（张秀妮，2019）。

随着学者对政策领域研究的不断深入，与政策文本量化研究相关的理论和实证研究不断丰富。政策文本研究理论层面，谢明（2012）借鉴了托马斯·戴伊、卡尔·帕顿、威廉·邓恩等的理论观点，探讨了政策分析的基本步骤，并勾勒出政策分析的基本轮廓，试图为我国政策分析提供一些指导性原则。在此基础上，任弢等（2017）从公共政策文本概念出发，厘清了政策文本研究的逻辑基础，又对公众政策文本研究的五种路径——语义学与语法学路径、语用学路径、政策内容路径、文献计量路径、社会网络路径的变化进行了评析，并提出未来政策文本研究定量化、大数据化和归因化三个发展趋势。

二 政策文本量化实证研究

基于以上的理论基础，学者在实践层面也做出了较为丰富的研究成果。通过对现有文献的整理，关于政策文本量化的实证研究主要包括研究范式、研究视角和研究方法三个方面。

首先，研究范式方面。政策文本量化研究依据不同的研究问题，大致可以划分为政策变迁研究、府际关系研究和政策关联研究三种研究范式。一是政策文本量化研究中关于政策变迁的研究。政府执政理念并不是一成不变的，会伴随着政治、经济、社会的不断发展而发生转变，随着政府执政理念的转变，内化于政府文献中的政策主题和政策目标也在发生着变化。曾婧婧和胡锦绣（2014）对中国自 2006—2013 年太阳能产业政策文本，按照文本形式、政策年度、政策主体、政策内容进行量化分析，研究发现我国太阳能产业政策整体上呈现出政策年度的连续性、稳定性和政策主体的阶段性并存现象。黄萃等（2015）以 1940—2010 年中国中央政府颁布的政策文献为分析样本，研究了不同历史时期科技创新政策主题聚焦点的变化，结果发现在"国际合作""人力资源""体制机制改革""研究发展重点"四个领域发生了显著的政策主题变迁。吴宾和徐萌（2017）以 1978—2016 年中国中央政府颁布的 171 部住房保障政策文献作为分析样本，分析了不同时期住房保障政策主题聚焦点的变化。综上所述，政策文本量化研究中关于政策变迁的研究可以清晰地呈现出政府执政理念的转变过程。二是政策文本量化研究

第十九章 | 基于政府视角中国能源产业政策的分析

中关于府际关系的研究。在公共政策的形成与实施的过程中，政府机构多部门间既有合作又有冲突，体现出政府部门间复杂而微妙的府际关系。叶选挺和李明华（2015）以中国半导体照明产业为例，收集整理中央政府和广东、福建、江西、甘肃四省地方政府颁布的产业政策，采用政策计量和内容分析方法，描绘中央政府与地方政府、地方政府之间产业政策的差异。孙涛和温雪梅（2017）以具有典型区域环境治理特征的京津冀地区大气污染治理为例，对该地区大气环境治理政策演变、政策行动和主体关系结构进行量化分析，发现该地区在环境治理上存在协调组织缺乏、共同策略不足等特征。祝鑫梅等（2019）收集了1979—2017年国家层面的标准化政策，研究其发文单位府际关系网络，挖掘发文单位的合作情况，发现技术和标准之间的协同已经展开。综上所述，政策文本量化研究中关于府际关系的研究，为研究政府部门间关系以及部门间的博弈机制提供了新的路径。三是政策文本量化研究中关于政策关联的研究。公共政策的形成一般会与相关政策在语义上存在关联引用关系，而对政策文本的量化研究可以解析政策文本之间参照关系与知识扩散。陈芳等（2013）运用政策分析方法和统计数据，系统分析科技创新配套政策及其实施细则中科技创新基地与平台建设部分的政策关联性，研究表明现有部分实施细则与配套政策存在不一致的问题。王浦劬和赖先进（2013）运用公共政策扩散分析工具，结合中国公共政策制定和扩散主体的特点，提炼了中国公共政策扩散的四种基本模式。张剑等（2016）通过对政策文献外部属性特征的参照网络分析，以及政策文献内部工具运用的关键词时序分析，从强度、广度、速度和方向四个维度研究科技成果转化政策扩散的过程和特点。综上所述，政策文本量化研究中关于政策关联的研究，既可以体现出政策内容的基础，又可以反映出政策意图的继承与发展。

其次，研究视角方面。在对政策文本研究的实证分析中，学者在不同的政策工具视角下进行了丰富的研究，经过梳理，主要包括能源环境政策、科技创新政策、教育培养政策和社会保障政策等相关政策领域。一是与能源环境相关的政策文本量化研究。黄萃等（2011）按照政策文本的样本选择、制定政策分析框架、政策文本内容编码、频数统计分析四项步骤，深入剖析了中国风能政策在政策工具选择、组织与建构中所存在的过溢、缺失与冲突问题。罗敏和朱雪忠（2014）根据政府干预程度的高低，基于政策工具发挥作用的基础，将低碳政策工具分为规制型政策工具、经济激励型政策工具和社会型政策工具，对中国低碳政策文本进行了计量分析。曾婧婧和胡锦绣（2014）对中国自2006—2013年发布的48份宏观太阳能产业政策文本，按照文本形式、政策年度、政策主体、政策内容4个分析维度进行频数统计和量化分析，探讨政策工具的使用情况，深入剖析中国太阳能产业宏观扶持的特点。李健和王博（2015）选取36份我国中央政府颁布的节水政策，并按照构建节水政策制定的分析框架定义了分析单元和编码归类，从基本政策工具、节水政策产业价值链与政策作用领域，分析我国水资源政策体系中仍然留存的诸多问题。二是与科技创新相关的政策文本量化研究。刘凤朝和孙玉涛（2007）以《国家促进自主创新的政策分析与研究》报告梳理的289项创新政策为样本，构建政策的效力与政策工具二维研究模型，分析了自20世纪80年代以来我国创新政策的历史演变路径。李丹和廉玉金（2014）从政策工具和目标两个维度对我国国际科技合作进行了研究，发现我国国际科技合作政策存在环境型政策工具过溢，供给型政策工具所占比重过大，需求型政策工具不足，政策工具与目标结合不紧密等问题。黄萃等（2015）以1940—2010年中国中央政府颁布的4707件政策文献为分析样本，研究了不同历史时期科技创新政策主题聚焦点的变化，结果发现在"国际合作""人力资源""体制机制改革""研究发展重点"四个领域发生了显著的政策主题变迁。张剑等（2016）基于政策扩散理论，利用文献计量相关分析方法，以1985—2014年我国的科技成果转化政策文献为样本数据进行实证分析，探索了公共政策扩散的新视角和新思路。三是与教育培养相关的政策文本量化研究。周菲（2014）从国家教育政策文本入手分析了其中关于国际化政策的发展脉络，指出了国家教育政策文本中国际化的嬗变特征，客观地认为国际化是教育发展的大趋势。曲铁华和崔红洁（2014）对1978—2013年教师教育政策文本进行了政策文本的分析和解读，发现我国教师教育政策价值取向的变迁过程，呈现出追求"公平优先，兼顾效率"的特点。宁甜甜和张再生（2014）以设计分析框架、划定分析模块、编码分类、描述统计为研究线索，从基本政策工具和人才强国

第十九章 | 基于政府视角中国能源产业政策的分析

价值判断两个维度对我国人才政策进行分析,深入剖析了我国人才政策中存在的缺失与冲突等问题。黄翠等(2015)以新中国成立以来我国颁布的少数民族双语教育政策为研究对象,基于教育政策工具维度和教育发展要素维度构建二维分析框架,通过对少数民族双语教育政策文献的收集、整理、编码,进行实证量化研究,分析了我国少数民族双语教育政策的发展历程。四是与社会保障相关的政策文本量化研究。孙萍和刘梦(2017)选取1978—2015年我国出台的234份城镇弱势群体就业政策,依据等距抽样方法,将样本容量分为47份,并按照直接型、间接型、基础型、倡导型的政策工具类型构建分析框架进行排序编码,进行分析和可靠性检验,剖析了我国城镇弱势群体就业政策工具目前存在的分布不均甚至缺失的情况。吴宾和徐萌(2017)以1978—2016年中国中央政府颁布的171部住房保障政策文本作为分析样本,系统地呈现了各阶段住房保障政策的聚焦点和不同时期政策变迁的具体路径。姚俊和张丽(2018)选择2006—2017年中央政府宏观层面发布的13份养老政策作为研究对象,通过对选取的13份养老服务政策文本进行编码和量化分析,指出当前养老服务基本政策工具应用存在的问题,并给出相对应的政策建议。综上所述,量化研究在政策文本研究中的应用越来越广泛,而应用比较多的是能源环境政策与科技创新政策领域。

最后,研究方法方面。目前,在政策文本量化研究中,主要采用设计分析维度的研究方法,多维度多角度挖掘政策文本深层次的内涵以及带来的影响力。即采用内容分析法,选取相关政策文本作为内容分析样本,根据政策工具理论制定分析框架,设计分析维度体系,然后对分析单元进行编码,将符合框架的政策编号纳入分析并进行频数统计。随着对政策文本量化研究的不断深入,所设计的分析维度也逐渐从二维向多维发展。一是二维分析框架。刘凤朝和孙玉涛(2007)以创新政策的效力和类别为基本维度,分析了1980—2005年我国创新政策的历史演变路径。黄萃等(2011)则分别从基本政策工具维度和产业价值链维度,形成了基于政策工具的风能政策二维分析框架,对我国中央政府颁布的风能政策所采用的政策工具进行计量和分析。二是三维分析框架。李健和王博(2015)从基本政策工具、节水政策产业价值链和节水政策作用领域三个维度进行计量分析,深入剖析我国节水政策存在的问题。三是四维分析框架。杨伟和张冀新（2015）按照政策文本的形式、颁布时间、制定主体以及涉及领域4个维度对我国太阳能光伏产业政策文本进行量化研究。张剑等（2016）通过对政策文献外部属性特征的参照网络分析，以及政策文献内部工具运用的关键词时序分析，从强度、广度、速度和方向四个维度研究科技成果转化政策扩散的过程和特点。为了更全面地评估目标政策的政策效力，芈凌云和杨洁（2017）从政策力度、政策目标、政策措施和政策反馈四个维度建立政策文本的量化评估模型，对引导居民生活领域节能的政策进行政策效力评估。此外，也有学者采用共词分析和聚类分析的研究方法，对政策文本的主题词变迁进行量化研究。黄萃等（2015）采用共词分析和聚类分析的研究方法，研究了不同历史时期科技创新政策主题聚焦点的变化。吴宾和徐萌（2017）在对中国住房保障政策的变迁规律和趋势的研究中，采用政策文献的共词和聚类分析方法，反映了政策变迁的特点和趋势。综上所述，随着对政策文本研究的逐步深入，政策文本量化研究的研究方法不断改进，学者试图用更科学的方法多维度多角度地挖掘政策文本深层次的内涵以及带来的影响力。

总体来看，现有的关于政策文本量化研究的相关文献呈现以下特征：①政策文本量化研究通过对政策文本内容信息的挖掘，关于不同的研究问题分别对政策差异、府际关系及政策扩散等问题进行研究。②基于不同的研究对象，在不同的政策工具视角下，政策文本量化研究得到了广泛的应用，为公共政策领域的量化研究提供一条科学、可靠的路径。③把政策文本转化成直观明了的数字，直接利用数据对政策展开分析，有助于厘清政策制定的规律、发现政策主题的变化和指导日后制定更加科学合理的政策。

第二节 传统能源产业政策的量化分析

1998年6月3日，由国家计委发布的《中华人民共和国矿产资源法》（主席令第七十四号）可以视为有关传统能源政策性文件的起点。本节以此为原点，详细梳理了1998—2018年的相关政策性文件。本节所选文件全部来源于公开资料，主要来源于中国政府网、国家能源网、国家能源局、中国产业信息网，所选择的文件具有如下特点：①所选政策文件与传统能源行业密切相关；②仅选择国家层面的政策文件；③政策的类型包括法律法规、规划、办事指南、管理办法、通知公告等。最终，本节整理出传统能源的相关政策文件584篇。

一 政策发文数量与发文形式

由图19-1可以看出，无论是煤炭产业、石油产业，还是天然气产业相关政策每年的发文数量上来看，变化趋势都大致相同。我们可以从发文数量上对传统能源的相关政策划分为三个时期。第一个阶段是从1986—2006年，在这个时期内发文数量和频度都相对较低。年均发文数量为5篇，即使是发文数量最多的2004年和2005年，也仅为18篇和26篇，说明国家对传统能源的重视程度还不够。第二个阶段是2007—2013年，这个时期内的发文数量有了明显增加，国家逐渐意识到传统能源在经济发展中的重要性，这7年总发文量225篇，年平均发文量达到32篇。第三个阶段是从2014年至今，平均年发文数量达到50篇，政策力度相较以往有明显提升。

政策的连续性较强，除2005年与2008年外，发文数量整体呈上升趋势，且阶段性特点明显。值得注意的是，传统能源的政策性文件在国家每个"五年规划"的末期，发文量大幅增加，以巩固"五年规划"的成果。2000年之后，在每个五年规划正式开展的前一年到两年，传统能源的政策发文力度都有明显的提升。"十一五"规划前的2004—2005年，发文数量相较2003年的6篇突增至18篇和26篇；2010年

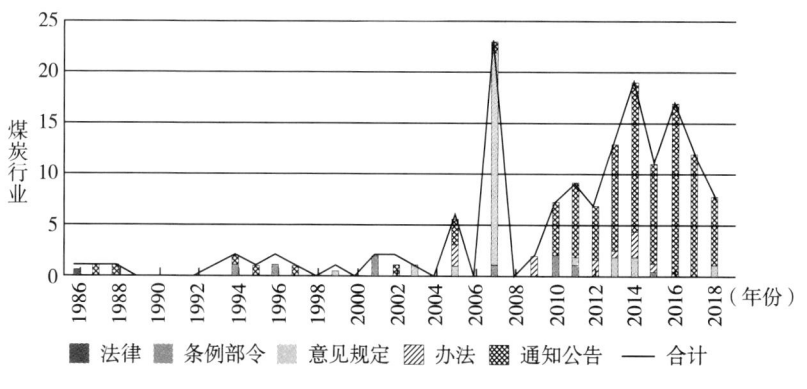

图19-1 传统能源行业分行业及全行业政策发文数量

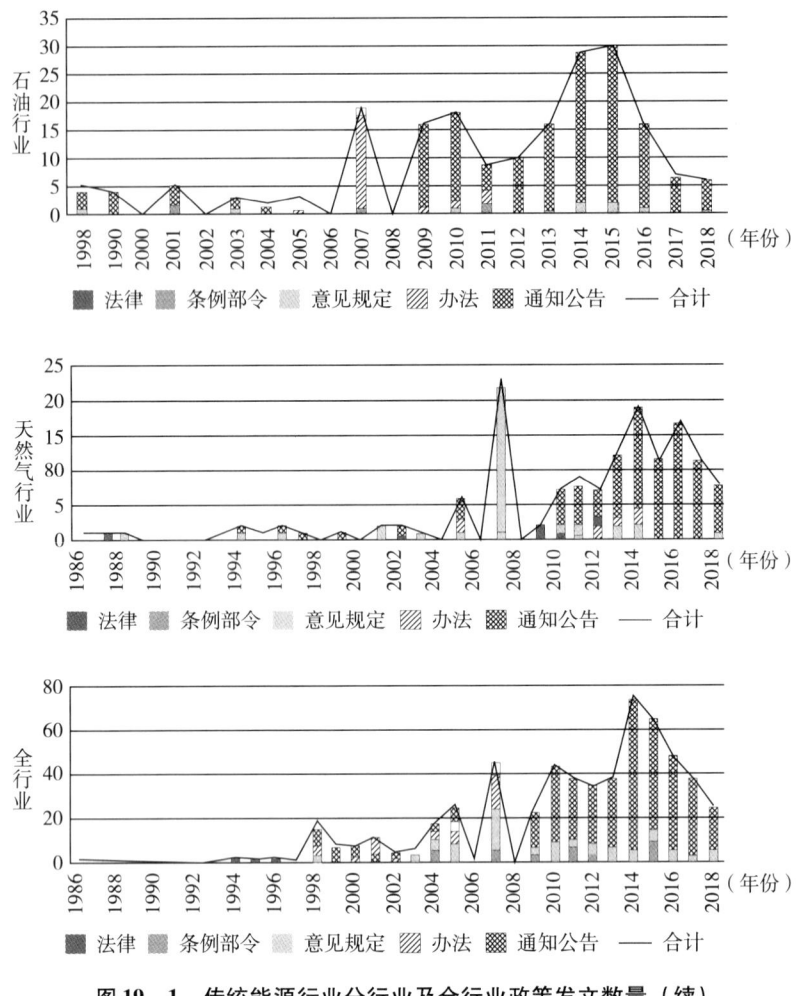

图 19-1 传统能源行业分行业及全行业政策发文数量（续）

发文数量达到 44 篇，相较 2009 年提高了 69%；2014—2015 年，发文数量由 2013 年的 38 篇提高到年均 81 篇。

从发文形式来看，可以将我国传统能源的相关政策分为法律法规、条例部令、意见规定、办法和通知公告。其中，法律法规的强制性最高，其次是条例部令。综观我国的相关政策，我们发现国家主要以通知公告的形式下达政策意见，占比高达 70%，而以法律法规形式发布的最少，33 年内仅发布过 9 则。其中以石油产业尤为明显，其通知公告占比高达 81%，而法律形式的政策文件仅为两则。说明我国对传统能源政策的强制性相对较低，多以通知指导为主。

二 发文单位分析

本书按照发文单位对所选的政策文件进行了整理，以便找出传统能源产业的主管部门，厘清各部门协同合作的方式。若该部门独立发文，则计一次，若多部门联合发文，则每个部门各记一次。全国人大及人大常委会发文数量较低，共计9篇，均为法律法规，其中石油产业2篇，煤炭产业3篇，天然气产业4篇。人大及其常委会是我国最高权力机关，其发文具有很大的指导性。国务院作为其执行机构，发文数量高于人大及其常委会，发文内容主要为条例、通知公告及相关意见。其中，石油产业9篇，煤炭产业20篇，天然气产业14篇，总计43篇。其他具体执行部门共发文577次，涉及相关部门众多。说明我国目前已经建立了一套层次清楚且高效的传统能源政策发布办法。由全国人大及其常委会制定法律法规，国务院根据法律法规撰写并发布相关条例、通知公告和相关意见，各部门再据此发布详细的条例部令、通知公告和意见办法。

为了详细厘清发文部门的关系，我们按照各部门发文数量绘制了百分比堆积柱状图，如图19-2所示。

从发文单位来看，我们发现以下四点：第一，无论是石油、煤炭还是天然气产业，政策发布的主要单位都是发改委，发文数量均在30%以上。发改委作为我国综合制定宏观经济发展政策的调控部门，是传统能源相关政策制定与发布的最重要单位。第二，国家对传统能源产业的重视程度顺序分别为：煤炭、石油、天然气。从发文数量上看，煤炭产业为237篇，石油产业为197篇，天然气产业为150篇。国务院对煤炭产业发布的政策数量达20篇，远高于石油和天然气产业。说明国家对煤炭产业的相关问题更加重视。第三，相较于煤炭和天然气，石油产业的国际经济合作更多。商务部主要管理国内外贸易和国家间经济合作问题，从商务部的发文数量来看，其对石油产业政策的发文数量达到20篇，远高于煤炭产业的4篇和天然气产业的1篇。第四，我国对煤炭安全问题非常重视。国家于1999年12月设立国家煤炭安全监察局，承担起煤炭检察职能，与国家煤炭工业局一个机构、两块牌子。2000年11月，设立国家煤矿安全监察机构。成立至今，国家煤矿安全监察局和国家安全监督总局对煤炭行业的发文数量达75篇。

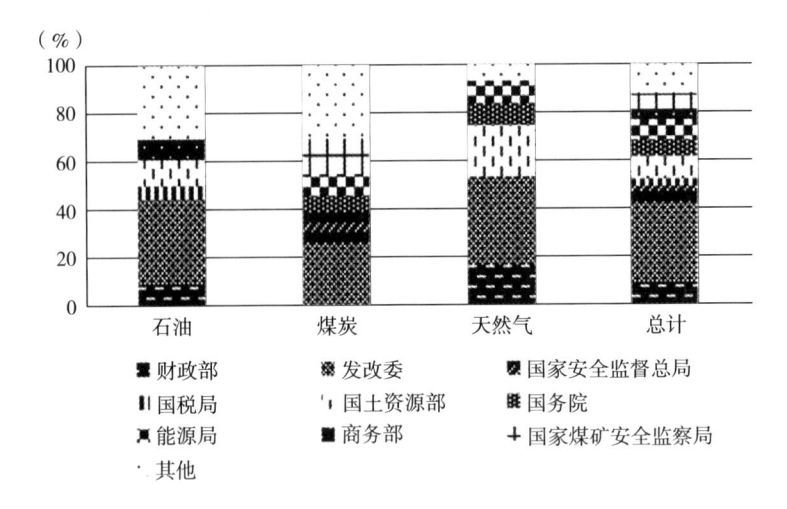

图 19-2　传统能源行业政策发文单位分布

三　政策工具组合分析

政策工具组合的合理与否，将很大程度上影响政策效果的发挥。本书参考 Rothwell 和 Zegveld（1981）的划分标准，将政策工具分为供给型、环境型和需求型三类。同时根据传统能源行业的具体特点，将每一大类细化为多个小类。每一大类别和具体小类别详见表 19-1。

本书对传统能源相关的 584 篇政策文件按照"政策编号—具体条例细则"的方式进行详细编号，根据上述政策工具类型，对政策条文进行逐一归类。同一政策文件按照"详尽互斥"的原则，例如，一政策文件包括多个发文政策对象，每个政策对象运用多种政策工具，则同一政策对象的每种政策工具仅算作一次，不作累加处理；而各政策对象之间则分开计算，可以加和。具体政策文件编号如表 19-2 所示。

表 19-1　　　　　　　　　政策工具分类

类别	含义	小类别
供给型	帮助企业进行人才培养，推动企业自主研发，对企业提供各种辅助支持	教育培训、技术支持、研发投入、信息服务、金融支持、人才激励

续表

类别	含义	小类别
需求型	政府出面对传统能源产业产品进行采购，或利用财政补贴方式促进行业发展，这类工具会对传统能源产生直接影响	政府采购、财政补贴、贸易管制、示范工程、服务外包
环境型	通过建立行业规范和产品标准等方式提高传统能源产业整体水平，或给企业创造更好的环境，淘汰行业中不合格的企业	技术标准、知识产权保护、法规管制、目标规划、税收优惠

表 19 – 2　　　　　　　　传统能源行业政策文件编码

政策名称	文本分析单元	编码
1.《中华人民共和国矿产资源法》	国务院规定的其他矿产资源。开采石油、天然气、放射性矿产等特定矿种的……	1 – 1
2.《关于颁发天然气商品量管理暂行办法的通知》	本办法所指的天然气，包括气层气、油田伴生气等以烃类为主要成分的可燃性气体（不包括沼气、煤矿瓦斯气）	2 – 1
	天然气商品量（指外供商品量，简称商品气，下同）是国家统一分配产品，均纳入国家计划管理，由国家计委统一分配。商品量分配计划的实施、调剂、调度与经营管理等，由石油部负责	2 – 2
……	……	……
58.《关于提前下达2019年中央对地方成品油价格和税费改革转移支付的通知》	为提高预算完整性，加快支出进度，现将2019年成品油价格和税费改革转移支付提前下达你省（自治区、直辖市）……	584

通过对传统能源行业共584篇政策的整理，我们共梳理出1294条条文细则，对政策工具联合使用情况统计出矩阵，并生成了可视化结构图，如图19 – 3所示。

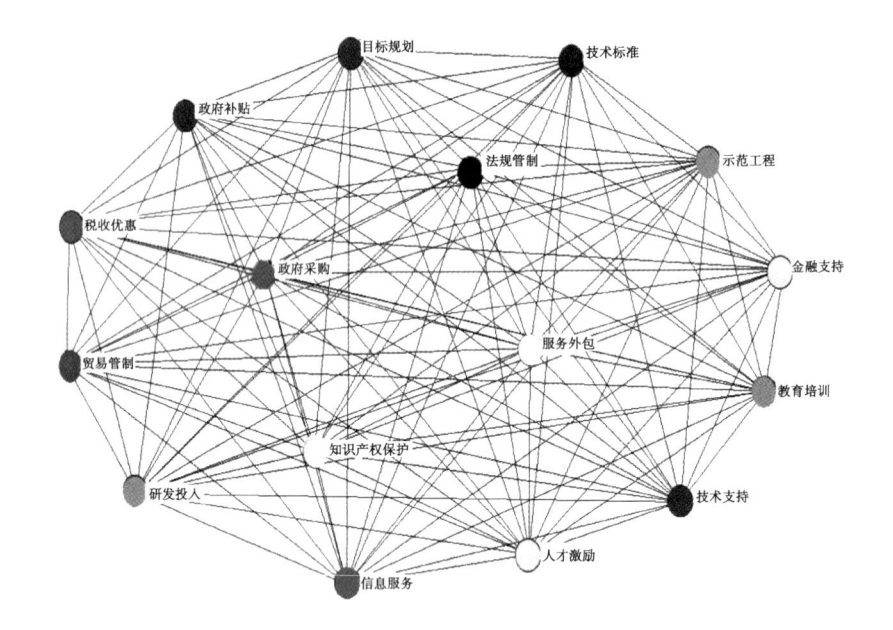

图 19-3 政策工具组合可视化结构

注：图中的每个黑点表示一种政策工具，黑点颜色的深浅表示该政策工具的使用总频数，黑点之间的连线表示政策工具之间的联用情况。

图 19-3 中的每个黑点表示一种政策工具，黑点颜色的深浅表示该政策工具的使用总频数，黑点之间的连线表示政策工具之间的联用情况。从图 19-3 中我们发现，我国已经形成了以法规管制和技术标准为基础，技术支持、目标规划和政府补贴为主，信息服务、贸易管制、税收优惠、研发投入、教育培训、示范工程和政府采购为辅的传统能源产业政策工具使用体系。

为了更准确地测量我国煤炭产业政策工具使用情况，本书对各政策工具的使用频率、结点中心度和接近中心度进行测算，使用频率表示该政策的总使用次数，使用频率越大，表示该政策工具使用越频繁。结点中心度衡量一个政策工具与其他政策工具连接关系的多少，结点中心度越大，这一政策工具与其他政策工具的联系就更密切，该政策工具的运用也更广泛。接近中心度衡量政策工具对网络中心的接近程度，表明该政策工具对其他政策工具的影响力。接近中心度越大，该政策工具在网络中的影响力越大。

法规管制和技术标准无论结点中心度还是接近中心度均居于领先地位，使用总频次也最高。说明这两种政策工具使用次数多、与其他政策工具关联性强，居于基础地位。技术支持、目标规划和政府补贴三种政策工具，结点中心度和使用频率相比基础政策工具稍低，说明这三种政策工具的使用较为频繁，与其他政策工具关联性较多，作为我国传统能源产业的主要政策工具。信息服务、贸易管制、税收优惠、研发投入、教育培训、示范工程和政府采购这七种政策工具使用频次和结点中心度处于较低位次，认为其作为辅助政策工具。人才激励、金融支持、知识产权保护和服务外包四种政策工具的使用频率和结点中心度都处于低位次，我们认为这些政策工具为边缘化政策工具。

（一）煤炭产业政策工具组合结构

通过对煤炭行业共237篇政策的整理，我们共梳理出570条条文细则，其可视化结构如图19-4所示。

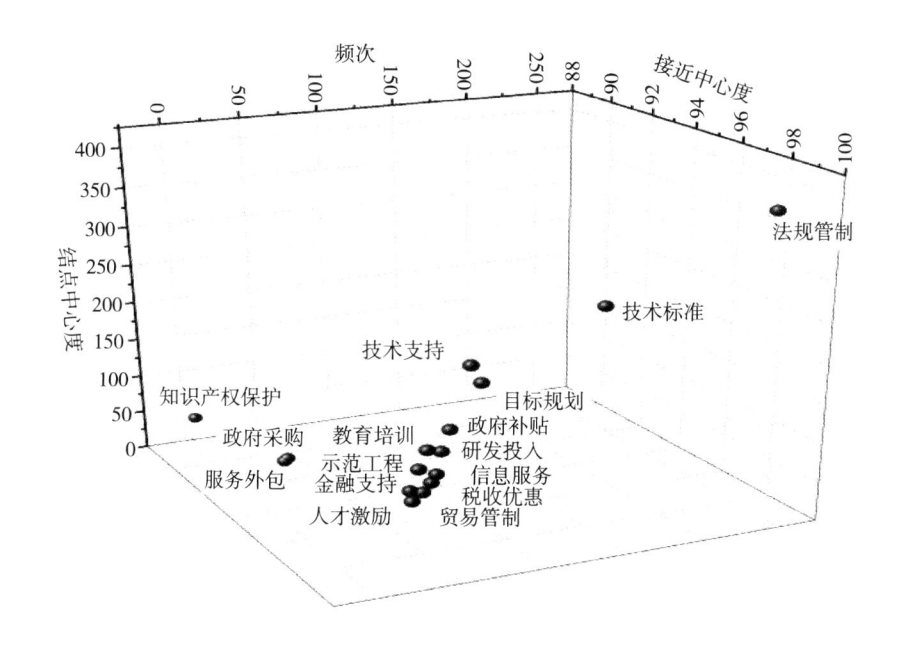

图19-4 煤炭产业政策工具组合关系结构

由图19-4可以看出，煤炭产业政策工具使用体系以法规管制和技术标准为基础，技术支持、目标规划、政府补贴、研发投入和教育培训为主，示范工程、信息服务、税收优惠、金融支持、贸易管制和人才激励为辅。

法规管制和技术标准无论结点中心度还是接近中心度均居于领先地位，使用总频次也最高。说明这两种政策工具使用次数多、与其他政策工具关联性强，且影响力巨大，居于基础地位。技术支持、目标规划、政府补贴、研发投入和教育培训五种政策工具，接近中心度与法规管制和技术标准相同，结点中心度和使用频率相比基础政策工具较低，说明这五种政策工具的使用较为频繁，与其他政策工具关联性较多，且影响很大，作为我国煤炭产业的主要政策工具。其中，虽然研发投入使用频率相对其他四种政策工具较低，但其结点中心度较高，所以也认为研发投入政策工具属于主要政策工具。示范工程、信息服务、税收优惠、金融支持、贸易管制和人才激励这六种政策工具虽然接近中心度很大，但使用频次和结点中心度处于较低位次，认为其在煤炭产业政策文件中作为辅助政策工具。政府采购、服务外包和知识产权保护三种政策工具的使用频率、结点中心度和接近中心度都处于低位次，我们认为这些政策工具为边缘化政策工具。

（二）石油产业政策工具组合结构

对石油产业的197篇政策文件，共421条政策细则进行分析后，我们得到石油产业政策工具的具体使用情况，可视化结构如图19–5所示。

石油产业政策工具以法规管制和技术标准为基础，政府补贴、政府采购、贸易管制和目标规划为主，税收优惠、教育培训、技术支持和信息服务为辅。法规管制和技术标准的情况与煤炭产业相同，无论结点中心度还是接近中心度均居于领先地位，使用总频次也最高。说明这两种政策工具使用次数多、与其他政策工具关联性强，且影响力巨大，居于基础地位。由于石油产业和煤炭产业的原料来源不同，我国煤炭产业主要依靠国内生产，2008年以前我国是煤净出口国；而石油产业则主要依赖进口。同时，由于用途更加广泛，因此基础工具相对煤炭产业有所差异，是政府补贴、政府采购、贸易管制和目标规划。这四种政策工具虽然接近中心度很大，但使用频次和结点中心度处于较低位次，认为其在煤炭产业政策文件中作为辅助政策工具。人才激励、示范工程、金融支持、服务外包、研发投入和知识产权保护这六种政策工具的使用频率、结点中心度和接近中心度都处于低位次，我们认为这些政策工具为边缘化政策工具。需要注意的是，政府补贴和教育培训虽然接近中心度相对较小，但使用频次和结点中心度都较大，所以认为其分别属于主要政策工具和辅助政策工具。

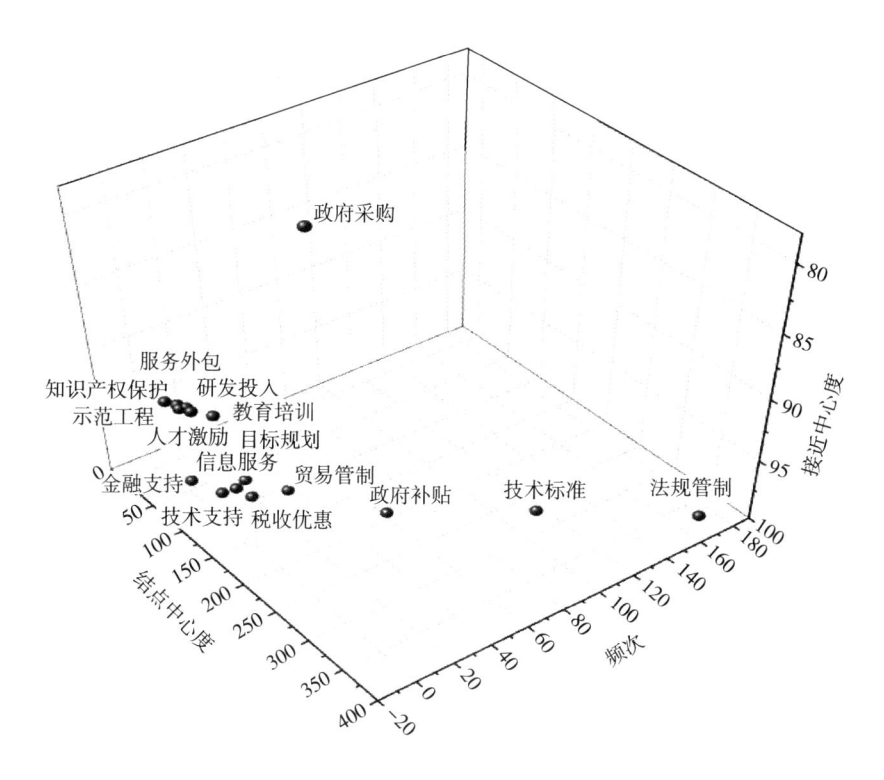

图 19-5　石油产业政策工具组合关系结构

（三）天然气产业政策工具组合结构

对天然气产业的 150 条相关政策，本书共梳理出 303 条政策细则，根据梳理编码，我们得到天然气产业政策工具的具体使用情况，可视化结构如图 19-6 所示。

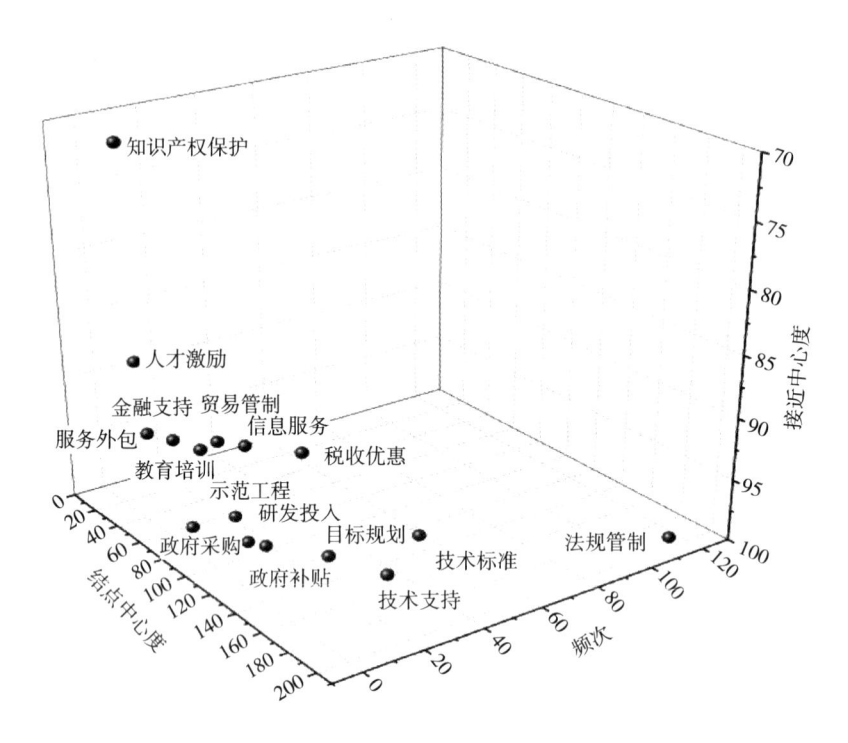

图 19-6 天然气产业政策工具组合关系结构

由图 19-6 可以看出，天然气产业政策工具以法规管制为基础型政策工具，目标规划、技术标准和技术支持作为主要政策工具，政府采购、教育培训、贸易管制、政府补贴、信息服务、示范工程、研发投入和税收优惠作为辅助型政策工具，人才激励、服务外包、金融支持、知识产权保护则作为边缘化政策工具，几乎不进行使用。

通过对比，我们发现三种传统能源的相关政策在政策工具的使用方面具有以下特点。第一，我国对法规管制、技术标准、目标规划三种政策工具的使用非常广泛，尤其是法规管制，在三种传统能源中的使用频率、结点中心度和接近中心度均为最高。由于我国的传统能源相关政策都是以通知公告形式为主，而法律法规形式较少。在政策中广泛使用具有强制性的政策工具，增加政策的实施力度和强度，以政策工具的"硬性"弥补政策形式的"软性"。第二，天然气产业的政策工具相对集中，而石油和煤炭产业的政策工具使用更为广泛。天然气产业基础性和主要政策工具仅为四种，而煤炭和石油产业的则多达七种，说明煤炭和石油产业的政策工具使用相对天然气更加成熟,对各种政策工具的搭配使用更为合理。第三,在重视环境型政策工具的基础上,石油产业政策工具主要集中在需求型工具,而煤炭产业主要集中在供给型工具上。国家对石油产业的控制力度远大于煤炭产业,准入门槛也相对煤炭产业高得多。国内四大石油企业为中石油、中海油、中石化和中化均为国有企业,所以通常采用需求型政策工具,对石油产业产生直接影响。同时,由于国家需要经常采购和储备石油用于发展,而石油又主要依赖进口,所以,政府采购和贸易管制政策工具的使用相对煤炭更为频繁。而煤炭产业则更多依赖供给型工具,由政府发布政策提供辅助支持,对产业产生间接影响。

四 政策对象分析

同一政策文件可能涉及多个政策对象,所以本节在政策对象的统计过程中,采用分别统计频次的方法。本节根据"十一五""十二五""十三五"国家能源规划中的发展目标和主要发展任务,整理出如下九个政策对象,同时根据政策条文具体情况,设定如下关键词,具体见表19-3。

表19-3　　　　　　　　政策对象分类一览

政策对象名称	政策对象内容	关键词
能源安全	实施重大安全工程,推行安全生产标准化,提高能源产业安全水平和综合效率,带动相关产业发展	安全
能源储运	统筹各种能源运输方式,优化能源流向,加强能源储备和调峰设施建设,全面提升能源应急保障能力	储存、储备、储量、储气、储油、运输、储运、输送、输油、输气
能源共享	以逐步推进城乡能源基本公共服务均等化为导向,全面推进能源民生工程建设	共享、民生、惠民、群众生活、居民、民用、公共服务
能源合作	坚持互利合作、多元发展、协同保障的新能源安全观,积极参与境外能源资源开发,扩大能源对外贸易和技术合作,提升运输、金融等配套保障能力,构建国际合作新格局,共同维护全球能源安全	对外、合作、出口、进口

续表

政策对象名称	政策对象内容	关键词
能源体制	坚持社会主义市场经济改革方向，按照远近结合、标本兼治、统筹兼顾、突出重点的原则，抓紧制定和实施深化能源体制改革的指导意见，加快构建现代能源市场体系，着力化解重点领域和关键环节的突出矛盾，争取尽快取得突破	体制、机制、制度、接轨、改革、整顿、管制、规范、审核、审批、淘汰
能源环保	树立绿色、低碳发展理念，统筹能源资源开发利用与生态环境保护，在保护中开发，在开发中保护，积极培育符合生态文明要求的能源发展模式	环保、环境保护、节能减排、环境友好、环境容量、清洁、绿色、环境污染
能源技术	按照创新机制、夯实基础、超前部署、重点跨越的原则，以增强能源科技自主创新能力和提高能源装备自主化水平为目标，加快构建重大技术研究、重大技术装备、重大示范工程、技术创新平台"四位一体"的能源科技装备创新体系	技术、科技
能源消费	实施能源消费强度和消费总量双控制，明确总量控制目标和分解落实机构，着力加强用能管理	消费、需求、销售
能源生产	着眼于提高安全保障水平、增强应急调节能力，适度超前部署能源生产与供应能力建设，着力加快能源生产和利用方式变革	供应、生产、开采

1. 煤炭产业政策对象量化分析

通过对237篇煤炭政策的政策对象进行研究，可以得出20年来煤炭产业政策对象的分布状态，具体如图19-7所示。

由图19-7可以看到，从煤炭产业发文的政策对象来看，可分为三个时期。分别是"十一五"规划之前的起步时期、"十一五"规划内的调整时期和包含"十二五"规划、"十三五"规划的成熟时期。起步时期开始，由于我国煤炭产业处于起步阶段，相关政策还不完善，煤炭产业相对落后，所以完善政策法规、快速提高生产能力和技术水平就成了政策重点。在这一时期，我国政策对象主要是能源体制和能源技术。在这之后，在煤炭产业快速扩张过程中，煤炭安全问题日益凸显，政策对

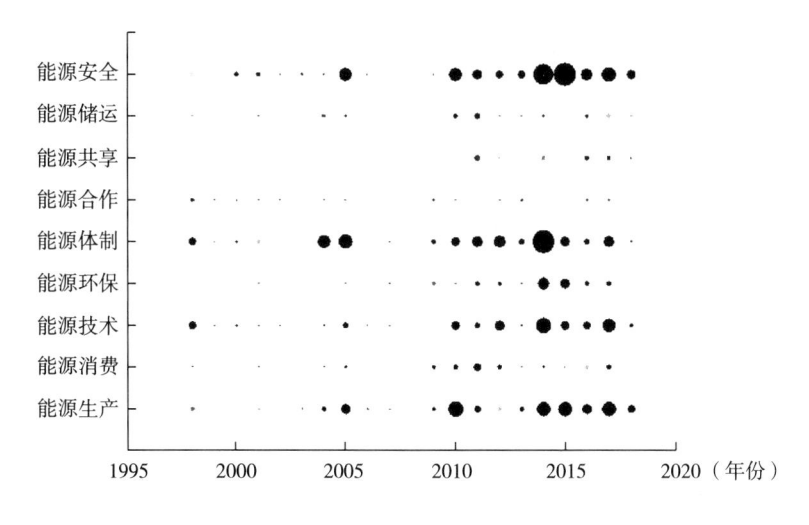

第十九章 | 基于政府视角中国能源产业政策的分析

图 19-7 煤炭产业政策对象分布示意

注：黑色圆点的大小表示该政策对象在每一年的政策文件中出现的数量，黑色圆点的深浅表示该政策对象对应的关键词的频数。

象逐渐向能源安全、能源体制和能源生产三个方面转移。"十一五"规划时期是调整时期，这个时期内发文数量大幅度减少，没有政策的侧重对象，主要在为"十二五"规划时期做准备，并在"十一五"规划的末期加大了对能源安全和能源生产的重视程度。在成熟阶段，我国依然以能源安全、能源体制和能源生产三个方面作为主要政策对象。随着能源发展"十二五"规划中对节能和环保的重视，对能源技术和能源环保两方面的政策数量有所提升。能源发展"十三五"规划发布后的2014 年开始，我国对上述五个政策对象的发文数量都有了显著提升，而对于能源储运、能源共享、能源合作和能源消费四个方面的关注相对较少。

2. 石油天然气产业政策对象量化分析

通过对 347 项石油天然气政策对象进行研究，可以得出 20 年来石油天然气产业政策对象的分布状态，具体如图 19-8 所示。

由图 19-8 可以看到，我国石油天然气产业政策对象的时期划分和煤炭产业基本相同，分为"十一五"规划前的起步时期、"十一五"规划内的调整时期和"十二五"规划、"十三五"规划的成熟时期。在起步时期，我国发文数量相对较少，且主要集中在石油产业的相关体制建设上，为石油产业的发展打下基础。从调整时期开始，我国石油产业的相关政策逐渐增多，在保持对能源体制相当关注的同时，侧重对象向能源生产方面转移，并加强了对能源合作和能源储运方面的重视。需要注意的是，在调整时期，我国石油产业的能源合作主要指和外国共同对我国的石油资源进行开采，学习对方的先进技术和管理经验。在成熟时期，我国延续调整时期以能源体制和能源生产两个方面为主的特点，同时兼顾能源安全、能源储运、能源合作和能源技术。与起步时期不同，起步时期的能源体制相关政策主要是完善相关规定，促进石油产业发展，而调整时期和成熟时期的能源体制相关政策则主要集中在建立合理的石油价格机制，建设石油能源市场体系。另外，这一时期的能源合作，不再是与外国企业共同勘探开采，而是从国外大量进口石油资源。

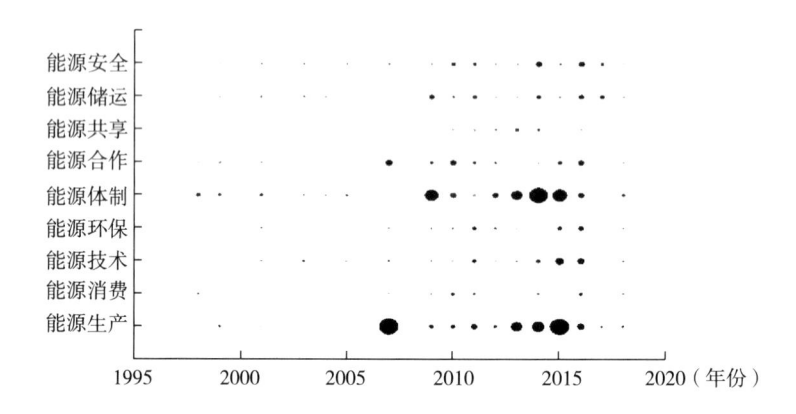

图 19-8　石油天然气产业政策对象分布示意

注：黑色圆点的大小表示该政策对象在每一年的政策文件中出现的数量，黑色圆点的深浅表示该政策对象对应的关键词的频数。

通过对传统能源政策的量化分析可以发现，第一，石油和天然气产业相较于煤炭产业，更加重视能源储运的相关政策制定。这是由不同能源的特点决定的。第二，无论煤炭行业还是石油天然气行业都非常重视能源体制的建设和改革，通过对能源相关制度的完善，可以促进产业发展。不同的是，煤炭主要重视对市场和生产企业的监管，而石油和天然气更重视价格机制的改革,完善价格接轨办法。第三,由于煤炭产业相对石油和天然气产业准入门槛更低,国家管控相对宽松,所以安全事故发生频率更高。因此煤炭产业对能源安全的重视程度更高,发文数量更多。煤炭产业的能源安全一般指生产安全,而石油和天然气产业的能源安全不仅包括生产安全,还包括储运安全和供应量充足。

第三节 新能源产业政策的量化分析

一 发文数量与发文形式

本节以1986年5月1日发布的《节约能源管理暂行条例》为基准,逐年梳理了1986—2018年国家发布的有关新能源产业的政策。相关政策主要来源于中国政府网、国家能源网、国家能源局和中国产业信息网。

本节所选择的政策文件主要具有如下特点:①所选政策文件与新能源行业密切相关;②仅选择国家层面的政策文件;③政策的类型包括法律法规、规划、办事指南、管理办法、通知公告等。最终,本书整理出传统能源的相关政策文件115篇。

由图19-9可以看到,从发文数量上来看,可将我国新能源产业相关政策分为三个阶段。第一阶段为1986—2008年,这一阶段我国对新能源产业不够重视,每年发文数量极少,总发文量为12篇,平均每年不足1篇;第二阶段为2009—2013年,这个阶段我国对新能源产业的关注度显著提升,这五年内发文总数量达到32篇,相比于第一阶段23年的发文总数增长了1.7倍,年平均发文量达到6.4篇;第三阶段为2014年至今,这一阶段我国再次提高了对新能源产业的关注程度,发文量总数提高至71篇,每年17.2篇,总数相较于第二阶段翻了一番。

同时从发文形式来看,可以将我国新能源的相关政策分为法律法规、条例部令、意见规定、办法和通知公告。其中,法律法规的强制性最高,其次是条例部令和意见规定,而办法和通知公告的强制性最低。我国新能源产业相关政策的政策形式以通知公告为主,该类型占全部政策比例为72.2%,远高于其他发文类型。意见规定的占比较高,为11.3%,占比高于传统能源。法律仅发布了2则,发文频次最低。这说明整体而言,新能源产业的相关政策强制性略强于传统能源政策,这主要体现在意见规定类政策占比不同。

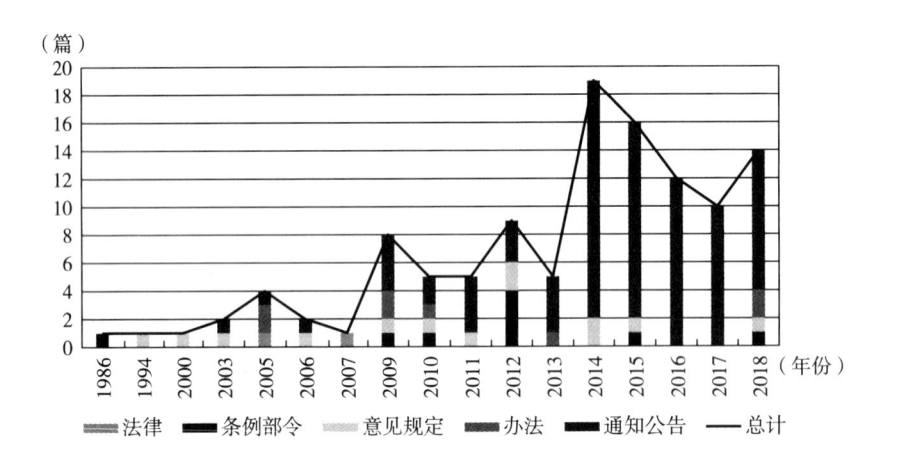

图 19-9 新能源产业政策发文数量分布

二 发文单位分析

由图 19-10 可以看到,从发文单位来看,新能源产业相关政策主要由国家能源局发布,总发文数量达到 59 篇,占比 51.3%。其次为发改委,发文数量为 17 篇,占比 14.8%。财政部、工信部和商务部发文均为 8—9 篇,占比 7% 左右。相比于传统能源产业,新能源产业政策发文单位更为集中,说明国家对新能源行业管理更为集中,但各部门之间的合作相对较少。

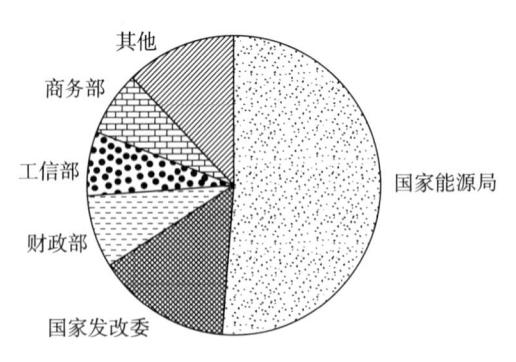

图 19-10 新能源产业政策发文单位排序

三 政策工具组合分析

通过整理20年来新能源相关政策条例的政策工具使用情况，绘制出了新能源产业政策工具网络结构图，见图19-11。

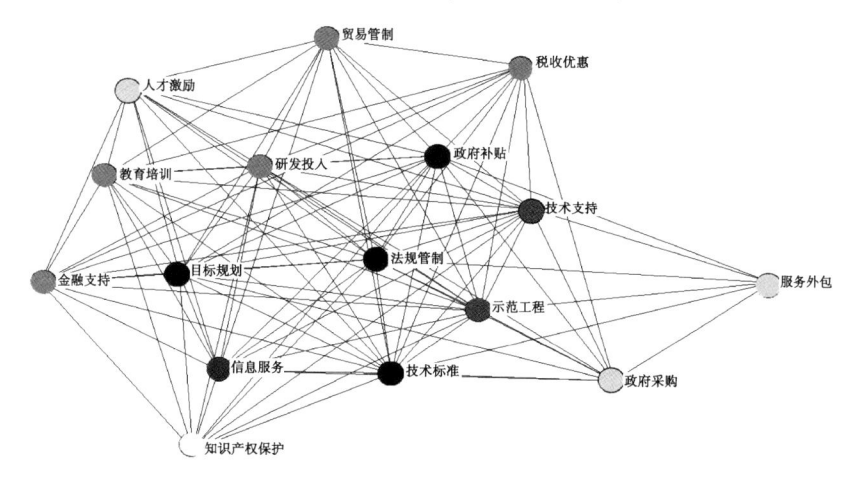

图19-11 新能源产业政策网络结构

根据上述新能源产业政策分布情况，本节计算出了政策工具的使用频次、结点中心度和接近中心度，见图19-12。

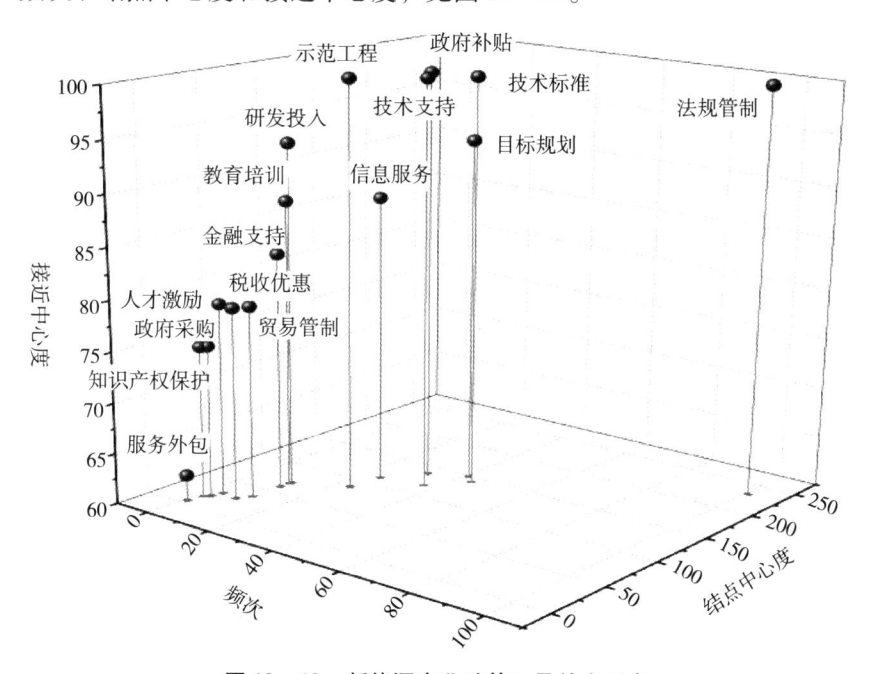

图19-12 新能源产业政策工具效力示意

通过对这三个指标进行聚类分析可以看到，法规管制为基础政策工具，技术标准、目标规划、技术支持、政府补贴和信息服务为主要政策工具，教育培训、研发投入、金融支持和示范工程为辅助型政策工具，政府采购、知识产权保护、税收优惠、人才激励、贸易管制和服务外包为边缘性政策工具。对比传统能源的政策工具使用情况，新能源相关政策的政策工具使用情况更为合理，没有侧重于供给型、需求型或环境型，使用更为广泛，并且使用层次更为分明。新能源政策吸取了传统能源政策的经验，在政策工具的选择上更为集中，但又照顾到了不同种类的政策工具。根据新能源产业政策的特点，着力于技术支持、政府补贴和信息服务三个方面，提倡企业自行发展，并全力做好相关辅助工作。用技术支持和政府补贴替代研发投入和税收优惠，说明政府期待企业自发地进行研发和创新行为，减少对企业的干预。

四 政策对象分析

同一政策文件可能涉及多个政策对象，所以本节在政策对象的统计过程中，采用分别统计频次的方法。本书根据"十五""十一五""十二五""十三五"国家能源规划中的发展目标和主要发展任务，整理出如下九个政策对象。并根据政策条文具体情况，设定相关关键词，具体见表19-4。

表19-4　　　　　　　　新能源产业政策对象一览

政策对象名称	政策对象内容	关键词
能源安全	实施重大安全工程，推行安全生产标准化，提高能源产业安全水平和综合效率，带动相关产业发展	安全
电力储能	配合国家能源战略行动计划，推动储能技术在可再生能源领域的示范应用，实现储能产业在市场规模、应用领域和核心技术等方面的突破	储存、储能
能源共享	以逐步推进城乡能源基本公共服务均等化为导向，全面推进能源民生工程建设	共享、民生、惠民、群众生活、居民、民用、公共服务
对外合作	坚持互利合作、多元发展、协同保障的新能源安全观，积极参与境外能源资源开发，扩大能源对外贸易和技术合作，提升运输、金融等配套保障能力，构建国际合作新格局，共同维护全球能源安全	对外、合作、出口、进口

续表

政策对象名称	政策对象内容	关键词
体制管理	坚持社会主义市场经济改革方向，按照远近结合、标本兼治、统筹兼顾、突出重点的原则，抓紧制定和实施深化能源体制改革的指导意见，加快构建现代能源市场体系，着力化解重点领域和关键环节的突出矛盾，争取尽快取得突破	体制、机制、制度、接轨、改革、整顿、管制、规范、审核、审批、淘汰
节能环保	树立绿色、低碳发展理念，统筹能源资源开发利用与生态环境保护，在保护中开发，在开发中保护，积极培育符合生态文明要求的能源发展模式	环保、环境保护、节能减排、环境友好、环境容量、清洁、绿色、环境污染
能源技术	按照创新机制、夯实基础、超前部署、重点跨越的原则，以增强能源科技自主创新能力和提高能源装备自主化水平为目标，加快构建重大技术研究、重大技术装备、重大示范工程、技术创新平台"四位一体"的能源科技装备创新体系	技术、科技
能源消纳	统筹协调新能源开发和电网建设，加快推动配套送出工程建设，完善新能源市场，确保有序建设、有效消纳	消纳
能源供应	着眼于提高安全保障水平、增强应急调节能力，适度超前部署能源生产与供应能力建设，加快能源生产和利用方式变革	供应、生产、开采
电力并网	结合电力市场化改革，完善可再生能源发电并网管理体系，促进可再生能源发电大规模并网	并网

通过对新能源产业政策对象的分析我们发现，体制管理一直是新能源政策建设的重中之重，贯彻始终，见图 19-13。

由图 19-13 可以看到，相比于传统能源政策对象的多样化，我们发现，新能源产业政策仍然处于起步阶段，政策对象相对单一。通过对政策对象关注度的不同，我们可以将政策分为起步期和发展期，起步期为"十一五"规划及之前的时期，发展期为"十二五"规划时期至今。在起步期，尤其是"十一五"规划开始，我国开始重点发布对新能源产业的体制管理方面的政策，"十一五"规划后期开始，关于节能环保、能源技术和电力并网方面的政策逐渐开始增加。发展期初期，即第十二个五年规划开始，对节能环保方面的重视程度逐渐降低，而对体制管理、能源技术和电力并网方面的政策越发重视，相关政策发文数量和关键词词频都逐渐提高。同时，对能源消纳和能源供应方面也逐渐开始重视，但在能源安全、电力储能、能源共享和对外合作方面的重视程度仍然不够，没有作为政策重点。

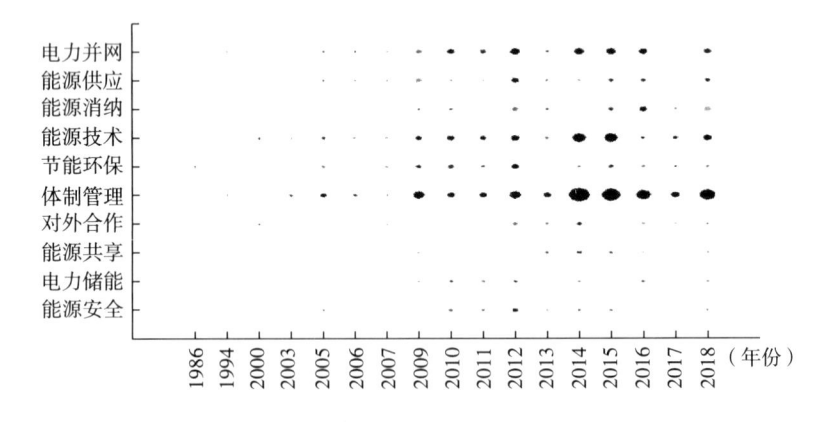

图 19-13 能源产业政策对象变化示意

注：黑色圆点的大小表示该政策对象在每一年的政策文件中出现的数量，黑色圆点的深浅表示该政策对象对应的关键词的频数。

第二十章

基于学术界视角中国能源产业政策的分析
——CiteSpace 的知识图谱分析

第一节 文献综述

一 知识图谱概述

知识图谱最早由 Price（1961）提出，起初是为了了解一个学科领域发展的整体状况，避免大量的文献梳理工作费时困难以及会掺杂主观的判断等因素，力求一种客观、科学、数据有效、高效率的研究方法。1994 年 Garfield 介绍了纵向图谱的概念，并指出历时代排列的序列图谱可以用于发掘科学前沿，各领域的科学家可以利用这类图谱预测一个学科的发展趋势，以及揭示某个领域中重要的科学研究作品。1981 年，ISI 出版了开创之作《生物化学和分子生物学的科学地图》，它基于对该领域共被引分析勾勒出了 102 个独立的文章簇群，这些簇群代表着学科研究前沿，从而形成了生物化学和分子生物学领域重要研究活动的点布图。Garfield（1994）解释了引文结构在识别科学前沿变化方面的作用，形成一个由 102 个论文聚类组成的点图，其中的点都代表着该领域重要的研究成果，而后，ISI 开发了 SCI - Map 软件，只要给定某个作者、论文或关键词作为起点，就可生成一个图谱。Small（1994）使用 SCI - Map 绘制了 AIDS 研究图谱，1999 年又提出了科学通道的概念，深入揭示学科间关系并从书目数据库成功地发现了一条"跨越学科边界通往目标领域的通路，例如，通过不同学科文献的联结可以发现某个学科领域的方法、观点、模型或试验结果移入或移出其他学科而形成科学通道，斯莫尔称之为跨学科施肥。之后 Darin（1977）、White（1977）对文献计量学研究成果进行了汇编，并对引文分析的发展历程和其在文献可视化方面的应用作了清晰的叙述。Noyons（1998，1999）、Raan（2000）开发了一套特殊的用于文献计量图谱的数学方法，基本假设是每一个研究领域可以用一些重要的关键词来表征，通过对两个作品关键词的比较，可以分析出两篇作品的相似性，即共有的关键词越多，两篇作品就越相似，并由此发展出研究科学领域自组织结构的方法论，并把这一方法论应用于神经网络的研究网，至此文献计量图谱技术得以深入的发展。此后，知识图谱被广泛地应用于各个研究领域，从二维图、三维图的传统科学计量图谱（柱形图、线形图、点布图、扇形图、二维平面图）逐步过渡到三维构型图、多维尺度图谱以及社会网络分析图等，之后科学知识图谱被应用于各个学科领域，科学可视化观测各个领域所研究的前沿及热点问题，来揭示各个领域的动态发展规律。

二 政策效果知识图谱分析的研究综述

国内学者对于政策效果的知识图谱研究也取得了丰硕的成果，大致可以分为以下五类：

（一）公共政策研究领域

马续补等（2019）以中国社会科学引文索引（CSSCI）收录的政策评估领域文献为研究对象，采用文献计量方法与 VOSviewer 知识图谱分析软件，识别政策评估领域的研究主体、知识基础、研究热点与演化路径对政策评估研究脉络进行可视化分析，识别该领域的知识基础、研究热点以及主要科研团队和合作情况，同时构建了文献共被引知识图谱、关键词共现知识图谱，以及叠加关键词平均出现年份，识别出研究热点的演化路径；王洛忠等（2018）基于 CSSCI 来源期刊文献作为数据样本，采用文献计量方法对近十五年公共政策过程中公民参与的研究成果进行文献分析，发现当前已形成了多元主体的跨学科研究格局，仍以定性思辨研究为主，多为对公民参与政策过程的整体性研究，并通过对参与价值、参与形式、现实困境、影响因素及对策研究等方面的分析可以发现，当前该议题的研究呈现稳中求变、变中求新等特点。

（二）科技政策研究领域

栾春娟等（2009）以国际科学技术政策研究文献作为数据样本，并进行了高频主题词、研究热点、研究前沿的知识图谱分析发现，创新是国际科学技术政策研究中的核心和重点，创新系统是近年来国际科学技术政策研究的重要前沿领域之一，国家创新系统、区域创新系统以及对创新系统的测度和评价成为近年来科学技术政策研究者研究的重要领域；梁永霞和李正风（2010）梳理中国的科技政策进行可视化研究，绘制中国科技政策研究主要代表人物知识图谱、核心文献知识图谱、高产机构知识图谱、发表期刊知识图谱。研究发现：科技政策研究界定不清晰，研究比较分散，没有形成核心作者。科技政策研究缺少理论和方法的依据，没有一套现成研究的范式；张慧颖和连晓庆（2014）绘制研究型大学创新科技政策研究的知识图谱，通过共被引文献分析和关键词热点分析，认为研究型大学创新科技政策的发展不能仅局限于大学内部的科研政策，应根据国家和区域战略需求调整科研创新方向，广泛与市场接轨，并且如何从政策层面引导研究型大学科研个体进行创新也将成为未来政策的考虑；赵绘存等（2018）绘制共现网络知识图谱对国际科技政策研究状况进行可视化分析，研究表明创新政策是国际科技政策的主旋律，企业开放式创新是国际科技政策研究的热点领域，科技政策演进先后经历了从国家创新系统为主导到技术创新与转移为主导，从产业发展实证研究为主导到研发补贴等研究多元化发展等阶段；刘昊和张志强（2019）通过文献计量学方法、共词分析法和知识图谱技术对政策科学诞生至今的发展演化态势进行量化分析和可视化展示。研究发现，政策科学研究形成了以政策过程理论为核心、多元分析方法并重的学科理论与实证分析体系。近年来以量化研究为特征进行的政策内容分析研究日益增多，基于政策信息学的政策知识发现逐渐兴起并成为政策科学领域的重要研究方向之一。

（三）教育政策研究领域

任玉丹和韦小满（2018）基于1979—2018年发表的民族教育政策研究文献进行可视化分析，研究发现我国民族教育政策研究成果丰富，形成了本领域文章发表的主要作者群、学术期刊群和研究机构，并指出我国民族教育政策研究经历了恢复发展、快速发展、全面发展三个阶段，领域主要集中在民族教育政策、民族教育优惠政策、高招降分录取政策、民族预科教育政策，而近年来民族教育政策研究主要围绕教育公平、高考、教育优先发展战略、民族班等主题开展；俞玮奇和曹燕（2018）对教育政策研究文献进行可视化分析并绘制了文献共被引网络图谱，分析发现当前国际教育政策研究的热点包括全球化对教育政策的影响、学校层面的教育政策、政策评估、政策制定过程中的行动者、教育改革中的公平与效率、教师流失等主题。祁占勇和王艺鑫（2018）利用可视化研究软件 CiteSpace 对我国高等教育政策研究文献从发文量、核心作者与机构、研究主体、主题凸显性等方面进行分析，并梳理领域影响力较高的核心研究者以及具有代表性的核心研究机构，厘清高等教育政策研究领域的研究主题及不同主题内的具体研究问题，研究表明我国高等教育政策研究领域的发文量趋势呈现出整体增长但有小幅度波动，指出未来应更多地聚焦于民办高等教育、少数民族高等教育、"双一流"建设、高等教育国际化、绩效拨款与绩效评价等领域；崔延强和林笑夷（2020）对于民族教育政策研究文献进行梳理，利用 SATI、Ucinet、Netdraw、CiteSpace 分析高频词、共现词和突现词的关键词网络关系研究发现，现阶段主要关注民族教育政策基础理论、民族教育政策过程、具体民族教育优惠政策和国内外民族教育政策比较等方面，民族地区教育政策、民族高等教育政策和民族教育优惠政策等话题是民族教育政策研究的热点，民族教育招生政策、少数民族研究生教育政策等话题是近年来研究前沿，未来民族教育政策研究应紧扣新时代民族教育的基本矛盾，着力解决该领域核心问题；祁静和任啸宇（2020）对国家助学贷款政策研究领域文献进行梳理绘制出知识图谱，研究发现在助学贷款政策试点阶段主要研究方向为国家政策的推行和金融机构的运作，在助学贷款政策调整阶段深入研究制度完善和信用建设，在助学贷款政策完善阶段，创新开展生源地信用助学贷款方式是主要探索方向。

（四）住房政策研究领域

郭晓云（2016）通过文献计量分析法研究了我国住房政策议程问题，研究发现尽管政策议程和住房政策的基础理论研究成果较为丰富，但住房政策议程研究仍很薄弱，并且结合质性研究的访谈调查构建了地方政府住房政策议程设置的指标体系；吴宾和杨彩宁（2018）梳理住房政策领域文献，借助 CiteSpace 可视化分析软件绘制该领域研究的科学知识图谱，根据知识图谱的导引，将近年来该领域的研究热点进行主题概括：房地产政策、住房保障政策、农民工住房问题、政府行为及责任，并结合研究热点演化趋势及社会经济大环境，预测商品房去库存、农民工住房问题及住房供给侧改革的研究热度将会保持较高水平。

（五）其他政策研究领域

孙健夫和陈兰杰（2010）利用信息可视化方法将信息政策论文的引文数据进行文献共被引分析，研究发现，框架、非对称信息、技术、风险、货币政策、信息政策、信息、科学和因特网等成为信息政策研究的重点与热点领域，私营部门、政策信息、货币政策、公共信息、政府信息环境政策、国家信息基础设施等是国际信息政策研究的前沿领域；蔡治东等（2015）绘制我国体育政策研究发展走势图和关键词网络图谱，发现我国体育政策研究可分为起步探索阶段、缓慢发展阶段、高速发展阶段、繁荣稳定阶段，研究热点主要为大众体育政策研究、竞技体育政策研究、学校体育政策研究、体育产业政策研究；陆维仪（2018）对我国关于数字出版产业政策进行定量分析的基础上，结合知识图谱和内容分析方法进行探讨。研究发现，我国数字出版产业政策研究的学者的视野比较开阔，观察问题和思考问题比较全面，但是也存在研究不平衡的问题，主要集中在研究客体分布严重不平衡、理论与实践脱节、研究的支撑学科理论运用不足等方面。

以上研究文献以及研究方法为本书提供了文献基础和支撑，但在研究内容及研究深度方面还存在拓展空间。现阶段对于政策探讨的知识图谱研究已经取得丰硕成果，但是对于能源产业，特别是煤炭、石油天然气、光伏、风电产业的知识图谱研究还存在拓展空间。本书以此出发，探究不同时期能源政策颁布的关注重点是否与此时期学者关注的能源产业的相关问题存在重合的问题。首先，基于中国知网期刊数据库为检索平台，利用 CiteSpace 计量软件共被引文献关键词进行聚类分析以及突变分析；其次，研究分析能源产业在学术界的关注度及重点领域；最后，将学术界在能源产业的关注重点与此时期提出的能源政策的关注重点进行对比分析。

第二节 传统能源产业政策效应的知识图谱分析

一 煤炭行业

煤炭行业相关数据以中国知网期刊数据库为检索平台，以"煤炭""煤炭资源"为主题进行检索，文献类型限定为"期刊"，检索时间选取为 2000—2020 年，检索日期为 2020 年 7 月，文献来源类别限定为"核心期刊""CSSCI""CSCD"，经过进一步筛选，剔除会议通知、报道、报刊讯息等噪音文献，共检索出 15588 条结果，并选取文献类型为 Review，每条文献记录包括文献标题、摘要、关键词、作者及作者所在的机构信息、出版年份、出版机构，以及文献的全部引文信息（引用情况和参考文献）等，然后导入 CiteSpace 软件中，采用文献计量方法和可视化图谱对共被引文献关键词进行聚类分析，研究煤炭行业在学术界的关注度及重点领域。

运用 CiteSpace 对所检索文献进行突现词分析（Burstness），得到 33 个突现关键词（见表 20-1）。其中，"煤炭工业""煤炭产量""非煤产业""煤炭行业""可持续发展""煤炭资源""循环经济""低碳经济""产能过剩""绿色开采""去产能""供给侧结构性改革"等关键词的突变强度均高于 6，代表了不同时间段的研究热点。根据其突变强度，本书将考察期划分为三个时期：工业结构调整（2000—2005 年），煤炭企业兼并重组、煤炭资源整合（2006—2015 年），煤炭行业化解过剩产能、供给侧结构性改革（2016—2020 年），分别探究三个时期内学术界所关注的热点及重点问题。

表 20-1　　　　　　　　煤炭行业领域突现统计

序号	关键词	突变强度	开始年份	结束年份	2000—2020 年
1	煤炭工业	14.8668	2000	2008	■■■■■■■■■□□□□□□□□□□□□
2	煤炭产量	8.4806	2000	2007	■■■■■■■■□□□□□□□□□□□□□

续表

序号	关键词	突变强度	开始年份	结束年份	2000—2020年
3	煤炭企业	5.6493	2000	2007	■■■■■■■■□□□□□
4	煤炭产业	3.8079	2000	2003	■■■□□□□□□□□□□□□□□
5	非煤产业	6.5642	2000	2002	■■□□□□□□□□□□□□□□□□
6	煤炭出口	3.8800	2001	2004	□■■■■□□□□□□□□□□□□
7	煤炭生产	5.2589	2001	2009	□■■■■■■■■■□□□□□
8	GDP	4.3950	2001	2009	□■■■■■■■■■□□□□□□
9	煤炭行业	7.8944	2001	2010	□■■■■■■■■■■□□□□
10	能源	4.3534	2002	2008	□□■■■■■■■□□□□□
11	可持续发展	24.8072	2002	2009	□□■■■■■■■■□□□□
12	产业转型	5.3576	2002	2007	□□■■■■■■□□□□□□
13	煤炭资源	9.5315	2004	2009	□□□□■■■■■■□□□□
14	科学发展观	3.9145	2005	2006	□□□□□■■□□□□□□□
15	可再生能源	4.3346	2005	2009	□□□□□■■■■■□□□□
16	循环经济	11.2838	2006	2011	□□□□□□■■■■■■□□□

续表

序号	关键词	突变强度	开始年份	结束年份	2000—2020年
17	经济增长	3.1044	2008	2009	
18	生态补偿	3.1692	2008	2010	
19	资源诅咒	4.0649	2008	2010	
20	煤化工	5.0895	2009	2012	
21	兼并重组	3.7007	2009	2010	
22	煤炭资源整合	4.6153	2010	2011	
23	低碳经济	23.4465	2010	2012	
24	碳排放强度	4.1813	2011	2012	
25	新常态	5.7571	2015	2017	
26	产能过剩	7.9940	2015	2018	
27	绿色开采	6.1851	2015	2020	
28	去产能	7.8038	2016	2017	
29	供给侧改革	5.5680	2016	2017	
30	能源转型	3.7032	2016	2020	

第二十章 | 基于学术界视角中国能源产业政策的分析

续表

序号	关键词	突变强度	开始年份	结束年份	2000—2020年
31	能源结构	3.2761	2016	2020	□□□□□□□□□□□□□□□■■■■■
32	供给侧结构性改革	6.6853	2016	2017	□□□□□□□□□□□□□□□■■□□□
33	清洁能源	5.0423	2018	2020	□□□□□□□□□□□□□□□□□■■■

（一）煤炭工业结构调整（2000—2005年）

2000—2005年关键词检索排名前十位的分别是可持续发展（24次）、煤炭工业（18次）、煤炭企业（15次）、煤炭产业（11次）、煤炭产量（8次）、煤炭价格（8次）、煤炭资源（7次）、国有企业煤炭（6次）、非煤产业（6次）、煤炭出口（4次）。

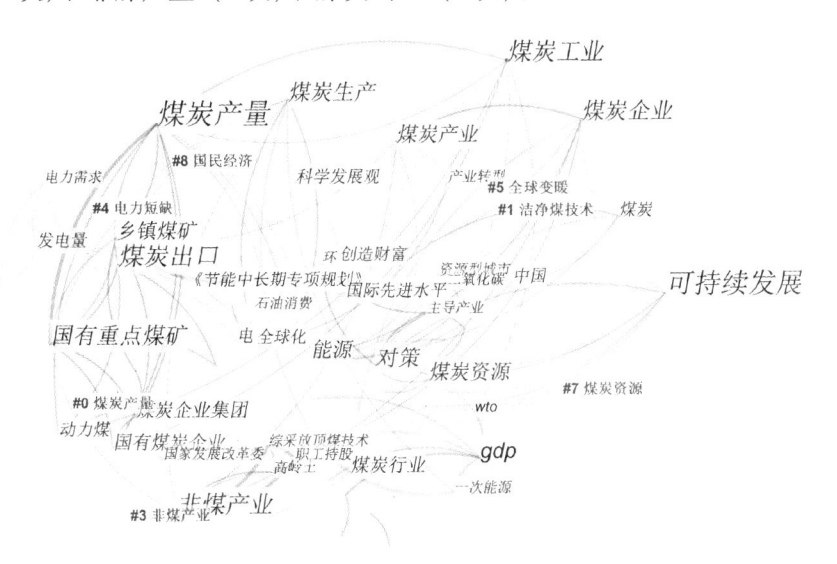

图20-1 2000—2005年煤炭行业研究网络知识图谱

由图20-1可以看出，学术界的关注重点可划分为七类，分别为"洁净煤技术""煤炭资源""非煤产业""煤炭产量""电力短缺""国民经济""全球变暖"。对于"洁净煤技术"，探讨联系最多的是

395

"煤炭""煤炭企业""煤炭工业";对于"煤炭资源"的研究围绕在可持续发展、一次能源合理利用等问题;对于"非煤产业"主要关注煤技术的提升;对于"煤炭产量"的关注点集中在动力煤、国有煤炭企业、煤炭企业集团等;"电力短缺"与"乡镇煤矿""电力需求""发电量"等节点连接紧密,煤发电的问题仍是关注的重点;涉及"国民经济""全球变暖",渗透可持续发展思想,实现煤炭生产到消费的高效化、清洁化。另外,可以明显地观察到,2000—2005 年学者对于"可持续发展"的关注度最高,其词频最高达到 24 次,同时,从知识图谱中可以发现,"可持续发展"与"煤炭产业""煤炭资源""煤炭工业""煤炭企业""煤炭产量""煤炭出口"等多个节点有着紧密联系,说明学者普遍认同可持续发展的重要性,认为可持续发展思想应渗透煤炭行业发展的各个方面,实现经济发展、资源利用、环境治理等多重目标的可持续发展。

(二)煤炭企业兼并重组、煤炭资源整合(2006—2015 年)

由图 20-2 的知识图谱可以观察到,在这一阶段学术界关注的重点围绕在"煤炭资源整合""煤气化""煤炭消费总量""可持续发展""能源消费""生产资料价格指数"五个主题、对于"煤炭资源整合"主要关注"煤炭企业"的兼并重组、"煤炭产业"的低碳高效发展以及开展"能源合作",此时期正处于"十一五""十二五"时期,规划中明确提出要"加强国内资源勘探开发、推进能源高效清洁转化、推动能源供应方式变革、加快能源储运、实现能源民生工程、控制能源消费总量、深化能源体制改革、提升能源科技和装备水平、深化能源国际合作",这与"十一五"规划关注点高度重合;对于"煤气化"探讨最多的是"无烟煤""煤层气"的发展;对于"能源消费总量"的研究体系较为完整,集中在能源消费结构、核算的指标体系,能源消费的可持续问题、低碳问题、循环经济问题等方面;关于"可持续发展"的研究主要关注"能源消费""经济增长""能源效率";"能源消费"的研究最多,关注面较广,分别为"气候变化""雾霾治理""资源诅咒""生态文明""节能减排""清洁能源""能源结构""煤炭资源整合"等各个方面;对于"生产资料价格指数"主要关注煤炭价格、钢材价格以及有色金属价格。

图 20-2　2006—2015 年煤炭行业研究网络知识图谱

（三）煤炭行业化解过剩产能、供给侧结构性改革（2016—2020 年）

能源高消耗和环境污染与我国推进的经济高质量增长是不匹配的，为驱动经济高质量增长，党和政府制定了一系列优化能源开发利用的政策，2014 年 6 月 13 日，习近平总书记在中央财经领导小组第六次会议上明确提出了推动能源消费革命、能源供给革命、能源技术革命、能源体制革命，全方位加强能源国际合作（简称"四个革命、一个合作"）的重大能源战略思想。

国家能源发展"十三五"规划明确提出要推进能源革命，着力推进能源生产利用方式变革，优化能源供给结构，提高能源利用效率，建设清洁低碳、安全高效的现代能源体系，维护国家能源安全。党的十九大报告进一步提出"推进能源生产和消费革命，构建清洁低碳、安全高效的能源体系"，而这与学术界关注重点重合，这一阶段学术界关注的重点在于"能源革命""供给侧结构性改革"两大重点问题。"能源革命"涉及"能源消费""能源结构""能源转型"等方面，而"供给侧结构性改革"主要探究"去产能""产能过剩""节能减排""能源消费结构"的优化升级等方面。

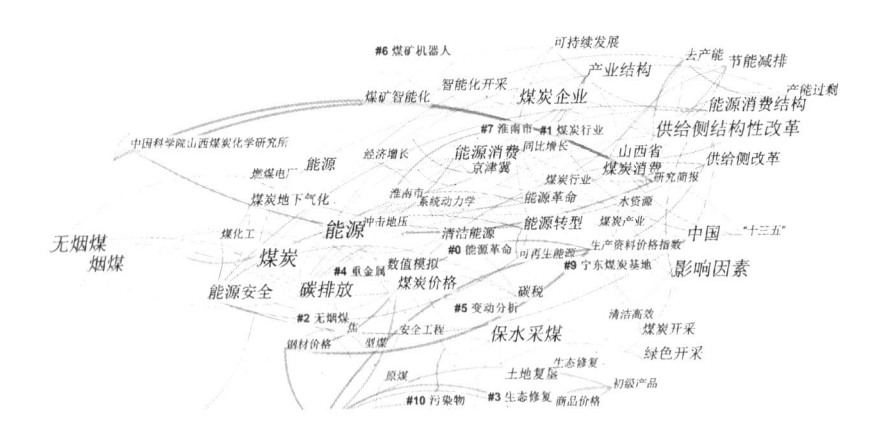

图 20-3　2016—2020 年煤炭行业研究网络知识图谱

二　石油天然气行业

石油天然气行业相关数据同样以中国知网期刊数据库为检索平台，按照上述方法以"石油""天然气""石油天然气"为主题词进行检索，检索时间选取为 2000—2020 年，删除噪音文献共检索出 2959 条，利用 CiteSpace 进行知识图谱可视化分析石油天然气行业在学术界关注的热点问题。

由表 20-2 可以发现，突现强度高的词汇为"石油天然气""石油天然气地质""研究中心""中国石油西南油气田公司""合成橡胶""天然气净化厂""重庆天然气净化总厂"，突变强度均超过 6，可见，学者比较关注国有企业的发展，由于石油天然气企业在我国的特殊国有性质，国有企业的发展也就代表了石油天然气行业的发展。另外，根据突变统计表，本书将考察期大致划分为石油天然气的勘探开发（2000—2005 年）、大型油气生产基地（2006—2015 年）、全产业链开放（2016—2020 年）三个阶段，进行分时段分析。

表 20-2　　　　　　石油天然气行业领域突现统计

序号	关键词	突变强度	开始年份	结束年份	2000—2020 年
1	石油天然气工业	3.8496	2000	2002	■■■□□□□□□□□□□□□□□□□□□

续表

序号	关键词	突变强度	开始年份	结束年份	2000—2020年
2	石油和天然气	12.2295	2000	2007	■■■■■■■■□□□□□□□□□□□□□
3	中国海洋石油总公司	3.1166	2001	2002	□■■□□□□□□□□□□□□□□□□□□
4	中国石油化工股份有限公司	3.1433	2002	2003	□□■■□□□□□□□□□□□□□□□□□
5	石油	5.8718	2004	2009	□□□□■■■■■■□□□□□□□□□□□
6	完全成本法	4.3573	2005	2009	□□□□□■■■■■□□□□□□□□□□□
7	成果法	4.3573	2005	2009	□□□□□■■■■■□□□□□□□□□□□
8	能源	4.3849	2005	2007	□□□□□■■■□□□□□□□□□□□□□
9	油气资源	3.5491	2005	2007	□□□□□■■■□□□□□□□□□□□□□
10	矿区权益	5.3013	2006	2008	□□□□□□■■■□□□□□□□□□□□□
11	会计处理	3.8698	2006	2009	□□□□□□■■■■□□□□□□□□□□□
12	会计准则	5.4544	2006	2010	□□□□□□■■■■■□□□□□□□□□□
13	天然气	4.009	2008	2009	□□□□□□□□■■□□□□□□□□□□□
14	能源消费	3.2419	2008	2010	□□□□□□□□■■■□□□□□□□□□□
15	石油天然气勘探开发	4.0771	2010	2011	□□□□□□□□□□■■□□□□□□□□□
16	石油与天然气地质	8.2658	2010	2014	□□□□□□□□□□■■■■■□□□□□□
17	独山子石化公司	4.3892	2012	2016	□□□□□□□□□□□□■■■■■□□□□

续表

序号	关键词	突变强度	开始年份	结束年份	2000—2020 年
18	天然气管道	3.925	2013	2016	□□□□□□□□□□□□□■■■■□□□□
19	页岩气	3.5704	2013	2016	□□□□□□□□□□□□□■■□□□□
20	中试装置	4.4295	2014	2015	□□□□□□□□□□□□□□■■□□□□□
21	合成材料	3.5401	2014	2016	□□□□□□□□□□□□□□■■□□□□
22	研究中心	8.1421	2014	2016	□□□□□□□□□□□□□□■■□□□□
23	中国石油西南油气田公司	10.1258	2014	2018	□□□□□□□□□□□□□□■■■■□□
24	合成橡胶	8.836	2014	2020	□□□□□□□□□□□□□□■■■■■■■
25	研究院	4.1573	2014	2020	□□□□□□□□□□□□□□■■■■■■■
26	天然气净化厂	6.2291	2014	2020	□□□□□□□□□□□□□□■■■■■■■
27	重庆天然气净化总厂	6.8074	2015	2018	□□□□□□□□□□□□□□□■■■■□□
28	勘探开发	4.1948	2015	2017	□□□□□□□□□□□□□□□■■■□□□
29	石油与天然气	3.8419	2017	2018	□□□□□□□□□□□□□□□□□■■□□
30	石油与天然气化工	3.555	2017	2018	□□□□□□□□□□□□□□□□□■■□□

（一）加大勘探开发阶段（2000—2005 年）

由图 20-4 可以发现，在这一阶段学术界关注重点在于石油天然气的勘探开发、储量以及管道运输三方面，关于勘探开发主要关注石油天然气的物理勘探、催化裂化以及会计准则界定、会计核算等方面；关于石油天然气储量的探讨，主要包括原油产量、原油加工量、石油地质储量、探明储量、石油产量以及天然气产量，同时，原油价格、成品油价格也是学者关注的重点；关于管道运输方面，学术界主要关注管道的施工建设、石油检测以及储量等问题。

图 20-4　2000—2005 年石油天然气行业研究网络知识图谱

（二）建设大型油气生产基地阶段（2006—2015 年）

由图 20-5 可以观察到，2006—2015 年，学者主要研究大型国有企业发展，主要包括"中国石油天然气股份有限公司""中国石油天然气集团公司""中原油田分公司""中国石油西南油气田公司""天然气净化厂"等企业发展情况，这阶段大力发展石油生产基地建设，关注的热点问题为大型油气生产基地的相关系列问题，主要包括石油天然气的初期"勘探开发"，后期加工的"合成橡胶""乳聚丁苯橡胶""乳液聚合""中试装置"等方面，同时仍然关注技术的提升，包括"分段压裂技术""水平井分段压裂"以及"低渗透油气藏"等，天然气发展"十二五"规划中明确指出天然气发展的主要任务是加强勘探开发增加国内供给、增强天然气管网建设、稳步推进 LNG 接受站建设、紧抓建设储气工程设施、加强自主创新提高装备自主化水平、实行节约替代和提高能效工程，与学术界关注热点问题一致；另外，此时期石油天然气的会计核算问题仍是学者关注的热点问题，包括油气资产、当期损益、核算准则、核算方法等。

图 20-5　2006—2015 年石油天然气行业研究网络知识图谱

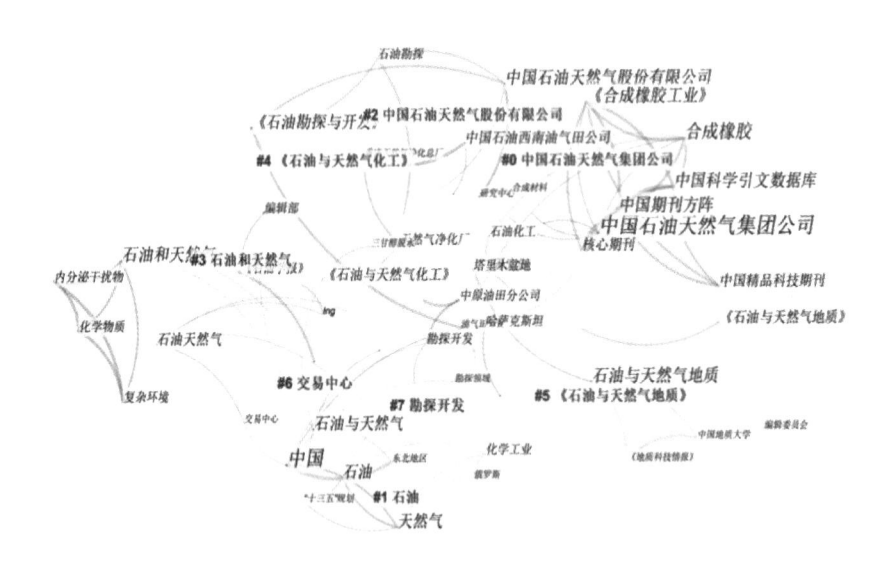

图 20-6　2016—2020 年石油天然气行业研究网络知识图谱

（三）全产业链开放阶段（2016—2020 年）

此阶段学术界的关注重点划分为八类，分别为"石油""石油天然气""石油与天然气地质""勘探开发""石油天然气化工""交易中心""中国石油天然气集团公司"以及"中国石油天然气股份有限公司",发现学术界所关注的石油天然气产业更加系统,关注重点转移为产业链的延伸、开发,从初期的石油天然气"地质探测""勘探开发",再到"石油天然气化工",最后形成"交易中心"均有深入研究探讨,同时此时期更加注重区域合作,发展东北地区、俄罗斯、哈萨克斯坦等地的资源整合利用。

第三节 新能源产业政策分析的知识图谱分析

关于新能源产业的探讨主要关注光伏产业以及风电产业的研究进展,同样采用 CiteSpace 软件首先对光伏产业及风电产业进行主题词检索,检索时间选取为 2000—2020 年,检索日期为 2020 年 7 月,文献来源类别限定为"核心期刊""CSSCI""CSCD",其次经过筛选剔除噪音文献,分时段绘制所研究产业的知识图谱,最后进行可视化分析在光伏产业、风电产业学术界研究的重点及热点问题。

一 光伏产业

光伏领域研究较为丰富,剔除噪音文献共检索得到 22359 条,通过绘制突变统计表,发现"太阳电池""光伏效应""光电转换""非线性光学""太阳能""主动配电网""分布式光伏"等词汇的突变强度最高(均超过 20),其中,"太阳电池""光伏效应""太阳能"的突变年限较长(均超过 8 年),并且 2008 年、2009 年成为时间节点;后一阶段"分布式光伏"开始时间为 2018 年,基于以上时间节点,本书将考察期划分为三个阶段:2000—2008 年,2009—2017 年,2018—2020 年,进行分阶段知识图谱分析。

表 20-3　　　　　　　　光伏产业领域突现统计

序号	关键词	突变强度	开始年份	结束年份	2000—2020 年
1	光伏电池	5.4472	2000	2008	■■■■■■■■■□□□□□□□□□□□□

续表

序号	关键词	突变强度	开始年份	结束年份	2000—2020 年
2	光伏探测器	9.3524	2000	2009	■■■■■■■■■□□□□□□□□□□□□
3	太阳电池	22.6928	2000	2009	■■■■■■■■■□□□□□□□□□□□□
4	光折变效应	16.1763	2000	2010	■■■■■■■■■■□□□□□□□□□□
5	空间光孤子	7.4834	2000	2010	■■■■■■■■■■□□□□□□□□□□
6	光伏效应	20.6559	2000	2008	■■■■■■■■□□□□□□□□□□□□□
7	光电转换	26.6212	2000	2008	■■■■■■■■□□□□□□□□□□□□□
8	空间孤子	6.5223	2001	2010	□■■■■■■■■■□□□□□□□□□□□
9	非线性光学	29.4416	2001	2012	□■■■■■■■■■■■■□□□□□□□□
10	二氧化钛	3.2243	2001	2010	□■■■■■■■■■■□□□□□□□□□□
11	碲镉汞	11.8201	2002	2009	□□■■■■■■■■□□□□□□□□□□□
12	太阳能	38.7478	2002	2009	□□■■■■■■■■□□□□□□□□□□□
13	并网发电	7.6319	2005	2011	□□□□□■■■■■■■□□□□□□□□□
14	太阳能发电	14.6130	2005	2011	□□□□□■■■■■■■□□□□□□□□□
15	太阳能光伏发电	9.2883	2005	2014	□□□□□■■■■■■■■■■□□□□□□
16	多晶硅	13.8325	2006	2011	□□□□□□■■■■■■□□□□□□□□□

续表

序号	关键词	突变强度	开始年份	结束年份	2000—2020年
17	太阳能电池	15.1493	2006	2011	
18	仿真	9.4447	2006	2012	
19	太阳能光伏产业	15.6268	2007	2012	
20	可再生能源	8.0982	2007	2009	
21	光伏技术	5.1721	2007	2010	
22	光伏产业	21.3203	2007	2010	
23	并网光伏发电	7.3174	2009	2010	
24	最大功率跟踪	6.7450	2009	2011	
25	光伏并网发电	7.8543	2009	2012	
26	低碳经济	9.8412	2009	2012	
27	双光子光折变效应	10.5566	2010	2012	
28	并网	8.1453	2010	2012	
29	太阳能光伏发电系统	7.7448	2011	2014	
30	战略性新兴产业	12.5487	2012	2015	
31	光伏产品	11.2174	2013	2014	

续表

序号	关键词	突变强度	开始年份	结束年份	2000—2020 年
32	大型光伏电站	6.7238	2016	2018	
33	协调控制	10.5776	2016	2018	
34	直流微网	7.088	2016	2020	
35	虚拟同步发电机	8.6379	2016	2020	
36	分布式电源	6.4329	2016	2017	
37	需求响应	15.4011	2016	2020	
38	主动配电网	22.1512	2016	2020	
39	优化调度	16.1868	2017	2020	
40	多目标优化	11.7161	2017	2020	
41	日前调度	5.1485	2017	2020	
42	不确定性	16.5854	2017	2020	
43	新能源消纳	7.9246	2017	2020	
44	光伏扶贫	6.5734	2017	2020	
45	储能	9.0686	2018	2020	
46	分布式光伏	20.4468	2018	2020	

第二十章 | 基于学术界视角中国能源产业政策的分析

（一）"两头在外"模式（2000—2008年）

从图20-7可以看出，这一阶段对于光伏的研究集中在"太阳能电池""太阳光伏产业"以及"光伏发电""光电转换"等方面，光伏产业链涉及硅料、硅片、电池片、电池组件和应用系统五个环节，上游是硅料、硅片制造的环节；中游是电池片和电池组件环节；下游是应用系统等环节，学术界研究较多的是中游和下游，即电池片、电池组件以及光伏应用系统，而在实际生产过程中，此阶段我国光伏企业大多从事电池芯片、应用系统等生产，硅材料加工等上游技术上处于落后状况，核心技术基本依赖于国外，另外，中国的光伏产业是一个典型的出口导向型产业，所生产的应用系统等基本出口国外，这形成"两头在外"的光伏依附格局，国外技术和市场的高度依赖性制约着我国光伏发电行业的发展。

图20-7 2000—2008年光伏产业研究网络知识图谱

（二）政府补贴模式激活光伏产业国内市场（2009—2017年）

2009年学者的关注重点发生转移，关注内容更加多元，通过知识图谱可以发现，此时期光伏产业的研究内容大致划分为12类，分别为"分布式电源""电力科技""最大功率点追踪""太阳能电池""能量管理""太阳能""光伏产业""参展商""稳定性""非线性光学""主题馆""三文件"，关注范围广，光伏产业链的延伸明显，其中，"分布式电源"研究较多的为"配电网""容量配置"以及"可靠性评估"，分布式电源的探索说明光伏产业主要解决光电转换并存储电能用以并网；"电力科技"探索最多的为"多晶硅""光伏产品"以及"可再生能源发电"等方面，可见，此时更多注重光伏产业上游硅片的研发；"太阳能电池"分类中关注更多的为"光伏组件""有机太阳能电池""光电转换"，研究的内容更为细致，关注光伏发电、光电转换及其存储问题；"光伏产业"领域研究最多的为"新兴战略性产业""新能源汽车""清洁能源"，探索最多的为政府补贴对于新能源汽车的影响，更加关注能源的清洁高效利用。

图 20-8　2009—2017 年光伏产业研究网络知识图谱

另外，通过关键词检索发现，出现频次最高的词汇是"太阳能"（79次）、"光电转换"（58次）、"光伏系统"（49次）、"太阳电池"

（49次）、"光伏电池"（43次）、"逆变器"（41次）、"最大功率点追踪"（37次）、"并网"（29次）、"光伏产业"（24次）、"光伏探测器"（24次），因此可以发现，学界所探究的光伏产业主要集中于光伏发电、光电转换、电能存储以及并网的问题，摆脱传统意义上火电的高消耗、高污染，逐步实现光电替代火电成为未来进一步努力的目标。

（三）光伏产业供给侧结构性改革（2018—2020年）

由图20-9可以看出，此阶段学界的研究重点主要集中在"光伏组件""配电网""需求响应"等方面。"光伏组件"方面探索较成体系，主要包括"光伏逆变器""最大功率点跟踪""输出特性""模糊控制""光伏系统"等方面；"配电网"研究主要集中在"光伏并网"的研究，涉及算法、预测、无功补偿、准入容量、电压偏差以及神经网络等方面；"需求响应"探究集中在"冷热电联供""商业模式""能源互联网""综合能源系统""电力物联网"等方面，更加关注供给侧的影响，与此阶段提出的供给侧改革相呼应。

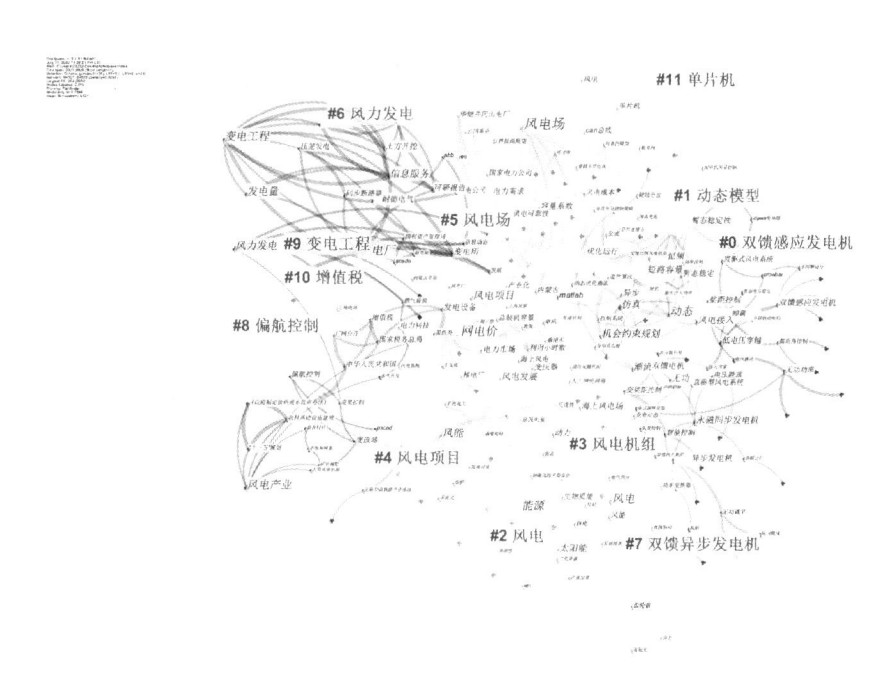

图20-9 2018—2020年光伏产业研究网络知识图谱

二 风电产业

风电产业学界探索研究较充分，选取时间为2001—2020年，剔除噪音文献共检索得到12179条，通过绘制突变统计表发现"风力发电""风能资源""变速恒频""可再生能源""永磁同步发电机""低碳经济""优化调度""综合能源系统""风电消纳"的突变强度较高，而突变强度代表着不同时间段的研究热点，由此根据研究热点词汇将考察期划分为2001—2008年、2009—2013年和2014—2020年，分阶段探讨不同时段所关注的热点。

表20-4　　　　　　风电产业领域突现统计

序号	关键词	突变强度	开始年份	结束年份	2000—2020年
1	风力发电	58.4179	2001	2012	
2	风电设备	10.7908	2001	2010	
3	电能质量	7.7513	2003	2013	
4	风能资源	20.893	2003	2010	
5	双馈发电机	8.49	2003	2012	
6	政策	6.5527	2003	2011	
7	上网电价	7.1951	2003	2010	
8	变速恒频	24.5397	2003	2011	
9	可持续发展	6.6273	2004	2012	
10	异步发电机	12.2956	2004	2011	
11	可再生能源	19.3702	2005	2009	
12	风电项目	7.6158	2005	2010	

续表

序号	关键词	突变强度	开始年份	结束年份	2000—2020 年
13	电力科技	13.9873	2006	2011	
14	风电产业	13.9168	2006	2012	
15	太阳能	9.2605	2007	2012	
16	永磁同步发电机	15.4695	2008	2012	
17	风电基地	10.6491	2008	2012	
18	产能过剩	6.7905	2009	2010	
19	可再生能源发电	6.5342	2009	2011	
20	并网	10.8954	2009	2013	
21	智能电网	7.9572	2009	2014	
22	战略性新兴产业	6.342	2010	2012	
23	环氧树脂	9.3432	2010	2012	
24	节能减排	5.3223	2010	2013	
25	海上风力发电	3.9841	2010	2011	
26	新能源汽车	3.9841	2010	2011	
27	新能源产业	6.8162	2010	2013	
28	永磁同步电机	3.5867	2010	2013	
29	最大功率跟踪	3.5645	2010	2012	

续表

序号	关键词	突变强度	开始年份	结束年份	2000—2020 年
30	低碳经济	16.5205	2010	2012	
31	低电压穿越	11.5921	2012	2013	
32	分布式发电	3.7785	2012	2016	
33	双馈风电机组	6.9678	2015	2017	
34	优化调度	16.5784	2016	2020	
35	条件风险价值	8.2336	2016	2020	
36	新能源消纳	11.6957	2016	2020	
37	电转气	11.8526	2017	2020	
38	风电不确定性	11.7098	2018	2020	
39	综合能源系统	21.0104	2018	2020	
40	风电消纳	50.8177	2018	2020	
41	鲁棒优化	10.5529	2018	2020	
42	直驱风电机组	7.8018	2018	2020	

（一）特许权招标模式推动风电行业快速启动（2001—2008 年）

通过关键词检索绘制知识图谱，可将这一时间段的研究内容聚类为 12 类，分别为"双馈感应发电机""动态模型""风电""风电机组""风电项目""风电场""风力发电""双馈异步发电机""偏航控制"

第二十章 | 基于学术界视角中国能源产业政策的分析

"变电工程""增值税"以及"单片机"。"风电"主要探索可再生能源，包括"风能""太阳能""核能"；"风电项目"主要研究电力设备、总装机容量以及其产业化的发展，2003 年国家提出风电特许权招标制度以推动风电行业的发展，风电特许权招标项目明显促进了风电开发规模化发展的速度，通过明确规定风电上网的责任主体、风力发电成本等制度约束，为风电投资主体多元化发展奠定了坚实基础，此阶段学术界对于风电项目展开细致研究分析。由此可见，此时间段学术界与政府的关注内容相同；"风力发电"的连接点包括"土方开挖""电源建设""变电工程""发电量""信息服务"，风力发电工程的研究涉及较为广泛。

图 20-10　2001—2008 年光伏产业研究网络知识图谱

（二）限风弃电问题成为困扰（2009—2013 年）

为了更加准确地揭示 2009—2013 年风电研究领域的知识结构，全面概括该领域的研究内容，本节参考自动生成的聚类标签，结合文献共被引分析对聚类团进行总结与分析。通过共被引文献关键词聚类分析，可以将聚类 4（新能源）、聚类 5（新能源发电）、聚类 9（风能）概括为可再生能源发电，传统意义的火力发电不能够满足我们现阶段对于资源耗竭性、排放清洁性的要求，可再生能源的开发与利用是历史发展的必要需求，逐步开发利用"太阳能""风能""核能"；聚类0（风电项目）、聚类1（风力发电系统）、聚类2（低电压穿越）、聚类6（风电场）、聚类7（风电叶片）、聚类10（风电功率预测）、聚类11（模糊控制）、聚类12（风电装备）概括为风力发电，其研究包括风力发电的各个方面，从风带动的风力叶片的转动，叶片带动的发动机（双馈风力发电机、永磁同步发电机），将机械能转化为电能至发电机，再到低电压穿越储存电能，以此形成完整的风力发电系统。

结合此时期风电产业发展现状来看，2010年以来，风电产业矛盾凸显，从原有争取大规模和高速度风电装机量的矛盾转为如何消纳风电与建设速度之间的矛盾，弃风限电问题愈加凸显，2010年弃风量、弃风率逐年攀升，在2012年达到峰值208.22亿千瓦时，2013年弃风限电量有所好转，但风机安装量仍达到9亿千瓦，弃风限电问题仍不可忽视，但是对比学术界所关注问题可以发现，风电产业的发展现状与学术界所关注内容不符，存在偏差。

图20-11　2009—2013年光伏产业研究网络知识图谱

（三）分散式风电成为风电产业政策新发力点（2014—2020年）

2011年，国家能源局颁布《关于分散式接入风电开发的通知》，提

第二十章 | 基于学术界视角中国能源产业政策的分析

出因地制宜，积极稳妥探索分散式接入风电开发模式。2013 年，《关于印发大力发展分布式发电若干意见的通知》指出全面放开用户端分布式发电市场，鼓励"合同能源管理"模式引进投资方建设和运营分布式发电规模，此时分散式风电政策得以第一次明确接入并实现市场开放。2018 年，国家能源局颁布《分散式风电项目开发建设暂行管理办法》，该管理办法将我国分散式风电发展带入了一个新的里程碑，提出简化分散式风电项目核准流程，建立简便高效规范的核准管理工作机制，鼓励开发企业将位于同一县域内的多个电网接入点的风电机组打捆成一个项目统一开展工作，以及提出电网企业与分散式风电项目单位予以补贴等，使分散式风电项目批量化或区域性招标成为主流，成本及运维问题能得到较好的解决。而对比学术界所关注重点，此阶段学术界更多地关注风电产业的"风电项目"以及风电项目开展过程中的"风电消纳""低电压穿越""多端柔性直流输电"以及"故障诊断"，可以发现，此时期政策的颁布与学术界所关注的重点存在偏差。

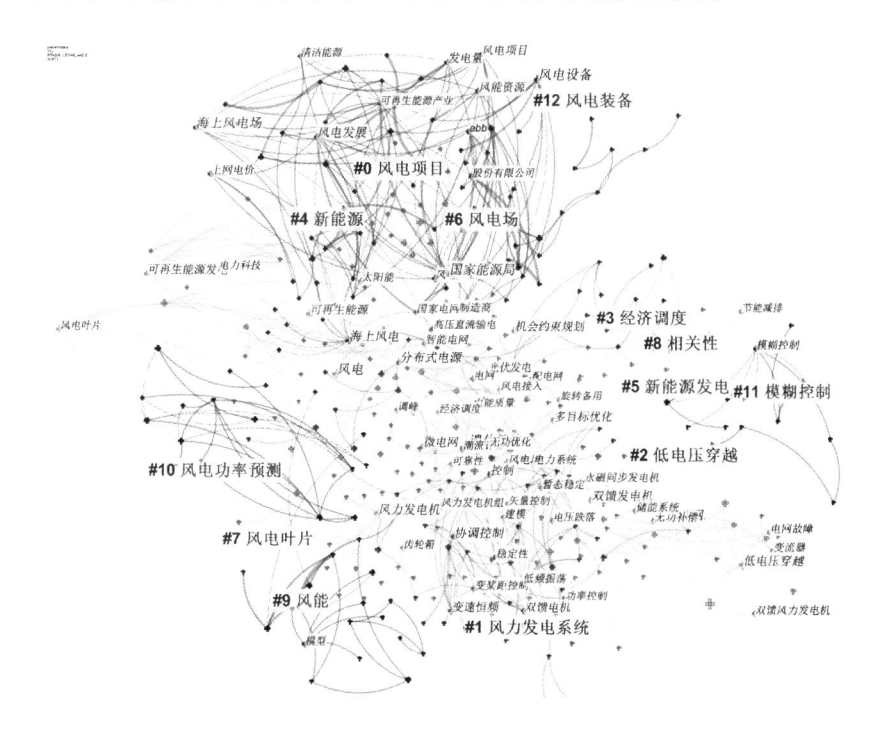

图 20-12 2014—2020 年光伏产业研究网络知识图谱

第二十一章

基于媒体传播视角中国能源产业政策的分析
——社交网络舆情分析

第一节　中国能源产业政策网络舆情分析的文献综述

产业政策是政府为了实现一定的经济和社会目标而对产业的形成和发展进行干预的各种政策的总和。网络舆情是指公众通过网络平台对社会事件所表达的不同情绪、态度和意见等方面的总和。网络舆情通过网站的新闻报道、论坛贴文、微博及博客来呈现，分布在方便快捷、价值多元化的网络数据系统。

网络舆情的具体内容为媒体关注度、主题挖掘和情感分析。首先，经济理论指出关注是一种稀缺资源。媒体关注度反映的是媒体对于特定行业和政策等方面的关注程度，通常以统计特定新闻媒体发布的相关新闻报道总量来构建，即报道总量。报道总量的采集。一方面通过相关搜索引擎或文本大数据分析平台直接获得计数或者图像数据，以此作为报道总量数据进一步研究相关问题。孟雪井等（2016）利用百度搜索引擎获取的各种关键词搜索量来衡量投资者情绪变动的测度指标。另一方面则是利用文本大数据技术获取相关数据，具体利用网络爬虫或网站公开 API 等方式获取报刊、微博以及股吧平台等相关非结构化数据，再利用自然语言处理技术将获得的非结构化数据进行结构化转化。王夫乐和

第二十一章 基于媒体传播视角中国能源产业政策的分析

王相悦（2017）利用新浪微博开发平台抽取每日微博数据获得相关文本大数据。孟勇和常静（2019）利用网络爬虫技术获得新浪财经股票板块下大盘评述专栏里所有文章的文本大数据，对其进行相应处理。其次，网络舆情的主题挖掘，主题挖掘需要对文本进行分词处理，并对文本大数据进行信息提取。实现对未知文本的切分，常用方法包括最大概率分词法和最大熵分词法等。目前有专门信息技术支持分词处理。汪昌云和武佳薇（2015）通过信息检索共享平台和自然语言处理技术研究媒体语气。段江娇等（2017）通过中科院汉语词法分析系统处理论坛信息含量。王靖一和黄益平（2018）利用 Python 软件包分析金融科技媒体情绪。实现文本大数据信息提取主要有词典法和 LDA 主题模型法。词典法是一种传统的文本大数据分析方法。该方法从预先设定的词典出发，通过统计文本数据中不同类别词语出现的次数，结合不同的加权方法来提取文本信息。在国外相关文献研究中，词典法得到广泛运用。国内相关学者就词典法的研究主要集中于就具体问题构建中文词典。例如，汪昌云和武佳薇（2015）手动整理新闻报道，结合《现代汉语词典》《最新汉英经济金融常用术语》、LM 词典中文版以及知网——中文信息结构库等词库，构建了中国财经媒体领域的正负面词库。王靖一和黄益平（2018）根据和讯网上的新闻，构建了适用于金融科技领域的情感词词典等。对于词语权重加权的方法，常用的加权方法有等权重、词频—逆文档加权和对应变量加权这三种。等权重法假定文本中每个词语的重要程度相同。词频—逆文档加权方法则同时考虑词语在文本中出现的次数和多少文档包含该词语这两个维度，对在文本中频繁出现但并没有实际含义的词语赋予较少的权重，而给予有重要含义但出现次数较少的词语较大权重。对应变量加权是指用文本中词语与对应变量的关系来确定词语的权重。主题分类模型，在经济和金融领域的一个应用需求是在没有事先标注集的情况下，对文本按主题做分类。由于一篇文本的主题可能有多个，这类分类问题不同于按照事先标注集、将一篇文本仅归入一类的应用。主题分类问题的代表模型是由 Bleieta 等在 2003 年提出的，具体来说，在 LDA 模型中，文档集中每篇文档的主题以概率分布的形式表示。LDA 的一个局限性是需要人为地给出一个主题数量，而主题数量的选择会影响主题的生成和文档的归类。LDA 模型的一个拓展是 Teh 等（2006）提出的层次狄利克雷过程。该方法不需要事先设定 K，而是将主题个数作为未知的模型参数并结合贝叶斯非参技术来估计。LDA 的另一个局限性是忽略了主题分布随时间可能存在的演进变化，相对应的拓展是 Blei 和 Laffery 提出的动态主题模型。度量情绪是文本大数据的一大应用。文献中情绪常有正面和负面、乐观和悲观、积极和消极等不同表述，也常用"语调"来表示"情绪"。媒体情绪是度量媒体报道内容中包含的乐观与悲观情绪。国外相关研究文献使用《华尔街日报》《纽约时报》《华盛顿邮报》等文本数据来度量媒体情绪。国内相关研究文献也采用国内主流财经媒体报刊数据来度量媒体情绪，游家兴和吴静（2012）以国内 8 家主流财经报道为样本，将媒体情绪从悲观到中性再到乐观的不同态度倾向采用 5 级对称计分法量化，并由低到高赋予不同分值；汪昌云和武佳薇（2015）利用主流财经媒体和自定义财经媒体情绪词典，统计了新闻中的正负面词语数量并构建媒体正、负面语气指数。王夫乐和王相悦（2017）爬取新浪微博内容的情绪分类，并对各类情绪的微博量作权值，以情绪性质的加权均值作为当日微博情绪。另外，徐映梅和高一铭（2017）利用百度搜索引擎抓取物价指数搜索量数据，并以搜索量数据构建 CPI 高频舆情指数。

　　网络舆情分析方法比较成熟，但针对能源产业政策的网络舆情分析还比较少，其中赵菲菲等（2020）基于网络媒体数据，应用大数据文本处理方法对网络主流媒体的公共政策传播议程设置与社交媒体网民舆论进行挖掘对比，以新能源汽车产业政策为例。熊勇清和陈曼琳（2016）从能源政策的供给侧和需求侧两方面角度出发，研究新能源汽车需求市场培育的政策取向问题。对于能源产业政策的舆情分析目前出现在新能源汽车行业，新能源汽车是能源产业和制造业的融合产业，其生产消费过程贴近消费者，更容易获得媒体关注。目前，社交网络的舆情分析，基于文本大数据技术层面的应用研究已经比较多，但应用于能源产业政策分析方面还不完善，本章尝试构建中国能源产业政策网络舆情分析的框架。

第二节 中国能源产业政策网络舆情分析框架的构建

首先,对国内网络主流媒体报道和社交媒体中关于中国能源产业政策的数据进行信息提取和文本预处理工作。其次,对获得的文本内容进行多维度分析,其中,分析维度包括媒体关注度、基于词典法的主题挖掘分析以及情感分析3个维度。具体见图 21-1。

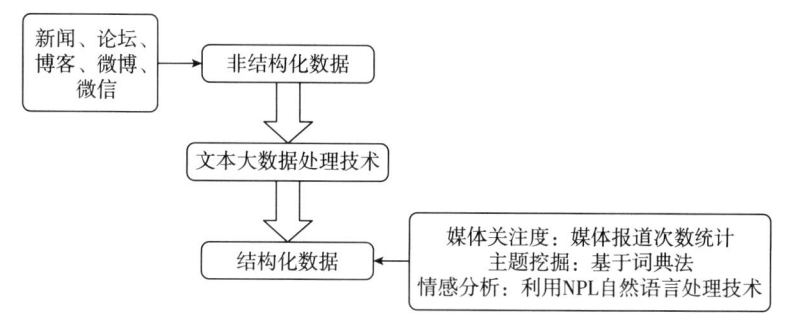

图 21-1 中国能源产业政策网络舆情的分析框架

通过互联网媒体和移动互联网媒体的文本分析,从媒体关注度、主题挖掘和情感分析三个方面进行中国能源产业政策网络舆情分析。

一 媒体关注度

根据互联网大数据平台得到媒体关注度和信息类型,媒体关注度根据媒体报道次数统计,信息类型分为新闻、论坛、博客、微博、微信、移动客户端、数字报。

二 主题挖掘

基于词典的文本分词程序,按顺序将正文数据进行中文语法分词,排除掉语气词、助动词等无关词汇得到所有文章的词汇汇总,进而找到词汇汇总中重复出现最多的词汇,按照重复性从高到低排序,保留前100个重复率最高的词汇作为高频热点词汇。

三 情感分析

本书采用基于规则的情感分析方法,具体来说,在对文本进行预处理工作后,首先针对文本中出现的情感词、否定词、程度副词、特殊标点符号进行词典匹配,并计算情感权重,最后判断文本内容所表达的情感倾向，基本方法是利用 NPL 自然语言处理，分析该高频词汇短句并识别其中的情感导向。

第三节　中国传统能源产业政策网络舆情分析

本章数据收集和分析的时间跨度为 2000 年 1 月 1 日至 2020 年 8 月 26 日，收集了包括互联网媒体和移动互联网媒体关于能源产业政策的报道。根据研究需要，将能源产业政策划分为煤炭行业、石油天然气行业、光伏行业和风电行业四个方面，根据各行业不同发展阶段进行分类分析。

一　煤炭行业

煤炭行业根据发展阶段分为工业结构调整期、煤炭企业兼并重组和资源整合期、煤炭行业化解过剩产能和供给侧结构性改革期。针对不同发展时期的煤炭行业，利用文本大数据处理技术进行煤炭行业政策的网络舆情分析。

（一）媒体关注度分析

实验分析数据的时间跨度为 2000 年 1 月 1 日至 2020 年 7 月 31 日，收集了包括中国新闻网、《中国能源报》、财新网等 100 家国内主流媒体和微信、微博等社交媒体平台关于煤炭行业领域的新闻数据 5237 条，具体分布见表 21-1。

表 21-1　　　　　　　煤炭行业政策媒体关注度趋势

年份	发展阶段	关键词	报道总趋势
2000—2005	工业结构调整	煤炭工业结构调整、调整煤炭建设布局、提高煤炭工业素质	58
2006—2015	煤炭企业兼并重组、煤炭资源整合	煤炭资源整合、煤炭企业兼并重组、煤炭综合利用、煤炭矿区生态保护、煤炭基地建设、煤电一体化	516
2016—2020	煤炭行业化解过剩产能、供给侧结构性改革	煤炭去产能、煤炭企业兼并重组、煤炭清洁高效、煤炭矿区生态保护、煤炭基地建设、煤电一体化、煤炭深加工	4663

注：互联网大数据平台搜索引擎不稳定，相同词条录入的情况下，获得报道量和词条有稍微差异。同时，报道量和词条统计口径不同，同一篇报道可能多次出现搜索词条，使得词条数远远大于报道量。

第二十一章 | 基于媒体传播视角中国能源产业政策的分析

从图 21-2 中可以看出，在煤炭行业发展经历三个阶段，媒体报道总趋势也呈现出逐级递增的特点，2000—2005 年煤炭行业对于产业政策的媒体报道只有个位数，2006—2015 年煤炭行业媒体报道总趋势呈现十位数，2016 年煤炭行业媒体报道趋势仍保持十位数，到 2020 年煤炭行业媒体报道总趋势激增，呈现百位数。

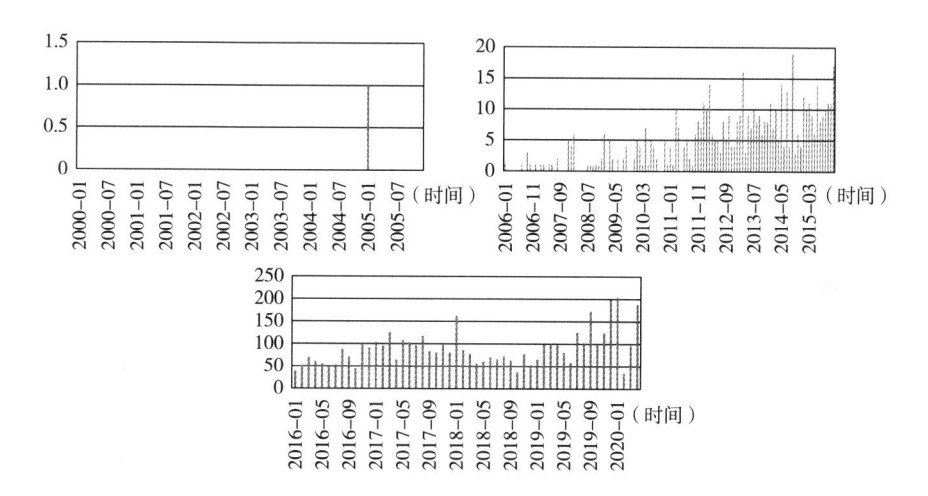

图 21-2 煤炭行业政策分阶段媒体关注度趋势

（二）媒体关注度类型分析

由图 21-3 可以看出，从能源产业媒体关注度类型进行分析，发现新闻和数字报对煤炭行业政策的关注度占比较大，新闻报道量为 89166 次，占比 50%，数字报报道量为 50924 次，占比 28%。其次是移动客户端，移动客户端报道量为 32691 次，占比 18%，论坛、博客、微博、微信对煤炭行业政策的关注度较低。

（三）主题挖掘和情感分析

传统媒体发布的新闻展现的情感分布以陈述事实的中立情感为主，比如能源产业政策、新能源补贴政策解释等。而对于微博数据，因为包含公众和企业对政策的观点和情绪，所以更能体现出公众对某一政策的态度。本部分首先进行煤炭行业政策网络舆情分析的主题挖掘和情感分析，具体分析见表 21-2 和图 21-4。

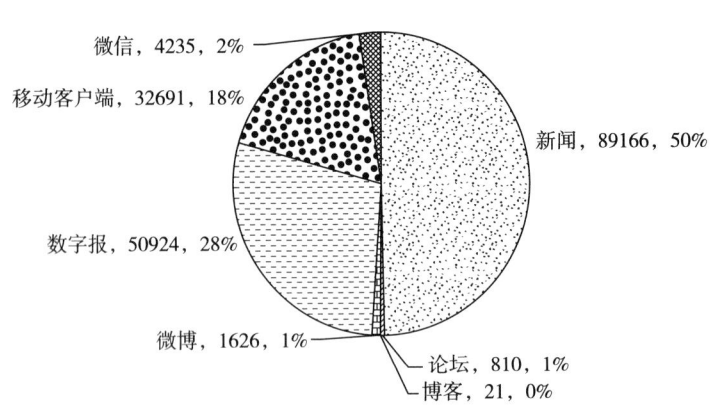

图 21-3 煤炭行业政策媒体关注度类型

表 21-2 煤炭行业政策网络舆情分析的主题挖掘和情感分析

年份	发展阶段	主题挖掘	正向情感	负向情感
2000—2005	工业结构调整	工业、投资、发展、煤炭、城市、项目、焦作、矿井、结构、鹤岗	新型能源和煤炭基地、投资结构优化升级、可持续发展道路、产业结构调整、煤转电、煤城到旅游城、重大项目、大力发展连续替代产业、积极发展煤化工、加快矿井改造和新井建设	投资比重过高、煤炭产量锐减、老煤炭工业城市、矿井资源枯竭、焦西煤矿是老矿井、鹤岗作为老煤炭工业城市、老工业基地、调整改造、矿井被关闭
2006—2015	煤炭企业兼并重组、煤炭资源整合	煤炭、山西、生产、资源、整合、转型、产能、集团、调整、产业结构、领导干部	实施煤炭资源整合、推动煤炭绿色低碳发展、优化煤炭产业结构、山西煤炭运销集团、山西反腐风暴、发展清洁生产、丝绸之路经济带、转变煤炭发展方式、煤炭深加工产业	煤矿兼并重组、煤矿关闭、涉嫌贪腐落马、煤炭市场低谷徘徊、煤炭企业压力巨大、延误影响兼并重组和资源整合工作、大规模非法掠夺开采、融资困难、煤炭税费征缴中存在违规减缓免、山西经济增长乏力
2016—2020	煤炭行业化解过剩产能、供给侧结构性改革	发电、工程、装机容量、煤炭、发展、天然气、火电、分布式能源站、技术、公司、化工	超低排放燃煤发电、煤炭清洁高效转化与利用技术、调控能源结构、抓好能源规划编制、推动智能化技术与煤炭产业融合发展、全面释放产能、加强能源需求管理、建设现代化新型能源企业、提升能源科学技术、煤矿安全生产	煤电联动取消、重复建设严重、钢铁煤炭去产能、僵尸企业、迫于成本压力弃风弃电、环境负效应、多重因素制约、政策推进不及预期、产业发展战略定位不明确、严控产能总量

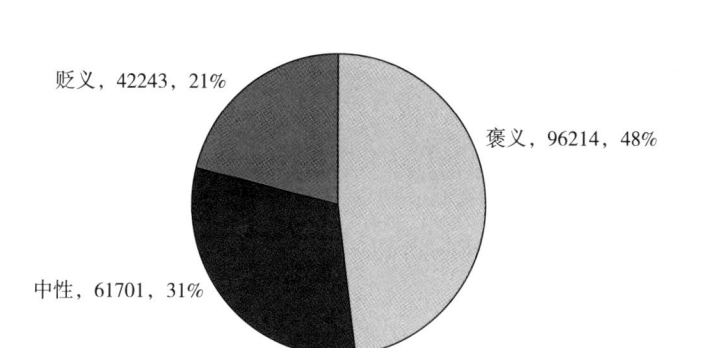

第二十一章 | 基于媒体传播视角中国能源产业政策的分析

图 21-4 煤炭行业政策网络舆情情感类型分布

由图 21-4 可以看出，关于煤炭行业政策信息的情感分析，从语气来讲，褒义性和中性词语较多，其中褒义词 96214 次，占比 48%，中性词 61701 次，占比 31%。具体分析可以看出，工业结构调整时期，媒体报道总趋势比较少，相关报道主要出现在 2005 年，媒体报道来源主要是地方媒体。煤炭富集城市和煤炭枯竭城市都面临工业结构调整的问题，媒体对于不同情况的煤炭城市关注方向不同；煤炭富集城市推动煤炭工业结构调整，辽宁鹤岗提出加快推进"煤转电"，努力实现煤炭就地增值。煤炭枯竭城市寻求转型路径，例如河南焦作 2005 年提出由煤城转型为旅游城市。在煤炭企业兼并重组和资源整合期，相关报道主要出现在 2012 年和 2013 年，媒体聚焦于煤炭资源重镇山西，传统煤炭城市走清洁化发展是经济发展的必然选择，但是其在兼并重组过程中承受融资和转型压力，并且整合过程中发现众多违规操作和贪腐问题。在煤炭行业化解过剩产能、供给侧结构性改革期，相关报道主要出现在 2020 年，媒体聚焦于超低排放燃煤发电、扩充煤电机组装机容量，煤炭产业智能化发展和能源规划编制工作。同时山西、河北、山东、内蒙古等煤炭富集地区面临化解过剩产能、处理僵尸企业和解决环境负效应的问题。

二 石油天然气行业

石油天然气行业根据发展阶段分为加大勘探开发和上产能期、建设大型油气生产基地和加强油气输送管网建设期与全产业链开放期。针对不同发展时期的石油天然气行业，利用文本大数据处理技术进行石油天然气行业政策的网络舆情分析。

（一）媒体关注度分析

由图 21-5 可以看出，石油天然气行业发展经历三个阶段，报道总趋势呈现递增，2000—2005 年石油天然气行业媒体报道总趋势呈现个位数，2006—2015 年石油天然气行业媒体报道总趋势仍呈现个位数，2016 年石油天然气行业媒体报道总趋势呈现十位数，并且在 2020 年石油天然气行业媒体报道总趋势激增，呈现百位数。

表 21-3　　　　　　石油天然气行业媒体关注度趋势

年份	发展阶段	关键词	报道总趋势
2000—2005	加大勘探开发，上产能	加强勘探、经济开发、油气并举、扩大油气开放、石油储备	112
2006—2015	建设大型油气生产基地和加强油气输送管网建设	加大勘探开发投入、油气区块矿产招标和退出制度、石油节约和替代、非常规油气开发、集约化炼油基地	155
2016 年至今	全产业链开放	油气体制改革、油气企业混改、找矿突破战略行动、管网互联互通、石油供应安全、油气国际合作	1886

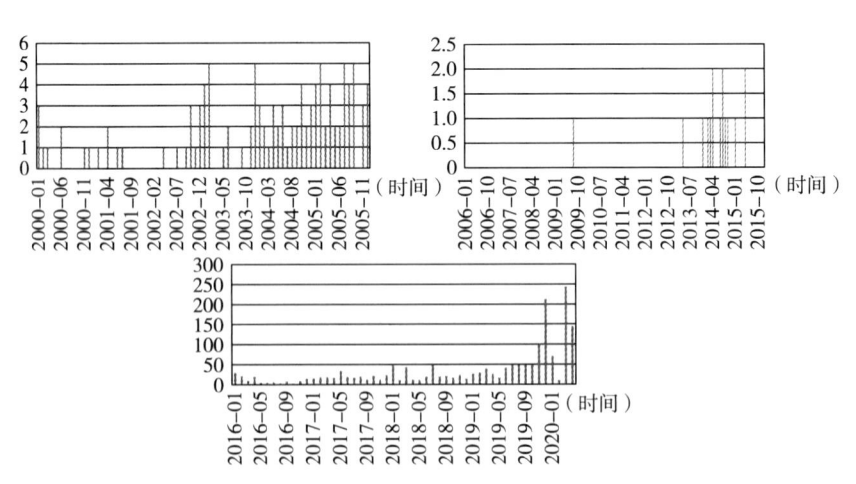

图 21-5　石油天然气行业政策分阶段媒体关注度趋势

(二) 媒体关注度类型分析

从图 21-6 可以看出，通过对石油天然气行业媒体关注度类型进行分析，可以发现新闻和数字报对石油天然气行业政策的关注度占比较大，新闻报道量为 42028 次，占比 49%，数字报报道量为 23733 次，占比 28%。其次是移动客户端，移动客户端报道量为 14170 次，占比 17%，论坛、博客、微博、微信对石油天然气行业政策的关注度较低，占比仅为 6%。

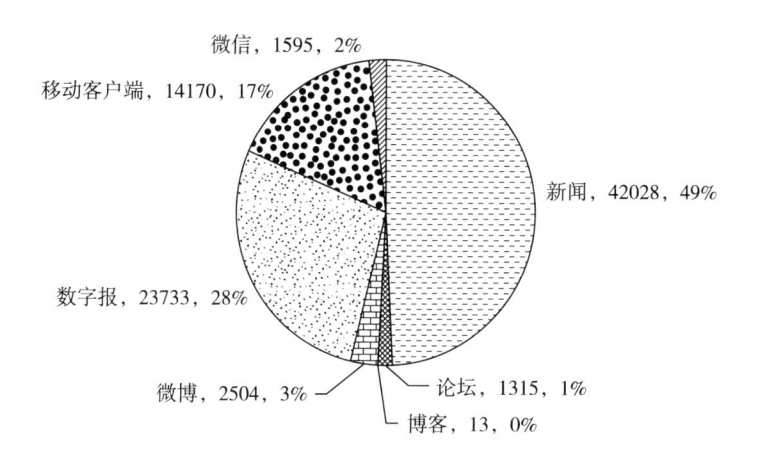

图 21-6 石油天然气行业媒体关注度类型

(三) 主题挖掘与情感分析

本部分进行石油天然气行业政策网络舆情分析的主题挖掘和情感分析，形成表 21-4 和图 21-7。

表 21-4　　石油天然气行业政策网络舆情分析的主题挖掘和情感分析

年份	发展阶段	主题挖掘	正向情感	负向情感
2000—2005	加大勘探开发、上产能	投资、法规、市场、机构、石油、交易、股指、油价、储备	弥补原油市场、平抑市场油价、原油下跌、建立石油储备体系、甩掉贫油的"帽子"、动用石油战略储备	石油提炼能力的短缺、对油价变化的影响变弱、石油和铜的价格起落

425

续表

年份	发展阶段	主题挖掘	正向情感	负向情感
2006—2015	建设大型油气生产基地和加强油气输送管网建设	国内、技术、开发、企业、油气、设备、服务、合作、勘察、卡尔加里	国内最大的石油设备和服务企业、对非常规油气开发中试、地质勘察、储量分析、引入国外先进技术	整体水平亟待提升
2016—2020	全产业链开放	管网、天然气、油气、能源、建设、发展、市场、推进、改革、服务	把国家管网集团管理好、管网规划编制、管网统一管理、石油天然气产供储销体系建设、油气管网改革、储气设施建设、能源技术创新、促进油气市场发展、深化油气体制改革、保障石油供应安全	管道开口权分歧、天然气市场机制很难彻底建立、价格没有理顺、储气能力"短板"、不少困难和问题、未得到挖掘、改革难点、不少企业并不情愿、遭遇"瓶颈"、石油市场复苏面临威胁

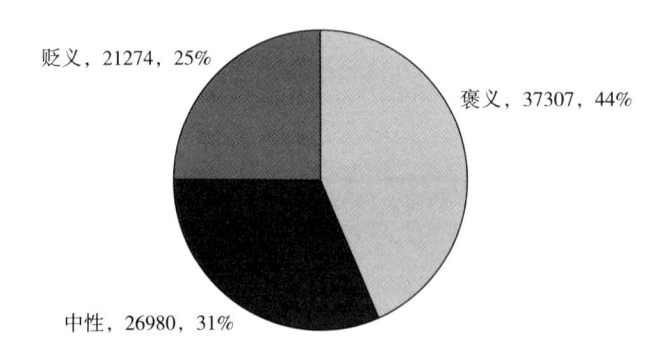

图 21-7 石油天然气行业政策网络舆情情感类型

从图 21-7 可以看出，关于石油天然气行业政策网络舆情的情感分析，从语气来讲，褒义性和中性词语较多，其中褒义词 37307 次，占比 44%，中性词 26980 次，占比 31%。

通过进一步具体分析，可以发现加大勘探开发、上产能时期，媒体报道总趋势比较少，基本处于个位数阶段，相关报道主要出现在 2004 年和 2005 年，媒体关注国际石油市场，报道了"卡特里娜"飓风造成的美国石油市场供应短缺和平抑市场油价，美国政府动用战略石油储备。建设大型油气生产基地和加强油气输送管网建设时期，媒体报道总趋势仍比较少，相关报道主要出现在2014年和2015年，媒体关注国内油气勘察技术，重视非常规油气开发技术，引入国外先进技术，但仍面临整体水平亟须提升的问题。全产业链开放时期，媒体报道总趋势激增，达到千位数，相关报道主要出现在2020年，媒体关注油气管网建设和市场服务，关注管网规划编制工作，石油天然气供销体系建设，但是油气价格机制没有理顺，市场机制很难彻底建立。

第四节　中国新能源产业政策网络舆情分析

一　光伏行业

光伏行业根据发展阶段分为两头在外模式、政府补贴模式和供给侧结构性改革时期。针对不同发展时期的光伏行业，利用文本大数据处理技术进行光伏行业政策的网络舆情分析。

（一）媒体关注度分析

光伏行业发展经历三个阶段，报道总趋势呈现递增，2000—2008年光伏行业媒体报道总趋势呈现十位数，2009—2017年光伏行业媒体报道总趋势呈现百位数，2020年光伏行业媒体报道总趋势激增，呈现千位数。

表21-5　　　　　　　　　　光伏行业媒体关注度趋势

年份	发展阶段	关键词	报道总趋势
2000—2008	"两头在外"模式	可再生能源法、无锡尚德、墙内开花墙外红、产能过剩、两头在外、光伏产业"瓶颈"	65
2009—2017	政府补贴模式激活光伏产业国内市场	金太阳示范工程、晶硅电池、薄膜电池、标杆上网电价、"光伏"双反、分布式光伏、光伏补贴、光伏领跑者、光伏扶贫	700
2018年至今	光伏产业供给侧结构性改革	"531"新政、光伏平价上网、智能光伏、无补贴光伏、"光伏+"、光伏行业洗牌、光伏行业"出海"	1849

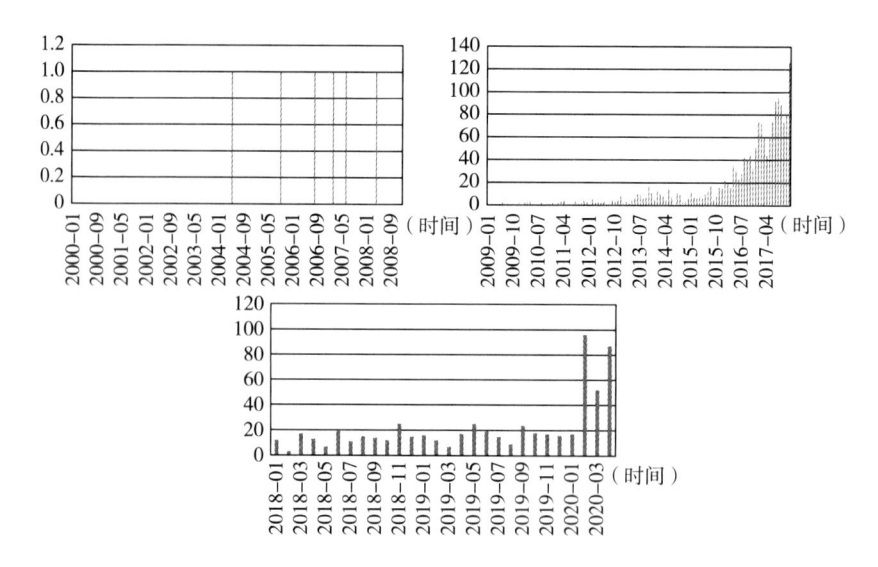

图 21-8　光伏行业政策分阶段媒体关注度趋势

（二）媒体关注度类型分析

由图 21-9 可以看出，对光伏行业媒体报道的信息类型进行分析，发现微信对光伏行业政策的关注度占比较大，微信报道量为 46717 条，占比 39%；其次是新闻和移动客户端，新闻报道量为 32475 条，占比 27%，移动客户端报道量为 32508 条，占比 27%；论坛、博客、微博、数字报对光伏行业政策的关注度较低。

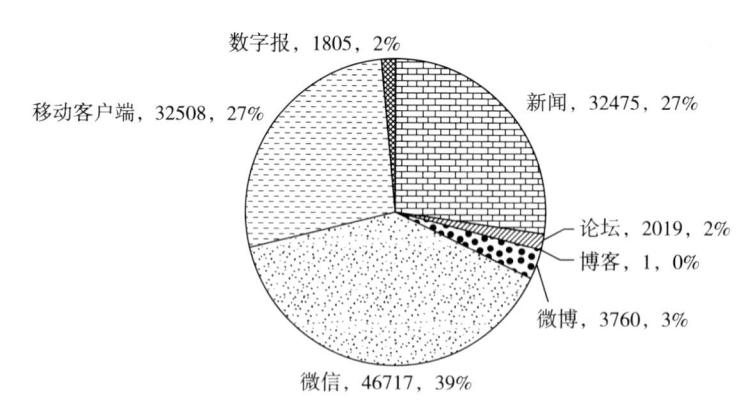

图 21-9　光伏行业政策媒体关注度类型

(三) 主题挖掘与情感分析

首先，通过对光伏行业政策网络舆情分析的主题挖掘和情感分析，具体内容见表21-6和图21-10。

表21-6　光伏行业政策网络舆情分析的主题挖掘和情感分析

年份	发展阶段	主题挖掘	正向情感	负向情感
2000—2008	"两头在外"模式	出口、过剩、问题、产能、发展、情况、商品、退税、成本	循环高效的资源可再生利用、新能源、新能源产业方面的合作、出口退税政策调整力度适中、全球半导体市场保持平和增长	依靠进出口维持
2009—2017	政府补贴模式激活光伏产业国内市场	扶贫、光伏、脱贫、产业、发电、能源、企业、服务、政策、投资	集中式光伏扶贫项目、促进光伏产业健康发展、光伏产业技术进步、发展分布式电源、发展方向、光伏扶贫产业、光伏发电运营环境不断优化、光伏发电补贴即将调整	"光伏贷"骗局风险、新能源补贴缺口逐渐增大、企业恶意低价竞争、市场存在多维预期差、分布式能源尚处于起步阶段
2018—2020	光伏产业供给侧结构性改革	光伏、能源、发展、发电、公司、评价、技术、规模、龙头、产业链	光伏市场实现恢复性增长、布局光伏加储能试点、促进清洁能源利用、光伏发展成效显著、智慧能源管理系统、储能产业链优质企业、技术实力领跑全球、平价上网进程、新能源居全球领导地位	光伏上网电价补贴大幅退坡、隐形成本、项目建设进展不及预期、技术发展遇到一定"瓶颈"、减少弃电、高成本的多晶硅产能加速退出、缺乏相关行业标准、缺少盈利政策和市场机制

从图21-10可以看出，关于光伏行业政策信息的情感分析，从语气来讲，褒义性和贬义性词条分别占对半比例，其中褒义词条35814条，占比39%，贬义词条31131条，占比34%。

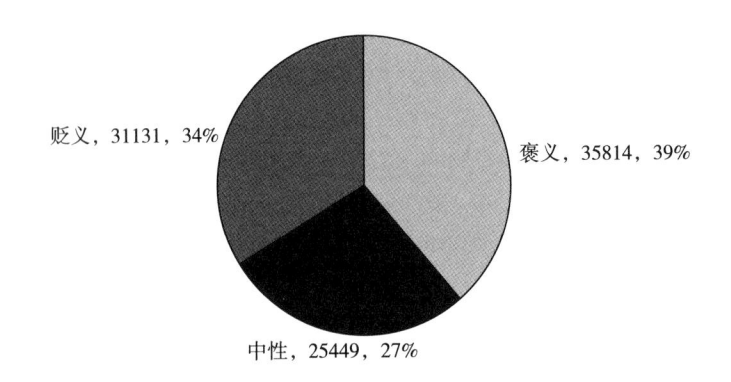

第八篇 中国能源产业政策的量化分析

贬义,31131,34%
褒义,35814,39%
中性,25449,27%

图 21-10 光伏行业政策网络舆情情感类型

其次,经过分阶段具体分析可以发现,"两头在外"模式时期,媒体相关报道较少,主要出现在 2004 年和 2007 年,媒体对于光伏产业的发展,更多是光伏产业作为可再生能源的属性,及当前阶段依靠出口退税发展模式的优劣得失。政府补贴模式激活光伏产业国内市场时期,媒体相关报道增多,随着年份呈现阶梯形增长,这一阶段政府采取补贴模式激活光伏产业,媒体关注集中式与分布式光伏项目,以及光伏扶贫产业,同时导致新能源补贴缺口逐渐增大,出现"光伏贷"骗局等问题。光伏产业供给侧结构性改革时期,媒体热点关注出现在 2020 年,这一阶段媒体对光伏产业的发展,主要聚焦于龙头企业和产业链方面,经过前两个阶段的发展,光伏产业以龙头企业领跑,龙头企业的技术实力逐渐凸显,开启平价上网进程,由于政策补贴的逐渐取消,光伏产业开始转变产业业态。

二 风电行业

风电行业根据发展阶段分为特许权招标模式推动风电行业快速启动期、弃风限电问题成为困扰期、分散式风电成为风电行业政策新发力点期。针对不同发展时期的风电行业,利用文本大数据处理技术进行风电行业政策的网络舆情分析。

(一) 媒体关注度分析

风电行业发展经历三个阶段,报道总趋势呈现递增,2001—2008年风电行业媒体报道总趋势呈现十位数,2009—2013 年风电行业媒体报道总趋势呈现百位数,2020 年风电行业媒体报道总趋势激增,呈现万位数。

表 21-7 风电行业媒体关注度趋势

年份	发展阶段	关键词	报道总趋势
2001—2008	特许权招标模式推动风电行业快速启动	乘风计划、风电特许权招标、风电设备国产化、风电强制入网和收购政策、海上风电	11
2009—2013	弃风限电问题成为困扰	分布式风电、风电基地、风电国标、弃风限电、酒泉风电事故、风电并网、风电融资、风电"出海"	180
2014年至今	分散式风电成为风电产业政策新发力点	风电消纳、风电运维、陆上风电调价、海上风电标杆电价、风电海外并购、分散式风电、风电平价上网、风电生态	18549

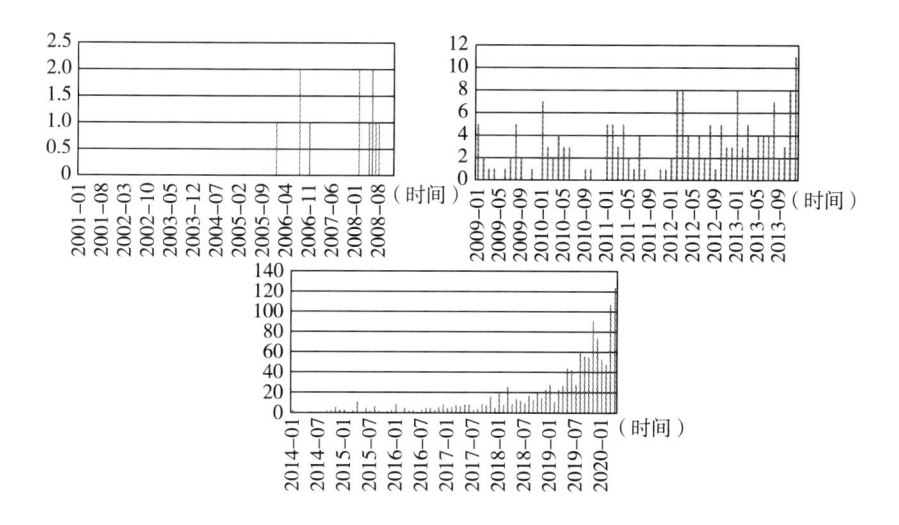

图 21-11 风电行业政策分阶段媒体关注度趋势

（二）媒体关注度类型分析

由图 21-12 可以看出，对风电产业政策媒体报道信息类型进行分析，发现微信和移动客户端对风电产业政策的关注度占比较大，微信报道量为 20464 次，占比 44%，移动客户端报道量为 12065 次，占比

26%。其次是新闻和论坛，新闻报道量为7224次，占比15%，论坛报道量为4792次，占比10%。博客、微博、数字报对风电产业政策的关注度较低。

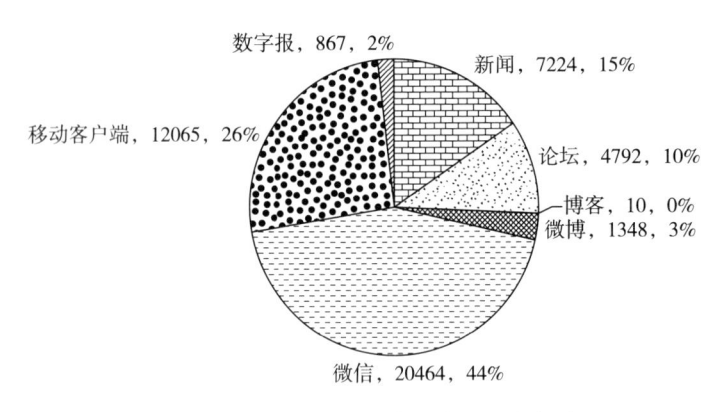

图 21-12 风电行业政策媒体关注度类型

（三）主题挖掘与情感分析

首先，通过对风电行业政策网络舆情分析的主题挖掘和情感分析，具体内容见表21-8。

表 21-8　风电行业政策网络舆情分析的主题挖掘和情感分析

年份	发展阶段	主题挖掘	正向情感	负向情感
2001—2008	特许权招标模式推动风电行业快速启动	能源、海上、发电、再生、收购、成本	空气环境质量持续改善、实现零碳目标、依靠可再生能源、可再生技术、技术进步、成本降低、海上风电	收购垃圾焚烧发电资产
2009—2013	弃风限电问题成为困扰	市场、统一、能源、建设、电力、资源、配置、重点、改革、交易	全国统一电力市场、健全可再生能源市场、能源资源优化配置、推进电价体制改革、推进太阳能发电产业、新能源装备制造业、市场管理高效有序、激活各市场要素、光伏的核心、促进节能减排	"瓶颈"制约、能源分布与负荷分布不均衡、大跌眼镜的薄膜太阳能、汉能能源并没有进入前二十位

续表

年份	发展阶段	主题挖掘	正向情感	负向情感
2014—2020	分散式风电成为风电产业政策新发力点	平价、上网、光伏、发电、规模、装机、容量、能源、建设、并网	实现平价上网、风力发电具有规模化开发条件、发电机生产自主可控、大规模海上风电、储能是最佳途径、实质性推动清单内平价项目建设、规定时限内并网的风电、风电与环境和谐发展、能源系统升级的发展方向	平原低风速风电、延迟建设、风电装机迎来断崖式下跌、化石能源为主的发展方式难以为继、限制整个产业链、可再生能源的补贴缺口巨大

其次，通过对热点抽取关键词的情感分析可以形成图 21-13。从图 21-13 可以看出，关于风电产业政策信息的情感分析，从语气来说，褒义性和中性词语较多，其中褒义词 15319 次，占比 33%，中性词 17641 次，占比 38%。

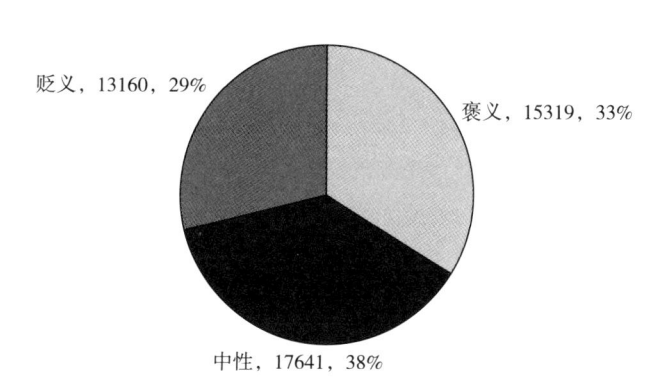

图 21-13 风电行业政策网络舆情情感类型

最后，经过分阶段具体分析可以发现，特许权招标模式推动风电行业快速启动时期，媒体报道总趋势比较少，基本处于个位数阶段，相关报道主要出现在 2006 年和 2008 年，媒体关注风电产业作为再生能源的成本和发电效益。风力发电能够实现零碳目标，使空气环境质量持续改善。弃风限电问题成为困扰时期，媒体报道总趋势呈现提升，达到十位数，相关报道主要出现在 2012 年和 2013 年，媒体关注电力市场全国化进程、推进电价体制改革、实现市场的高效管理，但新能源产业发展中，和传统能源同样面临能源分布和负荷分布不均衡的问题，因此这一阶段风电发展面临弃风限电的困扰；风电和太阳能发电同属于新能源产业，媒体在关注风电的同时，也会关注太阳能的发展情况。分散式风电成为风电产业政策新发力点时期，媒体报道总趋势达到百位数，相关报道主要出现在 2020 年，为解决能源分布与负荷分布不均衡的问题，2014 年开始推动风电产业分散式发展，实质性推动平价上网，实现风电和环境的和谐发展，但是风电产业作为可再生能源，依靠补贴发展的模式限制整个产业链的健康发展。

第二十二章

中国能源产业政策的效果评价
——双重差分方法

第一节 研究背景

党的十九大报告指出，深化供给侧结构性改革，支持传统产业优化升级，必须坚持"三去一降一补"，优化存量资源配置，扩大优质增量供给，实现供需动态平衡。改革开放四十余年来，我国能源产业供给保障能力不断增强，发展质量逐步提高，新技术、新产业、新业态和新模式开始涌现，但是由于能源市场体系建设滞后和能源价格机制不完善等因素影响，导致我国能源系统整体效率较低，传统能源产能结构性过剩问题突出。长期以来，能源行业作为政府调控经济的重要基石，产业政策在该产业发展过程中起到了举足轻重的作用，然而学术界一直以来对产业政策的实施效果褒贬不一（侯方宇和杨瑞龙，2019）。在此背景下，产业政策是否影响了能源行业去产能的效果？产业政策通过何种机制对产业升级施加作用？这些问题都亟待得到学者研究的解答。

理论上，政府可以通过产业政策克服市场失灵引致的效率损失，推动产业升级和技术进步。但是现实中，产业政策对于产业升级的实施效果则出现与理论背离的现象。例如，西班牙增长极政策在深化产业结构与分工方面没有产生显著的推动效应（Torre，2014）。2009年我国为应对国际金融危机实施的重点产业调整振兴规划未能实现促进结构调整和抑制部分行业产能过剩的目标（李平等，2010）。

目前，主流的研究大多用政府补贴、税收减免和地方性法规及政府规章等变量测度产业政策，在此基础上考察产业政策对产业升级的影响。例如，韩永辉等（2017）利用产业相关的地方性法规和地方政府规章测度产业政策，研究发现产业政策对产业结构优化升级的推进作用高度依赖于地方市场化程度和地方政府能力；孙早和席建成（2015）利用政府补贴和税收减免测度产业政策，研究发现当一个地区经济越落后和市场化水平越低时，产业政策工具对产业升级的促进作用就越小。近年来，利用自然实验来研究产业政策与产业转型升级之间的因果关系成为该领域研究的新趋势，因此逐渐有学者用"五年规划"等特定政策作为产业政策冲击，实证考察产业政策对产业升级的影响。例如，张莉等（2017）将中央和省级的"十一五"规划、"十二五"规划中提及的重点产业为依据，对重点产业政策对于资源配置的影响效应进行了评估；赵婷和陈钊（2020）利用地方政府"十五"规划的政策文本度量产业政策，研究得出遵循潜在比较优势的产业政策更容易促进产业的发展，培育出产业的显性比较优势，并且这种情况具有区域异质性。

2008年国际金融危机对中国能源产业造成了巨大的冲击，为了增强我国能源产业抵御市场风险的能力，"做大做强"就成为能源产业转型升级的主要方向。自"十一五"规划开始，基地化和上下游一体化成为我国能源产业转型升级的主要政策着力点。之后的能源发展"十二五"规划和"十三五"规划也是遵循这一主线制定的。基于此，本书从我国能源发展"五年规划"这一自然实验切入，旨在回答以下问题：①能源发展"十一五""十二五"和"十三五"规划出台后，能源行业的转型升级路径显现出怎样的变化趋势？②分别在西部和全国设定能源产业实验组和对照组，运用双重差分方法考察产业政策冲击对能源产业升级的影响，并进一步检验该影响是否在地区维度存在差异性？③产业政策冲击通过何种机制对能源产业升级施加了作用？

第二节 研究设计

一 样本选取和分析

能源产业不仅包括能源开采业，还包括能源加工业和能源化工业，

第二十二章 | 中国能源产业政策的效果评价

根据《2017 年国民经济行业分类》（GB/T 4754—2017），具体范围为煤炭开采和洗选业，石油和天然气开采业，石油、煤炭及其他燃料加工业，化学原料和化学制品制造业，化学纤维制造业，橡胶和塑料制品业以及管道运输业。本书收集了全国 31 个省级行政区（不包括台湾省、香港和澳门特别行政区）的能源化工产业相关数据。为了使研究更完善和可信，我们分别在全国和西部地区设置实验组和对照组进行自然实验。

（一）全国实验组的样本选取和分析

对于全国实验，我们将全国的能源产业发达地区分为两组：实验组和对照组。其中，实验组为东部和中部地区，对照组为西部地区。该实验主要研究能源发展五年规划对西部地区和东中部地区的影响是否具有差异。

我们按照 2008—2018 年能源产业工业总产值的平均值，对中国 31 个省级行政区（不包括台湾省、香港和澳门特别行政区）进行沃德联结聚类分析，谱系图如下。

根据图 22-1，我们可将这 31 个省份分为三类。其中，Ⅰ类能源产业发达地区的 4 个省份能源化工产业平均工业总产值均在 10000 亿元以上，Ⅱ类能源产业较发达地区平均工业总产值在 3000 亿—8000 亿元，Ⅲ类能源产业欠发达地区平均工业总产值在 3000 亿元以下，具体见表 22-1。

表 22-1　　　　　按能源产业产值划分全国区域分布一览

聚类方法	Ⅰ类能源产业发达地区	Ⅱ类能源产业较发达地区	Ⅲ能源产业欠发达地区
沃德联结	山东、江苏、广东、浙江	河南、辽宁、河北、陕西、山西、福建、湖南、安徽、黑龙江、新疆、湖北、上海、天津、内蒙古、四川	北京、广西、云南、重庆、甘肃、贵州、吉林、江西、海南、青海、宁夏、西藏

由表 22-1 可以看出，山东能源产业工业总产值最高，达 2.7 万亿元，也是全国唯一一个产值超过 2 万亿元的省份，其他超过 10000 亿元的省份包括江苏、广东、浙江东部 3 个省份。在研究中，我们选取能源

产业发达地区和能源化工产业较发达地区作为实验对象,将它们按照西部和东、中部分开。其中,西部省份包括陕西、新疆、内蒙古、四川;东中部地区包括江苏、山东、广东、浙江、河南、辽宁、河北、山西、福建、湖南、安徽、黑龙江、湖北、上海、天津。

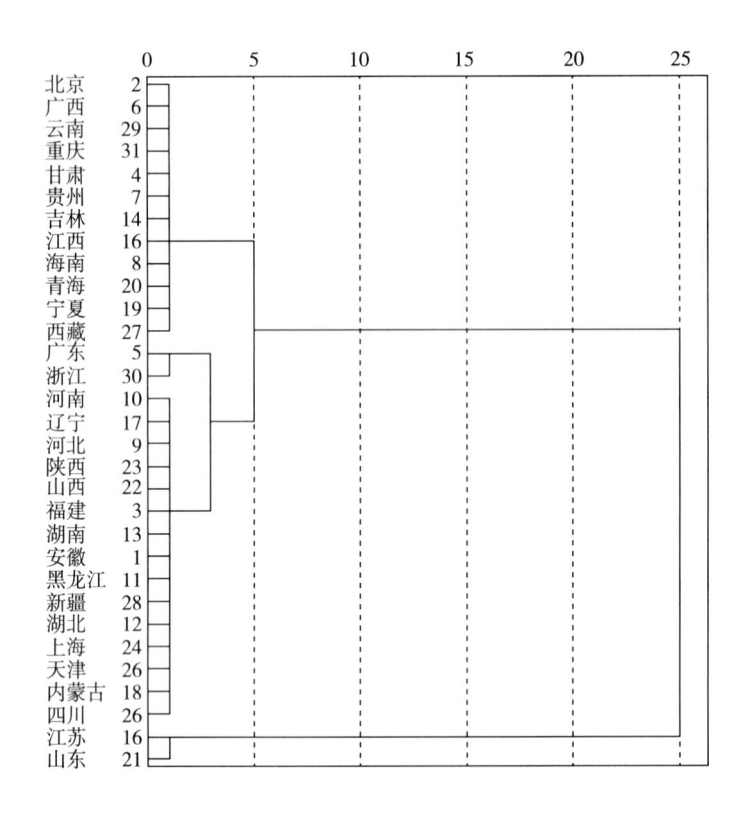

图 22－1　全国能源产业聚类分析沃德谱系

2007年4月发布的能源发展"十一五"规划,明确提出了能源基地建设工程,将能源上下游一体化作为重要发展战略。本书将能源产业分为三类,分别是能源上游产业、能源中游产业和能源下游产业。其中,能源上游产业也就是能源开采业,主要包括煤、石油和天然气资源的开采;能源中游产业主要包括炼焦以及石油的加工等能源加工产业、管道运输业;能源下游产业包括化学原料、化学纤维、橡胶和塑料的生产。基于上述分类标准,本书统计了全国各能源产业发达及较发达省份

2008—2018年上、中、下游的产值及占比情况，可以得出能源产业链的全国分布情况（见表22-2）。

表22-2　全国能源产业发达省份产业链分布情况一览

地区	总产值（亿元）	上游产值（亿元）	上游占比（%）	中游产值（亿元）	中游占比（%）	下游产值（亿元）	下游占比（%）
安徽	3991.13	798.69	20.01	369.48	9.26	2822.96	70.73
福建	4011.02	131.89	3.29	746.22	18.60	3132.91	78.11
广东	12330.05	591.94	4.80	2706.77	21.95	9031.34	73.25
河北	6090.95	1268.11	20.82	1714.44	28.15	3108.41	51.03
河南	7697.23	2107.64	27.38	1079.76	14.03	4509.83	58.59
黑龙江	3714.14	1939.39	52.22	1154.49	31.08	620.26	16.70
湖北	4589.68	174.39	3.80	707.34	15.41	3707.95	80.79
湖南	3961.11	599.30	15.13	641.52	16.20	2720.30	68.68
江苏	19930.44	315.52	1.58	1809.44	9.08	17805.48	89.34
辽宁	7346.67	679.35	9.25	3413.60	46.46	3253.71	44.29
内蒙古	5247.40	3463.68	66.01	504.74	9.62	1278.98	24.37
山东	26322.14	3175.30	12.06	6094.03	23.15	17052.81	64.79
山西	6659.72	4860.09	72.98	1212.56	18.21	587.07	8.82
陕西	5759.37	3328.94	57.80	1458.09	25.32	972.35	16.88
上海	4621.15	10.22	0.22	1345.04	29.11	3265.89	70.67
四川	4962.19	1394.16	28.10	580.14	11.69	2987.90	60.21
天津	4754.58	1878.36	39.51	1026.88	21.60	1849.34	38.90
新疆	3383.73	1343.41	39.70	1334.82	39.45	705.49	20.85
浙江	10628.14	4.13	0.04	1451.20	13.65	9172.81	86.31
东中部	8443.21	1235.62	18.87	1698.18	21.06	5509.40	60.06
东部	11799.65	872.48	8.79	2168.51	19.59	8758.65	71.62
中部	5379.78	1708.02	27.86	802.13	14.62	2869.62	57.52
西部	4838.17	2382.55	47.90	969.45	21.52	1486.18	30.58
沿海	10670.57	894.98	10.17	2256.40	23.53	7519.19	66.30
非沿海	4996.57	2000.97	38.31	904.29	19.03	2091.31	42.66

由表22-2可以看出，第一，无论从产值规模情况还是结构占比情况，东中部都优于西部地区。尤其是东部地区，中下游平均总占比达到91%，平均产值超过1.1万亿元。而西部能源产业中游和下游产业占比仅为30%，总产值都不足1500亿元。第二，沿海地区与非沿海地区差异显著。沿海地区只有山东属于资源富集地区，但由于其交通便利，有利于进出口贸易，其能源产业产值比非沿海地区高出一倍。沿海地区的能源产业中下游产值占比普遍较高，产业结构相对非沿海地区更合理。综合以上两点我们发现，我国目前的能源产业布局非常不合理，区域之间上游产业与下游产业分离状态严重，产业非均衡布局特征明显。

（二）西部地区内部实验组的样本选取和分析

对于西部地区内部实验，我们将西部各省级行政区分为两组：实验组和对照组。其中，实验组为西部地区能源化工产业较发达省份，对照组为西部地区能源化工产业欠发达省份。该实验主要研究国家能源产业政策对西部地区能源化工产业的影响是否有显著性差异。本书对西部12个省级行政区按照2008—2018年能源化工产业工业总产值平均值进行了聚类分析，其聚类结果谱系如图22-2所示。

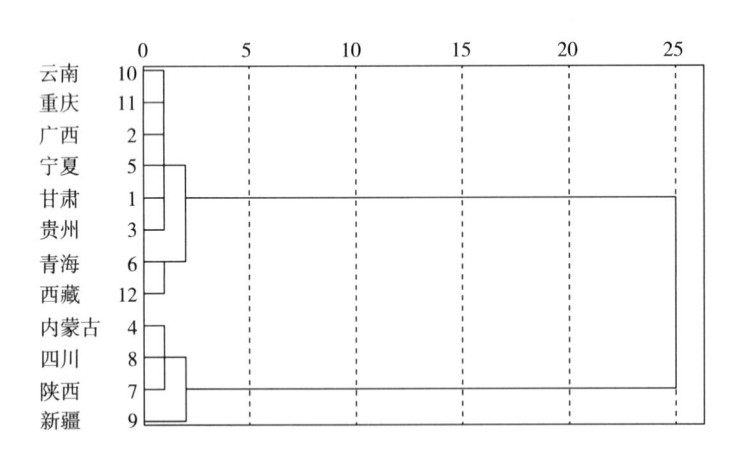

图22-2 西部能源产业聚类分析沃德谱系

由图22-2可以看出，我们可以将西部省级行政区分为两类，分别是能源产业较发达省份和能源产业欠发达省份。其中，能源产业发达省份能源产业总产值在3000亿元以上，产值由高到低依次是陕西、内蒙古、四川和新疆。而能源产业欠发达地区能源产业产值不足2000亿元（见表22-3）。

表22-3　　　　按能源产业产值划分西部区域分布一览

聚类方法	能源产业较发达地区	能源产业欠发达地区
沃德联结	内蒙古、四川、陕西、新疆	云南、重庆、广西、宁夏、甘肃、贵州、青海、西藏

与全国能源产业的产业链分析方法相似，我们也统计分析西部各省份十年（2008—2018年）能源化工产业产值平均值和占比情况（见表22-4）。

表22-4　　　　西部能源产业链分布情况一览

地区	总产值（亿元）	上游产值（亿元）	上游占比（%）	中游产值（亿元）	中游占比（%）	下游产值（亿元）	下游占比（%）
青海	544.79	278.86	51.19	22.43	4.12	243.51	44.70
宁夏	1074.98	381.97	35.53	373.28	34.72	319.72	29.74
云南	1373.09	334.85	24.39	217.31	15.83	820.93	59.79
重庆	1416.25	339.56	23.98	53.29	3.76	1023.41	72.26
广西	1657.10	43.30	2.61	587.58	35.46	1026.23	61.93
甘肃	1818.40	552.90	30.41	942.19	51.81	323.31	17.78
贵州	1896.61	1107.00	58.37	98.38	5.19	691.22	36.45
新疆	3383.73	1343.41	39.70	1334.82	39.45	705.49	20.85
四川	4962.19	1394.16	28.10	580.14	11.69	2987.90	60.21
内蒙古	5247.40	3463.68	66.01	504.74	9.62	1278.98	24.37
陕西	5759.37	3328.94	57.80	1458.09	25.32	972.35	16.88
发达	4838.17	2382.55	47.90	969.45	21.52	1486.18	30.58
欠发达	1397.32	434.06	32.35	327.78	21.56	635.47	46.09

由表22-4可以看出，西部省份中，能源产业较发达地区均为能源

富集地区。我们从其产业占比中发现，西部能源产业较发达地区的陕西和内蒙古的上游产值占比都超过了55%，4个省份的平均占比为47.90%，远远高于西部能源欠发达地区上游的32.35%。但是，西部地区能源大省下游产业占比仅为30%左右，其中陕西和内蒙古都不到25%，而西部能源欠发达地区的下游产业占比却达到46%，相比西部发达省份的占比更高，这说明西部地区的能源禀赋大省目前还是以开采能源、卖能源为主，而对于能源的加工和化工等中下游产业发展相对不足，导致整个能源产业链条头重脚轻，为其高级化转型造成巨大困难。

二 模型构建及指标说明

（一）模型构建

在分析一项政策是否对变量y产生作用时，我们需要从时间维度和空间维度进行共同分析。从时间维度来看，我们需要将时间t分为政策实施前和政策实施后两个时期，分析在政策实施后y的变化。从空间维度来看，我们需要将实验对象分为两组，一组是假定受到政策影响的实验对象，我们称为"实验组"；一组是假定未受到政策影响或所受影响较小的实验对象，我们称为"对照组"，以此来分析两组之间的差异。

如图22-3所示，假定在时间点2实施某政策，实验组和对照组在时间点1到2内趋势完全相同。A线是按照时间点1至2区间内的趋势顺延下来的一条趋势线，B线是与实验组1点的值相同，趋势与对照组相同的一条趋势线。则A线与对照组之间的距离称为变量time，对照组与B线之间的距离称为变量treated，而实验组与B线之间的距离则为政策产生的效应。双重差分法的本质，就是剔除掉time和treated，从而分析政策所产生的效果。

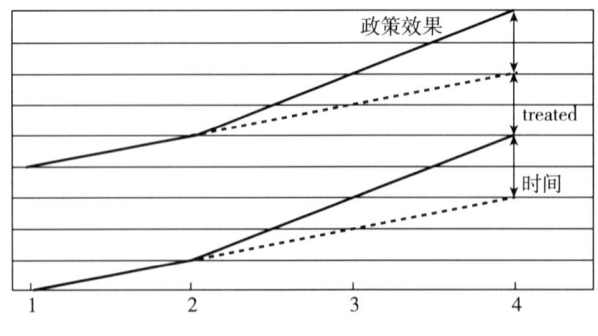

图22-3 政策效果分解示意

第二十二章 中国能源产业政策的效果评价

能源政策对能源产业高级化的影响的回归模型如下：

$$E_{it} \cdot V_{it} = c_1 time_{it} + c_2 treated_{it} + c_3 DID + c_4 Z_{it} + \varepsilon_{it}$$

其中，E 表示能源产业高级化指数；$time$ 和 $treated$ 为虚拟变量；DID 是政策的实施效果；Z 为控制变量，包括能源产业的资本投入、能源产业的劳动力投入、能源消费量、科技水平、能源产量。系数 c_3 衡量产业政策对能源产业高级化的影响，如果其显著大于零，表明产业政策显著推动产业结构升级。各变量具体描述如表 22-5 所示。

表 22-5　　　　　　　　　变量定义及描述

变量		描述
能源产业高级化指数 E		向量夹角法测得
虚拟变量 $time$		政策实施前：$time = 0$
		政策实施后：$time = 1$
虚拟变量 $treated$		实验组：$treated = 1$
		对照组：$treated = 0$
政策效果 DID		$DID = time \cdot treated$
能源产业资本投入 $\ln C$		能源产业工业投资额的对数值
能源产业劳动力投入 $\ln L$		能源化工产业就业人数的对数值
能源消费量 $\ln EC$		能源消费量的对数值
科技水平 $\ln T$		发明专利数的对数值
能源产量	煤炭产量 $lncoal$	煤炭产量的对数值
能源产量	石油产量 $lnoil$	石油产量的对数值
	天然气产量 $lngas$	天然气产量的对数值

在全国组中，我们设定东中部地区（江苏、山东、广东、浙江、河南、辽宁、河北、山西、福建、湖南、安徽、黑龙江、湖北、上海、天津）为实验组，西部地区（内蒙古、四川、陕西、新疆）为对照组。在西部组中，我们设定能源产业发达的地区（内蒙古、四川、陕西、新疆）为实验组，能源产业欠发达的省份（云南、重庆、广西、宁夏、甘肃、贵州、青海、西藏）为对照组。表 22-6 给出了相关变量的描述性统计。

表 22-6　　　　　　　　　主要变量的描述性统计

全国组变量的统计性描述

变量	平均值	方差	最大值	最小值
能源产业高级化指数 E	1.02	0.003	1.10	0.94
time	—	—	1	0
treated	0.79	0.17	1	0
政策效果 DID	—	—	1	0
能源化工产业资本投入 lnC	6.63	0.44	8.12	4.91
能源化工产业劳动力投入 lnL	4.01	0.38	5.23	2.44
能源消费量 lnEC	9.62	0.22	10.56	8.32
科技水平 lnT	9.79	1.81	12.71	6.74
能源产量　煤炭产量 lncoal	3.24	4.24	6.96	0
能源产量　石油产量 lnoil	6.12	17.58	11.03	0
能源产量　天然气产量 lngas	4.06	12.15	9.53	0

西部组变量的统计性描述

变量	平均值	方差	最大值	最小值
能源产业高级化指数 E	0.99	0.03	1.38	0.70
time	—	—	1	0
treated	0.36	0.23	1	0
政策效果 DID	—	—	1	0
能源化工产业资本投入 lnC	6.41	0.63	8.07	4.45
能源化工产业劳动力投入 lnL	3.08	0.41	4.35	1.32
能源消费量 lnEC	8.98	0.31	9.95	7.42
科技水平 lnT	8.22	2.00	11.08	4.37
能源产量　煤炭产量 lncoal	3.98	1.87	6.69	0
能源产量　石油产量 lnoil	6.59	11.57	11.00	0
能源产量　天然气产量 lngas	5.63	11.49	9.53	0

（二）能源产业高级化的测量

能源产业高级化的突出特征是能源产业从能源采掘业向能源加工业再向能源化工业演化的过程。本部分按照附加值高低将能源化工产业分为三类，分别是能源生产产业（包含煤炭、石油和天然气的开采产业）、能源加工及运输产业（包含炼焦、石油加工产业、管道运输业）、能源化工产业（包括化学原料、化学纤维、橡胶和塑料的生产）。能源化工产业高级化的测度方法与第三篇中测度能源化工产业高级化方法相同，这里不再赘述。

通过上述方法，分别对全国组和西部组的能源产业高级化程度进行测算，测算结果见表22-7和表22-8。

表22-7　　　　　全国组能源产业高级化程度测度结果

省份	2005年	2007年	2009年	2011年	2013年	2015年	2017年	平均
广东	1.05	1.06	1.07	1.07	1.08	1.08	1.08	1.07
河北	0.97	0.98	0.98	0.98	0.99	1.03	1.04	0.99
河南	0.99	0.99	0.98	0.98	1.00	1.04	1.06	1.00
黑龙江	0.95	0.96	0.96	0.95	0.95	0.95	0.96	0.95
湖北	1.04	1.05	1.06	1.07	1.08	1.09	1.10	1.07
湖南	1.02	1.02	1.02	1.02	1.03	1.06	1.08	1.03
江苏	1.09	1.09	1.09	1.09	1.10	1.10	1.10	1.09
辽宁	1.03	1.03	1.03	1.03	1.05	1.06	1.06	1.04
内蒙古	0.95	0.96	0.96	0.96	0.96	0.96	0.96	0.96
山东	1.00	1.01	1.03	1.02	1.04	1.06	1.06	1.03
山西	0.95	0.95	0.95	0.95	0.95	0.95	0.95	0.95
陕西	0.95	0.96	0.96	0.96	0.95	0.94	0.94	0.95
上海	1.09	1.10	1.10	1.10	1.10	1.10	1.10	1.10
四川	1.03	1.02	1.01	1.01	1.03	1.02	1.04	1.02
天津	0.95	0.95	0.96	0.94	0.94	0.97	1.04	0.96
新疆	0.97	0.97	0.96	0.96	0.95	0.95	0.96	0.96
浙江	1.10	1.10	1.10	1.10	1.10	1.10	1.10	1.10
安徽	1.00	1.01	1.01	1.03	1.05	1.06	1.07	1.03
福建	1.08	1.08	1.08	1.08	1.08	1.08	1.09	1.08
东中部	1.02	1.03	1.03	1.03	1.04	1.05	1.06	1.03
西部	0.98	0.97	0.97	0.97	0.97	0.97	0.97	0.97

由表22-7可以看出，从全国的能源产业发达和较发达地区来看，西部地区和东中部地区差距明显，尤其以沿海地区能源化工产业高级化

指数最高,这也和上文中的分析相吻合。从2005—2017年各省份的高级化指数数值看,我国西部地区的能源产业高级化指数基本没有增长,说明相较于东中部地区,西部地区发展的能源化工产业相对明显缓慢,虽然中下游产业产值占比有所提升,但还是与东中部地区存在巨大差距。由于高级化指数是一个相对值而非绝对值,所以不能认为西部地区能源化工产业高级化过程在倒退,只能认为其高级化进程速度相对中东部地区明显缓慢。

表22-8　　　　　西部组能源产业高级化程度测度结果

省份	2005年	2007年	2009年	2011年	2013年	2015年	2017年	平均
甘肃	1.06	1.06	1.01	0.96	1.01	0.98	1.04	1.01
广西	1.35	1.37	1.38	1.29	1.23	1.23	1.23	1.30
贵州	1.18	1.11	0.96	0.84	0.81	0.83	0.85	0.93
内蒙古	0.75	0.75	0.73	0.70	0.77	0.77	0.75	0.74
宁夏	1.02	0.99	0.90	0.86	0.94	0.95	0.99	0.94
青海	0.70	0.80	0.91	0.81	0.83	1.00	1.04	0.87
陕西	0.71	0.75	0.72	0.73	0.79	0.80	0.80	0.76
四川	1.15	1.10	1.06	1.06	1.11	1.09	1.11	1.09
新疆	0.77	0.76	0.84	0.85	0.93	0.94	0.98	0.86
云南	1.31	1.27	1.21	1.14	1.01	1.11	1.09	1.16
重庆	1.24	1.22	1.11	1.21	1.12	1.13	1.19	1.17
发达	0.84	0.84	0.84	0.84	0.90	0.90	0.91	0.86
欠发达	1.12	1.12	1.07	1.02	0.99	1.03	1.06	1.05

由表22-8可以看出,第一,西部能源富集省份如陕西、新疆、内蒙古等区域的能源产业高级化程度都低于1,除了新疆能源产业高级化程度在近10年里提升速度较快,从0.77提升到0.98之外,陕西和内蒙古能源产业高级化程度近10年来没有明显的改进;第二,贵州、宁夏和甘肃等将能源产业作为经济支柱产业的省份能源产业高级化程度近10年来出现"不进反退"的反常情况,说明相关省份能源产业出现了逆向发展,越来越依赖能源初级产品的生产,产业链的延伸工作止步不前;第三,四川和重庆的能源产业高级化指数一直大于1,产业链发展

状况较好,并且近10年来一直保持比较稳定的状态,在西部地区处于领先地位。但是从总体上看,2008年以来,西部地区能源产业转型升级的效应不显著。

第三节 能源发展五年规划对能源产业转型升级影响的实证分析

为考察产业政策冲击是否以及如何影响能源产业转型升级,本书进行以下两个实证检验工作:一是运用双重差分法,考察全国能源产业发达区域内产业政策对能源产业高级化的影响;二是引入区域特征控制变量,运用包括区域和时间固定效应的双重差分模型进行实证检验,进一步考察西部地区能源发展五年规划对产业转型升级的影响。

一 能源发展五年规划对产业转型升级的影响:全国组实证研究结果

全国实验组随机效应面板模型的双重差分估计结果如表22－9所示。

从表22－9的回归结果中我们可以看出,变量 *DID* 的系数显著为正,且在当期、滞后一期和滞后两期后都显著为正,这说明能源产业政策的政策效果确实存在地区性差异,并且对东中部地区的促进作用大于西部地区。这说明我国政府在政策制定的过程中,还没有将西部地区能源产业转型升级放入政策优先考虑集合中。

表22－9　　能源发展五年规划对产业转型升级的影响:全国组双重差分检验

变量	"十一五"规划			"十二五"规划			"十三五"规划	
	当期	滞后一期	滞后二期	当期	滞后一期	滞后二期	当期	滞后一期
treated	-0.053*** (0.009)	-0.052*** (0.008)	-0.049*** (0.008)	-0.056*** (0.008)	-0.057*** (0.008)	-0.056*** (0.008)	-0.053*** (0.008)	-0.048*** (0.008)
time	-0.025*** (0.007)	-0.028*** (0.006)	-0.030*** (0.006)	-0.014** (0.006)	-0.014*** (0.007)	-0.014* (0.008)	-0.014 (0.009)	-0.017 (0.012)

续表

变量	"十一五"规划			"十二五"规划			"十三五"规划	
	当期	滞后一期	滞后二期	当期	滞后一期	滞后二期	当期	滞后一期
DID	0.013*** (0.008)	0.014** (0.007)	0.015** (0.007)	0.025*** (0.007)	0.029*** (0.007)	0.032*** (0.008)	0.033*** (0.010)	0.034*** (0.014)
$\ln C$	-0.021*** (0.004)	-0.019*** (0.004)	-0.019*** (0.004)	-0.025*** (0.004)	-0.026*** (0.004)	-0.026*** (0.004)	-0.026*** (0.004)	-0.026*** (0.004)
$\ln L$	-0.011** (0.005)	-0.014*** (0.005)	-0.017*** (0.005)	-0.005 (0.006)	-0.003 (0.006)	-0.003 (0.006)	0.004 (0.006)	-0.006 (0.005)
$\ln EC$	0.046*** (0.006)	0.047*** (0.006)	0.048*** (0.006)	0.046*** (0.006)	0.045*** (0.006)	0.045*** (0.006)	0.045*** (0.006)	0.045*** (0.006)
$\ln T$	0.017*** (0.002)	0.018*** (0.002)	0.019*** (0.003)	0.012*** (0.002)	0.011*** (0.003)	0.011*** (0.002)	0.012*** (0.002)	0.013*** (0.002)
$\ln coal$	-0.006*** (0.002)	-0.006*** (0.002)	-0.005*** (0.002)	-0.008*** (0.002)	-0.008*** (0.002)	-0.008*** (0.002)	-0.008*** (0.002)	-0.007*** (0.002)
$\ln oil$	0.001*** (0.001)	0.001** (0.001)	0.001*** (0.001)	0.002*** (0.001)	0.002*** (0.001)	0.002*** (0.001)	0.002*** (0.001)	0.002*** (0.001)
$\ln gas$	-0.009*** (0.001)	-0.009*** (0.001)	-0.008** (0.001)	-0.009*** (0.001)	-0.010*** (0.001)	-0.009*** (0.001)	-0.009*** (0.001)	-0.009*** (0.001)
观测值	247	247	247	247	247	247	247	247
R^2	0.808	0.811	0.813	0.810	0.814	0.816	0.813	0.807

注：***、**和*分别代表1%、5%和10%的显著性水平。下同。

同时，能源发展"十一五"规划、能源发展"十二五"规划和能源发展"十三五"规划对全国能源产业高级化的促进作用有很大不同。能源发展"十一五"规划对全国能源产业的升级作用在东中部地区和西部地区相差较小，且在当期、一年后和两年后的促进作用无明显差别，这导致能源发展"十一五"规划使东中部地区仅比西部地区每年提高0.014个百分点。而能源发展"十二五"规划则表现出了更长的"后劲"，系数从0.025增加到0.029，发布后的第二年达到0.032。由于能源发展"十二五"规划和能源发展"十三五"规划是一套"组合拳"，这两个时期在政策对象的针对性上基本一致。因此，在能源发展

"十二五"规划发布后的第三年就发布的能源发展"十三五"规划，其政策效果延续了能源发展"十二五"规划的作用，且政策效应仍有小幅增加，变为0.034。

从长期来看，能源发展五年规划对全国能源产业高级化是有显著促进作用的，但这种促进作用对东中部地区更加显著。因此国家在政策的制定过程中，应更多地考虑西部地区能源化工产业发展，促使西部地区完成从"卖能源"到"用能源"的转变。

二 能源发展五年规划对产业转型升级的影响：西部组实证研究结果

上文采用双重差分法，验证了国家层面产业政策对能源产业结构优化升级的推进作用以及区域性差异。表22-10重复表22-9的回归，验证西部区域层面产业政策对能源产业结构优化升级的影响及省域差异。西部组的随机效应面板数据的双重差分模型回归结果见表22-10。

表22-10　能源发展五年规划对产业转型升级的影响：西部组双重差分检验

变量	"十一五"规划 当期	滞后一期	滞后二期	"十二五"规划 当期	滞后一期	滞后二期	"十三五"规划 当期	滞后一期
treated	-0.210*** (0.049)	-0.247*** (0.042)	-0.247*** (0.040)	-0.129*** (0.036)	-0.101*** (0.034)	0.083*** (0.032)	-0.075** (0.033)	-0.068** (0.034)
time	-0.153*** (0.039)	-0.191*** (0.033)	-0.207*** (0.033)	-0.125*** (0.034)	-0.104*** (0.035)	0.099*** (0.039)	-0.100*** (0.043)	-0.115** (0.049)
DID	0.114*** (0.042)	0.120*** (0.032)	0.123*** (0.030)	0.114*** (0.030)	0.094*** (0.032)	0.083** (0.035)	0.079* (0.039)	0.079* (0.047)
$\ln C$	-0.090*** (0.030)	-0.056* (0.31)	-0.033 (0.029)	-0.099*** (0.028)	-0.121*** (0.027)	-0.136*** (0.027)	-0.150*** (0.029)	-0.156*** (0.028)
$\ln L$	-0.017 (0.032)	-0.007 (0.031)	-0.025 (0.030)	-0.077** (0.038)	-0.081** (0.040)	-0.088** (0.045)	-0.083* (0.045)	-0.075* (0.042)
$\ln EC$	0.265*** (0.044)	0.249*** (0.044)	0.237*** (0.042)	0.265*** (0.041)	0.284*** (0.042)	0.297*** (0.044)	0.314*** (0.046)	0.321*** (0.046)

续表

变量	"十一五"规划 当期	滞后一期	滞后二期	"十二五"规划 当期	滞后一期	滞后二期	"十三五"规划 当期	滞后一期
ln$T$	0.010 (0.013)	0.012 (0.012)	0.019* (0.012)	0.033** (0.015)	0.031** (0.015)	0.033* (0.017)	0.029* (0.018)	0.023 (0.016)
ln$coal$	-0.069*** (0.005)	-0.075*** (0.012)	-0.076*** (0.011)	-0.059*** (0.014)	-0.056*** (0.012)	-0.053*** (0.013)	-0.052*** (0.014)	-0.053*** (0.013)
lnoil	0.001 (0.005)	0.002 (0.004)	0.001 (0.004)	-0.001 (0.011)	-0.000 (0.005)	0.000 (0.005)	0.001 (0.005)	0.001 (0.006)
lngas	-0.009** (0.004)	-0.008* (0.004)	-0.006 (0.004)	0.009** (0.004)	-0.010** (0.005)	-0.011** (0.005)	-0.011** (0.005)	-0.011** (0.005)
观测值	143	143	143	143	143	143	143	143
R^2	0.708	0.741	0.756	0.708	0.693	0.686	0.683	0.679

由表22-10可以得到，能源发展"十一五""十二五"和"十三五"规划都在当期以及滞后的两期内[①]与能源化工产业高级化指数的影响呈显著正相关，说明能源发展"十一五"规划、"十二五"规划和"十三五"规划对西部地区能源化工产业较发达地区的能源化工产业高级化进程有正向影响。

其中，能源发展"十一五"规划对西部地区能源化工产业的作用最大，发布当年对能源化工产业高级化指数提高了0.114，且之后的两年内这种正向影响逐年提高。但是在"十二五"规划开始后，政策的作用开始逐年下降，直至"十三五"规划下降至0.080。同时，能源消费量对当地的能源产业高级化呈显著正向作用，而资本和劳动力的投入则会对高级化进程产生阻碍作用。因为当地的能源消费会拉动当地对能源化工产业产品的需求，从而推动当地能源化工产业的发展。在西部能源产业中，能源开采产业对资金和人力投入的需求都大于能源化工产业，所以资本和劳动力投入反而会降低能源化工产业高级化指数。

---

① 由于数据更新延迟，所以未分析"十三五"规划滞后二期的政策效果。

第二十二章 | 中国能源产业政策的效果评价

第四节 结论与政策建议

如何有效推进能源产业转型升级是学术界和政府部门关注的焦点问题。特别是西部大开发政策实施以来，运用产业发展规划推进能源产业转型升级已经成为强政府+大市场的中国经济发展的基本经验。

本书以能源发展"十一五""十二五"和"十三五"规划为自然实验，运用双重差分法考察产业政策对能源产业转型升级的影响。综合全国和西部的两组实验，我们验证能源产业政策不论对西部地区的能源产业高级化还是全国能源产业升级都具有显著的正向作用，但是对全国能源产业转型升级产生的效应具有地域性差异，对东中部地区的效果大于西部地区。另外，能源产量在全国组中对能源化工产业高级化的影响明显，而在西部组不明显，说明能源产量对能源产业发达地区能源产业高级化具有重要影响。

进一步分析，我们发现能源发展"十一五"规划对西部地区产生的促进效果较强，且该规划在东中部和西部地区之间的差异相对较小，而从能源发展"十二五"规划开始，对西部能源化工产业发达地区的能源化工产业高级化产生的作用逐年降低，且在东中部和西部地区之间产生的差异逐年增大。能源发展"十一五"规划时期是一个转型时期，而在该时期内，西部地区并未充分抓住机遇更快地发展能源化工产业，加快产业高级化进程，缩小与中东部地区的差异。所以从能源发展"十二五"规划开始，西部地区与东中部地区对政策的利用度和适应性逐渐被拉大，这直接导致了现在西部地区能源化工产业高级化进程缓慢。

基于上述结论，我们提出以下建议，以完善我国现有的能源化工产业政策，促进西部能源化工产业高级化进程。

第一，中央政府虽然不能放弃现在的能源化工产业发展路线，但在政策制定方面也应考虑西部地区能源化工产业的发展现状，给予一定的政策倾向与财政补贴，助力西部地区能源化工产业的发展和完善。同时，应在合理范围内放宽对西部地方政府制定相关产业政策的约束，最大地发挥地方政府的作用。

第二，地方政府应在当地制定相关法律法规和相关政策，以促进能源化工产业的发展和高级化进程。"十四五"时期，西部区域政府应该进一步扶持能源深加工和化工企业，建立工业区和工业群，使地区形成完整的能源化工产业链条。同时，西部相邻省份也需要进一步加强合作，根据比较优势形成规模更大的跨省能源产业集群，充分利用各省域的要素禀赋优势，实现协同发展。

第三，我国政策应提高对能源消费、能源环保、能源共享和能源对外合作方面的关注度，规范相关环节的具体流程，加强管理，使能源化工产业政策更加科学规范。同时，我国对政策工具的使用虽然层级清晰，但使用种类相对集中，对知识产权和专利技术的保护也相对匮乏，应更广泛地采取措施促进能源化工产业的发展。

参考文献

白崴：《大型水利水电工程移民补贴博弈分析》，《管理世界》2017年第5期。

蔡昉等：《中国产业升级的大国雁阵模型分析》，《经济研究》2009年第9期。

蔡治东等：《中国体育政策研究的知识图谱分析》，《西安体育学院学报》2015年第5期。

茶增芬等：《基于全局主成分分析的罗平县资源环境承载力动态评价》，《安徽农业科学》2016年第32期。

陈建宝、乔宁宁：《地方利益主体博弈下的资源禀赋与公共品供给》，《经济学（季刊）》2016年第2期。

陈真玲等：《能源和环境约束下的经济增长模型与实证分析》，《数学的实践与认识》2013年第18期。

程中华等：《产业结构调整与技术进步对雾霾减排的影响效应研究》，《中国软科学》2019年第1期。

崔延强、林笑夷：《我国民族教育政策研究的计量分析与评价》，《西南大学学报》（社会科学版）2020年第1期。

邓玉勇等：《基于能源—经济—环境（3E）系统的模型方法研究综述》，《甘肃社会科学》2006年第3期。

董锋等：《资源型城市可持续发展水平评价——以黑龙江省大庆市为例》，《资源科学》2010年第8期。

段江娇等：《中国股票网络论坛的信息含量分析》，《金融研究》2017年第10期。

段敏芳、田秉鑫：《制造业升级监测指标体系探讨》，《中南民族大学学报》（人文社会科学版）2017年第3期。

樊秀峰、康晓琴：《陕西省制造业产业集聚度测算及其影响因素实证分析》，《经济地理》2013年第9期。

范凤岩、雷涯邻：《能源、经济和环境（3E）系统研究综述》，《生态经济》2013年第12期。

方传棣等：《大保护战略下长江经济带矿产—经济—环境耦合协调度时空演化研究》，《中国人口·资源与环境》2019年第6期。

傅晓霞、吴利学：《技术差距、创新路径与经济赶超——基于后发国家的内生技术进步模型》，《经济研究》2013年第6期。

傅晓霞、吴利学：《技术效率、资本深化与地区差异——基于随机前沿模型的中国地区收敛分析》，《经济研究》2006年第10期。

傅元海等：《制造业结构优化的技术进步路径选择——基于动态面板的经验分析》，《中国工业经济》2014年第9期。

干春晖等：《中国产业结构变迁对经济增长和波动的影响》，《经济研究》2011年第5期。

高晓霞等：《中国省市区域创新能力动态研究——基于2001—2010年面板数据》，《科技管理研究》2014年第2期。

关成华等：《面向"十三五"：中国绿色发展测评——〈2015中国绿色发展指数报告〉摘编（上）》，《经济研究参考》2016年第1期。

郭存芝等：《资源型城市能耗增长因素分解及差异分析》，《中国人口·资源与环境》2017年第1期。

郭磊、蔡虹：《地方产业技术创新的政策网络治理研究——基于陕西能源化工产业的案例》，《科学学与科学技术管理》2011年第10期。

郭晓云：《地方政府住房政策议程的文献计量分析与指标体系构建》，《兰州学刊》2016年第1期。

国家统计局社科文司"中国创新指数（CII）研究"课题组：《中国创新指数研究》，《统计研究》2014年第11期。

韩永辉等：《产业结构升级改善生态文明了吗？——本地效应与区际影响》，《财贸经济》2015年第12期。

何宁等：《中国产业迈向全球价值链中高端科技政策研究——以装

备制造业为研究对象》,《科技管理研究》2018 年第 7 期。

何平等:《产业结构优化研究》,《统计研究》2014 年第 7 期。

侯方宇、杨瑞龙:《产业政策有效性研究评述》,《经济学动态》2019 年第 10 期。

胡爱萍:《成长型资源型城市绿色可持续发展探析——兼论庆阳市绿色可持续发展的路径选择》,《生产力研究》2016 年第 6 期。

胡健、董春诗:《"资源诅咒"的成因研究——基于经济结构变化的视角》,《统计与信息论坛》2010 年第 3 期。

胡健等:《自然资源开发与区域经济增长——基于扩展的罗默模型对"资源诅咒"形成机理的检验》,《人文杂志》2011 年第 3 期。

黄华:《规制约束—政策激励下中国煤电行业清洁化研究》,博士学位论文,北京交通大学,2019 年。

黄华、丁慧平:《燃煤电厂环境污染第三方治理研究》,《资源科学》2019 年第 2 期。

黄敬军等:《城市规划区资源环境承载力评价指标体系构建——以徐州市为例》,《中国人口·资源与环境》2015 年第 S2 期。

黄茂兴、林寿富:《污染损害、环境管理与经济可持续增长——基于五部门内生经济增长模型的分析》,《经济研究》2013 年第 12 期。

季良玉、李廉水:《中国制造业产业生命周期研究——基于 1993—2014 年数据的分析》,《河海大学学报》(哲学社会科学版)2016 年第 1 期。

焦兵、刘杰:《西部资源富集地区能源产业成长阶段的比较研究:基于陕西、新疆、内蒙古的实证分析》,《资源与产业》2013 年第 2 期。

焦勇:《生产要素地理集聚会影响产业结构变迁吗?》,《统计研究》2015 年第 8 期。

孔祥智:《西部地区优势产业发展的思路和对策研究》,《产业经济研究》2003 年第 5 期。

孔义:《能源替代、人力资本与环境约束下的经济增长研究》,博士学位论文,江苏大学,2018 年。

雷勋平、邱广华:《基于熵权 TOPSIS 模型的区域资源环境承载力评价实证研究》,《环境科学学报》2016 年第 1 期。

李斌、曹万林:《经济发展与环境污染的脱钩分析》,《经济学动态》2014年第7期。

李德荃等:《关于节能减排达标申报制度的信号博弈分析》,《中国人口·资源与环境》2016年第12期。

李国平、杨洋:《西安能源化工产业聚集区发展构想:区位选择和产业链定位》,《中国科技论坛》2008年第8期。

李慧、平芳芳:《装备制造业产业结构升级程度测量》,《中国科技论坛》2017年第2期。

李廉水等:《我国区域制造业综合发展能力评价研究——基于东、中、西部制造业的实证分析》,《中国软科学》2014年第2期。

李冉等:《基于最小叉熵的资源环境承载力多专家综合评价方法》,《资源与产业》2015年第4期。

李庭辉、范玲:《中国地区区域创新能力的实证研究》,《统计与决策》2009年第8期。

梁永霞、李正风:《基于CSSCI的中国科技政策研究的知识图谱》,《中国科技论坛》2010年第10期。

凌晖:《我国产业结构高级化与经济增长关系的实证研究》,《统计研究》2010年第8期。

刘凤良、郭杰:《资源可耗竭、知识积累与内生经济增长》,《中央财经大学学报》2002年第11期。

刘昊、张志强:《文献计量视角下政策科学研究的新方向——从政策量化研究到政策信息学》,《情报杂志》2019年第1期。

刘慧媛:《能源、环境与区域经济增长研究》,博士学位论文,上海交通大学,2013年。

刘倩:《供应链环境成本内部化机制研究》,博士学位论文,北京交通大学,2015年。

刘求实、沈红:《区域可持续发展指标体系与评价方法研究》,《中国人口·资源与环境》1997年第4期。

刘生龙等:《西部大开发成效与中国区域经济收敛》,《经济研究》2009年第9期。

刘伟、张立元:《资源配置、产业结构与全要素生产率:基于真实经济周期模型的分析》,《经济理论与经济管理》2018年第9期。

刘雅玲等:《基于压力—状态—响应模型的城市水资源承载力评价指标体系构建研究》,《环境污染与防治》2016年第5期。

柳卸林、胡志坚:《中国区域创新能力的分布与成因》,《科学学研究》2002年第5期。

柳逸月:《中国能源系统转型及可再生能源消纳路径研究》,博士学位论文,兰州大学,2017年。

陆维仪:《我国数字出版产业政策理论研究回顾与展望——基于文献计量的分析》,《出版发行研究》2018年第12期。

栾春娟等:《国际科技政策研究热点与前沿的可视化分析》,《科学学研究》2009年第2期。

马力、王燕燕:《基于产业集群的区域创新能力评价体系研究》,《统计与决策》2007年第10期。

马丽梅等:《国家能源低碳转型与可再生能源发展:限制因素、供给特征与成本竞争力比较》,《经济社会体制比较》2018年第5期。

马胜利:《产业间创新驱动效应的影响因素研究》,博士学位论文,辽宁大学,2015年。

马续补等:《基于知识图谱的我国政策评估研究主体、知识基础、研究热点与演进分析》,《现代情报》2019年第3期。

马延吉、艾小平:《基于2030年可持续发展目标的吉林省城镇化可持续发展评价》,《地理科学》2019年第3期。

毛汉英:《山东省可持续发展指标体系初步研究》,《地理研究》1996年第4期。

孟雪井等:《基于文本挖掘和百度指数的投资者情绪指数研究》,《宏观经济研究》2016年第1期。

孟勇、常静:《投资者情绪对规模效应的影响》,《统计与信息论坛》2019年第4期。

穆荣平、陈凯华:《2019国家创新发展报告》,科学出版社2020年版。

牛方曲等:《资源环境承载力评价方法回顾与展望》,《资源科学》2018年第4期。

欧弢等：《基于GIS与均方差决策法的山区县域资源环境承载力评价》，《湖北农业科学》2017年第3期。

潘士远、史晋川：《内生经济增长理论：一个文献综述》，《经济学（季刊）》2002年第3期。

潘文卿等：《中国产业间的技术溢出效应：基于35个工业部门的经验研究》，《经济研究》2011年第7期。

彭冲等：《产业结构变迁对经济波动的动态影响研究》，《产业经济研究》2013年第3期。

彭水军、包群：《环境污染、内生增长与经济可持续发展》，《数量经济技术经济研究》2006年第9期。

彭水军等：《自然资源耗竭、内生技术进步与经济可持续发展》，《上海经济研究》2005年第3期。

皮庆等：《基于PSR模型的环境承载力评价指标体系与应用研究——以武汉城市圈为例》，《科技管理研究》2016年第6期。

齐绍洲、李杨：《可再生能源消费影响经济增长吗？——基于欧盟的实证研究》，《世界经济研究》2017年第4期。

齐绍洲、李杨：《能源转型下可再生能源消费对经济增长的门槛效应》，《中国人口·资源与环境》2018年第2期。

齐亚伟、陶长琪：《环境约束下要素集聚对区域创新能力的影响——基于GWR模型的实证分析》，《科研管理》2014年第9期。

祁静、任啸宇：《国家助学贷款政策研究热点与趋势的文献计量分析：1999—2018》，《兰州学刊》2019年第8期。

祁占勇、王艺鑫：《中国高等教育政策研究的知识图谱分析：1978—2017年》，《大学教育科学》2018年第4期。

秦成等：《资源环境承载力评价指标研究》，《中国人口·资源与环境》2011年第S2期。

任玉丹、韦小满：《改革开放40年来我国民族教育政策研究的可视化分析》，《民族教育研究》2018年第5期。

邵帅：《能源开发对我国能源型地区经济增长的影响机制研究》，博士学位论文，哈尔滨工业大学，2009年。

邵帅、杨莉莉：《自然资源开发、内生技术进步与区域经济增长》，

《经济研究》2011年第S2期。

沈小波：《资源环境约束下的经济增长与政策选择——基于新古典增长模型的理论分析》，《中国经济问题》2010年第5期。

石刚：《环境与能源约束下的经济增长——理论模型分析》，《生产力研究》2014年第2期。

苏小雪：《陕北能源化工基地可持续发展评价及对策研究》，博士学位论文，陕西师范大学，2016年。

孙健夫、陈兰杰：《基于知识图谱的国际信息政策研究热点与前沿分析》，《情报科学》2010年第3期。

孙早、席建成：《中国式产业政策的实施效果：产业升级还是短期经济增长》，《中国工业经济》2015年第7期。

谭俊涛等：《中国区域创新绩效时空演变特征及其影响因素研究》，《地理科学》2019年第9期。

唐李伟：《污染物排放环境治理与经济增长——机理、模型与实证》，博士学位论文，湖南大学，2015年。

陶磊等：《可再生资源约束下的内生增长模型研究》，《中南财经政法大学学报》2008年第1期。

田洪川、石美遐：《制造业产业升级对中国就业数量的影响研究》，《经济评论》2013年第5期。

万勇、文豪：《中国区域创新能力的评价指标体系研究》，《中南大学学报》（社会科学版）2009年第5期。

汪昌云、武佳薇：《媒体语气、投资者情绪与IPO定价》，《金融研究》2015年第9期。

汪克亮等：《基于环境压力的长江经济带工业生态效率研究》，《资源科学》2015年第7期。

王夫乐、王相悦：《社会情绪是否会影响股市收益——来自新浪微博的证据》，《山西财经大学学报》2017年第2期。

王海建：《耗竭性资源、R&D与内生经济增长模型》，《系统管理学报》1999年第3期。

王海建：《耗竭性资源管理与人力资本积累内生经济增长》，《管理工程学报》2000年第3期。

王海建：《资源约束、环境污染与内生经济增长》，《复旦学报》（社会科学版）2000年第1期。

王靖一、黄益平：《金融科技媒体情绪的刻画与对网贷市场的影响》，《经济学（季刊）》2018年第4期。

王洛忠等：《公共政策过程中公民参与研究的回顾与展望——基于2003—2017年CSSCI文献的分析》，《学习与探索》2018年第4期。

王卫、田红娜：《劳动力空间错配的测度与效率损失》，《统计与决策》2019年第22期。

王伟光等：《高技术产业创新驱动中低技术产业增长的影响因素研究》，《中国工业经济》2015年第3期。

王彦彭：《我国能源环境与经济可持续增长及节能减排综合评价研究》，博士学位论文，首都经济贸易大学，2010年。

王玉庆：《中国环境保护政策的历史变迁》，《环境与可持续发展》2018年第4期。

王珍珍：《基于共生度模型的长江经济带制造业与物流业协同发展研究》，《管理学刊》2017年第5期。

王志锋、赵鹏飞：《科学发展观视角下动力衰减型资源城市转型战略思考》，《中国人口·资源与环境》2008年第5期。

魏超等：《海岸带区域综合承载力评估指标体系的构建与应用——以南通市为例》，《生态学报》2013年第18期。

邬建国等：《什么是可持续性科学？》，《应用生态学报》2014年第1期。

吴宾、杨彩宁：《住房政策领域研究热点及演化路径分析——基于知识图谱视角》，《西南交通大学学报》（社会科学版）2018年第1期。

吴继贵、叶阿忠：《环境、能源、R&D与经济增长互动关系的研究》，《科研管理》2016年第1期。

吴敬琏：《中国增长模式抉择》，上海远东出版社2008年版。

吴晓青：《主动适应经济新常态大力推进环保产业新发展》，《环境保护》2015年第5期。

吴玉鸣、田斌：《省域环境库兹涅茨曲线的扩展及其决定因素——空间计量经济学模型实证》，《地理研究》2012年第4期。

谢洪礼:《关于可持续发展指标体系的述评(三)——中国可持续发展指标体系研究情况简介》,《统计研究》1999 年第 2 期。

谢远涛等:《我国资源型城市创新指数研究——以 116 个地级城市为例》,《北京大学学报》(哲学社会科学版) 2017 年第 5 期。

邢新朋:《能源和环境约束下中国经济增长及其效率问题研究》,博士学位论文,哈尔滨工业大学,2016 年。

熊建新等:《基于状态空间法的洞庭湖区生态承载力综合评价研究》,《经济地理》2012 年第 11 期。

熊若愚、吴俊培:《政府提供公共服务受到了资源诅咒吗?》,《财贸经济》2020 年第 6 期。

熊勇清、陈曼琳:《新能源汽车需求市场培育的政策取向:供给侧抑或需求侧》,《中国人口·资源与环境》2016 年第 5 期。

徐建中、赵红:《资源型城市可持续发展产业结构面临的问题及对策》,《技术经济与管理研究》2001 年第 3 期。

徐晔等:《区域产业创新与产业升级耦合的实证研究——以珠三角地区为例》,《科研管理》2015 年第 4 期。

徐映梅、高一铭:《基于互联网大数据的 CPI 舆情指数构建与应用——以百度指数为例》,《数量经济技术经济研究》2017 年第 1 期。

许广月:《中国能源消费、碳排放与经济增长关系的研究》,博士学位论文,华中科技大学,2010 年。

许士春等:《资源消耗、污染控制下经济可持续最优增长路径》,《管理科学学报》2010 年第 1 期。

闫鸿鹏:《滇黔桂三省(区)资源型产业可持续发展的实证分析》,《经济问题探索》2020 年第 4 期。

闫亚恒:《基于钻石模型的陕北能源化工产业集群发展研究》,《中国集体经济》2011 年第 9 期。

严成樑、龚六堂:《熊彼特增长理论:一个文献综述》,《经济学(季刊)》2009 年第 3 期。

严翔等:《长江经济带城镇化对能源消费的经济门槛效应》,《经济地理》2019 年第 1 期。

杨宏林、孔义:《能源替代、人力资本与环境约束下的经济增长》,

《系统管理学报》2019年第3期。

杨宏林等：《基于能源投入的经济增长模型的消费路径》，《系统工程理论与实践》2006年第6期。

杨宏林等：《能源约束与"干中学"经济增长模型》，《企业经济》2004年第6期。

杨宏林等：《再生能源的可持续发展模型》，《数学的实践与认识》2004年第9期。

杨丽君、邵军：《中国区域产业结构优化的再估算》，《数量经济技术经济研究》2018年第10期。

杨龙志、刘观兵：《流通产业与国民经济是否存在最优匹配效应——兼对我国流通领域"产能过剩"抑或"产能不足"的考察》，《财贸经济》2016年第9期。

杨嵘、郭欣欣：《基于利益相关者视角的陕北能源化工产业集群评价研究》，《西安石油大学学报》（社会科学版）2017年第3期。

杨嵘、米娅：《能源化工产业集聚水平实证研究——基于E-G指数的视角》，《财经论丛》（浙江财经大学学报）2016年第2期。

杨银峰、石培基：《甘肃省城市可持续发展系统协调发展评价研究》，《经济地理》2011年第1期。

姚志毅、张亚斌：《全球生产网络下对产业结构升级的测度》，《南开经济研究》2011年第6期。

尤卓雅：《能源替代、安全约束和经济增长》，博士学位论文，浙江大学，2011年。

游家兴、吴静：《沉默的螺旋：媒体情绪与资产误定价》，《经济研究》2012年第7期。

于渤等：《考虑能源耗竭、污染治理的经济持续增长内生模型》，《管理科学学报》2006年第4期。

于向宇等：《"资源诅咒"视角下环境规制、能源禀赋对区域碳排放的影响》，《中国人口·资源与环境》2019年第5期。

余建辉等：《中国资源型城市识别与综合类型划分》，《地理学报》2018年第4期。

俞玮奇、曹燕：《21世纪以来国际学界教育政策研究的热点、趋势与走向——基于 2000—2017 年 SSCI 数据库"教育政策"主题词知识图谱的可视化分析》，《比较教育研究》2018 年第 8 期。

袁程炜、张得：《能源消费、环境污染与经济增长效应——基于四川省 1991—2010 年样本数据》，《财经科学》2015 年第 7 期。

张彬、左晖：《能源持续利用、环境治理和内生经济增长》，《中国人口·资源与环境》2007 年第 5 期。

张成等：《区域经济增长与碳生产率——基于收敛及脱钩指数的分析》，《中国工业经济》2013 年第 5 期。

张华、魏晓平：《"能源—经济—环境"系统的约束与解约束：理论与实证》，《北京理工大学学报》（社会科学版）2015 年第 3 期。

张慧颖、连晓庆：《研究型大学创新科技政策研究的知识图谱分析》，《科技管理研究》2014 年第 18 期。

张晶：《基于超效率的煤炭资源型城市工业生态效率研究》，《经济问题》2010 年第 11 期。

张军等：《中国省际物质资本存量估算：1952—2000》，《经济研究》2004 年第 10 期。

张伟、吴文元：《基于环境绩效的长三角都市圈全要素能源效率研究》，《经济研究》2011 年第 10 期。

张晓娣、刘学悦：《征收碳税和发展可再生能源研究——基于 OLG—CGE 模型的增长及福利效应分析》，《中国工业经济》2015 年第 3 期。

张晓琴、石培基：《基于 PSR 模型的兰州城市生态系统健康评价研究》，《干旱区资源与环境》2010 年第 3 期。

赵菲菲等：《面向公共政策的网络媒体内容文本分析应用框架与实证——以新能源汽车政策为例》，《情报科学》2020 年第 4 期。

赵绘存等：《2007—2017 年国际科技政策研究热点与前沿——基于科学知识图谱视角》，《科技管理研究》2018 年第 3 期。

赵兴国、潘玉君：《科学发展视角下区域经济增长与资源环境压力的脱钩分析》，《经济地理》2011 年第 7 期。

赵雪雁等：《社会资本对区域创新能力的影响》，《干旱区地理》2015 年第 2 期。

赵彦云等:《中国省域市创新能力动态趋势及决定因素》,《经济理论与经济管理》2008 年第 5 期。

甄峰等:《区域创新能力评价指标体系研究》,《科学管理研究》2000 年第 6 期。

智颖飙等:《宁夏资源环境绩效及其变动态势》,《生态学报》2009 年第 12 期。

中国科技发展战略研究小组:《中国区域创新能力报告》,科学出版社 2019 年版。

中国科学院可持续发展战略研究组:《中国可持续发展报告:重塑生态环境治理体系》,科学出版社 2015 年版。

周明磊、任荣明:《产业结构高级化与能源制约》,《中国科技论坛》2011 年第 2 期。

周少波、胡适耕:《自然资源与经济增长模型的动态分析》,《武汉大学学报:理学版》2003 年第 5 期。

周喜君、郭丕斌:《煤炭资源就地转化与"资源诅咒"的规避——以中国中西部 8 个典型省区为例》,《资源科学》2015 年第 2 期。

朱高峰、王迪:《当前中国制造业发展情况分析与展望:基于制造强国评价指标体系》,《管理工程学报》2017 年第 4 期。

邹艳:《创新型城市评价指标体系与国内重点城市创新能力结构研究》,《管理世界》2012 年第 6 期。

Aghion, H., Aghion, P., "Capital Accumulation and Innovation as Complementary Factors in Long – Run Growth", *Journal of Economic Growth*, Vol. 3, No. 2, 1998.

Aghion, P., et al., *Endogenous Growth Theory*, Cambridge: MIT Press, 1998.

Aghion, P., Howitt, P., "A Model of Growth Through Creative Destruction", *Econometrica*, Vol. 60, No. 2, 1992.

Al – Mulali, U., et al., "Examining the Bi – directional Long Run Relationship between Renewable Energy Consumption and GDP Growth", *Renewable and Sustainable Energy Reviews*, No. 22, 2013.

Ang, J. B., Madsen, J. B., "Can Second – Generation Endogenous

Growth Models Explain the Productivity Trends and Knowledge Production in the Asian Miracle Economies", *The Review of Economics and Statistics*, Vol. 93, No. 4, 2010.

Aoki, S., "A Simple Accounting Framework for the Effect of Resource Misallocation on Aggregate Productivity", *Journal of the Japanese and International Economics*, Vol. 26, No. 4, 2012.

Apergis, N., Payne, J. E., "Coal Consumption and Economic Growth: Evidence from a Panel of OECD Countries", *Energy Policy*, Vol. 38, No. 3, 2010.

Apergis, N., Payne, J. E., "Renewable and Non-renewable Energy Consumption Growth Nexus: Evidence from a Panel Error Correction Model", *Energy Economics*, Vol. 34, No. 3, 2012.

Apergis, N., Salim, R., "Renewable Energy Consumption and Unemployment: Evidence from a Sample of 80 Countries and Nonlinear Estimates", *Applied Economics*, Vol. 47, No. 52, 2015.

Arellano, M. L., Bover, O., "Another Look at the Instrumental Variable Estimation of Error-Components Models", *Journal of Econometrics*, No. 23, 1995.

Auty, R. M., *Sustaining Development in Mineral Economies: The Resource Curse Thesis*, New York: Routledge Press, 1993.

Banchirigah, S. M., Hilson, G. "De-agrarianization, Re-agrarianization and Local Economic Development: Re-orientating Livelihoods in African Artisanal Mining Communities", *Policy Sciences*, Vol. 43, No. 2, 2010.

Barnes, T. J., Britton, J. N. H., Coffey, W. J., et al., "Canadian Economic Geography at the Millennium", *Canadian Geographer*, Vol. 44, No. 1, 2010.

Barro, J., "Note on Growth Accounting", *Journal of Economic Growth*, Vol. 4, No. 2, 1999.

Barro, R., Sala-I-Martin, X., *Economic Growth*, New York: McGraw Hill, 1995.

Barro, R. J. , Lee, J. W. , *Sources of Economic Growth*, Carnegie – Rochester Conference Series on Public Policy, 1994.

Barro, R. J. , Sala – I – Martin X. , "Public Finance in Models of Economic Growth", *The Review of Economic Studies*, Vol. 59, No. 4, 1992.

Bastianoni, S. , et al. , "Models of Withdrawing Renewable and Non – renewable Resources Based on Odum's Energy Systems Theory and Daly's Quasi – sustainability Principle", *Ecological Modelling*, Vol. 220, No. 16, 2009.

Bhattacharyya, S. , Collier, P. , "Public Capital in Resource Rich Economies: Is There a Curse", *Oxcarre Working Papers*, Vol. 66, No. 1, 2014.

Bilgili, F. , Ozturk, I. , "Biomass Energy and Economic Growth Nexus in G7 Countries: Evidence from Dynamic Panel Data", *Renewable and Sustainable Energy Reviews*, Vol. 49, 2015.

Bond, S. R. , et al. , "GMM Estimation of Empirical Growth Models", *Cepr Discussion Papers*, Vol. 159, No. 1, 2001.

Bovenberg, A. L. , Smulders, S. , "Environmental Quality and Pollution Augmenting Technological Change in A Two – sector Endogenous Growth Model", *Journal of Public Economics*, Vol. 57, No. 3, 1995.

Bowles, S. , Hwang, S. H. , "Social Preferences and Public Economics: Mechanism Design When Social Preferences Depend on Incentives", *Journal of Public Economics*, Vol. 92, No. 8 – 9, 2008.

Bradbury, J. H. , "Towards an Alternative Theory of Resource – Based Town Development in Canada", *Economic Geography*, Vol. 55, No. 2, 1979.

Brock, W. A. , Taylor, M. S. , "Economic Growth and the Environment: A Review of Theory and Empirics", *Handbook of Economic Growth*, Vol. 1, No. B, 2005.

Brock, W. A. , Taylor, M. S. , "The Green Solow Model", *Journal of Economic Growth*, Vol. 15, No. 2, 2010.

Caselli, F. , Coleman, W. J. , "On the Theory of Ethnic Conflict", *Journal of the European Economic Association*, No. 11, 2013.

Cho, S., et al., "Causal Relationship Between Renewable Energy Consumption and Economic Growth: Comparison between Developed and Less-developed Countries", *Geosystem Engineering*, Vol. 18, No. 6, 2015.

Clark, C. W., Munro, C. G. R., "The Optimal Exploitation of Renewable Resource Stocks: Problems of Irreversible Investment", *Econometrica*, Vol. 47, No. 1, 1979.

Copeland, B. R., Taylor, M. S., "Trade, Tragedy, and the Commons", *Journal of Economic Literature*, Vol. 42, 2004.

Daniele, A., Alberto, C., "Measuring Technological Capabilities at the Country Level: A Survey and a Menu for Choice", *Research Policy*, Vol. 34, No. 2, 2005.

Dasgupta, P., Heal, D. G., "The Optimal Depletion of Exhaustible Resources", *Review of Economic Studies*, Vol. 41, 1974.

Dasgupta, P., Karl-Göran, Mäler, "The Economics of Non-Convex Ecosystems: Introduction", *Environmental and Resource Economics*, Vol. 26, No. 4, 2005.

Dinopoulos, E., Thompson, D. P., "Schumpeterian Growth without Scale Effects", *Journal of Economic Growth*, Vol. 3, No. 4, 1998.

Ennis, G. E., et al., "The Impact of Age and Motivation on Cognitive Effort: Implications for Cognitive Engagement in Older Adulthood", *Psychology & Aging*, Vol. 28, No. 2, 2013.

Fang, Y., "Economic Welfare Impacts from Renewable Energy Consumption: The China Experience", *Renewable & Sustainable Energy Reviews*, Vol. 15, No. 9, 2011.

Forster, B. A., "A Note on Economic Growth and Environmental Quality", *The Swedish Journal of Economics*, Vol. 74, No. 2, 1972.

Garfield, E., "Scientography: Mapping the Tracks of Science, Current Contents", *Social & Behavioural Sciences*, Vol. 7, No. 45, 1994.

Grimaud, A., et al., "Economic Policies and Growth", *Resource and Energy Economics*, Vol. 36, No. 2, 2014.

Grimaud, A., Rougé, L., "Non-renewable Resources and Growth with Vertical Innovations: Optimum", *Equilibrium and Economic Policies*, Vol. 45, No. 2, 2003.

Grimaud, A., Rougé, L., "Polluting Non-renewable Resources, Innovation and Growth: Welfare and Environmental Policy", *Resource and Energy Economics*, Vol. 27, No. 2, 2005.

Grossman, G. M., Elhanan, H., "Quality Ladders in the Theory of Growth", *The Review of Economic Studies*, Vol. 58, No. 1, 1991.

Grossmann, K., et al., "Shrinking Cities: Notes for the Further Research Agenda", *Cities*, Vol. 35, No. 11, 2013.

Groth, C., Schou, P., "Can Non-renewable Resources Alleviate the Knife-edge Character of Endogenous Growth", *Oxford Economic Papers*, Vol. 54, No. 3, 2002.

Gylfason, T., Zoega, G., "Natural Resources and Economic Growth: The Role of Investment", *The World Economy*, Vol. 29, No. 8, 2006.

Gylfason, T., "Natural Resources, Education, and Economic Development", *European Economic Review*, Vol. 45, No. 4, 2001.

Ha, J., Howitt, P., "Accounting for Trends in Productivity and R&D: A Schumpeterian Critique of Semi-Endogenous Growth Theory", *Journal of Money, Credit and Banking*, Vol. 39, No. 4, 2007.

Hartwick, J. M., et al., "On the Peaking of Consumption with Exhaustible Resources and Zero Net Investment", *Environmental and Resource Economics*, Vol. 24, No. 3, 2003.

Hayter, K., Barnes, T. J., "The Restructuring of British Columbia Coastal forest Sector: Flexibility Perspectives", *BC Studies*, Vol. 113, 1997.

Hilson, G., "Putting Theory into Practice: How has the Gold Mining Industry Interpreted the Concept of Sustainable Development? Mineral Resources Engineering", *Mineral Resources Engineering*, Vol. 10, No. 4, 2012.

Hotelling, H., "The Economics of Exhaustible Resources", *The Journal of Political Economy*, Vol. 39, No. 2, 1931.

Howitt, P., "Steady Endogenous Growth with Population and R&D Inputs Growing", *Journal of Political Economy*, Vol. 107, No. 4, 1999.

Hylleberg, S., et al., "Seasonal Integration and Cointegration", *Journal of Econometrics*, Vol. 44, No. 1, 1990.

Jeffrey, L., et al., "The Determinants of National Innovative Capacity", *Research Policy*, Vol. 31, No. 6, 2000.

Johansen, S., Juselius, K., "Maximum Likelihood Estimation and Inference on Cointegration – with Applications to the Demand for Money", *Oxford Bulletin of Economics and Statistics*, Vol. 52, No. 2, 1990.

Jones, C. I., "Growth: With or Without Scale Effects", *American Economic Review*, Vol. 89, No. 2, 1999.

Jones, C. I., "R&D – based Models of Economic Growth", *Journal of Political Economy*, Vol. 103, No. 4, 1995b.

Jones, C. I., "Time Series Test of Endogenous Growth Models", *Quarterly Journal of Economics*, Vol. 110, No. 2, 1995a.

Kahneman, D., *Attention and Effort*, Prentice – Hall (Englewood Cliffs, N. J), 1973.

Kama, A. D. A. L., "Sustainable Growth, Renewable Resources and Pollution", *Journal of Economic Dynamics & Control*, Vol. 25, No. 12, 2001.

Kelley, A., "Economic Consequences of Population Change in the Third World", *Journal of Economic Literature*, Vol. 26, No. 4, 1988.

Kocherlakota, N., Yi, K., "Is There Endogenous Long – Run Growth? Evidence from the U. S. and the U. K.", *Journal of Monetary Credit and Banking*, Vol. 29, No. 2, 1997.

Kortum, S. S., *A Model of Research, Patenting, and Technological Change*, NBER Working Papers, 1994.

Koskela, E., et al., "Renewable Resources in an Overlapping Generations Economy without Capital", *Journal of Environmental Economics & Management*, Vol. 43, No. 3, 2002.

Li, Chol – Won, "Endogenous vs. Semi – endogenous Growth in a

Two - R&D - Sector Model", *Economic Journal*, Vol. 110, No. 462, 2000.

Lucas, R., Tepperman, L., "Minetown, Milltown, Railtown: Life in Canadian Communities of Single Industry", *Oup Catalogue*, Vol. 51, No. 1, 1971.

Lucas, R. E., "On the Mechanics of Economic Development", *Journal of Monetary Economics*, Vol. 22, No. 1, 1988.

Lúdvik, E., Turnovsky, S. J., "Renewable Resources in an Endogenously Growing Economy: Balanced Growth and Transitional Dynamics", *Journal of Environmental Economics & Management*, Vol. 48, No. 3, 2004.

Madsen, J. B., "Semi - endogenous Versus Schumpeterian Growth Models: Testing the Knowledge Production Function Using International Data", *Journal of Economic Growth*, Vol. 13, No. 1, 2008.

Martinez - Fernandez, C., et al., "Shrinking Cities: Urban Challenges of Globalization", *International Journal of Urban & Regional Research*, Vol. 36, No. 2, 2012.

Mäler, K., *Environmental Economics: A Theoretical Inquiry*, Baltimore: Johns Hopkins University Press, 1974, pp. 19 - 43.

Neffke, F., et al., "Agents of Structural Change: The Role of Firms and Entrepreneurs in Regional Diversification", *Papers in Evolutionary Economic Geography*, Vol. 94, No. 5, 2014.

Noyons, E., et al., "Combining Mapping and Citation Analysis for Evaluative Bibliometric Purposes: A Bibliometric Study", *Journal of the American Society for Information Science*, Vol. 50, No. 2, 1999.

Noyons, E., et al., "Integrating Research Performance Analysis and Sciencemapping", *Scientometrics*, Vol. 46, No. 3, 1999.

Noyons, E., Van Raan A., "Advanced Mapping of Science and Technology", *Scientometrics*, Vol. 41, No. 1 - 2, 1998.

OECD, "Decoupling: A Conceptual Overview", *OECD Papers*, Vol. 5, No. 11, 2005.

Peretto, P. F., Smulders, S., "Technological Distance, Growth and

Scale Effects", *Economic Journal*, Vol. 112, No. 481, 2002.

Peretto, P. F., "Technological Change and Population Growth", *Journal of Economic Growth*, Vol. 3, No. 4, 1998.

Poyago – Theotoky, J. A., "The Organization of R&D and Environmental Policy", *Journal of Economic Behavior & Organization*, Vol. 62, No. 1, 2007.

Price, D., *Science Since Babylon*, Yale University Press, 1961.

Rajesh, K., et al., "An Overview of Sustainability Assessment Methodologies", *Ecological Indicators*, Vol. 9, No. 2, 2009.

Romer, P. M., "Endogenous Technological Change", *Journal of Political Economy*, Vol. 98, No. 5, 1990.

Romer, P. M., "Increasing Returns and Long – run Growth", *The Journal of Political Economy*, Vol. 94, No. 5, 1986.

Sachs, J. D., Warner, A. M., "Fundamental Sources of Long – run Growth", *American Economic Review*, No. 2, 1997.

Sachs, J. D., Warner, A. M., "Natural Resource Abundance and Economic Growth", *NBER Working Paper*, No. 5398, 1995.

Sachs, J. D., Warner, A. M., "Natural Resource Intensity and Economic Growth", *Development Policies in Natural Resource Economics*, No. 4, 1999.

Sachs, J. D., Warner, A. M., "The Big Push, Natural Resource Booms and Growth", *Journal of Development Economics*, No. 1, 1999.

Salim, R. A., Rafiq, S., "Why do Some Emerging Economies Proactively Accelerate the Adoption of Renewable Energy", *Energy Economics*, Vol. 34, 2012.

Schou, P., "Polluting Non – renewable Resources and Growth", *Environmental and Resource Economics*, Vol. 16, No. 2, 2000.

Schou, P., "When Environmental Policy is Superfluous: Growth and Polluting Resources", *The Scandinavian Journal of Economics*, Vol. 104, No. 4, 2002.

Segerstrom, P. S., et al., "A Schumpeterian Model of the Product

Life Cycle", *American Economic Review*, Vol. 80, No. 5, 1990.

Segerstrom, P. S., "Endogenous Growth without Scale Effects", *American Economic Review*, Vol. 88, No. 5, 1998.

Small, H., "A SCI – MAP Case Study: Building a Map of AIDS Research", *Scientometrics*, Vol. 30, No. 1, 1994.

Solow, R. M., "Intergenerational Equity and Exhaustible Resources", *The Review of Economic Studies*, 1974.

Stiglitz, J., "Growth with Exhaustible Natural Resources: Efficient and Optimal Growth Paths", *Review of Economic Studies*, Vol. 41, 1974.

Stokey, N. L., "Are There Limits to Growth", *International Economic Review*, Vol. 39, No. 1, 1998.

Sun, P., Nie, P. Y., "A Comparative Study of Feed – in Tariff and Renewable Portfolio Standard Policy in Renewable Energy Industry", *Renewable Energy*, Vol. 74, No. 2, 2015.

Tahvonen, O., Kuuluvainen, J., "Optimal Growth with Renewable Resources and Pollution", *European Economic Review*, Vol. 35, No. 2, 1991.

Teh, Y. W., et al., "Hierarchical Dirichlet Processes", *Journal of the American Statal Association*, Vol. 101, No. 11, 2006.

Temple, J., "The Long – Run Implications of Growth Theories", *Journal of Economic Surveys*, Vol. 17, No. 3, 2003.

Tugcu, C. T., et al., "Renewable and Non – renewable Energy Consumption and Economic Growth Relationship Revisited: Evidence from G7 Countries", *Energy Economics*, Vol. 34, No. 6, 2012.

Van der Ploeg, F., "Natural Resources: Curse or Blessing", *Journal of Economic Literature*, No. 49, 2011.

Vita, G. D., "Natural Resources Dynamics: Exhaustible and Renewable Resources, and the Rate of Technical Substitution", *Resources Policy*, Vol. 31, No. 3, 2006.

Wang, S., et al., "A Microeconomics Explanation of the Environmental Kuznets Curve (EKC) and an Empirical Investigation", *Polish Journal of Environmental Studies, Vol. 26, No. 4, 2017.

Young, A., "Gold into Base Metals: Productivity Growth in the People's Republic of China During the Reform Period", *NBER Working Papers*, Vol. 111, No. 6, 2000.

Young, A., "Growth without Scale Effects", *Journal of Political Economy*, Vol. 106, No. 1, 1998.

后　　记

　　本书是国家社科基金重点项目"基于创新驱动和环境约束的中国西部能源产业升级研究"（17AJY009）的直接研究成果。该项目研究工作启动于 2017 年 8 月，至今历时 4 年。在项目研究过程中，首先由胡健拟订了项目的研究工作计划，项目组成员进行了认真的理论研讨和广泛的实地调研工作。在此基础上，胡健起草了本书的写作大纲，并撰写了前言和第一篇的初稿，焦兵撰写了第七篇和第八篇的初稿，张文彬撰写了第二篇和第四篇的初稿，并和赵文琦共同撰写了第三篇的初稿；印玺撰写了第五篇和第六篇的初稿。初稿完成后，经项目组集体讨论，各位执笔人根据集体讨论意见对所承担的文稿进行了修改，最后由胡健对全部文稿修改定稿。

　　本项目的研究工作得到了西安财经大学科研处、西安财经大学陕西省哲学社会科学重点研究地点——西部能源经济与区域发展协同创新研究中心和中国（西安）丝绸之路研究院的大力支持，调研工作得到了榆林市政府、发改委、科技局的帮助，在此一并致谢。

胡健
2021 年 10 月